アメリカとグアム

植民地主義、レイシズム、先住民

長島怜央 著
NAGASHIMA Reo

有信堂

アメリカとグアム——植民地主義、レイシズム、先住民／目　次

地図　vi

序章 ———————————————————————— 3
1　アメリカ植民地主義と海外領土　3
　(1)「大陸帝国」から「海洋帝国」へ (5)　(2) 編入領土と非編入領土 (6)　(3) アメリカ市民権の有無 (7)　(4) 海外領土の現在 (8)　(5) ミクロネシアの自由連合国 (12)
2　グアムにおける植民地主義とチャモロ人の社会運動　16
3　本書の構成と資料　18

第1章　植民地主義・レイシズム研究におけるカラーブラインド・イデオロギーの位置づけ
　　——理論的枠組みと先行研究—— ———————————— 21
1　アメリカにおけるカラーブラインドと歴史的不正義　21
　(1) バックラッシュにおけるカラーブラインド (21)　(2) レイシズム論におけるカラーブラインド (26)　(3) カラーブラインド・イデオロギー——社会構成文化と歴史的不正義 (29)　(4) 歴史的不正義、賠償・返還・補償、記憶 (31)　(5) 多文化主義論におけるカラーブラインドと歴史的不正義 (34)
2　ハワイにおける歴史的不正義とカラーブラインド・イデオロギー　36
　(1) ライス判決とカラーブラインド・イデオロギーの展開 (37)　(2) 先住民運動から見た植民地主義とレイシズム (41)　(3) 人種化と白人の自然化・規範化 (43)　(4) ライス判決と集合的記憶の闘争 (45)
3　グアムにおける植民地主義・レイシズム研究　47
　(1) 差別と隔離 (49)　(2) 文化的レイシズム (51)　(3) マスメディアにおける植民地主義とレイシズム (54)　(4) 文化多元主義と多文化主義 (57)　(5) 時期区分 (60)

第**2**章 グアムにおけるアメリカ植民地主義の展開
　　　──多文化化、軍事化、アメリカ化── ─────────── 62

　1　アメリカ統治下のグアム　66
　　　(1)　第2次世界大戦前の米軍政（67）　(2)　第2次世界大戦での再上陸後の米軍政（70）　(3)　民政移行後のアメリカ統治（72）

　2　多文化社会への変貌　74
　　　(1)　現在のグアムの姿（74）　(2)　多様化するグアム人口──ハイブリッド化とディアスポラ化（76）　(3)　産業・職業別に見たエスニシティ（84）

　3　社会の軍事化　88
　　　(1)　土地接収と基地建設（89）　(2)　基地依存経済の形成（89）　(3)　軍民コミュニティ関係（92）

　4　アメリカ化──教育とメディア　94
　　　(1)　アメリカ化と教育（95）　(2)　マスメディアと米軍・アメリカ（101）

第**3**章 戦争の体験・記憶とアイデンティティ
　　　──戦後補償要求における愛国主義、ナショナリズム、植民地主義── － 104

　1　第2次世界大戦とグアム　105
　　　(1)　日本軍の占領統治（105）　(2)　日本化政策とその帰結（107）　(3)　戦時中の被害（111）　(4)　終戦直後の被害への対応（112）

　2　戦後補償と愛国主義　114

　3　土地賠償請求　117

　4　戦後補償要求　120
　　　(1)　グアム戦後補償委員会の活動（120）　(2)　連邦議会でのグアム戦後補償法案（121）　(3)　法案をめぐる対立（124）　(4)　グアム戦争賠償請求調査委員会法へ（127）　(5)　グアム第2次世界大戦忠誠承認法案（129）

　5　戦後補償要求におけるナショナル・アイデンティティ　130
　　　(1)　戦争の記憶のアメリカ化（130）　(2)　周縁化と主体化＝従属化（131）

第**4**章 チャモロ・アイデンティティの諸相 ─────────────── 133

　1　チャモロ・ルネサンスとナショナリズム　133
　　　(1)　チャモロのダンスとチャント（135）　(2)　チャモロ語（137）　(3)　チャモロ・ルネサンスとナショナリズムの関係（139）

　2　チャモロ人のライフヒストリー　142

第5章 チャモロ知識人とアメリカ化・軍事化
――チャモロ・アイデンティティの再構築―― ———————— 160

1 チャモロ・ナショナリズムにおける政治と研究・教育　160
2 OPI-R の活動　163
　（1）OPI-R の政治課題と組織的特徴（163）　（2）『チャモロ人の自己決定』というマニフェスト（165）
3 チャモロ人の歴史の再構築――歴史記述と歴史認識　168
　（1）「チャモロ人は存在するのか？」（168）　（2）「チャモロ人はアメリカに解放されたのか？」（172）
4 メディアとアメリカ化・軍事化　176
　（1）文化的ジェノサイドと文化的ナンセンス（176）　（2）「ミニアメリカ」と「チャンネルアイランド」（179）　（3）OPI-R によるメディア批判（180）
5 従属民から不適応者へ　181
　（1）軍事基地における従属民（181）　（2）不適応者（182）
6 チャモロ人の先住民運動と先住民研究　184

第6章 未完の脱植民地化
――チャモロ・ナショナリストによる自己決定と主権の追求―― ——— 188

1 政治的・経済的自立の諸問題　190
2 政治的地位をめぐる歴史　192
　（1）憲法会議と政治的地位委員会（192）　（2）北マリアナ諸島との関係（195）　（3）自己決定委員会とコモンウェルス法案（197）
3 非自治地域における先住民の自己決定の追求　202
　（1）反植民地主義ナショナリズムへの転回（202）　（2）チャモロ人の先住民アイデンティティの形成（204）　（3）先住民ナショナリズム（207）
4 先住民ネイションにとっての主権　209
　（1）ナシオン・チャモロの誕生（209）　（2）環境汚染への危機感――米軍基地と観光開発（210）　（3）植民地主義批判と軍用地の返還要求（212）　（4）本土出身者と彼らの支配するメディアへの警戒（214）　（5）アメリカ移民政策への批判（216）　（6）チャモロ・ネイションの主権（218）
5 米軍増強計画とチャモロ人の社会運動　221
　（1）1990 年代のチャモロ・ナショナリズムとコモンウェルス（221）　（2）苦境に立たされたチャモロ・ナショナリズム（224）　（3）米軍増強計画の

インパクト (226)

第7章　先住民の土地権
――チャモロ土地信託法とグアム先祖伝来地法―― ―――― 230

1　チャモロ土地信託法　232

(1) セジャ湾問題――新たな土地接収計画と反対運動 (232)　(2) チャモロ土地信託法の成立 (234)　(3) チャモロ土地信託法の概要 (235)　(4) チャモロ土地信託法実行の圧力 (238)

2　グアム先祖伝来地法　240

(1) グアム先祖伝来地法の成立 (240)　(2) グアム先祖伝来地法の概要 (243)　(3) 土地返還の現状 (245)

3　チャモロ人による先住民の土地権の構築　247

第8章　チャモロ人の自己決定権の合憲性問題
――「チャモロ人のみの住民投票」をめぐって―― ―――― 249

1　住民投票における「チャモロ人」定義の問題　249

(1) グアム脱植民地化委員会の活動 (249)　(2) 「チャモロ人」定義の問題 (250)

2　非自治地域人民と先住民――2つの自己決定　254

3　「チャモロ人の自己決定」批判　255

(1) 「先住民の自己決定」批判 (256)　(2) アメリカ立憲主義の立場 (258)

4　アメリカの「普遍性」　260

(1) 「反植民地主義」批判 (260)　(2) 多文化社会の称揚 (263)

5　エスニック・ナショナリズム批判における「文化」　264

6　部族的地位と保留地の提案　267

7　カラーブラインド・イデオロギーのなかの「人種差別的」な先住民運動　269

第9章　先住民の土地権の合憲性問題
――チャモロ人のみへの土地貸与をめぐって―― ―――― 272

1　チャモロ土地信託法実行要求のなかの非チャモロ人　273

2　合憲性問題の争点化　275

3　住民によるチャモロ土地信託法への批判　278

(1) チャモロ人による批判（278）　(2) 白人による批判（279）
 4　合憲性問題とレイシズム批判の関係　282
　　(1) 繰り返し言及される合憲性の根拠（282）　(2) 「チャモロ・レイシズム」への批判（283）
 5　チャモロの真正性問題　286
　　(1) チャモロ人の「混血」（286）　(2) 「借り物」としてのチャモロ文化（288）
 6　カラーブラインド・イデオロギーのなかのチャモロ人の土地権　291

終章　293

 1　チャモロ人の権利主張のなかの歴史的不正義　293
 2　グアムのカラーブラインド・イデオロギー　297
 3　多文化主義と歴史的不正義　300
 4　グアムの将来──マリアナ諸島、ミクロネシアのなかで　302
　　(1) 脱軍事化ナショナリズム／ネットワーク（302）　(2) マリアナ諸島、ミクロネシア（304）

文献　307
あとがき　327
索引　331

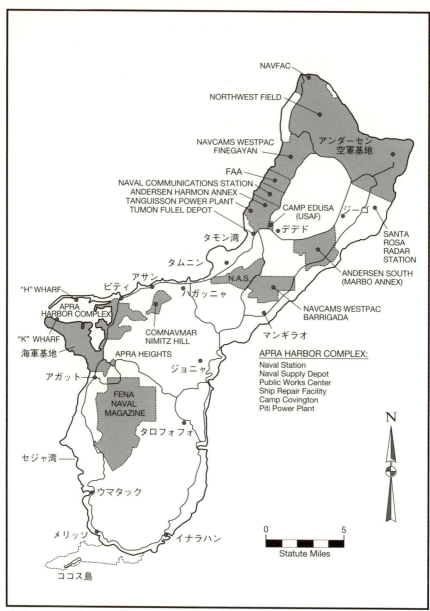

地図　グアムにおける連邦政府有地と軍用地（1950〜1990年）
出典：Rogers（2011）：213

アメリカとグアム
植民地主義、レイシズム、先住民

ハガッニャ中心部（2007年7月撮影）

地元高校生たちのチャモロダンス（2006年11月撮影）

チャモロ語教育を行う私立のデイケア（2011年9月撮影）

グアム先祖伝来地委員会の土地返還のための月例ヒアリング（2012年9月撮影）

序章

1 アメリカ植民地主義と海外領土

　アメリカ合衆国（以下、アメリカ）は、1890年にアメリカ国勢調査局によって「フロンティア・ライン」の消滅が宣言されたあとも、カリブ海と太平洋へと乗り出し、領土拡張を継続した。1898年4月に米西戦争が勃発し、同年12月のパリ条約で、アメリカはプエルトリコ、フィリピン、グアムを領有し、キューバを保護国として支配下に置いた[1]。同年7月には連邦議会の両院合同決議によってハワイも領有している。続いて1899年の英米独の協定で東サモア（アメリカ領サモア）を獲得、1903年にパナマ運河地帯を支配、1917年にはデンマークからプエルトリコ東方のいくつかの島（アメリカ領ヴァージン諸島）を購入した[2]。また、島嶼ではないが、自国と地続きではないアラスカをロシアから購入したのは1867年のことである。アメリカ国内ではこのような版図の拡大に関して、帝国主義との批判があったが[3]、1946年に独立したフィリピンや1959年に準州から州となったハワイとアラスカを除く地域は、非編入領土（unincorporated territory）という特殊な政治的地位のまま現在に至っている[4]。これには1978年以降の北マリアナ諸島も含まれる。現在の非編入領土は、プエルトリコを除き、内務省の管

---

1) マリアナ諸島の他の部分、つまりサイパン、テニアン、ロタなどの現在でいう北マリアナ諸島は、ドイツ領となった。
2) 西サモアはこのときドイツ領となったが現在はサモア独立国である。アメリカ領ヴァージン諸島の東隣は英領ヴァージン諸島となっている。
3) アメリカ帝国主義は、国内の農業や商業などに関連したさまざまな利害対立のなかで進められた。アメリカ帝国主義の展開に関しては、高橋（1999）などを参照。
4) 「unincorporated territory」には「未編入領土」など複数の訳があるが、本書では「非編入領土」とする。「未（まだ）」には編入される状態への途上という意味合いが含まれてしまうからである。後述のように非編入領土にはそのような意味はない。

轄下にあり、同省の島嶼局が連邦政府政策の調整を担っている[5]。

島嶼局はそれ以外に、マーシャル諸島共和国、ミクロネシア連邦、パラオ共和国といったミクロネシアの国々に対する連邦政府のプログラムや資金提供の監督や調整の責任を負っている[6]。ただし、政府間交渉については国務省が担当している。これらの国々は、国際連合の太平洋諸島信託統治領（Trust Territory of the Pacific Islands: TTPI）として40年以上もアメリカの施政権下にあったあと、アメリカの自由連合国となった。この場合の自由連合国とは、アメリカと自由連合協定を結び、アメリカから期限つきの経済援助を受ける一方でアメリカに安全保障や防衛を委ねるものである。それぞれ国連にも加盟しているが、アメリカと非常に密な関係を保っているため、アメリカの完全な外部とも言いきれない。アメリカ領である非編入領土と一応独立した国である自由連合国とが同じ島嶼局の担当となっているということは、それぞれの政治的地位の特異性、つまり曖昧さを示している。

また、アメリカ領有時、そこにはすでに数千年、数百年にわたるさまざまな歴史や文化をもった土着の人びとが暮らし、社会が形成されていた。アメリカの膨張主義によりその領域内に組み込まれていった非英語系・非ヨーロッパ系の人びとは、アメリカにやってきた移民とは、アメリカ市民となった経緯が明らかに異なる。そうした被植民者には、大陸ではアメリカ・インディアン、海外ではハワイ人、プエルトリコ人、チャモロ人（グアム、北マリアナ諸島）、サモア人（アメリカ領サモア）などが含まれる。彼らの多くはそれぞれの土地との歴史的・文化的な関係に基づく特別な権利（自己決定権、自治権、土地権、文化的権利など）を主張し、移民やその子孫とは異なるアイデンティティを有している（Kymlicka 1995＝1998）。

本書はグアムにおけるアメリカの現在の植民地主義を中心に論じる。なぜ、ど

5) 内務省のもとには、土地管理局、国立公園管理局、魚類野生生物局などの土地や天然資源の管理・保全を担う部局のほかに、インディアン局や島嶼局がある。すなわち、アメリカの「内務省」は、治安や出入国管理などを担う他国の「内務省」とは異なる。そのため、「天然資源省」のほうが日本語訳としてはふさわしいという指摘もある（矢崎1999: 18）。

6) ミクロネシアとは、メラネシアやポリネシアと並んでオセアニアの地域名のひとつであり、ほぼ西太平洋の赤道以北の辺りを指す。グアム、北マリアナ諸島、パラオ共和国、ミクロネシア連邦、マーシャル諸島共和国、ナウル共和国、キリバス共和国が含まれる。ただし、アメリカの植民地主義というテーマのため、本書ではナウルとキリバスについては論じない。また、グアムでミクロネシア人／ミクロネシア系（Micronesian）という場合には、アメリカの自由連合国出身者を一般的には指す。

のようにしてグアムは海外領土としての政治的地位に置かれてきたのか。植民地支配に関連した歴史的不正義の認識に基づいて数多くの異議申し立てが行われてきたにもかかわらず、である。しかしこの問題は、アメリカの植民地支配を受けてきた他の島々と関連づけて考察しなければならないものでもある。そこで本章では、海洋帝国としてのアメリカ植民地主義全体を視野に入れながら、太平洋、とりわけミクロネシアに焦点を当てることとする。

(1) 「大陸帝国」から「海洋帝国」へ

19世紀のアメリカは北米大陸において「自由の帝国（empire for liberty）」（トマス・ジェファソン）として、西漸運動といわれる西への領土拡張を行った。19世紀半ば以降は神によって与えられた「マニフェスト・デスティニー（明白な宿命）」であるとして、それはさらに肯定されていった。ヨーロッパ系アメリカ人は、移住先を「無主の地」とすることによって、先住民(ネイティヴ)であるアメリカ・インディアンの殺戮やさらに西への追放を行った。

そして19世紀末を画期として、アメリカは北米大陸の外、アジア・太平洋やカリブ海・中南米へと目を向け、「大陸帝国」から「海洋帝国」へと踏み出した。この時期に獲得された海外領土について、当時の多くの人びとは「新たな領有地（new possessions）」という言葉を用いた（Thompson 2010: 1）[7]。だが、それらの島々は先住民社会のあるヨーロッパ型の植民地と見なされ、北米大陸におけるのと同様の手法、つまり「無主の地」としての支配は用いられなかった（古矢 2004: 56）。後述のように、基本的に北米大陸と同様の扱いも受けなかった。「新たな領有地」においてヨーロッパ系アメリカ人の社会を築くことは不可能と考えられたともいえる。

だが、20世紀のアメリカはこの「海洋帝国」を「自由の帝国」の延長として正当化し、ヨーロッパ帝国主義とは異なる形の「非公式の帝国」を目指したといえる。すなわち、自らの理念を掲げ、「経済的コントロール、文化的浸透、対外援助、軍事介入の脅しといった、いわば植民地化未満の諸手段」を通して行われる支配である（古矢 2004: 60-1）[8]。

---

[7] これらの海外領土をまとめた正式な名称はないが、Thompson (2010) は「帝国の群島（imperial archipelago）」と名づけている。

[8] これはアメリカにおける海軍の勢力伸張とともに展開されたという点も重要である（古矢 2004: 105-9）。

アメリカは「自由の帝国」としてこれらの島々の領有を取るに足らない問題と見たかったであろう。だが、地理的・軍事的な重要性ゆえに、それらがなければ「海洋帝国」は成立しえないのであった。だからこそ現在に至るまで、海外領土の政治的地位に関する問題が解決されていないのである。

(2) 編入領土と非編入領土

これらの海外領土は、ハワイを除いて、それまでの1787年の北西部条例以降の準州から州への昇格という過程には組み込まれなかった[9]。それはつぎのような経緯で、編入領土と非編入領土を区別する領土原則が生まれたからである。まず米西戦争後すぐに、法学者や連邦議会議員のあいだでプエルトリコを中心とした新たに獲得した領土の位置づけをめぐる議論が巻き起こった。その議論は法廷に持ち込まれ、20世紀初頭に連邦最高裁判所で争われた一連の訴訟(いわゆる「島嶼事件(*Insular Cases*)」)となった。たとえばダウンズ対ビッドウェル事件において、1901年に連邦最高裁は、プエルトリコを非編入領土として、アメリカ合衆国に「属してはいる」がその「一部ではない」、「国際上の意味では外国ではない」が「国内的な意味ではアメリカ合衆国にとって外の存在である」と位置づけた。そしてこの島嶼事件を契機に、1898年のパリ条約によって新たに獲得された領土は、非編入領土と見なされるようになった。合衆国憲法の適用は編入領土については完全なものであるが、非編入領土については連邦議会の決定次第であるため部分的でしかない。また、編入領土は州になることを見越されているが、非編入領土は州になることを想定されていないのである (Leibowitz 1989; Statham Jr. 2002a) [10]。

---

9) アメリカが州以外の領土を統治する正当性の根拠は、憲法第4条第3節第2項にある。その最初の一文はつぎのようなものである。「連邦議会は、合衆国に直属する領土またはその他の財産を処分し、これに関して必要なすべての規則および規定を定める権限を有する」。

10) 非編入領土の比較研究には、法学者による Leibowitz (1989) と政治哲学者による Statham Jr. (2002a) がある。前者は事典的な趣があり、後者は政治的立場が鮮明であるという相違はあるが、両者とも非編入領土の存在そのものに批判的な姿勢を示している。また、歴史社会学の分野では、アメリカの植民地統治の比較を通じて、その背後にどのような論理がはたらいていたかを明らかにするものもある。Thompson (2002) は、ハワイ、プエルトリコ、フィリピン、グアムの統治を比較し、それらが人種や文化の違いに関する認識に基づいていたことを明らかにしている。Thompson (2010) も参照。Go (2004) は、フィリピン、グアム、サモアの統治における植民言説を比較し、人種概念自体が一義的ではなかったことを明らかにしている。

このような区別には、ヨーロッパ系アメリカ人がどれだけ居住しており、彼らがどのような立場にあるかということが関わっていた。それゆえ、ハワイだけは、編入領土としての扱いを受けたのである。その他の島々の多くは旧スペイン植民地であり、アメリカからの影響はそもそもほとんど受けていなかった。連邦議会はそれらの属領について、現地社会やその住民の文明化の程度や人種に対する認識に基づいて、それまでの領土と同じような自治は不可能であると見なしていたのである。一定の自治を認める基本法（組織法）はプエルトリコでは1900年、フィリピンでは1902年に成立するが、これは「植民による植民地化から、政治的支配による帝国主義へ」というアメリカの膨張主義の移行を示していた（Thompson 2010: 250）。また、非編入領土は一律に扱われたわけではなかった。アメリカは現地社会やその住民の文明化の程度を調査・判断し、それに応じるような形で政治制度を作っていったのである（Go 2004; Thompson 2002, 2010）[11]。

　また新たに獲得した領土をアメリカに含めるか否かは、アメリカのナショナル・アイデンティティに関わることでもあった。アメリカ文化研究のエイミー・カプランは、「帝国というアナーキー」という観点から、編入領土と非編入領土の問題についてつぎのように指摘する。アメリカ帝国における国内的なもの（ドメスティック）と国外的なもの（フォーリン）の境界の混乱状態のなかで、問われていたのは「アメリカ合衆国の置かれた地位の曖昧さ」であり、そこでの関心は「アメリカ合衆国の概念上・政治上の境界とナショナル・アイデンティティの一体性を確保することだった」（Kaplan 2002＝2009: 14〔訳文を一部変更〕）。アメリカはこれらの領土を必要としたが、それらすべてを自らの一部にはしなかったのである。

(3) アメリカ市民権の有無

　非編入領土は対外的にはアメリカであるので、その住民はアメリカ国籍を有するとされた。しかし市民権は別であった。ハワイのようなアメリカが編入する意思のある領土の住民には早い段階で市民権が付与されたが、非編入領土のほとんどの住民は「市民権のない国民」という地位に長いあいだ置かれた[12]。

---

11)　ラニー・トンプソンによれば、ほとんどの伝統的な歴史研究においては、新たな領有地と古い州や準州とのあいだの差異に目が向けられ、新たな領有地のあいだの／内側の差異がなおざりにされてきた。同質的な「他者」が想定されてきたのである。そして、「植民地言説とローカルな状況が共同の決定要因であった。すなわち、それらの相互作用が帝国の群島における多様な統治形態を生み出し、正当化した」と述べる（Thompson 2010: 4-6）。

政治学者ロジャーズ・スミスによれば、革新主義時代（1898年頃からの約20年間）におけるこれらの領土の市民権は4つの部分からなる序列構造となっていた。①エスニックかつイデオロギー的な特性のためにアメリカから排除された人びとの地位（フィリピン人）、②市民権には人種的に不適格であると見なされた属領住民に留保された植民地臣民権（グアムの現地住民〔ネイティヴ・レジデント〕）13)、③市民権行使が不可能な人種への形式的市民権付与と見なされた二級市民権（プエルトリコ人）、④十全な市民権（ハワイとアラスカのほとんどの住民）である（Smith 1997: 429-30）。

　また本来、アメリカ市民権における出生地主義は州にのみ適用されるものであった。しかし、非編入領土住民それぞれへの市民権付与に続いて国籍法が改正されることによって、非編入領土にも出生地主義が適用されるようになっている。グアムの場合は1952年である。ただし、アメリカ領サモアの住民は、アメリカ国民ではあるが市民権を持たないまま現在に至っている。さらに、同じ生来のアメリカ市民といっても、その市民となる根拠は2つに区別しうる。合衆国憲法の規定による「憲法による市民権」と、連邦議会の定めた法律（基本法や国籍法など）による「議会による市民権」である。前者は州で生じる市民権、後者は非編入領土で生じる市民権である。後者の権限は、連邦議会の決定によって一方的に剥奪されることもありうる（Leibowitz 1989: 334）。

(4) 海外領土の現在

　第2次世界大戦後、とくに1960年代以降、非編入領土において自治の進展があり、もともとの「人種」や「文明化」の程度に基づいた政治制度の多様性は、基本的な枠組みの点では収斂する傾向にある。グアムとアメリカ領サモアは、1950年前後に軍政から民政へと移行した。北マリアナ諸島の住民には、1976年のアメリカとのコモンウェルス盟約の締結によって、1986年の信託統治の終焉と同時にアメリカ市民権が付与された14)。

---

12) 同様の地位は大陸の被植民者にすでに見られていた。大陸での「権利と義務のモザイク」、「文明化」の度合いの恣意的な判断、市民権付与の支配の側面などについては、水野（2007）を参照。アメリカにおける「国民」と「市民」の意味、市民権の歴史については、高佐（2003）を参照。

13) 当時の国勢調査から、これは実質的にチャモロ人のことであるといえる。

14) プエルトリコと北マリアナ諸島は、アメリカのコモンウェルスとなったが、非編入領土であることに変わりはない。フィリピンも1935年から、日本の軍政を挟んで、1946年の独立までコモンウェルスであった。しかしそれらはコモンウェルスを公的な名称に含むアメリカの4つ

連邦議会下院への代表選出は、もともとは準州やフィリピンやプエルトリコにのみ認められていたが、1970年代以降は他の非編入領土にも認められ始めた。フィリピンやプエルトリコでは常駐弁務官（Resident Commissioner）、その他の非編入領土では代表（Delegate）という名称である。この代表・常駐弁務官は、通常の議員とは異なり、その議決権は委員会に限られ、本会議では認められていない。この制約のある議員は、北マリアナ諸島にも2008年5月に成立した連邦法によって認められ（2009年1月に着任）、おもな非編入領土のあいだで共通の制度となった。知事の公選制も、非編入領土のあいだで共通のものとなっている。

　ただし、非編入領土のあいだで自治や国政参加の制度が近似してきているとはいえ、大小の相違はまだ残されている。たとえば、これらの非編入領土のなかではアメリカ領サモアと北マリアナ諸島が特異な存在である。アメリカ領サモアは前述のようにアメリカ市民権が付与されないままであり、首長制を維持した自治制度と先住民に有利な土地所有制度を持ち、出入国管理も自前で行っている。北マリアナ諸島は、下院に代表を送るようになったほかに、出入国管理を連邦政府に任せるようになるなど（「連邦化（federalization）」と称される）、隣のグアムに類似した制度になってきている。しかし、北マリアナ諸島は、アメリカ領サモアと同様に先住民に有利な土地所有制度を保持している。島嶼という地理的特性から土地は貴重なものであり、外来者が容易に土地を取得できれば、先住民の文化や経済に甚大な影響をおよぼすため、土地譲渡の制限が行われている[15]。両者においては、米軍が何十年も前から駐留をやめている上に、土地接収による問題が生じていないか、大きくなっておらず、それが先住民の土地所有制度維持を可能にした[16]。

　自治の進展の一方で、これらの海外領土はいまだに脱植民地化に関する課題を

　　　の州（ケンタッキー州など）や、よく知られている主権国家の連合であるイギリスのコモンウェルス（英連邦）などとはまったく別物である。このコモンウェルスに法的定義はなくその中身は交渉次第であるが、非編入領土が自治を高め、連邦政府の権限を抑制するために求める政治的地位となっている（Leibowitz 1989: 47-56）。それがアメリカのコモンウェルスのあいだで権限が異なる理由である。
15)　北マリアナ諸島（CNMI）では、CNMI憲法の第12条により、土地所有権が「北マリアナ系（Northern Mariana descent: NMD）」の人びとにのみ認められている。この土地所有の規定を延長するかどうかを決める住民投票の有権者登録資格者に関しても議論が巻き起こっている。Torres（2012）も参照。
16)　ただし、たとえば北マリアナ諸島のファラリョン・デ・メディニリャ島は米海軍の爆撃演習場として使用されているし、テニアンの北側3分の2の土地は米軍に貸し出されている。

抱えている。ハワイ、アラスカ、プエルトリコ、パナマ運河地帯、グアム、アメリカ領ヴァージン諸島、アメリカ領サモアなどが、1946年に国連憲章第73条第5項に基づいて、アメリカによって非自治地域として通知され、非自治地域リストに登録された。そのなかで、ハワイ、アラスカ、プエルトリコは自己決定権を行使したとして、パナマ運河地帯はパナマに返還されたためにリストから削除された。しかし、脱植民地化を達成したとされるハワイやプエルトリコでも、いまだに自己決定や脱植民地化の問題がくすぶっている[17]。

プエルトリコでは、1998年に行われた政治的地位を選択する住民投票で「どれでもない」という選択肢が50パーセント以上獲得するなど、住民の置かれている状況やアイデンティティの複雑さがうかがわれる[18]。アメリカの主流社会においてもプエルトリコの脱植民地化という課題は先送りされ続けてきた（阿部2002）。

アメリカ領サモアの人びとは、前述のように、アメリカ国民であり、アメリカのパスポートを持てる。1951年の米海軍基地の撤収以降、サモア人のハワイやアメリカ本土への移住は進み、アメリカ領サモアとアメリカとの社会的・経済的なつながりは深まっている（山本2000: 306-11）。また、「われわれは植民地ではない」として非自治地域リストからの削除を求める動きがある一方、そういった動きが連邦政府とつながっているということを警戒する見方もある[19]。独自の自治制度がある上にサモア人が大多数を占める社会であり、「アメリカ先住民の居留地などのように、国家内国家を形成しているともいえよう」（山本2007: 368）という指摘もある。サモアもマリアナ諸島と同様に分断されてしまっているが、アメリカ領サモアとサモア独立国のあいだの社会的・経済的・文化的な格差は広がっており、前者においては統一・統合には反発がある（山本2000: 310）。

---

17) 1960年以降は植民地独立付与宣言履行特別委員会（脱植民地化特別委員会、24カ国委員会）が非自治地域の脱植民地化に重要な役割を果たしてきた。宣言採択30年後の1990年から2000年までは「植民地主義廃絶のための10年」と国連総会で宣言され、残された非自治地域人民の自己決定権行使に向けて委員会の活動は続けられた。2014年現在もリストに登録されているのは17地域ある。最近の例では、2002年に東ティモールが独立によりそのリストから外された一方で、2013年5月にフランス領ポリネシアは再登録された。
18) プエルトリコではこのような住民投票がこれまで1967年、1993年、1998年、2012年と4度行われてきた。
19) アメリカ領サモア、プエルトリコ、アメリカ領ヴァージン諸島においても先住民アイデンティティの形成やエスニック集団間の対立はあるが、ハワイやグアムほどではない。非編入領土における先住民アイデンティティについてはBarker ed.（2005）を参照。

表 0-1　カリブ海と太平洋におけるおもなアメリカ領

	ハワイ(1898〜1959年)	プエルトリコ	グアム	アメリカ領サモア	アメリカ領ヴァージン諸島	北マリアナ諸島(サイパンなど)
公用語(現在)	英語 ハワイ語	スペイン語 英語	英語 チャモロ語	英語 サモア語	英語	英語 チャモロ語 カロリン語
米国帰属年	1898年 米両院合同決議	1898年 パリ条約 スペインから割譲	1898年 パリ条約 スペインから割譲	1899年 英米独の協定 東サモアを領有	1917年 デンマークから購入	1978年 米国との盟約 (1947〜86年まで国連信託統治)
政治的地位	編入領土 準州	非編入領土 コモンウェルス(1952年〜)	非編入領土	非編入領土	非編入領土	非編入領土 コモンウェルス(1978年)
基本法、憲法	基本法(1900年)	基本法(1900年) 憲法(1952年)	基本法(1950年)	憲法(1960、1967年)	基本法(1936、1954年)	憲法(1978年)
米国市民権の付与	1900年	1917年	1950年	なし(国籍のみ)	1927年	1986年
大統領選挙への参加	なし	なし	なし(非公式投票)	なし	なし	なし
連邦議会議員	下院に代表(1900年〜)	下院に代表(1901年〜)	下院に代表(1973年〜)	下院に代表(1981年〜)	下院に代表(1973年〜)	下院に代表(2009年〜)
軍政期間	1941〜44年	1898〜1900年	1899〜1950年	1900〜51年	1917〜31年	1945〜62年
公選知事	なし	1949年〜	1971年〜	1978年〜	1971年〜	1978年〜
独自の出入国管理	なし	なし	なし	あり	なし	なし(2009年11月まであり)
独自の土地制度	先住民への土地貸与	なし	先住民への土地貸与	先住民の土地所有優遇(首長制)	なし	先住民の土地所有優遇
米軍(現在)	陸軍、海軍、海兵隊、ナショナル・ガード	ナショナル・ガード	海軍、空軍、ナショナル・ガード	なし(1951年まで海軍)	ナショナル・ガード	訓練場(その他：1953〜62年、海軍技術訓練隊(CIA))

出典：筆者作成

　また、非編入領土のグアムと北マリアナ諸島、州のハワイでは、流入する移民・移住者の増加により、脱植民地化の問題はより複雑になっている。被植民者がそれらの地域内でさえ「先住民化」するという現象が生じ、先住民と非先住民のあいだのみならず、先住民同士のあいだでさえ、さまざまな対立が生じているのである。

(5) ミクロネシアの自由連合国

　ミクロネシア連邦、マーシャル諸島共和国、パラオ共和国といったミクロネシアの自由連合国では、通貨は米ドルであり、公用語には英語が含まれている。後述の自由連合協定によって、それぞれの市民は、「移民としてではなく、アメリカに入国し、職業に従事し、住居を定めることができる」。自由連合国とアメリカとのあいだには、国境やナショナリティという点で、通常の国家間・国民間のものとは異なる関係がある。

　実際、これらの自由連合国は、曖昧な政治的地位に置かれている。名目上は独立しているが、実質的には独立国とはいえないのである。矢崎幸生が論じるように、アメリカ政府はこれらの国々を独立国と見なしていないし、自由連合協定においては自治が認められているだけである。アメリカに安全保障・防衛を委ねているのみならず、それに関連して外交も制約を受けている。しかも、仮に終了手続きがとられて自由連合関係が解消されたとしても、ミクロネシア領域への第三国軍隊アクセス拒否権の無効化には、マーシャル諸島とミクロネシア連邦は付属協定、パラオは本協定において、双方の合意が必要とされている。そうしたことから、矢崎はこれらの自由連合国をアメリカの「保護国的独立国」と呼んでいる（矢崎 1999: 314-6, 345-7）。

　こうした政治的地位の創出はアメリカの軍事的な関心によるところが大きいのは明らかである。それは信託統治協定と自由連合協定のそれぞれの成立時の過程を見れば分かる[20]。

　第2次世界大戦後の1947年、日本の旧南洋群島は、アメリカを施政国とする国連の太平洋諸島信託統治領（TTPI）となった。信託統治制度の目的について、国連憲章の第76条a号には「国際の平和及び安全を増進すること」とある。そして、同条b号にはつぎのようにある。「信託統治地域の住民の政治的、経済的、社会的及び教育的進歩を促進すること。各地域及びその人民の特殊事情並びに関係人民が自由に表明する願望に適するように、且つ、各信託統治協定の条項が規定するところに従って、自治または独立に向っての住民の漸進的発達を促進すること」。TTPIの場合は、施政国であるアメリカがこの目的を果たすよう統

---

[20] TTPIの成立については池上（2014）、その脱植民地化については、Kiste（1994）、前田（1991）、松島（2007）、矢崎（1999）、とりわけ、マーシャル諸島については、中原・竹峰（2013）や黒崎（2013）を参照。

治するということである。しかしそれは一般的な信託統治領ではなく、同地域を戦略地区とする戦略的信託統治領であり、アメリカによる軍事戦略上の理由での利用が可能となった。

TTPI 政府の本部はハワイのホノルルに置かれ、高等弁務官が任命された。軍政から民政へと移行したが、TTPI 政府は海軍の管轄のままであった。その広大な領域はいくつかの区域や地区に分けられて統治された。地区としては、当初、サイパン、ヤップ、パラオ、トラック（チューク）、ポナペ（ポンペイ）、マジュロ、クワジェリンの 7 つに分けられた。

1951 年 7 月 1 日には管轄が海軍から内務省に移り、1954 年に本部はグアムに移された。ただし、マーシャル諸島のかなりの範囲は内務省管轄ではなかった。ビキニとエニウェトックはアメリカ原子力委員会（Atomic Energy Commission: AEC）の管理下で 1946 年から 1956 年まで核実験が行われていたし、クワジェリンは米軍によって管理され基地が建設された。また、サイパンとテニアンは 1952 年 11 月から、ロタを除く北マリアナ諸島の残りは 1953 年 7 月から再び海軍の管轄下に置かれた。サイパンでは海軍技術訓練隊を隠れみのにして CIA（中央情報局）の秘密基地が建設され、国民党の中国本土への反攻の準備の支援が行われていたからである（矢崎 1999: 142-3; Rogers 2011: 215）。

信託統治の最初の約 15 年間、アメリカは消極的戦略をとった。すなわち、ミクロネシアは第三国排除のための地域として「潜在的戦略価値」をのみ認められたのである。日本統治時代の影響は意図的に消滅させられた（小林 1994: 15；矢崎 1999: 334）。アメリカは軍事的関心を優先させ、ミクロネシアの社会経済開発には制約が課せられた。当時の TTPI は「忘れられた島々」「錆びた領土」、その統治は「無視の陳列棚」「裏切られた信託」とも呼ばれた（矢崎 1999: 156）。

1960 年代に入ると、脱植民地化の国際的潮流および圧力のなかで、アメリカの TTPI に対する政策は政治的にも経済的にも変化した。まず、1961 年に現地調査を行った国連視察団は、①不十分な交通手段、②戦争被害に対する賠償要求問題解決の失敗、③軍用地収用に対する不十分な保障、④マーシャル諸島のミサイル発射実験場の置かれた島における住民の劣悪な生活環境、⑤不十分な経済開発、⑥不十分な教育計画、⑦存在しないと同様の住民に対する医療サービス、を指摘し、1950 年代のアメリカによる統治を厳しく批判した（矢崎 1999: 159）。

その後、統治政策は転換する。国連視察団の批判を受け、ケネディ大統領は予

算を増額し、教育・医療・交通などの分野で新しい計画や事業を開始させたほか、1962年にハーヴァード大学の経済学者アンソニー・ソロモン教授率いる調査団を任命した[21]。この調査団は1963年7月から8月にかけて現地調査を行い、同年10月にケネディ大統領に「太平洋諸島信託統治領への合衆国政府調査団報告書」を提出した。「ソロモン・レポート」と呼ばれる同報告書は、この地域の戦略的重要性からTTPIをアメリカに統合するため、連邦政府が社会経済的な開発を推進する必要性を認識し、援助額を増大させたり、平和部隊を派遣したりするよう求めた[22]。同報告書が提出された翌月にケネディ大統領が暗殺されたため、勧告内容に従って政策が実施されたかどうかについては議論がある（矢崎1999: 162-5; 小林1994: 126）[23]。

また政治面においても変化が見られた。1962年にサイパンの基地が閉鎖され、北マリアナ諸島は再び内務省管轄下に入り、TTPI政府の本部がグアムからサイパンに移されることとなった。TTPIがすべて内務省管轄下となったため、統治機構も改められ、地区もマリアナ、マーシャル、パラオ、ポナペ、トラック、ヤップの6つとなった。1965年にはミクロネシア議会、1967年には同議会のなかに「将来の政治的地位に関する委員会（Future Political Status Commission: FPSC）」が設置された。FPSCは検討を行った結果、自由連合、独立、アメリカへの併合、現状という4つの政治的地位の可能性を示し、自由連合を推した。

1969年10月から、FPSCとアメリカ政府とのあいだで政治的地位に関する交渉が開始された。アメリカは自由連合の提案を拒否し、非編入領土やコモンウェルスを望んでいた。折しも、同年7月に発表されていたニクソン・ドクトリン（グアム・ドクトリン）で示された軍事構想は、ミクロネシアの戦略的重要性を高めるものであった。そうしたなかで、マリアナ地区（北マリアナ諸島）だけは単独でコモンウェルスを求めるようになった。そして、1971年にアメリカ政府はマ

---

21) このような対ミクロネシアの政策転換は、ケネディ政権以降のアメリカの第三世界諸国に対する新植民地主義政策の展開のなかに位置づけられよう。もちろん、当時のアメリカ政府にはTTPIの政治的独立さえも阻止する考えがあった。ケネディ政権以降の新植民地主義については、松下（1992）を参照。

22) ソロモン・レポートは3部構成で、秘密扱いのままの第1部の内容は1971年7月にハワイ大学のミクロネシア人学生グループによって明らかにされ、広く知られることとなった（矢崎1999: 164, 196）。

23) 国連の視察団によって指摘された戦後補償問題については、1960年代末からアメリカ政府と日本政府の取り組みが行われることになる。本書第3章を参照。

表 0-2 ミクロネシア諸地域・諸国（グアムと旧太平洋諸島信託統治領）

	グアム	北マリアナ諸島	ミクロネシア連邦	マーシャル諸島共和国	パラオ共和国
首都・主都	ハガッニャ	サイパン島ススペ	パリキール	マジュロ	マルキョク
面積（km²）	549	457	702	181	459
人口	159,358	53,883	103,619	52,428	20,470
公用語	英語、チャモロ語	英語、チャモロ語、カロリン語	英語	マーシャル語、英語	パラオ語、英語
政治的地位	非編入領土	コモンウェルス（完全移行1986年）	自由連合国	自由連合国	自由連合国
憲法	基本法(1950年)	1978年	1979年	1979年	1981年
自由連合協定	−	−	1986年	1986年	1994年
通貨	USドル	USドル	USドル	USドル	USドル
GDP（百万ドル）	4,577	733（2002年には1,221）	297	166	222
1人当たりGDP(ドル)	28,721	13,604	2,678	3,069	10,822

出典：U.S. BEA（2012）、国際連合統計局（2013）より筆者作成
注：データは2010年。

リアナ地区、パラオ地区、マーシャル諸島地区における軍事基地の建設計画を発表した。そのためパラオ地区やマーシャル諸島地区は、自分たちに有利な条件を求めて、個別に交渉することを決めた（小林 1994: 129-48; 矢崎 1999: 205-12）。

　1975年には憲法会議でミクロネシア連邦憲法草案が採択され、トラック、コスラエ、ポナペ、ヤップ、マーシャル諸島、パラオの各地区で住民投票が行われ、マーシャル諸島とパラオの2地区以外では承認された。その後、1976年3月に北マリアナ諸島コモンウェルス盟約が締結され、1978年に憲法が発布され北マリアナ諸島コモンウェルス政府が誕生した。その一方で、1978年4月には、マーシャル諸島政治的地位委員会、パラオ政治的地委員会、残り4地区の「将来の政治的地位及び移行委員会」の各代表とアメリカ政府の代表とで、ハワイのヒロで会議が開催され、「自由連合のための合意原則」、いわゆるヒロ原則が調印された（矢崎 1999: 259-60）。1979年にはミクロネシア連邦とマーシャル諸島共和国、1981年にはパラオ共和国で憲法が施行され、それぞれがアメリカとの自由連合協定の交渉を開始した。このようなミクロネシア内での分裂をともなう脱植民地化が、アメリカにとっての戦略的重要性における持てる者と持たざる者のあいだで生じていたということは明らかである（Kiste 1994: 233）。

　その後、マーシャル諸島とミクロネシア連邦はそれぞれ、1983年に住民投票で自由連合協定案が承認され、1986年に自由連合国となった。パラオは1993年

に自由連合協定が承認され、翌年に独立した。パラオ独立が遅れたのは、憲法の非核条項と矛盾する自由連合協定の承認をめぐってパラオ内で激しい対立が生じたからである。

2　グアムにおける植民地主義とチャモロ人の社会運動

ミクロネシアに位置するグアムは、島嶼事件以降に実質的に非編入領土と見なされるようになり、のちの1950年グアム基本法でそのことが明記された。アメリカ国内では「植民地」という政治的地位はないが、歴史や政治制度の面から実質的に植民地である[24]。前述のように国連の非自治地域リストに登録されたままであることからもそういえる。

その非編入領土という政治的地位のなかで、地元の指導者や政治家らの運動によって、段階的に政治発展が行われてきた。グアム基本法では、軍政から内務省管轄下での民政に移行し、住民にアメリカ市民権が付与された。1968年に連邦議会で成立したグアム公選知事法によって、1971年には公選知事が誕生することとなった。1972年には連邦下院への代表が公式に認められ、翌年から送り出されている。

ただし、州ではなく非編入領土であるため、グアム住民はアメリカ市民であっても、エスニシティや人種に関係なく、国政への参加が制限される。まず、グアム住民は連邦議会の完全な議員を選出できない。つまり、下院代表の役割には多少の制約があるし、上院には議員どころか代表もいない。そして、グアム住民は大統領選挙での選挙権を持たない。ハワイ州で大統領選挙に投票できた者も、グアムに移住すれば投票できないのである。党の活動である予備選挙・党員集会には州と同様に参加できるが、本選挙時には非公式投票となり、住民は意思表示をする機会を持つだけである。他の州に移住しなければ、完全なアメリカ市民権を行使できないというわけである[25]。

グアムがアメリカ領となったとき、グアムで暮らしていたのはほとんどがチャ

---

24)「政治的地位（political status）」という用語は、一般的にはあまり馴染みがないが、「独立国」や「州」などのような政治体としての地位を意味する。また、日本ではグアムをアメリカの「準州」とする場合もあるが、本書では用いない。前述のように、非編入領土はそれまでの「準州（編入領土）」とは異なるからである。

25)　グアムの政治的地位の詳細については、Leibowitz（1989）やStatham（2002a）を参照。

モロと呼ばれる「原住民」である。それゆえ、その後にアメリカ、アジア、ミクロネシアの他の島々からグアムに移住してきた人びとに対して、チャモロ人は相対的に「先住者」といえるし、チャモロ人のあいだでも自らを「先住民」とする意識がある。グアムとアメリカの関係を論じるとき、グアムの政治的地位の問題と同時に、そこに暮らす人びと、とりわけチャモロ人の位置づけについても考えなければならないのである。

　重要な社会問題のひとつとして土地問題もある。第 2 次世界大戦中・戦後、米軍はグアムを重要な拠点と位置づけ、大規模な基地建設を行ったが、その軍用地の多くは、グアムの住民であるチャモロ人から接収した土地であった。米軍は連邦政府で成立した法に則り、接収を行った。しかし、戦争による荒廃で、住民が不安に陥っているなかで、一方的に行われた接収は多くの問題を孕んでいた。いまでも返還、賠償、補償を望む多くの人びとがいる。また、第 2 次世界大戦でグアムを占領した日本軍の行為もいまだにチャモロ人を苦しめており、戦後補償問題として続いている（Souder 1992; GWCRC 2004）。

　1970 年代以降はグアムの政治的地位が本格的に議論され始め、多くの住民団体が活動を行ってきた。土地問題においても、住民による賠償請求運動が行われたり、チャモロ人の土地権を定める法律が成立したり、さまざまな取り組みが行われてきた。そうしたチャモロ人の社会運動を基盤として、アメリカの植民地主義やレイシズムをテーマとする人文社会科学の研究が当事者・非当事者双方から生み出されてきた。歴史的不正義や現在も継続する不平等および差別が、さまざまな形で問題化されてきたのである（Stade 1998; Dames 2000; M. Perez 2005b）。

　その一方で、チャモロ人の運動や集団の権利に対する懐疑的な見方が、同じくらい早い時期から続いており、2000 年以降はバックラッシュと見なしうるような動きも出ている。しかもそのバックラッシュに携わる人びとは、チャモロ人に対する差別的な言動を表に出しているわけではなく、一見レイシストと呼びうるようなものではない。むしろ彼らは、チャモロ人の運動やグアム政府によって、自らが差別やレイシズムの対象となっているという逆差別のような問題を提起している。彼らは合衆国憲法や国際規範を持ち出し、それによって自らを普遍主義の側に位置づける。そして自分たちの考えを受け入れない人びとを、他者として差異化し、排除しようとする。しかしそれはかならずしも、アメリカ人（白人）とチャモロ人の生物学的な優劣を主張するわけではない。

こうしたグアムの住民のあいだの認識のずれや、バックラッシュの側の普遍主義的な言説が持つ社会的作用について検討することは、現在ますます重要になっている。たしかにグアムでのバックラッシュはいまのところチャモロ人の運動ほどには大きなものとなっていない。チャモロ人の運動にとっては目障りな程度であろう[26]。しかしグアムがアメリカ領であるかぎり、アメリカのマイノリティの運動や集団の権利と同様に、チャモロ人の運動もこうした形でのバックラッシュの問題はついてまわる。それゆえ、グアムにおける新たな状況を踏まえ、植民地主義やレイシズムについて新たな観点から考察する必要がある。そこで本書で着目するのがカラーブラインド・イデオロギーである。カラーブラインド・イデオロギーとは、「カラーブラインド（肌の色を区別しない）」を支持するものであり、レイシズムや植民地主義を擁護するものではないが、結果的に既存の人種秩序や植民地支配を正当化してしまうものである（第1章参照）。本書は、チャモロ人の運動とそれに対するバックラッシュを対象とし、歴史的不正義に関する認識やカラーブラインド・イデオロギーについて考察する。

3 本書の構成と資料

本書は序章と終章を含めて、11の章で構成される。第1章では、理論的枠組みと先行研究の整理を行う。まず、アメリカにおけるカラーブラインド・レイシズム論やハワイにおけるカラーブラインド・イデオロギー論を検討し、それらの議論の特徴を明らかにする。そして、本書でもカラーブラインド・イデオロギー論を中心に据えることとし、グアムにおける植民地主義やレイシズムに関連する先行研究の整理を行う。

第2章では、アメリカによる植民地支配の社会的・文化的な影響という観点から、歴史研究と統計データに依拠しつつグアムの歴史を整理する。多文化社会、軍事化、アメリカ化がキーワードとなる。第3章では、第2次世界大戦と日本軍占領統治の体験・記憶を中心に据えながら、チャモロ人のアメリカ愛国主義について考察する。具体的には、土地賠償請求と戦後補償要求の過程におけるグアム

---

[26] 筆者がチャモロ人の何人かの活動家や研究者にこのバックラッシュについて質問すると、一様に顔をしかめながら「誰も気にしてない」と答えた。運動に関わっている人びとはまさにバックラッシュの非難の対象であり、当事者であり、そのことがこの問題の扱いの難しさにつながっているのではないであろうか。そして、ここに本書の意義もあるといえる。

の住民や政治家たちと連邦政府の政治家たちとの交渉を取り上げる。第4章では、チャモロ・ルネサンスとも呼ばれるチャモロの文化復興運動とチャモロ・ナショナリズムの歴史や現状を確認したあと、チャモロ人のライフヒストリーを見ていく。チャモロ人のハイブリッド性やディアスポラ性に着目しつつ、アメリカの植民地としてのグアムの歴史のなかでのチャモロ・アイデンティティの多様な姿を浮かび上がらせる。

第5章から第7章にかけては、チャモロ・ナショナリズムを中心とするチャモロ人の社会運動の展開とその帰結を見ていく。第5章では、アメリカ化や軍事化といったグアムの状況において、チャモロ・ナショナリストたちが知の脱植民地化ともいうべき批判的な言論活動を行い、チャモロ人の自己決定権や土地権につながるチャモロ・アイデンティティの高揚に寄与していったということを論じる。第6章では、チャモロ・ナショナリストによる脱植民地化運動のなかで、自己決定や主権がどのように追求され、植民地化という歴史的不正義がどのように認識されてきたかを明らかにする。第7章では、グアムの土地問題をめぐる動きを確認し、チャモロ人の土地権を確立する法制度が整備されるなかで、どのように歴史的不正義が認識されてきたかを明らかにする。

第8章と第9章では、チャモロ人の権利や運動に批判的な動きを取り上げる。第8章では、チャモロ人の自己決定権、とりわけチャモロ人のみの住民投票の合憲性をめぐる議論を取り上げ、カラーブラインド・イデオロギーの展開を分析する。第9章では、チャモロ人の土地権の合憲性問題を取り上げる。とりわけチャモロ人のみに土地を貸与するチャモロ土地信託法に対する批判が、どのようにカラーブラインド・イデオロギーに基づいているかを分析する。

終章では、グアムの先住民運動における歴史的不正義の重要性を確認し、カラーブラインド・イデオロギーの特徴を整理し、多文化主義の議論のなかに歴史的不正義の議論を位置づける必要性を提起し、最後にグアムの将来について若干の展望を述べる。

本書に関わる現地調査は、2003年3月から2012年9月までの10年間にわたって断続的に実施された。おもな調査は、グアムで2006年9月から12月の3カ月間、2007年6月から11月の6カ月間、ハワイで2007年1月から6月の5カ月間行い、その他に北マリアナ諸島（サイパン、テニアン、ロタ）でも短期調査を行った。

本書で対象とする時期は第2次世界大戦後、とりわけ1970年代から2010年頃までとなる。それゆえ、当時の公文書、法律、統計資料、新聞・雑誌、住民団体のビラ・パンフレット・報告原稿などが重要な資料となる。なかでも新聞・雑誌は、記事による事実関係の把握のみならず、社説、コラム、投稿、広告などから多くの情報を得ることができる。そのため、対象時期すべてではないが、地元紙・誌のかなりの部分に目を通した。

　文献資料は、現地の行政機関や研究機関で、または関係者から入手した。グアム政府の脱植民地化委員会、土地管理局、観光局、統計・計画局、グアム大学図書館、グアム大学ミクロネシア地域研究所（Micronesian Area Research Center: MARC）、グアム公立図書館、北マリアナ大学のCNMIアーカイブズ、ハワイ大学マノア校ハミルトン図書館パシフィック・コレクションなどで調査を実施した。その他に、個人が所蔵する文献資料をコピーさせてもらったり、譲り受けたりすることができた。

　現地調査ではインタビュー（聞き取り）を含むフィールドワークも行った。インタビュー対象者は、チャモロ人活動家、政府職員、文化実践者、大学の研究者、学生、その他のチャモロ人住民である。本書で対象とするチャモロ人の運動、権利、文化に大きな関心を持ち、それらに関連した活動を行っている人びとである。インタビューは文献資料で知りえない情報を得るためと、チャモロの文化やアイデンティティの理解に必要と思われたライフヒストリーを収集するために行った。対象者の自宅、公園、会議室、レストランなどでのほかに、移動の車中でも行った。

　それら以外にも、チャモロの文化、権利、運動に関連するものを中心にさまざまな場に出かけ、多くのデータを得ることができた。たとえば、筆者が長期滞在した2006年、2007年頃は、沖縄からの海兵隊移転を含む米軍増強計画が活発に議論され始めた頃で、それに関連した集会や公聴会がたびたび開催されていた。また、観光の中心地タモンなどで、チャモロ人活動家や文化実践者が参加する、チャモロ人埋葬地の慰霊祭も開催されていた。タモン周辺は数百年以上前までチャモロ人の村であり、至る所が埋葬地となっている。しかし観光開発でその埋葬地が掘り返され、それに対してチャモロ人が抗議をするということが、1980年代から続いており、2000年代半ばにもたびたび起こっていた。チャモロのダンスやチャントの練習やイベントにも日常的に参加した。

第1章 植民地主義・レイシズム研究におけるカラーブラインド・イデオロギーの位置づけ
―理論的枠組みと先行研究―

1 アメリカにおけるカラーブラインドと歴史的不正義

(1) バックラッシュにおけるカラーブラインド
アファーマティヴ・アクションなどへのバックラッシュ

アメリカにおける1950年代、60年代の黒人の公民権運動の盛り上がりによって、1964年の公民権法や1965年の投票権法などが成立した。そうしたなかで連邦政府が中心となって推進し、実施されていくこととなったのが「アファーマティヴ・アクション（積極的差別是正措置、以下AA）」と呼ばれるものである。現在では一般的に、人種、エスニシティ、性別による差別を法的に禁じるだけでなく、積極的に人種的マイノリティや女性の社会経済的平等を実現しようとする措置のことを指している。教育、雇用、公共事業の契約などに関連して実施されており、いわゆるクオータ（割り当て）制はその一部である。AAは、機会の平等だけでなく結果の平等をも、あるいは形式的平等だけでなく実質的平等をも目的としたものといえる[1]。

しかしその一方で、人種間の平等を目指す動きは、バックラッシュに直面する

---

1) たとえば、アメリカの政治社会学者シーモア・M・リプセットは、AAが2段階で進行したと説明する。第1段階（ケネディ、ジョンソン政権）では、教育や政治参加などの平等といった「機会の平等」を保障する立法措置が取られた。黒人がはめられている足かせをはずせば、同じ条件でスタートラインに立つことができ、自由に競争できるという考えに基づいていた。だが差別撤廃や社会経済的不平等の解消にはそれでは不十分とされて、第2段階（ニクソン政権以降）では優遇措置や割り当てといった、集団にとっての「結果の平等」を重視する措置が取られるようになった（Lipset 1996＝1999: 169-75）。AAについては、政治哲学でも数多くの議論があり興味深いが、本書では十分に扱う余裕がない。さしあたり、Kymlicka（2001）の第9章やYoung（1990）の第7章を参照。

こととなる。社会学者のマイケル・オミとハワード・ウィナントによると、このバックラッシュ、つまり「人種的反動（racial reaction）」は、マイノリティの運動に刺激され、「1960年代後半に最初に現れ、1970年代に発展し、1980年代に成熟に至った」（Omi and Winant 1994: 117）。人種的反動勢力は、人種間平等について反対したわけではない。「そのヴィジョンは、指導者の選出、雇用決定、商品・サービス全般の配分に、けっして人種上の考慮が含まれてはならないという『カラーブラインド』社会である」（Omi and Winant 1994: 117）。カラーブラインド（肌の色を区別しない、考慮しない）社会を規範的なものとするため、AAなどでマイノリティに集団の権利を与える政策は許容できないものとされる。また、人種的マイノリティが優遇されているため、むしろ自分たち（白人、とりわけ白人男性）が人種差別の犠牲者となっていると主張する[2]。こうした考えは、反AAの訴訟や住民投票の動きにつながり、実際に認められてきた。周知のように、1978年のバッキ判決はAAそれ自体ではないがクオータ制を否定し、注目を集めた。また、1996年のカリフォルニア州における住民提案209号は、AAを禁じるものであり、その採択は大きな出来事であった。その後も同様のことが続いている[3]。

一見すると平等の実現を標榜するカラーブラインドの考えが、AAなどの人種間の実質的平等を目指そうとする動きへのバックラッシュのなかに表れている。このような意味でのカラーブラインドがポスト公民権時代にどのように成立してきたか、どのようなものであるかを簡単に整理しておきたい。

経済的背景と政治勢力

背景のひとつとして指摘されるのは1970年代のアメリカの不景気である。この時期には、北東部における鉄鋼、ゴム、自動車製造などから、南部や西部におけるエレクトロニクス技術や先端技術へと産業転換が生じており、北東部で産業空洞化が進んでいた。また、連邦政府の財政赤字が問題化していた。こうした経済状況の悪化によって社会的不安が広がり、福祉国家批判やAA批判が生じることとなった。白人のあいだで、自分たちこそが被害者だという意識が生まれ始めたのである（Omi and Winant 1994: 114-6）。

---

2) だが、AAについては、公民権運動という「下から」の力と連邦政府という「上から」の力が入り組んで実施されてきた政策であるという点も当然ながら押さえておく必要がある。ニクソン大統領の1969年の政策によってAAに優遇措置が加わったことの考察として、AAの誕生と展開を整理した中條（2009）を参照。

3) ここでは反AAの動きについて詳述する余裕はないが、さしあたり上坂（1992）を参照。

こうした経済的背景のなかで国民の政治意識も変化した。オミとウィナントによると、人種的反動はいくつかの政治勢力に分類でき、それらが相互に関係しながら展開してきたと見ることができる。極右は白人至上主義的であるがゆえに、支持を広く集めることはできず、周縁的な存在である。その意味で、1970年代以降、新右翼(ニューライト)と新保守主義(ネオコンサヴァティヴ)が主要なものであった[4]。新右翼は権威主義的ポピュリズムとつながり、新保守主義はそれから距離をとり、集団ではなく個人の機会の平等を唱えた。そして新右翼と新保守主義とが収斂していくと同時に、AAへの批判はそれらの勢力を超えて拡大していった。一方、1990年代以降のネオリベラルは、アイデンティティ政治によるアメリカ社会の分裂を恐れ、人種に関する主題を故意に避けようとしてきた。彼らが採用するのは、穏健な再分配と文化的普遍主義という中道的な枠組みである。人種に関する問題は、自己責任論や偏見の問題として扱われることとなった (Omi and Winant 1994: 117-36)。

政治的・思想的背景――アメリカ・ナショナリズム

こうした流れはアメリカの国民統合の原理の特徴によるところも大きいであろう。アメリカのナショナリズムは、エスニック・ナショナリズムや人種ナショナリズムとの対比で、しばしばシヴィック(市民的、公民的)・ナショナリズムと特徴づけられる。合衆国憲法などにおいては、国民は同質的で平等な個人からなるものと想定されており、民族の歴史や文化ではなく、抽象的で普遍的な原則に基づくことが明確にされている (古矢 2002)[5]。そうした思想に基づいたものがシヴィック・ナショナリズムである。もちろん、アメリカには人種ナショナリズムの潮流もあり、アメリカ・ナショナリズムが両義的なものであることは軽視されるべきではない (南川 2007: 24-8)。いずれにせよ、両義的なアメリカ・ナショナリズムが人種的反動の底流にあり、その一面であるシヴィック・ネイションとしてのアメリカという考えはそれに正当性を与えてきたといえる。

シヴィック・ナショナリズムあるいはシヴィック・ネイションという概念は、「カラーブラインド」の考えと密接に関連している。シヴィック・ネイション概念は、リベラルな社会や国家それ自体をカラーブラインドなもの、民族文化的に中立なものと見なしており、シヴィック・ナショナリズムはそれを規範とするも

---

[4] アメリカとの関連で保守主義を4つに分類した古矢 (2004) をさしあたり参照。

[5] それゆえに、アメリカにおいて、立憲主義と、アイデンティティ政治やマイノリティなどの集団の権利に対する否定的な反応とはきわめて親和性が高い。次項を参照。

のだからである。

　だが、政治哲学者ウィル・キムリッカは、シヴィック・ネイション概念に異議を唱える。特定のエスノナショナルな文化やアイデンティティの再生産を重要な目標とするエスニック・ネイションに対して、シヴィック・ネイションは「市民それぞれの民族文化的アイデンティティに関して中立的であり、民主主義や正義の何らかの原理にたいする忠誠という観点のみで、ネイションへの帰属を規定する」とされるが、それは誤りだというのである (Kymlicka 2001 = 2012: 31-2)。

　というのもリベラルな国家の「ネイション形成(ビルディング)」にも「社会構成文化 (societal culture)」への統合は必要となるからである。キムリッカのいう社会構成文化とは、「公的および私的生活 (学校、メディア、法、経済、政治など) における広範囲の社会制度で用いられている共通の言語を中核に持ち、ひとつの地域に集中している文化」のことである。現代の自由民主主義的な国家は宗教、セクシュアリティ、職業、思想・信条などにおいて多元主義的であるが、共通の言語や社会的制度によって制約されてもいる。特定の社会構成文化への統合は、ある集団 (≒マジョリティ) には有利に働くが、別の集団 (≒マイノリティ) にはそうではないのであり、それゆえにリベラルな国家の民族文化的中立性を信じるのは誤りなのである (Kymlicka 2001 = 2012: 30-5) [6]。言い換えれば、リベラルな国家であってもカラーブラインドを当てはめることは問題を引き起こすのである。

国民統合のあり方の変容

　つぎに確認しておきたいのが、ポスト公民権時代にカラーブラインドの考えや反AAが広がる一方で、多様性が称揚されてきたという点である。中條献は1960年代以後のアメリカの状況を「多様性にもとづく統合」と呼び、そこにおける「多様性」とは何かを問いつつ、この点について論じている (中條 2009)。

　この時期にはまず、国民統合のあり方に変化が生じた。すなわち、公民権運動を経て、非白人のマイノリティ集団も含めた国民統合が進み、「白人のアメリカ合衆国」は否定的に捉えられ、人種・エスニックな意味で「多様な国民」という認識が広がった。しかし、ここで問題なのは、人種・エスニック集団の「多様性」の語りとそれらの階層化や不平等への関心とは別のものであるということで

---

[6]　キムリッカは、国家モデルを「民族文化的に中立なもの」から「ネイション形成を行うもの」へと転換し、その上でマイノリティの権利を考察するよう主張する (Kymlicka 2001 = 2012: Ch.1)。

ある。たとえば、ヨーロッパ系の人びとの自らのルーツへの関心であり、エスニック・アイデンティティの高まりである、1970年代に大きな盛り上がりを見せた「エスニック・リヴァイヴァル」という現象がそうである[7]。また、その後に現れた多文化主義にアメリカを「分裂」させるというイメージがつけられてしまったことも、「多様性」の位置づけに関連している。さらに、マイノリティ集団の文化の承認の議論には、「消費社会の深化にともなう文化的多様性（とその商品化）の促進――"United Colors of Benetton"という宣伝文句に代表される文化的消費の礼賛――という背景」もある（中條 2009: 71-4）。

その一方で、AAが実施されるようになると、「究極のカラーコンシャス」なジムクロウ（人種隔離）社会を守ろうとしてきた人びとが「カラーブラインド」を支持するようになり、前述のようにAA反対派の勢力が拡大する。そのため、AAを維持しようとする側は、差別の是正ではなく、職場や学校の「多様性」の確保をAAの意義として主張するようになる。このようにして、「カラーブラインド」と「多様性」の主張が共存する「カラーブラインドな多様性」という考えが生まれ、人種・エスニック集団間の社会経済的不平等は無視されてしまう（中條 2009: 78-81）[8]。「多様性」に関する議論にこのような背景があるということを理解することは、文化的差異と社会的不平等の関係について考察するうえでも重要である（Wieviorka 2005）。

カラーブラインドの考えの浸透は、過去の人種間の対立や暴力をどう捉えるかという問題とも関連する。奴隷制度からジムクロウ、そして公民権運動へと至る歴史的展開のなかでの、過去から現在に続く黒人に対する差別や暴力と人種間の不平等にまともに向き合うならば、カラーブラインドを単純に唱えることが何を意味するかは明らかである。

すなわち、カラーブラインドの考えは非歴史的な性格を有するものである。しかし、それは歴史とは無関係という意味ではない。過去の出来事がナショナル・ヒストリーやナショナルな記憶のなかで特定の仕方で位置づけられるのである。

アメリカの人種間の問題に関連したカラーブラインドと公的記憶の関係性については樋口映美が批判的に論じている。カラーブラインドとは20世紀を通じた

---

[7] 小森陽一は「アイデンティティ」という概念それ自体が不当な暴力の記憶を消し去るものであると論じる（小森 2006: 24-33）。

[8] この傾向が「ポスト人種社会」論につながっていると考えられる。この議論の問題を指摘したものとして、Bonilla-Silva（2010）の第9章や武井（2012）を参照。

「暴力」の忘却や不可視化によって人種間の差異を曖昧にしていくものであり、その遺産が現代において正当なものとされるようになっている、というのである（樋口2012）。それによって形成される公的記憶やナショナルな記憶もまたカラーブラインドの考えを補強するといえる。

(2) レイシズム論におけるカラーブラインド

こうしたアメリカにおけるカラーブラインドの考えの展開については、レイシズム研究において、ジムクロウ的なあからさまなものとは異なる、新たな巧妙なレイシズムとして論じられてきた。カラーブラインドが規範化されていくことによって、既存の人種的な序列や不平等を維持してしまうのではないかという疑義によるものである。このような人種と権力の問題に法学において取り組んできたのが批判的人種理論である。そして、社会学などにおいても同様の関心から研究が行われている。

カラーブラインド立憲主義

シヴィックな要素を強調するアメリカ・ナショナリズムにおいては合衆国憲法の存在が大きく、立憲主義の立場からカラーブラインドが主張される[9]。アイデンティティ政治やマイノリティの集団の権利は、合衆国憲法に依拠して批判されるのである[10]。

法学者であるニール・ゴタンダは、「『われわれの憲法はカラーブラインドである』批判」という論文のなかで、これを「カラーブラインド立憲主義」と呼び、連邦最高裁で争われた関連する訴訟のいくつかを取り上げて、そのイデオロギー的内容を考察している。ゴタンダの主張は明快であり、カラーブラインド立憲主義は人種間の不平等や白人支配を助長するものであり、それゆえレイシズムであるという（Gotanda 1991）。

ここで注目するのは、黒人や白人といった人種の意味である。ゴタンダによると、連邦最高裁で用いられてきた人種の意味を分類すると、地位的人種、形式的人種、歴史的人種、文化的人種の4つがある。

カラーブラインドに直接的に関連するのは形式的人種であり、これは単に肌の

---

[9] 合衆国憲法とWASPの関係について、小森（2006: 29）の指摘を参照。
[10] その例として、Statham（2002a, 2002b）を参照。また、そうした状況への批判的考察としては、Brown（2006）も参照。

色や祖先の出身国の違いを意味する。「分離すれども平等」の原則を提示したプレッシー対ファーガソン事件判決にも見られるように、地位的人種とは異なり、「法の下の平等保護」の立場に立ち、黒人を劣った地位とは見なさない。しかし、黒人が抑圧されてきた歴史的現実と無関係なものとして人種は意味づけられ、AAへの批判のなかでも用いられる。カラーブラインドである（歴史に目を向けない）のが形式的人種であり、結果的に現状維持につながる。反対に歴史的人種は過去と現在の人種間の支配－従属関係を含意している。それゆえ、AAなど人種を考慮した政府の対応への支持とも関連している（Gotanda 1991: 36-40）。

文化的人種は、文化的側面に焦点を当てて人種を意味づけるものであり、文化としての人種といえる。アフリカ系アメリカ人の文化（広く共有された信条や社会的実践）、コミュニティ、意識に関わるものである。文化的人種もカラーブラインドの主張のなかで見られる。カラーブラインドな同化主義のなかで人種はこの意味で用いられ、白人の文化的支配を助長し、黒人や他の非白人に対しては文化的ジェノサイドをもたらす。その一方で、寛容や多様性が主張されるときも人種は文化的な意味で用いられる。そして、人種を必要悪として受容する寛容の訴えも、より良い人種関係には寄与できそうもない。人種を肯定的に捉える多様性の主張は、公共圏の多様性を目標とするかぎり、社会変革へと導くものとなりうる（Gotanda 1991: 56-62）。

ゴタンダはカラーブラインド立憲主義を実際の司法の場での議論に限定して用いているが、この概念は司法をも含むより広い社会的な場に適用可能である。それとともに、ここに挙げた人種の4つの意味も分析的に用いることが可能であろう。

カラーブラインド・レイシズム

社会学者のエドゥアルド・ボニラ＝シルヴァはカラーブラインドの考えが現実には人種的不平等に帰結しているとして、「カラーブラインド・レイシズム」の問題を提起している（Bonilla-Silva 2001, 2010）[11]。

カラーブラインド・レイシズムとは、カラーブラインドを支持するもので、レイシズムを擁護するものではない。しかし結果的に、ほとんどの者が白人支配や白人の常識に「何気ない無批判な仕方で」同意し、支配的な人種秩序に加担する

---

[11] カラーブラインドの問題に関しては、他にも、反レイシズム活動家によるWise（2010）、日本のアメリカ史研究者による辻内（2001）の第8章を参照。

ことになる人種イデオロギーである。一見非人種的に人種秩序を正当化するもので、「レイシストなきレイシズム」とも呼びうるものである（Bonilla-Silva 2010）。

カラーブラインド・レイシズムは、ジムクロウ・レイシズムと対比できる。ジムクロウ・レイシズムは公民権運動まで主流だったもので、黒人の社会的地位を生物学的・道徳的な劣等性の帰結として説明する。しかしポスト公民権時代には、ジムクロウ・レイシズムは公然と支持されることはなく、カラーブラインド・レイシズムに取って代わられることになる。カラーブラインド・レイシズムは、黒人などのマイノリティの地位を、市場のダイナミクス、自然に生じる現象、黒人に帰せられる文化的制約として正当化する。そして、カラーブラインドを支持する一方で、マイノリティの道徳性、価値観、労働倫理を批判し、自らを逆差別の被害者と主張することもできるのである（Bonilla-Silva 2010: 2-4）。

ボニラ＝シルヴァによると、カラーブラインド・レイシズムは4つの中心的フレームを持つ。その4つとは、抽象的リベラリズム、自然化、文化的レイシズム、レイシズムの最小化である。このうち1つ目の抽象的リベラリズムが、カラーブラインド・レイシズムの基礎であり、もっとも重要なものとされる。それは、個人主義、普遍主義、平等主義、改善説（人びとや制度はよりよくなりうるという考え）によって構成される。2つ目の自然化とは、人種的現象を自然な出来事とし、白人に責任を負わせないフレームである。同じ人種の人間同士で固まることを生物学的な理由等によって当然視することがその例になる。3つ目の文化的レイシズムとは、「メキシカンはあまり教育を重視しない」「黒人は子どもを作りすぎる」のように、マイノリティの文化に基づいた議論に依拠するフレームである[12]。4つ目のレイシズムの最小化とは、人種差別はもはやマイノリティの人生に影響する中心的要因ではないということを意味するフレームである（Bonilla-Silva 2010: 26-9）。

またボニラ＝シルヴァは、それまでアメリカで提起されてきた象徴的レイシズム（「反黒人感情とプロテスタント倫理に具現化される伝統的なアメリカ的道徳価値観の類

---

[12] 文化的レイシズムにおける人種概念は、前述のゴタンダの議論における「文化的人種」に対応する。また、このレイシズムは「新しいレイシズム」と同様のものである（cf. Wieviorka 1998）。フレドリクソンによれば、「合州国、英国、フランスで『新人種主義』と呼ばれるものは、遺伝的な資質よりも文化を実体化して本質化するような、換言すれば文化に人種の役目を負わせるような差異の思考方法である」（Fredrickson 2002＝2009: 114-5）。Balibar（1991）も参照。

いの混合」）やレッセフェール（自由放任主義的）・レイシズム（「より貧しい相対的な経済的地位の原因を黒人自身に負わせ、文化的な劣等性と認識されたものの働きと見るイデオロギーを含む」）におおかた同意しつつも、以下のように中心的な理論的不同意があるとする。

> 理論的には、これらの著者のほとんどは偏見の問題構制のなかでまだ混乱しており、したがって行為者の人種見解を個人心理学的な性質と解釈する。（中略）反対に、私のモデルは行為者の情動的性質に固定されていない。（中略）その代わり、人種問題の唯物論的解釈に基づき、したがって行為者の見解を彼らのシステム内での位置に対応するものと見なす。(Bonilla-Silva 2010: 6-8)[13]

さらに、カラーブラインド・レイシズムが維持されてきたことへの社会学的説明として、ボニラ＝シルヴァは「白人ハビトゥス」と名づけるものを提起する。白人たちは社会的・空間的にマイノリティたちから隔離・孤立しており、それが白人たちの人種に関する好み、認識、感覚、感情、人種問題への見解に影響をおよぼしているというのである。それによって、白人たちは自らを「正常」「規範」「非人種的」と見なし、肯定的な自己観を持つ一方で、他の集団に対し否定的な他者観を持つことになる (Bonilla-Silva 2010: 104-125)。

現在のマイノリティへの抑圧に関する問題は、ジムクロウ・レイシズムのような分かりやすいものではなく、より巧妙な新しいレイシズム、あるいはボニラ＝シルヴァのいうカラーブラインド・レイシズムとして現れている。多くの研究者がこの新たなイデオロギーの広がりに着目している。

(3) カラーブラインド・イデオロギー——社会構成文化と歴史的不正義

しかし、先住民やナショナル・マイノリティなどの被植民者をめぐる構造やイデオロギーを見るならば、カラーブラインドの考えについては、レイシズムだけでなく植民地主義としての効果を見過ごすことはできない。

キムリッカのいうように、ある国家においてマジョリティ中心の社会構成文化に基づいてネイション形成が行われるとき、ナショナル・マイノリティは自らの

---

[13] この点からも明らかなように、カラーブラインド・レイシズムは、すでに言及した文化的レイシズムだけでなく、制度的レイシズムの要素をも含んでいる。制度的レイシズムについては、さしあたり Wieviorka (1998) や Omi and Winant (1994: Ch.4) を参照。

ネイションとしての存在や社会構成文化を脅かされてしまう[14]。そのなかで、ナショナル・マイノリティには社会構成文化の保全もしくは再建のために闘うというような反応が見られる（Kymlicka 2001＝2012: 36-8）。カラーブラインドの考えのもとでは、外国人や移民などのエスニック・マイノリティのみならず、このナショナル・マイノリティの諸権利も場合によっては許容しがたいものとされる。後者の人びとの主権、自己決定権、自治権、土地や言語に関する権利は「逆差別」的なものとされる可能性がある。

　本書では、このような植民地主義的な効果を射程に捉えるときには、カラーブラインド・レイシズムではなく、カラーブラインド・イデオロギーを用いる[15]。

　だが、言語や制度に基づいた社会構成文化がかなりの程度切り崩されてしまったような場合には、社会構成文化の存在に基づいてマイノリティの権利を要求することは困難に思われる。もちろん、承認やアイデンティティの政治は可能である。しかしそれらだけでなく、主権、自己決定権、土地などを奪ったという歴史的不正義に基づいた権利や主張にも着目する必要がある。両者は、権利や主張の中身は重なり合う部分もあるが、根拠が異なるのである。

　歴史的不正義についてはこの数十年、世界各地で問題解決が図られ、その被害者に対して、金銭的な意味に限定されない広義の「補償・賠償・返還」が実現または進行している[16]。たとえば、歴史的不正義をめぐる賠償・返還(レスティテューション)を論じたエラザール・バルカンが取り上げた対象は、ナチス・ドイツのユダヤ人虐殺、日系アメリカ人の強制収容、日本の慰安婦問題（戦時性奴隷問題）、先住民（アメリカ先住民、ハワイ先住民、オーストラリアのアボリジニ、ニュージーランドのマオリ）やアフリカ人奴隷に関連する植民地主義などである（Barkan 2000）。また、2001年8月31日から9月8日に南アフリカのダーバンで開催された国連主催の会議（ダーバン会議）で、奴隷制と奴隷貿易ならびに植民地主義について論じられたことは画期的なことであった（永原2009）。

　先住民については、国家・主流社会とのあいだで歩み寄りがなされ、植民地化

---

14) ここでキムリッカのいう「ナショナル・マイノリティ」は「先住民（indigenous peoples）」も含んだ意味で用いられている。

15) アメリカ史研究に位置づけるならば、ここで着目しているのは「境界的アメリカニゼーション（アメリカ化）」(ボーダーランド)（油井・遠藤編 2003）のことであり、「境界地」におけるカラーブラインドをめぐる相互作用である。

16) 日本の歴史学の分野でも、植民地責任に関する問題提起が行われている。永原編（2009）を参照。謝罪と和解に関する論集としてBarkan and Karn eds.（2006）もある。

や同化政策についての謝罪、土地の返還、祖先の遺骨・遺品の返還が実現したり、真剣に協議されたりしている。「ファースト・ネイションズ」ルネサンスといわれるほどである[17]。バルカンは、このような世界規模での補償をめぐる潮流の変化について、新啓蒙主義的道義性の出現と拡大という見方をする。新啓蒙主義的道義性とは、加害者と被害者が補償を目指して協議に入り、個人的権利を中心的価値と見なしつつも、個別の具体的状況に応じて、社会的・文化的なアイデンティティに基づいた集団の権利をも認めるものである（Barkan 2000）。

　これは「植民地責任」（永原編 2009）の問題と言い換えることもできる。ここでいう植民地責任は植民地犯罪を含むが、それとは異なる概念である（永原 2009；清水 2009）。清水正義によれば、「植民地責任とは他国・他地域の領土・領域を侵犯し、自国領土化し、あるいは自国権益のもとにおき、ないしは自国の経済的勢力圏のもとに組み入れ、それによって植民地地域住民に甚大な被害と損害を与えたことに対する責任」である（清水 2009: 54）。この責任とは、法的なものではなく道義的・政治的なものである（清水 2009: 55）。

　このような歴史的不正義や植民地責任に基づいた被害者の権利あるいはその要求も、カラーブラインド・イデオロギーのもとで抵抗にあうことがある。新啓蒙主義的道義性とはそうした状況を乗り越えるものといえる。

(4) 歴史的不正義、賠償・返還・補償、記憶

　歴史的不正義にはいったい何から何までが、いつからいつまでが対象範囲となっているのかという曖昧さがある。これについてバルカンは、限定的な意味でこの概念を使用することを明言している。加害者とされる人びとが著しい不正義への自らの関与をこの 50 年のあいだに承認していること、あるいは被害者によってそのような承認が要求されていることに適用される。また、歴史的不正義は政治的・社会的差別実践とも、ウェーバー的な意味での「理念型」として区別されるものである。歴史的不正義は、現在まで生存者に影響をおよぼし続けると

---

17) 先住民運動や先住権に関する研究はさまざまな分野で行われている。国際法学では Anaya (2004)、国際政治学では Wilmer (1993)、人類学では Niezen (2003) などがある。ニュージーランドのマオリの研究者による L. Smith (1999) は、先住民研究を先住民自身によるものとして提言を行っている。Barker ed. (2005) は、アメリカの先住民たちにとっての主権の意味を再考している。文化人類学者たちも、世界各地の先住民やそれらの人びとの運動を研究対象としてきた。そうした蓄積の上に「先住民」概念の問い直しを行っているものとして窪田・野林編（2009）がある。

しても、過去のこと、終わったことである。それに対して差別は、現在も継続中の社会的・政治的問題とされる（Barkan 2000: xxx）。

　加害者が責任を認めたり、検討したりするのは政治的・道義的な理由からである。なぜなら、バルカンによると、「歴史的不正義が被害者の幸福やアイデンティティのみならず、加害者としての自らのアイデンティティにも影響をおよぼし続けるということを認識しているからである」（Barkan 2000: xxx）。

　アメリカでは、1988年の市民自由法による日系アメリカ人への補償以後、「植民地責任」にも関連する謝罪決議の動きが起こっている。ただし、中野聡が指摘するように、これらはアメリカの編入領土（州）のアメリカ市民に対してであり、非編入領土やそこから独立したフィリピンの（旧）アメリカ市民・国民に対してではない。すなわち、アメリカにおいて「植民地責任」への応答は、「よりよい国民国家」づくりの一環として行われているのである（中野 2009）。

　ここで注目するのは、歴史的不正義とナショナル・アイデンティティとの関係である。歴史的不正義の賠償・返還やその交渉は、国家・主流社会と被植民者・先住民の双方のアイデンティティに影響を与える（Barkan 2000: 167-8）。バルカンはここで加害者のアイデンティティへの影響を強調しているが、被害者の二級市民としての不安定なシティズンシップに与える影響も大きい。

　戦争、虐殺、植民地化などの歴史は、少なくともそれが起こった時点での分裂状況を意味するが、その社会における国民意識の形成を必ずしも妨げるものではなかった。ベネディクト・アンダーソンがエルネスト・ルナンに言及して指摘するように、国民意識の形成は不断の記憶／忘却を必要としてきた。たとえば、フランスにおける「サン・バルテルミー」「南フランスの虐殺」やアメリカ合衆国における「市民戦争」は、安心できる兄弟殺しの戦争として記憶／忘却されてきた（Anderson 1991=1997）。しかし当然のことながら、ガッサン・ハージがオーストラリアにおける先住民（アボリジニ）と植民者とのあいだの記憶とアイデンティティの分裂から論じるように、被植民者側にとっては兄弟殺しの安心は容易に持ちうるものではない。ハージはアンダーソンの議論を感情的な記憶と「中立的」な記憶の区別として捉え、オーストラリアにおけるアボリジニとの関係は前者の段階にあるとする（Hage 2003）。

　アメリカのミクロネシアにおける植民地主義との関連で、デイヴィッド・ハンロンもこの点についてはっきりと述べている。「自己の利益という露骨な目的を

隠すことと、植民地主義的行為を先導し可能にする征服の暴力を否定することとは、おそらくナショナル・イデオロギーの機能のひとつである」(Hanlon 1998: 4)。「ネイションが市民、従属人民、広くは世界の聴衆に過去を偽り伝えること(misrepresentation) は、植民地主義の重要な必要条件であり、植民地主義を正当化する」(Hanlon 1998: 5)。

その一方でやはり、「中立的」な記憶のベクトルは植民者側にだけでなく、被植民者側にもあり、そのことを念頭に置きながら矛盾する記憶がいかに処理されてきたかを検討する必要がある。多くのマイノリティと同様に被植民者も、歴史的不正義の賠償・返還を求めると同時に、ナショナル・ヒストリーへの取り込みを通じた新たなナショナル・アイデンティティの獲得を目指してきた。またその過程では、国家あるいは国民（ネイション）による謝罪や補償が必要とされたが、国家によるマイノリティの承認は、マジョリティの支配的地位を何ら変えず、マジョリティ-マイノリティ関係を維持してしまうという可能性がある。植民者-被植民者の関係において、被植民者が承認を要求するという行為は、マジョリティ-マイノリティの力関係のなかに自ら進んで主体化するということにもなりかねない。

マイノリティの承認要求においてこれほどナショナル・ヒストリーや記憶の問題が重視されるのは、テッサ・モーリス＝スズキがいうように、象徴資源や集合的記憶の共有とシティズンシップとは切り離せないからである（モーリス＝スズキ 2000）。

これらの問題を考えるとき、直接は自国の歴史的不正義や植民地責任のことではないが、アメリカの戦後補償と記憶の関係は興味深い。米山リサはアメリカの対日戦争をめぐる支配的な記憶を「解放とリハビリの帝国神話」と呼ぶ。それは、アメリカがアジアの人びとを「解放」し、自由主義世界の市民として「リハビリ」してきたと想起するものである。そしてアメリカによる戦後補償を通して「記憶のアメリカ化」がなされることは、「米国の法的・立法的な国家機構によって従属化＝主体化されることをつうじて国民化される過程」（米山 2003: 164）でもある。また米山は「解放とリハビリの帝国神話」を機能させるものとして「解放」という負債に着目している。アメリカにおける奴隷解放後の「負債のレトリック」（奴隷制廃止のために戦った人びとの犠牲に対して解放された奴隷たちが恩義を感じなければならないという非対称的な交換の言説）が「解放とリハビリの帝国神話」

においても見られるという。日米の戦争の舞台となり、戦後補償が議論され続けてきたアジア・太平洋地域に関連する重要な指摘である。

(5) 多文化主義論におけるカラーブラインドと歴史的不正義

さて、カラーブラインドの考えに基づいたレイシズムや植民地主義が指摘できる一方で、この問題についていかなる規範的な議論が行われているのであろうか[18]。カラーブラインドと多文化主義はかならずしも相容れないものではないが、ここでは後者の立場による前者への批判に注目する[19]。

文化人類学やカルチュラル・スタディーズを専門とする米山リサがアメリカの多文化主義や批判的人種理論の議論を整理しながらいうように、多文化主義の研究者は、多文化主義が人種秩序の問題に十分に取り組めてこなかったと批判してきた（米山 2003）。

米山はレイシズムやフェミニズムの研究で知られるアンジェラ・デイヴィスを参照しながら、後期資本主義のなかで企業や企業国家がさまざまな差異を取り込みながら展開するという企業的多文化主義の両義性の問題を指摘している（米山 2003: 22-4）。

さらに、米山も言及するように、社会学者のエイヴェリー・ゴードンは企業的多文化主義のみならずリベラル多文化主義も「多様性の管理」に陥ってしまっていると批判している。それらは、人種秩序を変革するというよりむしろ、差異や矛盾を効率的に管理する言説として作用してきたというのである（Gordon 1995）[20]。多文化主義において、白人またはヨーロッパ中心的な文化の地位は保全

---

[18] カラーブラインドのような形式的平等を徹底する立場に対して、多文化主義、とくに批判的多文化主義は平等よりは衡平に関心があり、形式的市民権ではなく実質的市民権を志向しているといえる。宮島（2013）や Wieviorka（2005）を参照。

[19] アメリカにおける多文化主義に関連する研究は多数あるが、ここでは本書が直接参照したものの一部を挙げておく。まず、議論全体の見取り図としては Gordon and Newfield（1996）を参照。文化人類学者による Rosaldo（1993）は当事者たちによる社会分析として多文化主義についても論じており、先住民研究についても論じる本書にとっても示唆に富む。Young（1990）は政治理論家によるもので、「差異の政治」に肯定的な評価を与えている。それに対して Hollinger（2000）はいわゆる「アイデンティティ政治」の乗り越えを模索しているといえる。戴（1999）は、インタビューに基づき、アメリカにおけるディアスポラ性やアイデンティティのハイブリッド性について明らかにし、そうした実態から多文化主義を捉え返そうとしている。また、オーストラリアを対象とした研究であるが、塩原（2005）の「ネオリベラル多文化主義」に関する考察も大いに参考になる。

[20] ゴードンや米山のいう「企業的多文化主義（corporate multiculturalism）」は、日本で紹介さ

され、他の文化が管理されるという関係が維持される。人種の問題は相対主義的な文化の問題へとすり替えられ、「歴史構造的な人種間格差や、白人至上主義の問題について論じること」は牽制されてしまう。米山のいうように、多文化主義はヨーロッパ至上主義の脱中心化に拍車をかけたかもしれないが、ヨーロッパ中心主義に新たな偽装をほどこしたものに陥る危険性を持つものであることも認識しなければならない（米山 2003: 25-6）。

またリベラル多文化主義は、カラーブラインドの言説、法の前の平等を約束する差異の否認の言説を採用することによって、反レイシズムの動きを牽制する。

> 歴史的・構造的な階層化を問わないまま、多様な文化の自律性と相対的価値をうたうリベラルな多元主義は、結果的に、現存する諸制度の問題を温存するといっても過言ではない。このことは、「色の区別をつけない」(colorblind) 自由主義的な法の概念によっても助長されている。リベラルな社会や法律制度において平等を保証されている「個人」とは、性別、人種、宗教といった違いを問われることのない、透明で抽象化された主体として想定されている。（中略）「色の区別をつけない」自由主義的な法の言説は、人種化された差異、という構造的に生み出される差異を考慮できず、現状維持の言説に陥ってしまうのである。（米山 2003: 27-8）

リベラル多文化主義や企業的多文化主義のこうした問題点を認識し、それでもなお多文化主義を前に進めていこうとするのが批判的多文化主義である。それは米山によって、「多文化主義が巧みに懐柔され、国家や資本主義や家父長制といった制度的秩序の現状維持のために回収されてゆく現実を一方で批判しつつ、同時に、多文化主義という概念にそなわる変革的な意義を回復、促進させようとする態度」と説明される（米山 2003: 24-5）。

その上で米山は公共圏およびシティズンシップと国家装置との関わりを強調す

れている「コーポレイト多文化主義」と英語では同じ表記だが、意味が多少異なる。関根政美はコーポレイト多文化主義をカナダに代表されるものとし、つぎのように述べる。「これは差別を禁止した上に被差別者が競争上不利なことを認め、財政的、法的援助を認める。『結果の平等』を目指す立場である。言語・文化的にハンディを負う人々は必然的に社会参加面で不利なことが理解され、政府により積極的に援助がなされるのは当然だろう」（関根 2000: 53）。エスニック・コミュニティに法人格を与えるものになる。つまり、対象としている事象が一部しか重なっていない上に、問題関心が異なっているので注意が必要である。また、フランスの社会学者アンドレア・センプリーニは多文化主義に関する著書のなかで「企業の多文化主義」について言及しており、その邦訳注においても以上のような「コーポレイト多文化主義」との違いが指摘されている（Semprini 2000 = 2003: 140）。

新旧植民地主義と資本主義の歴史に深く根ざした移民法や国籍法などの国家装置は、国民化された公共圏のメンバーシップを人種化のプロセスによって選別し、その正統性を保証することで、公共圏や市民性(シティズンシップ)の構築の過程に積極的に介入してきた。このような国家装置の権力は、抑圧的にはたらくだけでなく、新しい成員に諸権利を与え、その主体的で能動的な参加を促すのである。(米山 2003: 43)

そして、公共圏やシティズンシップに備わる「国家装置と国民化の暴力」をどのようにすれば克服することができるのか、と問題提起を行っている。リベラル多文化主義などにおけるナショナリズムとしての側面を指摘しているわけである。

　だが、多文化主義は基本的にはナショナルな限界を孕んでおり、植民地主義の問題を扱うにはある意味相性が悪い。このことは、アメリカ・インディアン研究(アメリカ先住民研究)においても指摘されてきたことである。すなわち、真の多文化主義が確立されるには、まず脱植民地化が行われなければならないというのである (Jaimes Guerrero 1996)。

　本書では、批判的多文化主義の問題関心を引き継ぎつつ、カラーブラインド・イデオロギー、すなわちカラーブラインドの持つレイシズム的側面だけでなく植民地主義的側面についても着目する。すなわち、多文化主義において被植民者や歴史的不正義をどのように位置づけることができるかという規範的な問題関心も持っている[21]。

2　ハワイにおける歴史的不正義とカラーブラインド・イデオロギー

　前述のように、アメリカにおいてAAなどのマイノリティ政策を逆差別や逆レイシズムと見なすことは、その批判者からカラーブラインド・レイシズムと呼ばれる。それは、ハワイ人の先住民としての主権回復運動が展開され、ハワイ人のみを対象とするプログラムなどが多数実施されるハワイにも波及し、大きな影響をおよぼすようになっている[22]。そして、その動きに対する批判的論者も多く現

---

21)　歴史的不正義に関する議論は、もともと多文化主義論や民主主義論との関連が深い。Kymlicka and Bashir eds. (2008) を参照。

22)　これに関連して、アメリカ先住民のいわゆる「インディアン部族」は保留地において自治を行うなど特別な法的地位にあるため、ハワイ人とは事情が異なる。たとえば、しばしば参照さ

れている。

　本節では本書で対象とするグアムの議論に入る前に、同様の状況にあるハワイにおける近年の植民地主義論とレイシズム論の潮流をカラーブラインド・イデオロギー論と位置づけ、その特徴を明らかにする。カラーブラインド・イデオロギー論は、逆レイシズム批判によって遂行される植民地主義を批判的に解き明かすものであり、とくに人種化という歴史的過程や歴史認識・記憶に焦点を当てるものであるといえる。

(1) ライス判決とカラーブラインド・イデオロギーの展開
ハワイ植民地化とハワイ人の権利

　ハワイ諸島は18世紀末にカメハメハ王朝によってほぼ統一された。しかしその約100年後の1893年に、ハワイ王国は白人（欧米系）住民によって転覆されてしまった。これにはアメリカのジョン・スティーヴンス公使とその命を受けた海兵隊が協力していた。王国転覆の後、白人住民は臨時政府を経て、ハワイ共和国を樹立した。アメリカに併合されたのは1898年のことである[23]。

　連邦政府や州政府によるプログラムには、ハワイの他の住民には認められない、ハワイ人のみを対象とするものがある。それはハワイ人に何らかの特別な地位が認められているということではある。しかし、ハワイ人が先住民として認められているということを意味するのであろうか。そのことを考えるために、ハワイ人の権利付与に関することをいくつか確認する。

　最初に、1921年に連邦議会で成立したハワイ人のホームステッド法であるハワイアン・ホームズ委員会法（Hawaiian Homes Commission Act: HHCA）がいかなるものであるかを見ていく。これは、「ネイティヴ・ハワイアン」に居住・農業・放牧などを目的に土地を貸与するというものである。「移譲地」のうちの「ハワイアン・ホームランド」と定められたものが対象の土地である。「移譲地」と

　　　れるように、1831年の連邦最高裁における「チェロキー・ネイション対ジョージア事件」の判決では、ジョン・マーシャル首席判事が合衆国憲法に基づき「インディアン・ネイション」は「外国（foreign nations）」ではないが州とも区別される「国内の従属国家（domestic dependent nations）」と位置づけた（水野 2007: 237-41; 髙佐 2003）。このことは、そうした動きや意志があるなしに関係なく、カラーブラインド・イデオロギーによって「インディアン」の諸権利を掘り崩すことを困難にしているといえる。

23) この辺りの詳しい経緯は割愛する。ハワイの歴史についてはさまざまな研究がなされているが、それらを踏まえた日本語文献としては、さしあたり山本（2000）や山本（2013）を参照。

は、もともとハワイ王国の所有地（政府有地）と王家の所有地（王領）であり、王国転覆を経て、連邦政府有地となった、およそ180万エーカーの土地である。1959年のハワイ立州化によって、その「移譲地」のほとんどは州に引き渡されている。

そもそもハワイ王国の1840年に発布された憲法において、土地は王に帰属しながらも首長や平民のあいだで多重の権利が生じているものとされたが、1848年にはグレート・マヘレ（偉大なる分配）と呼ばれる土地の私有化が行われることとなった。プランテーション農業を進めたい欧米人の思惑と私有化によるハワイ社会の発展を目指したい王国側の思惑が重なっていたのである。グレート・マヘレでは、基本的に、王の個人的な所有地以外をハワイ政府、首長・コノヒキ、平民で3分の1ずつ分配するという原則が定められた。しかし、土地登記の手続きを行ったものが少なかったり、外国人への土地売却が進んだりすることによって、目論見通りには分配は行われなかった。ハワイ準州選出の下院代表であるジョナ・クヒオ・カラニアナオレ（カラカウア王朝の王子）らがこのことを問題視して、HHCAは成立したのである[24]。

HHCAの成立過程を分析したケハウラニ・カウアヌイによると、同法はハワイ人の先住民としての土地権を認めるもののようにも見えるが、そうではない。同法成立までの議論において、「補償と権利付与の枠組みから福祉〔救貧〕と慈善の枠組みへと言説の移行」があった（Kauanui 2008: 8）。ハワイ人の先住民やネイションとしての存続や権利回復ではなく、困窮するハワイ人への慈善的な政策、つまり同化政策となったのである。それは同法における「ネイティヴ・ハワイアン（native Hawaiian）」の定義に明らかである。同法は「ネイティヴ・ハワイアン」を「1778年以前にハワイ諸島に居住していた人間の血を少なくとも半分は引く子孫」としている。まず注目すべきは、この50パーセントの基準は、もともと提案されていた割合よりも非常に厳しいということである。そして、ハワイ人は「系譜」ではなく「血の割合」によって定義されることとなった。すなわち、ハワイ人と他の人種・エスニック集団とのあいだの混血が進むなかで、「ネイティヴ・ハワイアン」の定義に当てはまる人びとは減少していくことになる。多くのハワイ人が同法のいう「ネイティヴ・ハワイアン」ではなくなり、土地を手放し、その土地は白人実業家の手に渡るという構造になっていた。同法はハワイ人

---

24) ハワイの土地所有の変遷の詳細については、山本（2013）を参照。

に先住民としての権利を付与したとは到底いえるものではなく、血の割合による植民地主義的な定義によってハワイ人を人種化するものであった（Kauanui 1999, 2008）。

HHCAによるハワイ人のホームステッドとは別に、ハワイ州にはハワイ先住民局（Office of Hawaiian Affairs: OHA）という機関がある。OHAは1978年のハワイ州の憲法会議で、ハワイ人の生活や文化に関する状況の改善のために設置が決定されたものである。具体的には、ハワイ人向けのローン、コミュニティ・グラント、メディアを利用した啓発活動、調査活動、ハワイ人登録などの業務を現在行っている。州政府の信託地（「移譲地」の大半）から得られる収入の20パーセントがOHAの運営に充てられることになっている。OHAはハワイ人の特別な地位を認めるものであり、先住民としての地位をある程度認めるものであるといえる。ただし、OHAはハワイ州が州法によって設置した機関であり、連邦政府が直接ハワイ人の地位を定めたというものではない。

ハワイ人をアメリカ先住民（ネイティヴ・アメリカン）に含めた連邦法はいくつも（40以上）あるが、いずれも文化や言語に関するもので、先住民という政治的主体として認めたものではない。しかし、ハワイ王国転覆百周年の1993年に連邦議会で成立した「謝罪決議」だけは異色である。これは、連邦政府がハワイ王国転覆に関与し、ハワイ人の自己決定権を奪ったということを認め、それについてハワイ人に謝罪した決議である。アメリカのハワイに関する歴史的不正義が公式に認められ、さらなる展開が期待されるようになったことにより、その後のハワイ人の主権（回復）運動は活発化した。しかし謝罪決議は、あくまでも謝罪のみであり、その後の補償との関係は否定された。

ライス判決とカラーブラインドの動き

カラーブラインド・イデオロギーに基づいた訴訟がハワイで最初に起こされるのは、謝罪決議の3年後の1996年である（ライス対カエタノ事件）。原告ハロルド・ライスはハワイに移住した宣教師の5世代目の子孫であり、ハワイ島の牧場経営者である。つまり、彼はハワイ生まれハワイ育ちであるが、彼の先祖にはハワイ人はおらず（ハワイ人の血は流れておらず）、白人（ハオレ）である。訴訟で彼が問題としたのは、OHAの理事選挙である。彼はOHAの理事選挙で投票しようとしたが、投票できなかった。同選挙における被選挙権・選挙権はハワイ人に限定されていたからである。ライスは、この選挙規定は合衆国憲法修正第14条

と第 15 条に違反しており、人種差別であるとして、1996 年に州知事を相手取り連邦地裁に提訴した。憲法修正第 14 条は法の平等保護を定め、修正第 15 条は投票権差別を禁じている。連邦地裁と第 9 巡回控訴裁ではライスの訴えは退けられた。しかし 2000 年 2 月、連邦最高裁は OHA の理事会の選挙規定は修正第 15 条に違反しているとして、ライスの訴えを認めた。

　この訴訟が、ライス一個人によって進められたものであり、その判決の影響も限定的であれば、重要性はそれほど高くはないかもしれない。しかしこの訴訟は、アメリカ国内でカラーブラインドを支持し、AA や他の諸権利を攻撃するネットワークによって進められた。「カラーブラインド・アメリカ・キャンペーン」と保守派の法学者ロバート・ボーク、「差別・優先権に反対するアメリカ人」、アメリカ合衆国正義財団、雇用機会均等センター、ニューヨーク公民権連合、太平洋法律財団などによって、ライスは資金面での援助を受けた。のちにブッシュ政権で連邦政府の訴務長官となったセオドア・オルセンも、ライスの法律顧問であった（Kauanui 2005: 103）。明らかに、ライス個人によってではなく、カラーブラインドの立場からハワイ人の独自の権利に批判的な人びとによって組織的に行われた訴訟であった。

　その一方で、このような全国的あるいはハワイ州外の組織ではなく、ハワイの住民によるカラーブラインドの運動もこの時期に現れていた。それが「アロハ・フォー・オール（Aloha for All）」である。この運動はハワイで法の平等保護を訴えることを目的としており、1999 年に弁護士のウィリアム・バージェスらによって始められ、地元紙『ホノルル・アドヴァータイザー』の前社主のサーストン・トゥウィッグ = スミスなどが参加している。

　結局、ライス判決により、OHA 理事会の選挙で、非ハワイ人も投票可能となった。そしてライス判決から 4 カ月後の 2000 年 6 月には、ハワイの白人住民ケネス・コンクリンが OHA の理事選挙の候補者への指名を拒否され、そのことで 7 月に 13 人がハワイ州を相手取り提訴するということも起こった（アラカキ対ハワイ州事件）[25]。この訴訟によって、OHA の理事に関する規定は変更され、非ハワイ人も理事となることが可能となった。実際にコンクリンは同年 11 月に理事

---

25) ケネス・コンクリンは退職後、1992 年にボストンからハワイに移住し、ハワイ人の主権運動に反対する運動を展開している。2003 年からは「アロハ・フォー・オール」に参加し始め、2007 年には『ハワイアン・アパルトヘイト—アロハの州における人種分離主義とエスニック・ナショナリズム』という、ハワイ人の権利や運動を批判する書を出している。

選挙に出馬したが落選した。

しかし、ライス判決の影響は理事選挙の規定に関することだけに留まらなかった。「アロハ・フォー・オール」のメンバーらによって、ハワイ人を対象としたプログラム等の合憲性を問う訴訟が立て続けに起こされることとなったのである。アラカキ対リングル事件では、OHA とハワイアン・ホームランド局（Department of Hawaiian Home Lands: DHHL）の合憲性が問われた。別の訴訟では、入学者をハワイ人に限定している私立学校カメハメハ・スクールズの入学者受入方針の合憲性も問われた（cf. Rohrer 2010）。さらには、ライス判決はアメリカ・インディアンやグアムのチャモロ人向けのプログラム等へのバックラッシュに根拠を与える働きをするようになっている。

(2) 先住民運動から見た植民地主義とレイシズム

ライス判決を契機として拡大したカラーブラインド・イデオロギー論を見ていく前に、1980 年代以降に展開され始めたハワイ人の主権運動の側からの植民地主義とレイシズムに関する議論を確認し、それらの関連性を探っていく。

ハワイ先住民運動の側からの植民地主義とレイシズムに関する議論としてもっとも知られているのは、ハワイ大学の研究者であり活動家でもあるハウナニ゠ケイ・トラスクによるものである[26]。トラスクの定義によれば、植民地主義もレイシズムも政治的・経済的・文化的な支配‒被支配関係に関わる概念である。レイシズムは植民地主義を支える「権力システム」であり、両概念は切り離すことのできないものである（Trask 1999: 251-2）。

植民地主義のなかでも、「名目的に独立あるいは自治を獲得している段階における抑圧の経験」について、トラスクは新植民地主義と定義している。新植民地主義に関連するものとして、多国籍企業による支配、旧宗主国が押しつけた社会的・文化的慣行の継続、現在の生活にも影響をおよぼす被植民者の精神的な傷などが挙げられている。これは、明確な政治的支配がない状況での経済的支配、社会的・文化的支配、精神的支配と言い換えることができる。さらに、新植民地主義には、脱植民地化はすでに達成されており、「それゆえ、さまざまな問題や衝

---

[26] ハワイでもっとも大きな先住民団体のひとつカ・ラーフイ・ハワイイ（ハワイ国家・ネイション）の中心メンバーであり、現在はハワイ大学マノア校のハワイ先住民研究センターの教授である。

突は、ポストコロニアルのものであって、独立人民とされる人びとの責任である」というイデオロギー的な立場も含まれる（Trask 1999=2000: 342-3）。

　ここでいう社会的・文化的支配、つまり「旧宗主国が押しつけた社会的・文化的慣行の継続」は、ハワイ人の定義の問題を想起させる。ハワイ人の系譜による自己定義は、1921年のHHCAによって、植民者にとって都合のよい「血の割合」に基づくものに取って代わられた。血の割合の定義の導入で、ハワイ人はネイションではなく人種と見なされることとなり、分断されてきた（Trask 1999=2000: 345）。また社会的・文化的支配は、カラーブラインド・イデオロギーにも当てはまるものである。カラーブラインド・イデオロギーのハワイへの拡大は、アメリカの普遍主義的な装いを持ったイデオロギーの拡大でもある。以下でも見るように、トラスクが植民地主義とレイシズムを論じるとき、そこでの批判は、ただの人種的偏見・人種差別や自文化中心主義だけではなく、合衆国憲法にもおよんでいる。その意味で、トラスクの議論にはカラーブラインド・イデオロギー論を先取りする部分がある[27]。

　トラスクは、知をめぐる西洋の学者・専門家とネイティヴとのあいだの非対称性の問題についても論じている（Trask 1999=2002: 51, 221-4）。批判の対象にはハワイ大学も含まれる。ハワイ大学は「植民地主義の生きたシンボル」であり、その役割は「ハオレ（白人）のアメリカ人による支配を維持することにある」。学生全体の75パーセント以上が有色人種であるのに対し、教授陣は75パーセント以上が白人であるという。また、このような批判をハワイ大学に向けるのは、トラスク自身の経験によるところが大きい、ということも指摘しておきたい（Trask 1999=2002: 90-1, 128）。

　カラーブラインド・イデオロギーでは、合衆国憲法が中心的な役割を果たすが、トラスクは合衆国憲法に関する批判的な言及もしている。合衆国憲法は、土地、言語、文化、家族、自治政府などとのネイティヴの関係についてはいっさい触れておらず、ネイティヴは憲法の適用範囲外である。

　そのため、1893年のアメリカ軍による侵攻とハワイの占領も、その結果としてのハワイ王国の転覆も、1898年の強引な合衆国併合による幕引きも

27）Haas（1992）もカラーブラインド社会を理想とする考えを批判的に論じているが、あくまでも人種統合理論と関連するものとしてであるし、制度的レイシズムの議論の枠内に収まっている。

第1章　植民地主義・レイシズム研究におけるカラーブラインド・イデオロギーの位置づけ　43

違憲行為ではなく、公民権の侵害でもないという主張が正当化されることになる。まさに目論見どおり、アメリカ合衆国がハワイ先住民に与えた大きな損害は、何一つとして、アメリカ合衆国憲法の脈絡では提訴しえないのである。(Trask 1999＝2002: 211)

合衆国憲法のもとでは白人は正当性を主張できるけれども、ハワイ人はそうはいかないという皮肉な状況を指している。この部分は合衆国憲法が内包するカラーブラインド・イデオロギーへの批判と捉えることができる。

(3) 人種化と白人の自然化・規範化

ライス判決におけるカラーブラインド・イデオロギーの研究に触れる前に、アメリカによるハワイ植民地化の過程で生じた人種化、つまり人種カテゴリーの形成に関する研究を整理しておく。人種化という過程が、ハワイにおけるカラーブラインド・イデオロギーの移入の下地を作ったといえ、そのためにライス事件によってハワイにおける人種化に関する研究への関心が高まっている。

ハワイで形成されたおもな人種カテゴリーは、カナカ・マオリ（ハワイ人）、ローカル、ハオレ（白人）の3つである。ここで注目するのは、ハワイ人を先住民ではなく人種集団とする植民地主義的分類と、植民者・支配集団である白人の自然化・規範化である。

ハワイ人の人種化に関しては、前述のカウアヌイによる研究がある（Kauanui 1999, 2008）。ジュディ・ローラーもハワイにおける人種政治（ポリティクス）の問題を、人種を所与のものとしていることだとし、人種化の過程、とくに白人の自然化・規範化に注意を促す。ローラーがハワイにおける人種化の例証として挙げるのは、「人種調和言説」と「人種差別言説」の2つである。まず「人種調和言説」は、「争いや不平等のない牧歌的な人種の楽園としてハワイを表象する」ものである（Rohrer 2008a: 1110）。これはローカルな言説、政治家のスピーチ、小説、観光ガイドブックなどに見られる。その人種調和の要因とされるのは、ホスト文化の「歓待」する性質、人種的マジョリティの欠如、高い割合の異人種間結婚（インターマリッジ）の3つである。これらによって、社会学者や人口学者はハワイに「人種のるつぼ（メルティング・ポット）」や「エスニック・モザイク」といった現象を見出す。しかしながら、これらの根拠にはそれぞれ問題がある[28]。そして、それらの議論で使用

---

28) 異人種間結婚に関して一般に信じられている主張にも問題があるという。まず、統計データ

されている人種カテゴリーは、土着のものではなく、国勢調査を通じて導入されたものである。そして何よりも人種調和言説は、「ハワイの植民地としての歴史やハオレのヘゲモニーに言及しないことによって、ハオレの存在を規範化する」(Rohrer 2008a: 1115)。

その一方で、ハワイに関する「人種差別言説」もある。これはハワイではハオレなどの非ローカルの人びとに対して、ハワイ人やローカルによって差別が行われているというものである。「もっとも穏やかなもので、非ローカルは自分たちが無視されている、またはローカルが自分たちに失礼な態度をとると不満を言う。より深刻なものは、住居、州の公共サービス、雇用における差別に関する非難である。そのスペクトルの最果ては、財産損害や身体暴力に関する主張である」(Rohrer 2008a: 1116)。ハオレは被害者の立場を取ることによって、ハオレによるローカルへのレイシズムや暴力などの植民地主義の歴史は無視される。

ローラーによれば、これら2つの人種に関する両極端な言説は、人種を所与のものとしている点に問題がある。ハオレ、ローカル、カナカ・マリオなどの人種カテゴリーは、植民地主義に関連した権力関係のなかで相互連関的に構築されてきた[29]。しかし両言説は、人種化の歴史的過程を不可視化し、白人性の規範化を行う。ローラーはこの人種化の過程、とくにハオレの自然化とハオレのヘゲモニーの関係を明るみにし、「メルティング・ポット」を破壊するように促す(Rohrer 2008a: 1123)。

カウアヌイやローラーによるこれらの議論は、ハワイにおける人種化と白人の自然化・規範化がカラーブラインド・イデオロギーの展開の下地を作ったということを明らかにしている。ライス判決をめぐるさまざまな動きが、こうした人種化に関する研究の重要性を高めてきたといえる。

を見ると、全体としての異人種間結婚率が高くても、白人と日系人のその率は相対的に低いということがある。そして、社会人類学者のジョナサン・オカムラによると、異人種間結婚と人種調和の関係性は十分に検証されておらず、過剰に強調されている (Rohrer 2008a: 1115)。

29) 「ローカル」のアイデンティティは、プランテーションにおける労働者の経験のなかで構築された。ハワイ人も「ローカル」に当初含まれていたが、1970年代以降に「ネイティヴ・ハワイアン」アイデンティティが形成され、それらの関係は複雑化している。アジア系などの移民について「入植者植民地主義」の観点から論じる Fujikane and Okamura eds. (2008) のような論集もある。

(4) ライス判決と集合的記憶の闘争
ライス判決における人種

　最後にライス判決に関する研究をみていく。ライス判決後には早い段階で法学者や弁護士らが批判的見解を発表し[30]、その後、社会学者、人類学者、歴史家らによる研究が続いた。ここではまず、ライス判決に関するこれまでもっともまとまったものといえるローラーの研究をみておく。ローラーはライス判決をカラーブラインド・イデオロギーが表れたものとして捉える。

　　　多数意見は法のカラーブラインドな読解にその判決の基礎を置き、それは「平等な運動場」または能力主義の神話を構築するために、制度的・歴史的・人種的な不平等（法それ自体によって生じた人種化と不平等を含む）を無視するものであった。したがってカラーブラインドな法分析は、白人の権力や特権を含む制度化された人種の不平等やヒエラルキーを、それらが存在しないふりをすることによって、それらに「ブラインド」であることによって、再び刻み込むのに役立った。(Rohrer 2006: 16-17)

　ライス事件におけるカラーブラインド・イデオロギーの明白な例として、ローラーはケネディ判事とライス自らによるライスの立場の位置づけに言及する。ケネディ判事は、カリフォルニア在住者がカリフォルニア人であり、ニューヨーク在住者がニューヨーク人であるのと同様に、ライスは「ハワイ人」であるとする。しかし実際にはハワイでは、ハワイ在住の白人のことを「ハワイ人」とは一般に呼ばず、人びとの異なる歴史や文化が意識されている。ケネディ判事は、そうしたカラー認識的な社会に、ハワイ在住者はみな等しく「ハワイ人」であるというカラーブラインド・イデオロギーを適用したのである。

　その一方で、ライス自身は自らを「ハワイ人」とは見なさない。ハワイで生まれ育ったライスには、「ハワイ人」の用法が分かっているからである。また、「反ハワイ人」にもなれない。その代わり彼は自らを「ハワイ人の味方 (pro-Hawaiian)」や「ハワイ人の心を持つ者 (Hawaiian at heart)」と見なす。そして、ハワイを「ホーム」とするのはハワイ人のみであると述べる。ハワイ人が他とは違った存在であることを認めつつもカラーブラインド・イデオロギーを主張するところに矛盾が垣間見える (Rohrer 2006: 19-20)。

---

30) 先住民活動家・弁護士による M. Trask (2002)、先住権に関する世界的に著名な研究者による Anaya (2000)、批判的人種理論の立場からの Yamamoto and Iijima (2000) などがある。

集合的記憶の闘争

　前項で見たように、ハワイにおける人種言説とカラーブラインド・イデオロギーには、植民地化という事実に対する認識の欠如、あるいは認識はあったとしても責任との断絶がある。ハワイには歴史認識をめぐって、歴史的不正義に意識的な立場と、カラーブラインド的な立場があるといえる。そのため、カラーブラインド・イデオロギーを理解する上では、それぞれの歴史認識がいかに維持・展開されてきたのかということを考察することが重要になってくる。そして、カラーブラインド・イデオロギー批判者たちも、この点について十分自覚的であるように思われる。

　ライス事件を集合的記憶の闘争と捉え、ライス判決を「植民者の物語」とする法学者エリック・ヤマモトらの議論（Yamamoto and Iijima 2000）を引き継ぎ、ローラーは2つの異なる歴史ナラティヴを論じる。ひとつは、アメリカ化と「発展」を強調する「アメリカ化ナラティヴ」である。ライス判決で反対意見を出したスティーヴンス判事は、多数意見について、植民地化以前の封建制度を再銘記するもの、白人を移民ではなく入植者（開拓者）として構築するもの、プランテーションの経験を中心化しそれをハワイにおける能力主義（業績主義）言説を支えるのに流用するもの、リリウオカラニ女王が王国転覆に責任を負っているということを暗示するものであると非難する。すなわち、多数意見では、進取の気性に富んだ白人のおかげでハワイにアメリカ化と発展がもたらされたということになる。ハワイにおいて白人は指導者であり、ハワイ人は人種化された他者である。

　もうひとつは、王国転覆と植民地化とその影響を強調する「植民地化ナラティヴ」である。これはハワイ人の主権や先住民アイデンティティを支持する立場のナラティヴであり、過去の過ちを正すこと（リドレス）の要求につながる。スティーヴンス判事は、多数意見のなかで完全に無視されているOHA設置の経緯と謝罪決議の2つに注意を促す。すなわち、1978年にOHAの設置がハワイ人のみではなく州の選挙民全体の投票で決定されたということと、1993年に連邦政府は謝罪決議のなかで王国転覆への連邦政府の関与を認めたという揺るぎない事実である（Rohrer 2006: 2-8）。

　以上のように、ハワイで見られるのは、カラーブラインド・レイシズムというよりむしろカラーブラインド・イデオロギー（植民地主義）である。20世紀前半から人種化とそのなかにおける白人の自然化・規範化が進行し、カラーブライン

ドの考えが受容され拡大するなかで、ハワイ人の主権はますます奪われてしまう。先住民運動の展開で歴史的不正義が主題化されてきたにもかかわらず、多文化共生や人種調和といったリベラル多文化主義の言説において歴史的不正義は位置づけられない。さまざまな違いはあるが、グアムにも類似の状況が見られる。ライス判決の影響もグアムにはある。

3 グアムにおける植民地主義・レイシズム研究

アメリカの植民地であり、米軍基地の島であるという特異性もあり、アメリカの植民地主義やレイシズムに関連したテーマは、グアムに関する人文社会科学系の研究の中心となってきた。とりわけ、この20、30年ほどのあいだにグアム内外で研究が蓄積されてきた。それらが依拠するディシプリンは、社会学、文化人類学、歴史学、文化研究（カルチュラル・スタディーズ）、政治学、政治哲学などにわたる。その源流のひとつは、第4章以降で見るように、1970年代以降のチャモロ・ナショナリズムである。グアムだけでなく、ハワイやアメリカ本土でも多くのチャモロ人を中心としたグアム出身研究者が輩出され、重要な研究が行われてきた。それらの研究については適宜言及するが、ここでは代表的なものを中心的に挙げ概観を示しておく。

アメリカの植民地主義は、チャモロ人のアイデンティティに大きな影響をおよぼしている。それは精神の植民地化ともいうべき植民地主義の内面化であったり、それへの意識的な反発であったりする。そうしたチャモロ人のアイデンティティや社会運動に関する研究も活発に行われてきた。それはチャモロ人研究者やグアム出身研究者にとっては、植民地主義への批判であると同時に、当事者としての自省的な取り組みであるといえる。

アメリカにおけるグアムやチャモロ人の位置づけをシティズンシップという観点から論じ、その知見のソーシャルワークでの活用を模索したものにヴィヴィアン・ダマスによる研究がある。本書との関わりにおいてとりわけ重要なのは、チャモロ・ナショナリズムを社会運動論的に論じた部分である（Dames 2000）[31]。同じくアメリカ植民地主義との関わりのなかでのチャモロ人のアイデンティティ

---

31) ダマスはグアム生まれであるが、チャモロ人ではなくフィリピン系である（Dames 2000: v-xxii）。

や社会運動に関する社会学的研究であるマイケル・ペレスによる研究も、グアム住民のあいだでのチャモロ・アイデンティティの高まりの実態をインタビュー調査によって明らかにしている (M. Perez 2005a) [32]。チャモロ人のアイデンティティや社会運動に関する研究は、他にもさまざまな観点から行われている [33]。

植民地主義の内面化に関する研究としては、「グアメニアン（グアム人）社会の軍事化」として米軍基地のグアムの人びとへの影響を論じた文化人類学者ラリー・メイヨによるものがある。米軍基地への依存が経済的なものだけでなく、社会的・心理的なものであることを指摘しているといえる。ただし、フィールドワークのデータに多少は基づいているが、この問題に関する概観を示すに留まり、十分に踏み込んでいない (Mayo 1992) [34]。マイケル・ビバクアはこのテーマについて真正面から取り組んでいる。グアム住民へのインタビュー調査等に基づき、「脱植民地化」に対する否定的な反応を分析し、グアムとチャモロ人のアメリカへの依存を維持する精神構造を批判的に考察している (Bevacqua 2007) [35]。

その一方で、チャモロ人内部での多様性に注意を促す研究もある。文化人類学者ロナルド・ステイドは、チャモロ・ナショナリズムが活発化した1990年代にフィールドワークを行い、チャモロ人内部の社会的地位や階級やジェンダーによる差異に基づいた政治を描き、グローバル化のなかでのローカル文化のダイナミクスを分析している (Stade 1998)。

また、チャモロ人が暮らすのはグアムやマリアナ諸島のみではない。とりわけ

---

32) M・ペレスは、カリフォルニア州南部で生まれ育ったチャモロ人である (M. Perez 2005: 169-171)。

33) グアムでは歴史的にローマ・カトリックとの関係性が深く、現在もローマ・カトリック信者が圧倒的多数を占めるといわれる。そうしたキリスト教の影響力の強い地域であるという背景ゆえに、神学的研究である J. Diaz (2010) はチャモロ人の解放のために闘争の神学を打ち立てる必要があると主張する。また、チャモロ・アイデンティティの高揚に着目するならば、1970年代以降に始まり、1980年代以降に急速に進んだチャモロ・ルネサンスとも呼ばれるチャモロの文化復興運動を見逃すことはできない。Flores (1996) はチャモロ人アーティストたちを取り上げ、チャモロ文化の「再創造」が行われ、チャモロ文化に関する認識の転換が生じてきたことを明らかにする。

34) メイヨはチャモロ人でもグアム出身でもなく、アメリカ本土のアフリカ系アメリカ人である (Mayo 1991)。

35) ビバクアはグアム出身のチャモロ人であり、専門はエスニック・スタディーズである。脱植民地化や脱軍事化を目指す住民団体での活動や、自身のブログや地元紙のコラム等での精力的な言論活動で知られている。2008年8月にはコロラド州デンバーで開催された民主党の全国大会にグアム代表のブロガーとして招待された。

第2次世界大戦後には、多くのチャモロ人がハワイやアメリカ本土へと移住した。現在ではマリアナ諸島以外で暮らすチャモロ人のほうが多い（第2章参照）。ロバート・アンダーウッドは、アメリカ本土へのチャモロ人移住が増加するとともに、グアムとアメリカ本土の双方向的な動きが活発化するという20世紀後半の変化を明らかにしている(Underwood 1985a)[36]。その後に行われた研究のなかでは、M・ペレスがそうした状況をチャモロ・ディアスポラとして捉え、アイデンティティのハイブリッド性（異種混淆性）を考察している（M. Perez 2002)。

チャモロ人のアイデンティティや社会運動に焦点化した研究に比べ、他のエスニック集団やそれらの集団とチャモロ人との関係を扱った研究は多くない[37]。代表的なものとして、ガーハード・シュワブは、チャモロ人、フィリピン系、ミクロネシア系のエスニシティの形成やそれらの若者のマスキュリニティの形成を関連づけて明らかにし、ソーシャルワークの観点から展望を示している（Schwab 1998)。

以下では、歴史的不正義とカラーブラインドの関係に関わるグアムの状況を分析する上で、これまでの研究がどのような可能性を持っているか、限界を抱えているかという点を明らかにしていく。

(1) 差別と隔離

グアムのレイシズム、植民地主義に関する研究においては、白人のチャモロ人に対する差別、住居や教育などにおける両者の隔離に着目するものがある。アメリカの文化人類学者ラリー・メイヨによる研究は、グアム社会においてチャモロ人が多数派である一方で、差別や隔離による不平等やマイノリティ性の問題も抱えているという両義性を捉えている。

---

[36] アンダーウッドはグアム出身の教育者・活動家であり、1990年代には連邦下院へのグアム代表となったほか、2008年にはグアム大学学長に就任した。

[37] Diaz (1995) は、チャモロ人とフィリピン系の関係を、アメリカ植民地主義の文脈に位置づけることで、それがけっして対立するものではないということを示す。また、グアムにおける近隣のミクロネシアの島々からの移民に関する研究は、日本の文化人類学者によっても行われている。前川 (2004) はミクロネシア連邦のチューク島出身者（チューク人）、遠藤 (2002) はパラオ共和国出身者（パラオ人）について言及している。日本の人類学ではミクロネシアを対象とする研究は初期の頃から少なくない。近年の研究は、移住者・移民が増加し、人びとの生活が越境的に営まれるようになってきたということを反映しているといえる。また、本土出身者、とりわけ白人帰還兵に着目した貴重な研究として池田・川野 (2011) がある。

グアメニアン社会の軍事化に関する研究のなかで、メイヨはチャモロ人に対する差別の変化について論じている（第2章参照）。メイヨは1950年を境にしたある変化を指摘する。グアム基本法によって、軍政から民政へ移行し、住民にアメリカ市民権が付与された。その後、グアム社会の米軍と民間人という2つのコミュニティの関係は、軍政下のヒエラルキー的なものから民政下の相対的に平等なものへと変化していった。しかし軍政下でも民政下でも、両者の関係は対立的であったわけでなく、概して常に良好であったという（Mayo 1992: 236）。非対称的ではあるものの、大きな問題へと発展しない入り組んだ関係が維持されてきたと捉えることができる。

　軍政下のヒエラルキー的関係は「二重コミュニティ」という言葉が言い表している。チャモロ人とアメリカ人は、交流がなかったわけではないが、言語・文化・生活水準においても制度的にも分離されていた。スペイン統治時代の植民地行政官は高位のチャモロ人たちと親密な関係にあったが、米海軍士官はチャモロ人と社会的な接触を持とうとしなかった。子どもたちは、アメリカ人とチャモロ人とに分かれて、別々の学校に通った。チャモロ人は海軍政府の高位職に就くことを禁じられたほか、1938年に米海軍に入隊可能になったものの食堂係に限定された。また、連邦政府の被雇用者（海軍政府や海軍基地の労働者）と民間の労働者のあいだの賃金格差は大きかった。1939年における非熟練労働に関する連邦政府の基準賃金は日給1.05ドルであったが、グアムの通常賃金は日給50～60セントであった。こうした賃金格差によって戦前から政府勤務は人気であった。しかしながら、その公務員の賃金においても、同一労働同一賃金ではなく、アメリカ市民のほうがグアム市民よりも高いという二重基準になっていた（Mayo 1992: 230, 236）[38]。すなわち、チャモロ人は教育において隔離され、給与体系、職業、市民権において差別されていたのである。

　基本法制定後はそういった差別的な制度は撤廃されたが、新たな指針によって連邦政府の賃金格差は維持された。すなわち、同じ基地労働者でも本土雇用の者は地元雇用の者よりも25パーセント高く設定されたのである。また、多数派である民間人コミュニティと少数派である米軍コミュニティが対立したときには後

38）　またロジャーズによると、第2次世界大戦後の海軍統治においては、給与水準は4つに分かれていた。給与が高いほうから順に、本土採用のアメリカ人、グアム採用のアメリカ人、グアム採用のグアメニアン（チャモロ人）、フィリピン人契約労働者である（Rogers 2011: 201）。

者の利害が優先されるという状況も続いた (Mayo 1992: 230, 237)[39]。メイヨはつぎのように結論づける。「この場合、チャモロ人に対する差別は人種的なものであり、グアム社会のアメリカ化の忌まわしい構造的特徴であったかもしれない」(Mayo 1992: 239)[40]。

しかしその一方で、チャモロ人米兵も増加し、その待遇も差別的なものではなくなっていった。すなわち、米軍コミュニティと民間人コミュニティという区分が、アメリカ人コミュニティとチャモロ人コミュニティという区分と徐々に一致しなくなってしまった。したがって、米軍内や政府内での待遇や基地の内と外という観点だけでは、チャモロ人に対する差別やレイシズムを論じるのに十分ではない。ましてやチャモロ人の運動や権利に対するバックラッシュを考察することはできない。

また、これらの区分が厳然としたものと感じられないというグアムのリアリティも興味深い点である。ビバクアは脱植民地化における暴力を論じるなかで、フランツ・ファノンが想定するような否定しがたい暴力やマニ教的二元論とは反対に、グアムの米軍基地のフェンスはほとんど平凡で空虚な性質を持つものとして論じられると指摘する。たとえば、基地の内と外での不平等は残っているが、あるいはそれゆえに、チャモロ人詩人C・T・ペレスが述べるように、被植民者はフェンスの内側の特質をどれだけ見習い、外側の特質からどれだけ離れるかといったことを人生の成功の基準とするようになるという (Bevacqua 2007: 119-20)。

(2) 文化的レイシズム

差別や隔離だけでなく、一般的に偏見やステレオタイプといわれるものも、グアムにおけるレイシズムや植民地主義の研究のなかで指摘されてきた。これらは文化的レイシズムとして捉えることができ、言説、表象、あるいは日常生活にお

---

39) 軍は民間コミュニティと良好な関係を築く取り組みも行ってきた（第2章第3節参照）。
40) ジャーナリストのイアン・ブルマは、グアムの取材記事のなかで、別の観点からチャモロ人と米兵とのあいだの断絶に触れている。チャモロ人は自らを愛国心を持ったアメリカ人と見なし、グアムに配属された本土出身の米兵のことを外国人とは見なさない。その一方で、米兵はグアムのことを完全にではないが外国と捉えることが多いという。しかし、マクドナルドやデニーズなどがある一方で、電話がうまくつながらないこともあり、曖昧な場所という認識もあるようである。また、そもそもほとんどのアメリカ人はグアムの存在について知らない、ということも指摘されている (Buruma 1985)。このような曖昧な存在としてのグアムは、米兵個々人の認識であるだけでなく、米軍内部の共通認識であるともいえる。

ける関係性のなかに見られるものである。

　こうした現代グアムにおけるチャモロ人の状況について、メイヨは軍事化という観点以外からも興味深い報告をしている。文化人類学のフィールドワークに関する論文集のなかで、自らの黒人系アメリカ人という立場が、グアムのチャモロ人の境遇を理解するのに有益だったとし、チャモロ人のマイノリティ性について論じている。メイヨがいうように、マイノリティ集団とは数だけの問題ではない。社会学的な定義では、異なる社会集団間での関係のパターンや権力の配分という点から考察されなければならない。その意味で、チャモロ人はマイノリティ集団と見なしうるという（Mayo 1991: 112-113）[41]。

　グアムの植民地時代が終わり、チャモロ人がグアム社会を牛耳っているように見えるいま、なぜいまだにチャモロ人はマイノリティ集団といえるのであろうかとメイヨは問う[42]。

　メイヨによると、問題となっているのは、他者が人びとを個々人としてではなく集合とみなし判断するという集合的差別である。チャモロ人であるがゆえに就職差別を受けるということや、チャモロ人がある特性や習慣を共有しているとして、本土出身者（白人系アメリカ人）がそれについて揶揄することなどである。その例として、チャモロ人の労働習慣に関するものがある。「ハファデイ（Hafa Adai）」というチャモロ語の「こんにちは」という意味のあいさつをもじり、チャモロ人は「ハーフ・ア・デイ（half-a-day）」、つまり「半日」しか働かないというレッテル貼りなどがある（Mayo 1991: 117）。

　同論文では権力配分という観点からロバート・アンダーウッドの文化多元主義批判も言及されるが、メイヨ自身の認識はフィールドワーク中に経験した、人びとによって示された態度、つまり社会関係のパターンに基づいている。彼が社会学の教員としてグアム大学に所属していたとき、教員の大多数は本土出身者であ

---

[41] 数の上ではグアムのチャモロ人はマイノリティ（少数派）ではなくマジョリティ（多数派）と見なされてもおかしくはない（第2章参照）。アメリカ国内全体ではなくグアムだけに限った場合である。マイノリティと呼ぶかは別として、当然ではあるが、力関係、差別、不平等などはある集団の位置づけを理解する上で重要である。マレーシア、南アフリカ、フィジーのように「マジョリティのためのAA」の事例においてもそうした正当性や根拠のようなものが争点となっているといえる（吉村 2012）。

[42] 植民地時代が終結したとする認識と被植民者ではなく一貫してマイノリティ集団とする認識の妥当性については後述する。ここではチャモロ人をマイノリティ集団に貶める差別に関するメイヨの見解をまず確認する。

第1章 植民地主義・レイシズム研究におけるカラーブラインド・イデオロギーの位置づけ 53

り、その一方で学生はチャモロ人や他のミクロネシア系の人びとであった。同僚のひとりはあからさまな温情主義的(パターナリスティック)・家父長主義的な態度を取り、グアム大学の学生たちの能力を過小評価していた。他方で、メイヨの学生のひとり（チャモロ人男性）は、白人教員たちが一丸となって彼を退学させようとしているとし、そうした威圧的な態度に強く反発していたという。メイヨはこうした関係をある程度一般化できるものと考えているようである (Mayo 1991: 118-9) [43]。

また、グアム議会の公聴会を傍聴したときにも、こうした本土出身者とチャモロ人の関係は観察されたという。たとえば、グアム電話局の民営化を扱った公聴会では、推進派のグループは本土出身者からなり、それに反対する電話局の従業員の大多数はチャモロ人であった。公聴会で電話局の従業員たちによって掲げられていた看板には、「良い従業員はグアムでも生み出される」、「神は人種ごとに脳の配分を変えていない。われわれはうまくやることができる」と書かれていた。つまり、チャモロ人の行政・経営能力が争点として認識されていたのである (Mayo 1991: 119-20) [44]。

民政への移行やアメリカ市民権の付与によって形式的・制度的にはより平等になったが、それでもなお本土出身者とチャモロ人との社会関係において人種差別（否定的認識）が見られるというのがメイヨの見解である。たしかに、メイヨの挙げる例は文化的レイシズムの典型的なものといえる。チャモロ人に対するバックラッシュにおける重要性を考えると、文化的レイシズムの展開は押さえておかなければならない。しかしながら、それだけではカラーブラインド・イデオロギーの展開を理解することはできない。

脱植民地化の行き詰まり、つまり「アメリカにとって良いものはグアムにとってもそうであるに違いない」「脱植民地化は自殺行為だ」という言説を分析した

---

[43] ビバクアも植民地主義と脱植民地化との関連でグアム大学について論じている (Bevacqua 2007: 56-64)。本書第5章も参照。
[44] ブルマも公益事業の民営化問題に触れている。それによると、グアムにおける水道、電話、電気などの公益事業は、グアム政府と海軍との共同運営となっているが、不経済で非効率であると問題視されている。そのため民営化すべきという声が上がっているが、海軍が公益事業から手を引くことを躊躇しているという。海軍がグアム政府を信用しておらず、公益事業の扱いを任せられないからである。「ある海軍報道官によると、問題は政治的なものである。そしてグアムにおける政治とは、フィリピン的な趣がある。すなわち、アメリカ的レトリックと利益誘導（しばしば身内びいき〈family favours〉に基づいたもの）の混合物である」(Buruma 1985)。縁故主義の心配をする必要がなくなれば、公益事業の運営や方針についてグアム政府に任すことができるというわけである。

ビバクアの研究も、文化的レイシズムの分析に取り組んだものといえる。アメリカなしではグアムは成り立たない、不潔で非文明的になり、非存在になり、行為主体性や進歩を失うという考えが、グアムで流布し、チャモロ人はそれを内面化してしまっている（Bevacqua 2007）。

チャモロ人を汚職と結びつける本質主義的な言説もその一部である。汚職言説ではとりわけ「家族」に焦点が当てられ、チャモロ人のあいだで広く見られる拡大家族が汚職の原因とされる。「チャモロ人は自分の親戚たちを採用し、その親戚たちは無学で役立たずなので、政府は崩壊し、社会もそれに続く。政治家たちは自分の家族や友人たちにチャンスを与え、非チャモロ人をだましてアメリカ民主主義が保障することになっている汚れなき政治の楽園を奪う」として親族内の密な関係が批判される。拡大家族を汚職と結びつけて否定的に捉えることは、核家族を合理性や普遍性と結びつけて規範化・正常化することでもある（Bevacqua 2007: 93-6）。

ビバクアによると、汚職言説などにより、「脱植民地化するか、しないか」という二者択一の構造化は偽りのものとなってしまう。脱植民地化の帰結が常に否定的なものと関連づけられているからである。「グアムの脱植民地化は、倫理よりも汚職を、平等、正義、仕事熱心なハオレらしさよりも怠惰、縁故主義、チャモロ人らしさを選択することと同等となるであろう」（Bevacqua 2007: 106）。

汚職言説と関連した文化的レイシズムの内面化は、カラーブラインド・イデオロギーの内面化と重なる部分が大きい。続いて文化的レイシズムにおいてマスメディアの果たす役割に関する研究にも触れておこう。

(3) マスメディアにおける植民地主義とレイシズム

文化的レイシズムまたは文化帝国主義に関連するチャモロ人と白人系アメリカ人の非対称的な関係を、マスメディアの構造から指摘しているといえるのが、ステイドの研究である。ステイドの研究はメイヨの研究より約10年後の1990年代のグアムを舞台にしており、ラディカル伝播主義の立場から、「ローカル文化は、世界文化モデルに関連しつつ、政治的なプロセスを通じて生産される」（Stade 1998: 42-3）と主張するものである。世界文化とローカル文化のあいだにおけるローカルな政治（ポリティクス）の役割に焦点が当てられている。そうしたグローバルなものとローカルなものの相互作用への理論的関心に基づいているため、そこでは植民地

主義やレイシズムは中心的なテーマではない。しかし、その理論的関心に基づいて、ステイドはグアムのマスメディア、さらには公共圏を考察した章において、その植民地主義的な構造を論じているといえる。

次章で見るように、グアムのマスメディアは資本、形態、人材などの点から歴史的・構造的にアメリカ本土メディアや米軍の強い影響下にあるといってよい。そうしたなかで、ラジオ、テレビ、新聞などのメディアは「本土出身者（statesider）」や「ハオレ（haole）」と呼ばれる白人系アメリカ人の視点を反映しがちである[45]。すなわち、ハオレの自文化中心主義が表れやすい。グアムのハオレのメディア関係者には、十年、数十年と比較的長期にわたる在住者もいれば、1年目から数年目といった新参者もいる。ここでは、ステイドが言及しているそのようなグアムのマスメディアの重要な特徴について、メディア関係者の属性との関連でいくつかにまとめておく。

まず、グアムのテレビやラジオのハオレ司会者たちには、家父長主義的といってよい態度が見られる。彼らからは、「声のトーンや、『本土（つまりアメリカ）ではどうであるか』に頻繁に言及することや、地元事情について知識豊富であるという態度を通じて、後見の感覚、無知と悪意の暗闇に覆われた場所に光を注ぐ感覚」(Stade 1998: 152) がにじみ出ている。そしてこれは人種的区分に対応している。彼らは「地元政治家や行政官の機能不全や『島を経営する』能力のなさを絶えず指摘している」(Stade 1998: 152) が、グアム政府で働く人びとはチャモロ人で、メディアの中心にいる人びとはハオレだからである。

別の観点からいうと、ハオレのラジオ・テレビの司会者やジャーナリストたちは、文化人類学者ヨハネス・ファビアンがいうところの「クロノポリティクス（時間政治）」の主要な行為主体（エージェント）であるといえる。クロノポリティクスとは、「地政学的中心から見た周辺的他者が時間の用語で定義されるように、グローバルな政治空間を時間的秩序と一致させて編成すること」といえる。「周辺（periphery）は、中心がすでに乗り越えてしまった過去に属するので、あまり重要ではない（marginal）」(Stade 1998: 154)。

また、グアムのジャーナリストやリポーターには新参者の若いジャーナリストが多く、そうしたメディア関係者の質に関連した問題もある。「連続的なグアム

---

45) 「白人」はチャモロ語では「アパカ（apa'ka / apaka'）」であり、Bevacqua（2007）で使用されている。

発見」あるいは「不断のグアム再発見」、「周期的なグアム発見」と呼べるような状況である。大規模のナショナルなメディアやグローバルなメディアは、社会学者アルフレッド・シュッツのいう意味で、同時代者について伝え、彼らを共在者のように思わせる。しかしその反対に、グアムの地元メディアは、共在者を同時代者のように思わせる働きをする構造的特徴を持っている。その要因のひとつとして、グアムのメディアにおけるリポーターの転職率の高さが挙げられる。ジャーナリストたちはグアム出身者ではなく、短期間で島を離れるか、高給の政府の仕事に転職してしまう。また彼らの多くは大学のジャーナリズム専攻を卒業したばかりの若者である。ステイドは「連続的なグアム発見」について、つぎのようにまとめる。

> 要するに、グアムと、その政治的な構造やプロセス、その自然環境、その歴史や眺望、島に関係するその他のあらゆることは、新人リポーターたちが島に到着し離れていく周期的リズムで、新たに発見され、アメリカのマスター・ナラティヴでプロット化される。彼らが島にいるあいだにどうにかして生みだすメディア・ナラティヴは、外国特派員のそれ、つまりグアムの外国特派員が国内の視聴者・読者に向けてリポートするものに似ている。この視聴者・読者に含まれる人びとは、「善意の何人ものマゼラン〔本土出身の新人リポーターたち〕のパレード」がするように、つまり同時代者として彼らの共在者を見なすよう求められる。(Stade 1998: 157-8)

こうして伝えられる言説や表象はグアムの人びとに一定程度内面化されていくであろう。しかしグアムのことを表面的にしか理解していないと見なされている人びとによってなされる報道や時評は、信用性の問題を抱えてもいる。とりわけチャモロ人活動家は、『パシフィック・デイリーニューズ (Pacific Daily News: PDN)』紙を代表とするグアムのマスメディアに批判的である。全体として、メディア関係者と視聴者・読者の乖離した構造があるといえる。

こうした構造のなかで生み出される争点としてステイドが言及しているのは、奇しくもメイヨと同じく、グアム政府の行政・経営能力である。『PDN』とグアム・ケーブルTVというグアムの2大報道機関は共和党的な解釈に偏っていると見なされており、実際に政府や公共部門を他者化する共和党のレトリックを用いていた。こうした国家懐疑主義は、国家縮小主義に結びついているという。それに関連して、「島の労働力のほとんどはグアム政府あるいは連邦政府に雇われて

いる」、「地元政府は縁故主義や水増し雇用の場である」といった評判が流布されるが、ステイドはいずれも誇張されたものとして批判する。

　そして、国家縮小主義はグアムでは植民地主義・レイシズムと強い関連性を持つことになる。前述したように、グアム政府職員の多くはチャモロ人である一方、メディアの中心部にいる人びとはハオレだからである。ステイドが指摘するように、実際にグアムの人びとは国家縮小主義の言説を人種区分で認識する。そのメッセージは「チャモロ人（と肌の茶色い人びと全般）は無能であり、自らと家族の利害のために公共部門を利用する」となるのである（Stade 1998: 171）。

　グアムの植民地主義・レイシズムに関連したステイドの研究の貢献は、マスメディアの構造と、それによって生じる言説・表象の特徴とに分けて考えることができる。マスメディアそのものが文化的レイシズムや文化帝国主義と共犯関係にあるということは十分に留意しなければならない。また、国家縮小主義を新自由主義と言い換えてもよいであろう。グアムにおける新自由主義は民営化の推進という形で現れており、それと人種区分の関連性について考察することも重要である。その一方で、ステイドの研究ではチャモロ人の権利をめぐる対立についての言及はほとんどない。

(4) 文化多元主義と多文化主義

　ここでは先行研究における多文化社会としてのグアムに関する認識、またはグアムにおける多文化主義に関する認識に焦点を当てる。グアムが多文化社会であるとはいったいどのような意味においてなのか、グアムにおいて多文化主義的な思想や政策はどのように作用してきたのであろうか。

　まずは前述したメイヨの議論を取り上げ、チャモロ人はマイノリティなのかを批判的に検討する。メイヨは1950年の民政への移行によってグアムにおける植民地主義は終焉したと捉えている。そして、チャモロ人は数の上では最大集団であるが、実質的にはマイノリティであると主張する。しかし本当にそのように捉えてよいのであろうか。

　第1にチャモロ人を「先住者」とする考えがある。チャモロ人は、スペイン、ドイツ、アメリカ、日本の植民地支配を受けながらも、マリアナ諸島において独自の文化を発展させてきた人びとである。その意味で、アメリカ本土からの移住者や、アジアやミクロネシアの島々などからの移民に対して先住者ともいえる。

第2にチャモロ人は「被植民者」であるともいえる。現在もグアムはアメリカの非編入領土であり、国連でも非自治地域とされている。米軍によって土地を奪われ、アメリカの支配のなかで自己決定権や主権を奪われている。したがって、グアムは植民地であり、チャモロ人は被植民者であるというわけである。
　とすれば、チャモロ人はマイノリティであるという認識は、グアムにおいてチャモロ人が置かれた状況を十分に捉えることができていないということになる。チャモロ人にはマイノリティとしてだけでなく、先住者や被植民者としての側面もある。そのことが、チャモロ人の「先住民」としてのアイデンティティ形成やさまざまな権利主張につながっている。いずれにせよ、チャモロ人をマイノリティとしてのみ捉える種類の多文化主義的な認識は、大きな限界を抱えているということになる。
　グアムにおける文化多元主義を論じるなかでカラーブラインド・イデオロギーの問題を先駆的に指摘したといえるのが、二言語・二文化教育などを専門とするロバート・アンダーウッドである[46]。アンダーウッドによると、チャモロ文化ナショナリズムの波が訪れ、それによって1970年代以降にチャモロ語・文化教育が学校で行われるようになった。しかしそのチャモロ語・文化教育は、アメリカの文化多元主義に取り込まれてしまっている（Underwood 1989）[47]。
　そのことはアメリカ文化多元主義に関するつぎのような観察から指摘できるという。第1に、そもそもチャモロ文化ナショナリズムはアメリカ文化多元主義によって開始されたのであり、後者がなければ前者もなかったのではないかという認識がある。その認識ではチャモロ文化ナショナリズムの高揚をそもそも理解できない。第2に、アメリカ文化多元主義が、文化を生活様式と同等化する新たな寛容の倫理となっている。つまり、文化概念そのものの問題である。第3に、アメリカ文化多元主義は機会の平等化の要求のなかから生まれたため、それは不利益や不平等を被っている人びとを対象にしたものとなる。そうすると、「文化的関心は自らの属性に基づいて追求されるべきであるという主張は正当なものと一

---

[46]　「文化多元主義」と「多文化主義」とはそれぞれさまざまに用いられてきたため概念的な区分は難しいが、しいていうなら、前者は国民統合、後者は人種秩序への異議申し立てに比重がある（cf. 辻内2001）。しかしアンダーウッドは「文化多元主義」と「多文化主義」を区別せずに用いているように思われる。1980年代は「多文化主義」という用語が広がり始めたばかりであるため、そうした用法は理解できる。内容的には、彼のいう「文化多元主義」と「多文化主義」は、「リベラル多文化主義」とほぼ同様のものと考えて問題ない。

[47]　チャモロ語・文化教育については第2章と第4章も参照。

般的には見なされない」のである。そうしたアメリカ文化多元主義の言説によって、チャモロ文化ナショナリズムは抑制され、グアムにおける植民地主義的な文化的諸制度が温存されるということを、アンダーウッドは憂慮する（Underwood 1989）。

　また、教育現場における文化問題と教育問題の分裂も、チャモロ文化ナショナリズムを鈍らせるという。文化問題は、教育者の日常的行為に関わる問題ではなく、同意すべき声明や参加すべき儀礼となってしまう。お祭り的なチャモロ週間、義務的な歌や踊り、アイランド・スタイルの飾り付け装飾品など、表面的で非日常的なものに留まり、カリキュラムの変更などには結びつかないのである。これは文化をプロセスではなくコンテンツと見なすことによるものでもある。それによって、「儀礼、慣習、工芸品、そして言語でさえも、まるで売買されたり譲渡されたりする静態的な商品であるかのように転じてしまう」（Underwood 1989）。アンダーウッドは明言していないが、これもまたアメリカ文化多元主義の作用と捉えても問題ないであろう。

> 　以上のことを合わせると、文化ナショナリズムのイデオロギー的基礎を定式化し、文化問題と教育問題を区別する教育制度の能力は、グアムにおける学校教育が植民地化の使命を維持することを可能にする。以前の時代とは異なり、信奉を要求する必要や優勢な力を見せつける必要はない。むしろ、植民地主義的な利害関心の代わりに知的ヘゲモニーを維持する過程は効果的・効率的に利用され、そのためにどんな選択が下されても民主主義的かつさまざまな代案の熟考の末に選ばれたような見せかけを持つ。（Underwood 1989）[48]

教育現場がアメリカ文化多元主義によって懐柔されてしまうというのである。

　アンダーウッドの議論は、教育の領域に限定されるものの、アメリカ文化多元主義の問題を鋭く指摘する。アメリカ系白人のイデオロギーが支配的であるような、グアムにおける文化や教育の領域における権力関係である。そして、チャモロ人の文化は、先住民またはネイションではなく、あまたあるエスニック・マイノリティの文化のひとつとして位置づけられてしまう。この場合，文化多元主義

---

[48]　アンダーウッドはヘゲモニーという用語を、教育理論家マイケル・アップルの『イデオロギーとカリキュラム』における「意味と実践の組織化された集合、生きられた意味・価値・行為の中心的・効果的・支配的なシステム」という意味で用いている（Underwood 1989）。

をリベラル多文化主義と捉えても問題ないであろう。文化多元主義またはリベラル多文化主義は、人種／エスニック・マイノリティに対してと同様に、先住民に対しても適切に対処できず、「多様性の管理」に留まる。またこれらは、カラーブラインド・イデオロギーと矛盾しないどころかむしろそれによって助長されている。

　M・ペレスも、グアムのチャモロ人教育者であるキャサリン・アゴンらの議論に依拠しつつ、アンダーウッドと同様の観点から文化多元主義と多文化主義の問題を指摘する。ただし、ペレスはこれらのアメリカ・イデオロギーが先住民だけでなく人種的／エスニック・マイノリティへの抑圧を覆い隠すこと、グアムのチャモロ人だけでなくアメリカ本土のチャモロ人にも同様の影響を与えること、伝統、共有された価値、家族の慣習、世代間関係といったチャモロ文化全体にも関わること、などを認識しているように思われる（M. Perez 2002: 466-7）。

　だがこれらの議論は教育の領域に焦点を当てているがゆえに、グアムの文化多元主義や多文化主義におけるチャモロ人を取り巻く全体的な状況を把捉できない。つまり多文化主義の思想やそれに関連した政策が、グアムのチャモロ人の権利や地位にどのように作用しているかをより広い視野から考える必要がある。またアンダーウッドやペレスの文化多元主義批判は、先住民としてのチャモロ人の存在根拠を文化にのみ置いている。歴史的経験や社会構造的位置についてはそこでは言及されていない。本書では、グアムにおいて文化多元主義や多文化主義の議論が、カラーブラインド・イデオロギーの展開のなかで、歴史的不正義を十分に考慮してこなかったという点に着目する。

(5)　時期区分

　本書では、チャモロ人の地位や権利に関する政治的・社会的な動向に着目して、より大きく4つに時期区分を設定する。第1に、1898年から1950年までの米軍政期であった半世紀（1941年12月から1944年7月までの日本軍政は除く）である。1950年にグアム基本法が施行されるまで、チャモロ人などのほとんどのグアム住民にはアメリカ市民権はなかった。そのため、アメリカ市民と非市民とのあいだに制度的区別が設けられ、非市民への差別的待遇が続いた。

　第2に、1950年から70年頃までの基本法施行後の約20年間である。基本法施行後も、グアムは非編入領土のままであり、民主主義や自治の観点からは明ら

かに問題が残っていた。その一方で、アメリカへの政治的統合が進められたのであり、アメリカ化が政治的にも一定程度達成された時期と見ることができる。

　第3に、1970年頃から2000年頃までの約30年間である。その前の20年間と比べ、非編入領土であることの弊害がいっそう語られ、政治的地位の変革が強く求められた時期である。とくに、戦後世代の若き指導者たちが中心となり、先住民チャモロ人というアイデンティティに基づいたチャモロ・ナショナリズムが展開され始めたのが大きな変化であった。政治的地位の変革を求める動きのなかで、チャモロ人の自己決定権はグアム政府のお墨つきを得た。

　第4に、2000年頃から現在までの時期である。1990年代にはチャモロ人の権利や運動へのリベラル個人主義に基づいたバックラッシュは表面化していた。しかし、2000年のライス判決以降、その流れは決定的なものとなった。チャモロ人の権利とアメリカのリベラル個人主義の考えとの衝突が常態化した時期といえる。チャモロ人の運動自体も1970年代、80年代生まれのより若い人びとに世代交代が始まった時期でもある。

第2章　グアムにおけるアメリカ植民地主義の展開
―多文化化、軍事化、アメリカ化―

　本章では、アメリカ領となってから、とりわけ第2次世界大戦後のグアム社会について、多文化化、社会の軍事化、アメリカ化といった観点から論じていく。

　西太平洋のほぼ赤道以北の一帯はミクロネシアと呼ばれる地域である。そのミクロネシアの北西部にマリアナ諸島がある。マリアナ諸島は、北からおもにサイパン、テニアン、ロタ、グアムからなり、政治的・行政的および歴史的には北マリアナ諸島とグアムとに分けられる。アメリカ本土やハワイとよりも、日本やフィリピンやニューギニアとのほうが断然近い距離にある。

　グアムの面積は549平方キロメートルで、ワシントンDCの約3倍、日本の淡路島とほぼ同じである。長さは約48キロメートルである。上から見ると、北東と南西を結ぶひょうたんのような形をしている。地質的・地形的には、グアム北部は石灰岩台地であり、南部は火山性の丘陵地であるというふうに2つに分かれていることが特徴である。

　考古学の研究成果によると、マリアナ諸島には紀元前1500年前後に東南アジアのフィリピン周辺から、土器文化を持った人びとが拡散してきたと考えられる[1]。その移住してきた人びととはチャモロ人と現在呼ばれており、独自の言語と文化を発展させた。その後、大航海時代におけるヨーロッパ人の来航、スペイン・チャモロ戦争、スペイン統治を経て、19世紀末にアメリカ統治が開始された。

　スペインによる植民地化が始まる17世紀までのチャモロ社会は、2つのカーストから構成された。チャモリ (chamorri) とマナチャン (manachang) である。チャモリは、マトゥア (matua) とアチャオット (acha'ot) という2つの階級に分かれた。マトゥアは高位首長とその子孫である。彼らは戦士、船乗り、漁師、専

---

[1] 先史時代については最新の考古学・人類学の成果を踏まえた印東（2009）を参照。

門的なカヌー製作者、貿易商などであった。アチャオットはマトゥアの仕事を補助し、富や特権を共有した。最下層がマナチャンであり、おもに農民であった。彼らはさまざまな制約やタブーによって他の階級の人びとから社会的に分離されていた。社会的地位の変更は、マトゥアとアチャオットとのあいだではあったが、マナチャンには不可能であった[2]。

　現代のグアムやチャモロの社会・文化にはスペイン統治時代の影響が色濃く残っている。スペイン統治以前のチャモロ人は一般的には古代チャモロ人（ancient Chamorro）と呼ばれる一方で、スペイン統治以後のチャモロ人はネオチャモロ人とされることがある[3]。

　1521 年のフェルディナンド・マゼラン一行の上陸以降は、ヨーロッパ人による太平洋での航海により、チャモロ人とヨーロッパ人・アジア人が相互に直接的に大きな影響をおよぼすこととなる。1565 年には、スペインのコンキスタドールであるミゲル・ロペス・デ・レガスピが、フィリピンに向かう途中でマリアナ諸島に上陸し、スペインによる領有を一方的に宣言した。スペイン時代、マリアナ諸島や他のミクロネシアの島々は、フィリピンの一部として扱われた。

　レガスピがマニラを征服したあと、マニラとメキシコのアカプルコを結ぶガレオン貿易が始まり、マニラからは香辛料や中国産の絹織物など、アカプルコからは銀が輸出された。グアムやロタはアカプルコからマニラへの西回り航路での中継地点となった。ガレオン船は両港から毎年出航し、1815 年までの 250 年間続いた。

　スペインが実質的にマリアナ諸島を支配するのはレガスピによる領有宣言のおよそ 100 年後の 17 世紀後半である。1668 年、イエズス会の宣教師ディエゴ・ルイス・デ・サンビトレスは、マリアナ諸島での布教活動を開始した。しかし、次第にチャモロ人のあいだで布教活動に対する反発が強まり、チャモロ人と宣教師

---

2)　植民地化以前のチャモロ人の社会については十分な史料がないが、考古学・人類学の研究は進められてきた。それらについては、さしあたり、Thompson（1941, 1969）や Cunningham（1992）を参照。

3)　この場合の「ancient」はたんに「古い時代の」「大昔の」という意味であり、歴史学的な含意があるかどうかは不明確である。筆者はチャモロの知人と会話をしていたときに、たかだか数百年前（400 年前）のチャモロ人のことを「ancient」とするのに疑問を持つという批判的な意見を聞いたことがある。「ネオチャモロ人」という用語は 1970 年代には J. Underwood（[1976] 1977）のように人類学者によって用いられている。ただし、スペイン・チャモロ戦争以前の「純血」のチャモロ人社会とそれ以後の「カトリック化」・「混血化」していくチャモロ人社会を区分する認識はもっと前から見られる。

たちのあいだで争いが起こるようになった。1672年、サンビトレス自身は、マタパン首長の生まれたばかりの娘に洗礼をしたことで、マタパン首長とヒラオ首長によって殺された。キリスト教化とスペイン支配へのチャモロ人の抵抗にあい、スペインはメキシコやフィリピンから軍隊を送り込み、チャモロ人を武力で制圧する動きに出た。激化した争いが30年近く続き、のちにスペイン・チャモロ戦争と呼ばれることとなった (Rogers 2011: 43-53) [4]。

17世紀後半以降、チャモロ社会は大きく変容することとなった。まず戦争や疫病などによって人口が激減した。1668年にグアムで約1万2000人、マリアナ諸島全体で3万人弱だったのが、1690年にはそれぞれ2000人以下、9000人以下にまで減少したと考えられている [5]。とりわけ男性は戦争への参加によって人口減少が激しかった。

宣教師や兵士などとしてフィリピン、メキシコ、スペインなどからやってくる人びとが増加し、それらの人びととチャモロ人の混血が進み、19世紀に入るとグアムの人口は徐々に増加していった。1793年には人口3584人で「スペイン人およびメスティーソ」が26.81パーセント、「原住民 (Natives)」が49.27パーセント、「フィリピン人および子孫 (Filipinos and Descendants)」が19.81パーセントであったのが、1830年には人口6490人で「原住民」が40.86パーセント、「フィリピン人および子孫」が40.25パーセント、「混血 (Mixed)」が15.52パーセントとなっている (J. Underwood 1977) [6]。この時期の人口調査からはフィリピン人の存在感がかなりのものであったことが想像できる [7]。1821年のメキシコ独立後は、

---

4) その後、チャモロ人はカトリックの強い影響下に置かれ、現在もほとんどのチャモロ人がカトリック信徒である。しかし、チャモロ人首長によるサンビトレス殺害やスペイン・チャモロ戦争でのチャモロ人の虐殺やそれに関連した人口減少を考えると、チャモロ人とカトリックとのあいだに容易には理解しがたい歴史的関係があることが分かる。V. Diaz (2010) はサンビトレスの列聖（聖人の地位に上げること）をめぐる複雑な動きを考察した、カルチュラル・スタディーズにおける意欲的な歴史研究である。チャモロ人とカトリックの関係については、高山 (2002, 2004) も参照。

5) マリアナ諸島では1668年の布教開始の前に、すでに人口減少は生じていた。ガレオン貿易などでの外部との接触で広がった疫病によるものである。推計では1568年は7万2000人、1600年には6万1000人、1638年には4万2000人となっている (Shell 2001)。

6) ここでいう「原住民」はチャモロ人のことである。スペインの記録では「インディオ (Yndios)」となっている (J. Underwood 1977)。

7) しかしアメリカ領となってからの20世紀前半の国勢調査では、チャモロ人とフィリピン人の区別はそれ以前のものとは大きく変わってしまったと考えられる。1920年に行われた国勢調査では、人口1万4724人のうち1万3698人が「原住民」となっている (Rogers 2011:

グアムはフィリピン人・スペイン人犯罪者の流刑地となり、彼らは農業に従事した（Campbell 1987）。

　チャモロ社会は全体として、「階層的な母系クランによって組織されるもの、園芸や漁労によって食料を得るもの」から「カトリック教会によって強力に支えられた植民地行政によって組織され、農業経済に基づくもの」へと変容した（Mayo 1992: 220-1）。古代チャモロ社会からネオチャモロ社会への変容といえる。

　カトリックやスペイン統治の影響は大きかった。まず、カトリックへの改宗が徹底された。1694年から1698年のあいだに、ロタ島に逃げた一部の者以外は、チャモロ人はグアムの海沿いの村への移住を強制された。それぞれの村は教区として宗教生活・市民生活の中心となり、イエズス会会員が重要な役割を果たした。その一方で、チャモロ人は村や町から離れた自分たちの農園（チャモロ語で「ランチョ（lancho）」と呼ばれる）でも生活した（Thompson 1941: 47-53; 1969: 58-9）。また、18世紀ヨーロッパにおけるイエズス会への弾圧の影響で、グアムでも1769年にイエズス会会員は追放され、代わりにアウグスチノ・レコレクト会（Augustinian Recollects）がやって来た（Rogers 2011: 77-9）。

　行政の仕組みも作り替えられた。スペイン人知事・軍司令官（gobernador politico-militar）が民政と軍の権限を握り、ハガッニャに司令部を置いて全体を治めた。その下には守備隊の司令官（sargento mayor）が置かれた。各行政区（村）にはアルカルデ（alcalde）と呼ばれる長が置かれ、スペイン人やメスティーソの行政官のなかから知事によって任命された。1700年頃には行政区はハガッニャ、アガット、ウマタック、メリッソ、イナラハン、パゴの6つとなっていた。1791年からはアルカルデの補佐として行政区長（gobernadorcillo）がスペインに忠実な地元の首長のなかから任命され、1885年からは選挙で決められるようになった。各行政区長の下には行政区内の各集落を治める下位の首長がいた（Thompson 1941: 47-53; Thompson 1969: 58-9; Rogers 2011: 69, 81）。

　スペインによる統治では、チャモロ人の社会階層は大きく2つに分けられるようになった。高位の人びとであるマナキロ（manakhilo'）と低位の人びとであるマナクパパ（manakpapa'）である。前者は、元チャモロ人貴族と彼らのスペイン人配偶者との子孫からおもに構成される有産階級であった。このネイティヴ・エリートたちは石灰石の壁とタイル屋根で建てられたスペイン様式の家に住んだ。

彼らは子どもたちのために家庭教師、土地を耕すために労働者、家事をするために使用人を雇った。マナキロはスペインの教会と国家行政官と親密な関係にあり、庶民からは明確な距離を維持した (Thompson 1941: 45)。

スペインはマリアナ諸島の資源には特別な関心はなく、鉱山開発やプランテーション開発が積極的に行われたわけではないので、住民の労働力としての利用も地元向けに必要とされる以上のものではほとんどなかった。スペイン・チャモロ戦争後の200年間は、植民地支配に関連した目立った対立や紛争はなく、その前後の時期に比べれば平穏な時代であったといえる。

また、スペイン統治時代のチャモロ人とフィリピン人との関係は注目すべき点のひとつである。前述のようにすでにグアムには多くのフィリピン人がおり、フィリピンのさまざまな地域からの影響を強く受けていた。そのなかで、チャモロ人とフィリピン人とは社会的・文化的に混じり合いつつも、互いに区別されるような状況があったのである (Rogers 2011: 100) [8]。

1　アメリカ統治下のグアム

1898年の米西戦争以後、マリアナ諸島の帰属は移り変わっていく。グアムだけでいうと、1899年から1941年12月までの米軍政、1941年12月から1944年7月までの日本軍政、1944年8月から1950年7月までの米軍政、1950年から現在までの米民政におおまかに区分できる。以下では、アメリカのグアム統治政策やチャモロ人のアイデンティティなどに着目しながら、この歴史を概観する。

---

8)　前述のようにグアムはフィリピン人の流刑地となっており、スペインに反乱を起こしたフィリピン人流刑者たち (deportados) が送られてきていた。1896年12月には流刑者たちが脱走を図り、それがきっかけとなってチャモロ人看守たちによる一斉射撃を受け、80名が亡くなり、45名が負傷するという事件が起こっている。また、アメリカ領となってすぐの時期には、グアムに残留している元流刑者たちを「平和に対する脅威」として、フィリピンに帰すように要求する動きがチャモロ人のあいだで生じている (Rogers 2011: 100, 111)。もちろんこれは流刑者が関連した事件や出来事であり、フィリピン人一般ではなく、フィリピン人流刑者との対立の例証と見なしうる。またステイドは、フィリピン人流刑者たちのなかにはチャモロ人社会に溶け込み、地位を築いていった者もいるということを指摘している (Stade 1998: 81-2)。なお、アメリカもグアムをフィリピン人ナショナリストたちの流刑地とした。現在は太平洋戦争国立歴史公園となっているグアム中西部アサン・ビーチには、アポリナリオ・マビニの胸像や記念碑が建てられている。

(1) 第2次世界大戦前の米軍政 (1899～1941年)

米西戦争中の 1898 年 6 月に米軍艦チャールストンに乗った米海軍大佐ヘンリー・グラスによってグアムは占領された。それから海軍統治が正式に開始されるまで空位期間があり、1899 年 8 月に海軍大佐リチャード・フィリップス・リアリーが初代の海軍知事として赴任した。グアム海軍政府の知事は海軍大佐や中佐が務め、在任期間は短いときは数週間、長いときで 2、3 年であり、42 年間で計 28 名にのぼる[9]。

アメリカはそれまでアメリカ・インディアンや黒人と関わりを持ってきたものの、他の西洋諸国とは異なり、本土から離れた海外植民地の統治の経験はなかったため、海軍によるグアム統治も手探りで行われた。それは全体として専制的で、知事の権限が強いという特徴があり、それゆえにそのときどきの知事の考えや性格が反映されやすいという側面もあった (Hofschneider 2001: Ch.2)。

リアリー知事は、グアムにおけるカトリック教会の力を否定的に捉え、その力を弱めさせるためにさまざまな方策をとった。アウグスチノ・レコレクト会会員の神父たちはグアムから追放され、チャモロ人やカロリニアンの慣習を変えさせる行政命令もいくつも出された[10]。たとえば、フィエスタ時の儀式や行進や、毎日の朝と夕方に教会の鐘を鳴らす慣習、賭け事、闘鶏が禁止された (Hofschneider 2001: 20-4)[11]。

その一方で、リアリー知事の 14 の行政命令のうち 5 つは、グアムに駐留する海軍兵や海兵隊員のあいだの軍事規律の問題に関するものであった。たとえば、命令 11 号は、グアム住民を「ダゴ野郎 (dammed dagoes、イタリア系を侮蔑する語)」「ニガー (niggers)」と呼ぶことを禁じるものであった。また、命令 14 号で

---

9) この時期を対象とした歴史研究では、アメリカ統治の最初の 50 年の政治史である Hofschneider (2001) が先駆的研究であり、これは 1982 年にハワイ大学に提出された修士論文が出版されたものである。その後の研究には、海軍統治末期のグアム政治家たちの動きを論じた Hattori (1995)、1899 年から 1909 年にかけての軍政の確立とグアムの法的地位や現地住民の法的身分との関連を論じた西 (2012) がある。
10) 当時はタムニンにカロリニアン (グアムの南に位置するカロリン諸島出身者とその子孫) のコミュニティがあった。彼らは伝統的なフンドシ姿で外に出ることを禁じられ、結局はサイパンに追放された (Hofschneider 2001: 24)。サイパンやテニアンにはすでに多くのカロリニアンが定住していた。Marjorie and Brunal-Perry eds. (1995) を参照。
11) 米海軍政府は、それまでのチャモロ人の慣習をさまざまな面で変えさせようとした。それは植民者と被植民者のあいだの複雑な関係を生じさせた。Hattori (2004) は、第 2 次世界大戦前までのグアムの公衆衛生政策を対象とした社会史・文化史であり、近代化・アメリカ化・開発と植民地支配の関係を論じた重要な研究である。

禁止されたことのひとつには、軍人が海軍基地を出て、住民と暮らすことがある。結婚認可なく地元女性と暮らす兵士たちが問題となっていたのである。その後の1907年には軍人とチャモロ人とのあいだの結婚は禁じられた。リアリーもその後の知事たちも、軍人とチャモロ人住民とを隔離しようとしており、そうしたことの背景には衛生上の関心があった (Thompson 2010: 230-1, 244)。

当時の軍政における関心は、食料の自給にもあった。軍人たちがグアムで食料を調達できるような食料自給体制を確立するため、農産物の増産を住民に促した。さらには、島全体に軍の支配を行きわたらせることにも関心が向けられるようになっていった (Thompson 2010: 231-2)。

軍政期のグアムについては、戦艦になぞらえられることがある。ロジャーズによると、2代目の海軍知事であるシートン・シュローダー（1900年7月～1903年2月）の退任のころまでには米海軍統治の土台が確立された。「第2次世界大戦まで、島はまるで戦艦『USSグアム』であるかのように統治された。知事が船長、米軍兵士が乗組員、チャモロ人が食堂係である」(Rogers 2011: 119)。ラニー・トンプソンも、5代目のジョージ・ダイアー知事（1904年5月～1905年11月）がグアムを戦艦のように考えていたことを指摘している (Thompson 2010: 236-7)。

ホフシュナイダーが指摘するように、海軍政府は少なくともアメリカ民主主義の3つの基本原理を侵害していた。第1に、文民より軍の権限が強く、知事であり司令官であるひとりの人間があらゆる権力や権限を握っていた。第2に、知事・司令官が行政・立法・司法を担い、政府のなかに権力の抑制システムが存在しなかった。第3に、海軍政府はチャモロ人のためのものであったが、チャモロ人による、チャモロ人のものではなかった (Hofschneider 2001: 32-3)。

軍政下において、さまざまな制約が課せられたにもかかわらず、チャモロ人の大多数は海軍政府に対して礼儀正しく、友好的であったという。統治が進むにつれて、アメリカに対して忠誠的で愛国的な側面も見られるようになっていく。これについては、チャモロ人が「権威の尊重」という性格を有しているとして、文化とパーソナリティ研究のような論じられ方をすることもある。また、水道などのインフラが少しずつ整備されていき、チャモロ人の物質的な生活水準が上昇していったことも要因として指摘されている (Hofschneider 2001: 28-31)。

ただし、第2次世界大戦前の海軍統治では、一般のチャモロ人が植民地主義的なまなざしに晒されたのは役所、学校、病院などだけであり、アメリカ化は限定

的であったともいえる。戦後の状況と比べると、チャモロ人はアメリカ人であること／になることにそれほど関心がなかった（Bevacqua 2007: 23-4）。

　海軍政府の専制的な統治については、チャモロ人のあいだで批判的な声が上がり続けた。そもそもスペイン統治下では、とりわけ末期には、チャモロ人の政治参加の仕組みがあり、多少なりとも自治が行われていた。政府の役人には多くのチャモロ人がおり、各行政区の長や警察署長は選挙で選ばれていた[12]。アメリカの軍政下の政治制度は、チャモロ人にとってはスペイン時代からの後退であった（Hofschneider 2001: 35）。

　チャモロ人のリーダーたちはそうした状況を変革するために、民政への移行やアメリカ市民権の付与を要求する運動を展開した。海軍統治が開始されてから2年半後の1901年12月には、ハガッニャに住む32名のチャモロ人の連名でアメリカ連邦議会に宛てて、民政のための研究を行う委員会をグアムに送るよう要求する請願書が提出された。その後も1917年、1925年、1929年、1936年、1947年、1949年と何度も請願書は送られ、自治やアメリカ市民権の付与が求められた[13]。連邦政府高官や連邦議会議員などがグアムを訪問したときに直接働きかける戦術もとられ、その結果として連邦議会で法案が提出されるようになった。1936年にはグアム議会からバルタザー・ジェロニモ・ボダリオとフランシスコ・バザ・レオンゲレロの2名がワシントンDCを訪問し、フランクリン・ローズヴェルト大統領と会談し、連邦議会で証言を行っているが、海軍の反対で法案は成立しなかった。こうしたチャモロ人の運動の主流はアメリカへの忠誠を誓いながら二級市民からの脱却を目指したものであり、独立を否定するアメリカに反発して米比戦争に発展したフィリピンとは様相が異なる[14]。

12)　こうした経験からか、グアム住民はアメリカの軍政が開始される前の空位期間に一時的に自治を試みた。1898年6月のグアムの降伏後、ひとりのスペイン人役人が権威を行使し続けていたが、1899年1月に住民からなる親アメリカ集団が、一時滞在の海軍役人の支持を得て、1名ずつの知事代理、収入役、主計、陪席判事、医師、「万能人（general utility man）」からなる民政府、また6名の指導的住民からなる諮問委員会を設置した。一部のグアム住民によって暫定政府が樹立されていたのであり、二院制議会も組織されようとしていた。だが、暫定政府は米海軍によってつぶされ、短命に終わる（Thompson 2010: 237-8）。

13)　1933年の1965名が署名した請願では、1917年にアメリカ領となったヴァージン諸島の住民に1927年にはアメリカ市民権が付与されていることについて批判的に言及されている（Hattori 1995: 5）。ちなみにアメリカ先住民全体にアメリカ市民権が付与されたのは1924年のインディアン市民権法によってであり、同年には移民割当法も成立しており、いずれもアメリカの国民統合政策を考察する上で重要である（内田 2008: 24-39）。それとの関連で海外領土の住民の位置づけを見ていく必要があるだろう。

民政への移行やアメリカ市民権の付与は第2次世界大戦後まで実現しなかったが、この時期に政治的な変化が何らなかったわけではない。1917年にはロイ・スミス知事のもとで一院制のグアム議会（Guam Congress）が設置され、34名の議員が任命された。しかし実質的な権限はなく、諮問機関に留まった上に、知事とグアム議会議員たちとのあいだでグアム議会の役割について見解の相違があった。知事はグアム議会に経済発展の方策を論じるように望む一方で、グアム議会自体はアメリカにおけるグアムやチャモロ人の地位の変革に取り組もうとしたのである（Hofschneider 2001: 56-64）。

さらに、1929年に就任したウィリス・ブラッドリー知事は、3つの大きな政治的改革を行った。グアム市民権の設定、グアム市民のための権利章典の宣言、グアム議会の再編である。1931年に設置された新たなグアム議会はアメリカ連邦議会と同様の二院制（下院16名、上院27名）で、しかも議員は普通選挙で選ばれた。こうした変革ゆえに、彼は20世紀前半のグアム知事のなかでもっともチャモロ人に人気があったとされている（Hofschneider 2001: Ch.4）。

また、この時期のグアム政治で注目に値するものとしては、フィリピン議会の動きに対する1926年9月のチャモロ人リーダーたちの反応がある。フィリピン議会はアメリカ大統領と連邦議会に対してグアムのフィリピンへの併合を請願する決議を検討しており、それを知ったグアム議会の議員たちは一致して反対した。彼らはグアム住民の「アメリカ合衆国への愛、忠誠、愛国心を明言し、グアム住民へのアメリカ市民権の拡張を嘆願して演説を締めくくった」（Hofschneider 2001: 68）。

(2) **第2次世界大戦での再上陸後の米軍政**（1944年8月～1950年7月）

第2次世界大戦中の1941年12月にアメリカの統治は中断される。日本軍がグアムを占領し、2年半以上にわたって日本の統治が行われたからである。1944年7月に米軍がグアムに再上陸し、8月に安全・解放が宣言され、米軍政府が設置され、1946年5月30日には海軍政府が再開された。そして、チャモロ人による市民権付与や民主化の要求は、戦中・戦後の過酷な状況を経て、いっそう激しく

---

14) 同じ20世紀前半に、アメリカ本土の保留地における「インディアン」固有の権利（土地の占有権や自治権など）を主張し、市民権付与を警戒した人びととも異なる。水野（2007）を参照。

なった[15]。

　1946年7月に行われた選挙によって戦後のグアム議会（二院制）は始動したが、グアム議会の議員たちは海軍政府の姿勢に不満を募らせていく。新たなグアム議会も知事の意向には逆らうことができず、諮問機関以上のものではないということが明らかになっていったのである。さらに、海軍職員を召喚するグアム議会の権限がチャールズ・パウネル知事によって否定されたことが引き金となって、1949年3月に下院がストライキを起こすこととなる。グアム議会のストライキはAP通信やUP通信によって伝えられ、『ニューヨーク・タイムズ』『ワシントン・ポスト』『ホノルル・スターブレティン』などの全米各地の新聞で報じられた。文化人類学者ローラ・トンプソン[16]、内務省インディアン局の元局長ジョン・コリア[17]、ニューヨークの弁護士リチャード・ウェルズらによる海軍政府に関する批判的言論も積み重ねられていた[18]。

　そしてついにトルーマン大統領も動きだし、1949年9月7日の大統領による行政命令で、1950年7月1日にグアムは内務省へと移管されることとなった。1949年9月27日には初の文民知事としてカールトン・スキナーが就任した。さ

---

15) 日本軍政期とその後のチャモロ人のアイデンティティとの関係については次章でより詳しく検討する。

16) トンプソンは米海軍統治下の1938年10月から1939年6月のあいだの6カ月間、グアムのハガッニャとメリソを拠点にフィールドワークを行った。海軍政府からの要請で、どのような教育システムが現地住民であるチャモロ人に適合的であるかを明らかにすることが目的であった。その直接的な研究成果がThompson（1941）である。

17) トンプソンやワシントンDCの活動家らは民族問題研究所（The Institute of Ethnic Affairs）を設立しており、トンプソンの当時の夫であるコリアが所長を務めていた。同研究所はアメリカの植民地の状況を伝えるニューズレター『グアム・エコー（*Guam Echo*）』を発行していたほかに、同所員は他の媒体や講演や会議などでも積極的に発言した（Hattori 1995: 14-5; Thompson 1991）。コリアはもともとロビイストとして先住民の権利のために活動し、1933年から1945年までインディアン局長を務め、「インディアン・ニューディール」を標榜した一連の政策を実施したことで知られる。1934年のインディアン再組織法は1887年の一般土地割当法などにみられる同化政策を改め、先住民保留地に自治政府の設立を促した。コリアの活動や政策およびそれらへの評価については水野（2007）や内田（2008）を参照。また、こうしたアメリカの団体や人びとが、世界各地の脱植民地化運動やアメリカ本土の先住民政策・先住民運動との関わりのなかで、グアムをどのように認識していたか、位置づけていたかは興味深いテーマである。

18) こうしたアメリカ本土の動きもあり、ハリー・トルーマン大統領は太平洋の属領の状況を調査するために国務省、戦争省、海軍省、内務省の長官らからなる委員会を設置した。海軍長官ジェイムズ・フォレスタルも1947年にいわゆるホプキンス委員会を設置してグアムとアメリカ領サモアの海軍統治について調査を行わせている（Hattori 1995: 15-6）。これについては次章を参照。

らに1950年8月1日にグアム基本法（「グアムへの民政付与と他の目的のための法律」）が成立し、6周年目の解放記念日である7月21日が施行日となった。同法によって、グアム政府が誕生し、グアムのチャモロ人にアメリカ市民権が付与された。また市民権の出生地主義も適用されるようになった。第2次世界大戦後になってチャモロ人指導者らによる運動の激化や脱植民地化に関する国際規範の形成によって、ようやく連邦政府も重い腰を上げ、民政への移行と市民権の付与が実現したのである。

その一方で、グアムがアメリカの植民地であるという状況に変わりはなかった。基本法にはグアムはアメリカの非編入領土であると明記されることとなり、その地位は現在まで変わっていない。また、当時はまだ知事の公選制はなく、グアム住民は知事を選ぶことができなかった。州ではないため連邦議会に議員を送り出すこともできず、国政に民意を伝える公的な制度もなかった。

(3) 民政移行後のアメリカ統治（1950年～）

現在のグアムの自治は1950年から進展しており、公選知事や連邦下院への代表の選出などが実現している（序章参照）。司法に関しては、連邦レベルではグアム地方裁判所が置かれており、第9巡回控訴裁判所の管轄である。グアム政府レベルでは、グアム最高裁判所と上位裁判所が置かれている。

だが、非編入領土であることに変わりなく、住民のアメリカ市民権は制約されてしまう。そうした根本的な部分の変化のなさが、グアム住民のあいだで政治的地位への関心を高めたといってよい。連邦政府はグアムの政治的地位の変革や住民の自己決定に消極的であった。1970年頃にはそのことへの不満が高まり、地元の政治家や住民が積極的に動き出すこととなった。第5章と第6章で詳しく触れるが、地域的・時代的なコンテクストの変化や、戦後生まれの世代の政治への関心の高まりも、政治的地位をめぐる動きを考える上で重要である（第5章、第6章参照）。

また、1950年前後からグアムではいくつかの政党が結成され、政党がグアム政治において重要な意味を持つようになる[19]。ステイドによると、戦後のグアムの政治には社会的区分（階層）と海軍統治に対する心情によって2つの潮流が

19）グアムの政党の展開については、おもにHofschneider（2001）やStade（1998）に依拠している。

あった。「グアムの友」から、属領党、共和党へ連なるものと、「グアム商事会社」から商業党、人民党、民主党へ連なるものである（Stade 1998: 106）。

1946年に、F・B・レオンゲレロ、B・J・ボダリオ、彼の兄弟であるカルロスとトマス・ボダリオ、ペイル・スコット（オスカー・カルボ神父）などの軍政に批判的なマナキロ（高位の人びと）によって、「グアムの友」と呼ばれる非営利組織が設立された。ステイドによると、カシーケ（土着的エリート）・ナショナリズムはそれまでのアメリカへの統合や市民権を求める動きから転換し、グアムの完全な主権を視野に入れていた[20]。それに対して、海軍は「グアムの友」を「反対派」「共産主義者（Commies）」などと呼び、抑え込もうとしていた。その海軍の後ろ盾を得て、力をつけていったのが、アントニオ・ウォンパットをリーダーとし、小売業の会社である「グアム商事会社」を設立していたグループである[21]。彼らは「グアムの友」との関係ではマナクパパ（低位の人びと）と呼びうる存在であった（Stade 1998: 106-7）。

B・J・ボダリオらは直接的にチャモロ人の市民的権利（公民権）を獲得することを目指していたが、ウォンパットらはグアムの経済的自立を通じてアメリカへの統合や市民権付与を達成するという立場をとった。ステイドによると、前者はグアムのナショナルな主権という世界文化モデル、後者はグアムにおける（アメリカ）帝国という世界文化モデルという形で、シティズンシップをめぐって対立していたのである（Stade 1998: 107-8）。

グアム商事会社は1946年に商業党となり、商業党は訴求力を高めるため1950年に人民党に名称変更し、その11年後に人民党はアメリカの民主党と提携した。1970年代半ばまで、グアムでは人民党とその後の民主党が選挙で勝利し続けた。

「グアムの友」は1947年に解散し、1949年には福祉党となったが、福祉党も1950年に解散し、中心的なメンバーの何人かは人民党に合流した。だが、彼らマナキロは人民党のなかで不満を持ち造反し、1956年に離脱し属領党を結成し、1964年に1度だけ議会の多数派を占めた。しかしすぐに、メンバーの多くが新たに結成された共和党に参加するために、属領党は解体してしまった。共和党は

---

20) カシーケ・ナショナリズムについては第5章を参照。
21) ウォンパットは、戦前は学校教師や議員を務め、戦後は商人となっていた。父は中国人コックであり、1905年にグアムに来島し、地元のチャモロ人女性と結婚した（Stade 1998: 107）。

1966年に結成され、1970年に最初の知事選で勝利し、1974年に初めて議会を支配した。

人民党は属領党を「金持ちの政党」と非難したが、人民党にも一定数の富裕なメンバーがいた。たとえば、「金持ちの子」であるリカルド・ボダリオである。1956年には属領党の父B・J・ボダリオは引退し、息子リカルド（リッキー）は人民党から議員になった。ステイドは、ボダリオ家の政党の移行には重要な意味があり、グアムの地方レベルの政治における新しいタイプのカシーケの出現であると指摘している（Stade 1998: 115）[22]。こうして、現在の共和党と民主党は、階層や家柄の違いによるものから、思想的な違いによるものへとすでに大きく変化している。また、二世、三世の議員も非常に多くなっている。

2　多文化社会への変貌

(1)　現在のグアムの姿

グアムの人口は第2次世界大戦後に急速に増加し続けた。米国国勢調査局の統計によると、1950年に2万2290人だったのが、30年後の1980年に10万5979人と5倍に膨れ上がり、20年後の2000年に15万4805人と1.5倍近くとなった。2010年は15万9358人であり、10年前からそれほど増加していない（表2-1）。ただし2000年代末以降、米軍増強によって引き起こされる今後の人口急増が不安視されてもいる。現在のような形でのグアムの近代化・都市化は、ミクロネシアでもっとも長いアメリカとの歴史的関係、大規模な米軍基地の存在、観光産業の発展などによるところが大きい。

グアムの主都は、島の中央部の西、つまりフィリピン海側に面したハガッニャ（旧称アガニャ）である[23]。ハガッニャは島のあらゆる側面の中心地である。まず、立法・行政・司法といった政府機能が集中している[24]。西部のアデルップには

---

[22]　ステイドはグアムの政治活動の別の側面についても論じている。グアムの「party politics」は、1960年代末頃に、政党政治だけでなく、フィエスタあるいはグポット（gupot）呼ばれるパーティーでの社交の意味を持つようになったという。タモンのホテルで行われる政治資金調達パーティーや、支持者の自宅などで行われる小規模集会（pocket meetings）がある。ステイドによると、小規模集会は気取っていない雰囲気で行われ、出席者もそれを受け入れている一方で、政治資金調達パーティーのほうは非日常的な雰囲気で行われる（Stade 1998: 116-9）。

[23]　ハガッニャはグアムの「capital city（政庁所在地）」である。本書ではグアムの政治的地位を考慮して、国家の都という意味合いが強い「首都」ではなく、「主都」としておく。

グアム政府庁舎があるほか、中心部周辺にはグアム議会、グアム最高裁判所・上位裁判所などがある。連邦グアム地方裁判所もハガッニャ西部にある。経済の中心地としての役割も果たしている。町の中心部や周辺にはグアム銀行の本店やハワイ銀行のグアム支店など銀行が集中している。ハガッニャは第2次世界大戦前からグアムの主都であり、それゆえ至るところに歴史的なエピソードがある。またマリアナ諸島で最初にできた聖母マリア大聖堂があり、宗教的な中心地でもある。

　商業や観光の中心地は、ハガッニャより北にあるタムニンとなる。タムニンの1号線（マリンコードライブ〈海兵隊道路〉）沿いやその一帯には、銀行、ショッピングモール、ファミリーレストラン、ファストフード店、自動車販売店、24時間営業の大型スーパーなどが立ち並ぶ。タムニンのタモン湾周辺のタモン地区がグアム観光の中心地となっている。サンビトレスロード（ホテルロード）沿いには、ほとんどの観光客が宿泊するリゾートホテル群、免税店、水族館、飲食店、射撃場、マッサージ店、ストリップバー、土産物店、その他さまざまな商店が密集している。タムニンから内陸に入ったバリガダにあるのが、グアム国際空港（A・B・ウォンパット国際空港）である。また多くの観光客が訪れるゴルフ場は、北部ジーゴと太平洋岸沿い（デデド、マンギラオ、タロフォフォ）などにいくつもある。

　米軍基地や関連施設は島のあちこちにあるが、主要なものはグアム北部ジーゴに位置するアンダーセン空軍基地と、西部アプラ湾に位置するグアム海軍基地である。それぞれひとつの行政区ほどの面積があり、住宅や学校や公共施設・商業施設があり、実際にひとつの町であるともいえる。その他に、市街地戦の訓練施設のあるアンダーセンサウス、グアム・ナショナル・ガード（いわゆる州兵、国家警備隊）、海軍コンピューター・通信基地、海軍弾薬庫、海軍病院などがある。

　グアムの南部の村、メリッソやイナラハンなどには昔からの町並みが残っている。その一方で北部のデデドなどは第2次世界大戦後に形成された比較的新しい町である。次項でより詳しく見るが、町・村の形成に関連して、南部にはチャモロ人、北部にはフィリピン系住民が比較的多い。

24）　グアムには地方自治体が19あり、それぞれに選挙で選ばれた首長（mayor）がおり、副首長が置かれているところもある。これらの自治体は、一般的には「村（village）」と呼ばれている。

第2次世界大戦後の自然環境の変化についても簡単に触れておきたい。グアムを含めたマリアナ諸島では、タガンタガン（tangantangan）という木が至るところで見られる。これは1947年10月に米軍がタガンタガンの種を空から蒔いたことによるものである。マリアナ諸島は日米の戦闘によって自然環境も破壊されてしまっており、それによる土壌浸食を防ぐために生長の早いこの木が使われたのである（Rogers 2011: 191）。

　ブラウンツリースネイクというヘビも戦後グアムで大繁殖した。このヘビは戦中か戦後すぐに米海軍の貨物船に紛れ込んでやってきたと考えられており、鳥類やトカゲを捕食しながら島全体に広がった。それによって、グアムの固有種の多くが数を減らしたり絶滅したりしており、人びとを悩ませている。

(2) 多様化するグアム人口──ハイブリッド化とディアスポラ化

　第2次世界大戦以降、グアムは激しい人口変化を経験する。前節で説明したネオチャモロ社会から、非チャモロ人が増大するアメリカ的多文化社会へとグアムは転換していった。メイヨは、軍事化によってアメリカ化が進行した戦後のグアム社会を「グアメニアン（グアム人）社会」と名づけている。以下では、グアムの多文化化の歴史を概観したあと、それを裏づける形でエスニシティ・人種別の人口に関する変化を統計データによって明らかにする[25]。

　スペイン統治時代を含めて、グアムへの移民でもっとも多いのはフィリピン系の人びとである[26]。第2次世界大戦後の基地建設において、フィリピン人労働者は安価な労働力として米軍にとって重要な役割を果たした[27]。1947年以降、多く

---

[25]　アメリカ領となってからのグアムの国勢調査には1901年と1910年の海軍政府によるものがあるが、連邦政府によるものは1920年以降取られ始めた。1920年には「人種」、1930年には「カラーまたは人種」、1940年・1950年・1960年には「人種」、1980年には「エスニシティ」、1990年には「エスニック・オリジン（エスニックな出自）または人種」、2000年には「エスニック・オリジンおよび人種」として、チャモロ人などの数が把握されている。それゆえ、ここではそれらを総合して「エスニシティ・人種」とする。

[26]　マリアナ諸島とフィリピンの深い歴史的関係性にもかかわらず、グアムにおけるフィリピン系の人びとに関する歴史・文化人類学・社会学などからの研究はあまりなされていない。戦後の「グアムのフィリピン化」の歴史に関してはCampbell（1987）、その他にDiaz（1995）、Patacsil（2005）を参照。

[27]　ロジャーズは、フィリピン人のグアムへの流入には4つの波があったとしている。第1波は1668年から1698年のスペイン侵略時のフィリピン人戦士、第2波は1860年代から1890年代の被追放者と囚人、第3波は1940年代後半から1950年代の軍の契約労働者、第4波は1960年代のおもにH-2（短期労働者ビザ）労働者である（Rogers 2011: 221）。

のフィリピン人労働者が米軍から請け負った民間企業を介してグアムへ渡った。労働者の契約期間は1年で更新によって最長3年までとなっていた。ジーゴ、マンギラオ、アガット（サンタリタ）にキャンプが作られ、契約労働者はそこで居住および生活をした[28]。1950年に民政へ移行し、1952年にアメリカで移民国籍法が成立すると、グアムにも同法が適用され、米軍の権限は弱まった。フィリピン人労働者はH-2ビザで短期労働者として入国し、多くの者は帰国したが、グアムに残った者も多くはのちにハワイなどに移住した。その後も1962年の台風カレンによる甚大な被害からの復興、1960年代後半から1970年代前半のヴェトナム戦争特需、1970年代初めからの観光産業の発展において、フィリピンからの契約労働者が投入された。こうした経緯ゆえに、仕事場である建設現場に近いグアム北部・中部にフィリピン系住民が集住することとなった。

フィリピン系住民の急増は、労働や教育の現場におけるチャモロ人とのエスニックな対立を生み出すこととなった（Underwood 1985a; Diaz 1995）。コントロールの利かない多文化化はグアム社会の断片化の危険もともなっていた[29]。ただしこれらのことはまさに歴史家ヴィセンテ・ディアスのいうように、グアムとフィリピンが共有する「非対称な関係」において生じてきた。「グアムのチャモロ人に大損害を被らせるスペインとアメリカの植民地主義の歴史と、人びとをフィリピンから追い払い続ける新植民地主義の歴史の諸条件のなかで、グアムのチャモロ人とフィリピン人が生き抜くように」（Diaz 1995: 156）なっているのである。

またステイドによると、グアムは戦前までのチャモロ・コミュニティを中心としたものから住民増加と異種混淆化（heterogenization）の進行にともない匿名性が増大した社会へと変化した。かつては、島全体が「インナーサークル」、つまり身内の世界と呼べるような状況があった。何か事件や事故が起きれば、翌日の新聞よりも速くかつ深く詳細を知ることができた。しかし時代の変化によって、「インナーサークル」が収縮すると同時に増殖することとなり、その結果、新聞などのメディアへの依存度が高まったのである。さらに、世界中に家族や友人・

---

28) アガット北部のキャンプ・ロハスには食堂、映画館、ビーチ、仮設住宅が備えられ、7000名のフィリピン人が暮らした。

29) フィリピン人とチャモロ人の対立を強調することは、グアムにおいて同質的な「フィリピン人コミュニティ」が存在するという誤解を与えるかもしれない。実際にはグアムへやってきた時期、フィリピンでの出身地、階層はまちまちであり、フィリピン系住民をひとまとまりのものと見なすことはできず、その異種混淆性にも留意すべきである（Stade 1998: 162-3）。

知人が散らばっている時代において、個々の「インナーサークル」はトランスナショナルなネットワークとなっており、「遊牧民的な公共圏」と呼びうるものになっている (Stade 1998: 145-59)。

　グアムがアメリカ領となってから、白人住民が一定数存在するようになった。とりわけ第2次世界大戦後は急増した。米兵やその家族、教師や公務員、専門職などとして、アメリカ本土から多くの人びとが移住してきたからである[30]。前章でも触れたように、白人住民はグアムでは「本土出身者」や「ハオレ」と呼ばれることが多い。白人住民の多くを占める米兵の数は、アメリカの軍事戦略のなかのグアムの基地の位置づけに大きく左右される。第2次世界大戦、朝鮮戦争、ヴェトナム戦争、湾岸戦争などの米軍が直接関与する大規模な戦争においては、グアムでの軍事活動も活発になるが、冷戦終結以降は減少傾向となった。

　近隣の北マリアナ諸島やミクロネシア諸国からの移民の存在も注目すべきである。北マリアナ諸島はアメリカのコモンウェルス（自治領）であるため、アメリカ国籍を有する人びとにとってはグアムへの移動に制約はない。チャモロ人などにおいては、親戚がグアムと北マリアナ諸島とにまたがっていることは珍しくなく、行き来が頻繁に行われている。ミクロネシアからの移民に関しては1990年前後の独立時に大きな変化があった。自由連合協定の施行で、自由連合諸国の国民は、ビザを取らなくてもアメリカに移住したり、就労したりすることができるようになった。これによって、ミクロネシア連邦やパラオ共和国からの移民が急増している (Hezel and Levin 1996)。マーシャル諸島共和国民は距離的な問題から直接ハワイなどにも移住するため、グアムではそれほど多くはない。

　グアムにおけるもうひとつの傾向としては、チャモロ人の島外流出がある。グアムを離れるチャモロ人はスペイン統治時代からおり、19世紀半ばには捕鯨船員としてハワイやアメリカ本土に渡った人たちもいる。1886年の当時の知事の報告では、ホノルルに800人のチャモロ人がいたという (Underwood 1985a: 162)。アメリカやハワイへの移住はアメリカ領となってからいっそう進み、それが顕著になったのは第2次世界大戦後、それもグアム基本法制定後である。変化する経済構造のなかで島外に仕事を求めたり、米軍に入隊し他地域に配置されたり、グ

---

30) 本書では、アメリカ国外からグアムへ、あるいはグアムからアメリカ国外へという国際的な移動については「移民」や「移住者」を用い、グアムを含めたアメリカ国内での移動については「移住者」のみを用いることとする。

アムの上流階級の子弟がアメリカ的教育の機会を求めたりするケースも多かった。アンダーウッドによると1962年の3つの出来事、出入域制限措置の解除、ジェット機旅行の導入、台風カレンもこれらの動きに大きく拍車をかけた（Underwood 1985a: 169）[31]。

さて、戦後グアムにおけるチャモロ人の数とグアム人口に占めるその割合を見ると、グアム人口の増加とチャモロ人の割合の低下という傾向が明らかである（表2-1）[32]。1940年にはチャモロ人は人口2万2290人のうちの2万177人と90パーセント以上を占めていた。第2次世界大戦を挟んでいるものの、1950年には2万7124人と増加し、その後も増加し続け、2010年には6万9098人（複数回答含む）となっている。多くのチャモロ人がグアム島外に移住しているにもかかわらず、高い増加率である。

しかし人口割合においては、チャモロ人は低下していった。1950年には、おもに米軍基地で生活する米兵と米軍基地などの建設労働者としてのフィリピン人の流入によって、グアムの人口は2.5倍以上となり、チャモロ人の割合は45.6パーセントへと低下した。1960年にはチャモロ人の増加により51.8パーセントに持ち直したが、それ以降はフィリピン系等の移民の増加によりチャモロ人の割合は低下し続けている。1970年はエスニシティ・人種に関する統計がないが、その前後の国勢調査の数字からは、すでに5割を切っていたと推測される。チャモロ人は単数回答と複数回答を合わせて、1980年には45.9パーセント（単数回答は42.6パーセント）、1990年には43.3パーセント（同37.5パーセント）、2000年には42.1パーセント（同37.0パーセント）、2010年には43.4パーセント（同37.3パーセント）となっている。

白人は1940年にはわずか785人であったが、1950年には2万2920人となり、人口に占める割合は38.5パーセントに達した。米兵やその家族、教師や公務

---

31) チャモロ人の島外流出・移住やディアスポラ化については、Bettis（1996）、M. Perez（2002）、Underwood（1985a）を参照。

32) 1930年の国勢調査では、「チャモロ人はハイブリッドな人種であり、すなわち、マレー人、スペイン人、メキシコ人、イギリス人、その他の人種の混血（mixture）で、マレー系の血が優勢な人びと」とされる。しかし、1950年や60年の国勢調査での「チャモロ人」のカテゴリーには、「純血（full-blooded）のチャモロ人に加えて、チャモロ人と他の血統（白人でも非白人でも）との混血の人たちもチャモロ人として分類される」のようにある。国勢調査の上では、戦前にはチャモロ人のそもそものハイブリッド性が明言されていたが、戦後には「純血」のチャモロ人がいるという表現に変わっている。ハイブリッドあるいはクレオール的であり、集団カテゴリーでもあるという、チャモロ人という存在の両面性がここに表れている。

表2-1　エスニシティ・人種別人口構成の変化（1940~2010年）　　　単位：人（％）

	計	単数エスニシティ・人種					
			チャモロ人	ミクロネシア系	フィリピン系	白人	その他
1940年	22,290	–	20,177	–	569	785	759
	(100.0)		(90.5)		(2.6)	(3.5)	(3.5)
1950年	59,498	–	27,124	–	7,258	22,920	2,196
	(100.0)		(45.6)		(12.2)	(38.5)	(3.7)
1960年	67,044	–	34,762	–	8,580	20,724	2,978
	(100.0)		(51.8)		(12.8)	(30.9)	(4.4)
1970年	84,996	–	–	–	–	–	–
	(100.0)		–		–	–	–
1980年	105,979	94,839	45,129	1,621	22,447	–	–
	(100.0)	(89.5)	(42.6)	(1.5)	(21.2)		
1990年	133,152	120,203	49,935	4,737	30,043	19,160	16,328
	(100.0)	(90.3)	(37.5)	(3.6)	(22.6)	(14.4)	(12.3)
2000年	154,805	133,252	57,297	10,971	40,729	10,509	13,746
	(100.0)	(86.1)	(37.0)	(7.1)	(26.3)	(6.8)	(10.3)
2010年	159,358	144,429	59,381	18,044	41,944	11,321	13,739
	(100.0)	(90.6)	(37.3)	(11.3)	(26.3)	(7.1)	(8.6)

		複数エスニシティ・人種	
		チャモロとその他	アジア系とその他
1980年	3,990	3,546	2,963
	(3.8)	(3.3)	(2.8)
1990年	12,877	7,713	7,449
	(9.7)	(5.8)	(5.6)
2000年	21,553	7,946	10,853
	(13.9)	(5.1)	(7.0)
2010年	14,929	9,717	8,574
	(9.4)	(6.1)	(5.4)

出典：U.S. Bureau of Census (1941, 1953, 1963, 1972, 1984, 1992); U.S. Census Bureau (2003, 2012)
注1：「ミクロネシア系」は旧太平洋諸島信託統治領の北マリアナ諸島以外の島々に関係のある人びととする。
　　　すなわちチューク人、コスラエ人、マーシャル人、パラオ人、ポンペイ人、ヤップ人である。
注2：1970年はエスニシティ・人種についての統計がとられていない。
注3：1980年の「チャモロ人」には「グアメニアン」を含めている。同年は「白人」という分類がないため、
　　　「その他」の数字も示していない。また1980年以降、複数回答が可能になった。

員、専門職などとして、アメリカ本土から多くの人びとがやってきたからである。1960年には2000人以上減少したが、まだ30パーセントを占めていた。1990年には2万人弱いたが、2000年には1万人近くに半減し、人口の1割を大きく割っている。この大部分は冷戦終結にともなう米軍縮小・米兵削減によるものである。

　フィリピン系住民はいまやチャモロ人につぐ規模のエスニック集団となってい

る。1940 年には 569 人（2.6 パーセント）だったのが、1950 年には 7000 人以上と 1 割以上へと急増した。1970 年にはフィリピン出身者は約 1 万人であり、フィリピン系の人びとは 1 万人を優に越えていたと考えられる。1980 年には 2 万人以上と 2 割以上にまで増加した。1990 年にはさらに増加し、3 万人以上となった。2000 年には約 27 パーセントを占めるまでになった。

　フィリピン系の人びとの急増は、フィリピンからの移住が一定の規模で継続されたことによる。フィリピン系の人びと（複数エスニシティを除く）とフィリピン出身者の数から、フィリピン系の人びとのうちのフィリピン出身者の割合を単純に計算すると、1980 年には 75.7 パーセント、1990 年には 81.7 パーセントとなる。また、同じ数字からフィリピン以外出身のフィリピン系の人びとを見ると、グアム出身のフィリピン系の人びとがおおよそ分かる。そうすると、1980 年には 5449 人、1990 年には 5498 人とほとんど変化していない。グアムで生まれ育ったフィリピン系の人びとはほとんど増加していないということになる。フィリピン系のうちのかなりの人びとがグアムに留まらずアメリカ本土などへ出ていくということが考えられる（表 2-1; 表 2-4）。

　さらに前述のように、近年はアメリカの信託統治が終了したミクロネシア諸国からの移民が増加している。1980 年には 1621 人（1.5 パーセント）であったのが、1990 年には 5000 人近く（3.6 パーセント）、2000 年には 1 万人以上（7.1 パーセント）、2010 年には 1 万 8000 人以上（11.3 パーセント）とその存在感は大きくなっている。しかしこうした移民の増加に対応した社会的・経済的な基盤が追いつかないという問題が生じている。出入国管理は連邦政府が行っているため、移民の流入を抑制する術を、グアム政府はいまのところ持っていない。

　しかし実際には、住民のハイブリッド性（異種混淆性）ゆえに、単純に既存のエスニシティ・人種のカテゴリーで思考することの限界もある。まず、1980 年以降の国勢調査における複数回答の導入によって、複数のエスニシティ・人種への帰属を表明する人びとが一定数存在することが明らかとなった。チャモロ人に関していえば、アメリカ本土在住者のなかにそうした人びとは多い。2000 年のアメリカ 50 州在住のチャモロ人のうち 37 パーセントはパートチャモロ人である（表 2-2）。また、チャモロ人であるというアイデンティティも、グアム・北マリアナ諸島・アメリカ本土といった場所と自らの生い立ちや生活がどのように関係しているかでさまざまな形がありうる。さらに、住民のハイブリッド性は国勢調

表 2-2　チャモロ人の多いアメリカ上位 10 州（2000 年）

	計	チャモロ人	パートチャモロ人
アメリカ 50 州全体	92,611	58,240	34,371
カリフォルニア	33,849	20,918	12,931
ワシントン	8,597	5,823	2,774
テキサス	5,410	3,641	1,769
ハワイ	4,221	1,663	2,558
フロリダ	3,549	2,319	1,230
ニューヨーク	2,746	1,931	815
ジョージア	2,173	1,566	607
アリゾナ	2,101	1,354	747
ネバダ	2,090	1,346	744
バージニア	2,045	1,310	735

出典：U.S. Census Bureau (2003)

査の数値のなかにかならずしも反映されていない。たとえば、祖先がフィリピン人であったり、両親または片方の親が白人であったりしても、チャモロ・コミュニティのなかで生まれ育った者は自らをチャモロ人としてのみ認識する場合がある。

　グアムに非チャモロ人が流入する一方で、多くのチャモロ人が島外に流出している。アメリカの 50 州全体で単数回答のチャモロ人は 5 万 8240 人、複数回答のチャモロ人、つまりパートチャモロ人は 3 万 4371 人、計 9 万 2611 人となっている。チャモロ人とパートチャモロ人を合わせた数が多い上位 5 州は、カリフォルニア、ワシントン、テキサス、ハワイ、フロリダとなっている。全体の 36.5 パーセントと、チャモロ人はカリフォルニアに集中していることが分かる。なかでも米軍基地があり気候が温暖なロングビーチやサンディエゴ周辺には、多くのチャモロ人がおり、チャモロ・コミュニティが形成されている[33]。特徴としては西部と南部の州に多いということがいえるが、ニューヨークなどそれ以外の州にも一定の割合でいる[34]。その反対に、アメリカ本土で生まれ育ったチャモロ人がグアムに「戻って」くるということもある。そしてグアムの、チャモロ人のアクセントのない英語を話すチャモロ人はマリアナ諸島に留まっているわけでも、一方

---

[33]　こうした地域には古くからグアム出身者の会（クラブ）が結成されており、チャモロ人同士で助け合いながらアメリカ本土社会に適応するのに重要な役割を果たしてきた（Underwood 1985a: 175-8）。マイケル・ペレスによると、こうした団体は「奨学金、文化保護、公民権（市民的権利）、保健医療、反差別、社会・政治問題の意識向上の促進や資金提供に役立っている」（M. Perez 2002: 475-6）。

[34]　アメリカ本土へ移住するチャモロ人の増加によって生じるチャモロ・ディアスポラは、アメリカ社会における人種編成という問題にも直面している（M. Perez 2002; 前川 2005）。

表 2-3　グアムにおけるアメリカ国民と外国人 (1970〜2000年)　　　　単位：人 (%)

	人口	市民・国民		外国人		
		計	帰化	計	永住	一時滞在
1970年	84,996	75,924	3,491	9,072	5,027	4,045
	(100.0)	(89.3)	(4.1)	(10.7)	(5.9)	(4.8)
1980年	105,979	89,296	10,201	16,683	14,238	2,445
	(100.0)	(84.3)	(9.6)	(15.7)	(13.4)	
1990年	133,152	112,546	16,086	20,606	13,805	6,801
	(100.0)	(84.5)	(12.1)	(15.5)	(10.4)	
2000年	154,805	126,861	21,675	27,944	20,745	7,200
	(100.0)	(81.9)	(14.0)	(18.1)	(13.4)	(4.7)

出典：U.S. Bureau of Census (1972, 1984, 1992); U.S. Census Bureau (2003)

表 2-4　グアム住民の出生地 (1940〜2000年)　　　　単位：人 (%)

	人口	グアム	北マリアナ	太平洋諸島信託統治地域	ミクロネシア連邦	パラオ	フィリピン	合衆国
1940年	22,290	21,343	-	-	-	-	54	705
	(100.0)	(95.8)	-	-	-	-	(0.2)	(3.2)
1950年	59,498	27,430	-	-	-	-	6,888	21,030
	(100.0)	(46.1)	-	-	-	-	(11.6)	(35.3)
1960年	67,044	36,193	-	-	-	-	7,164	21,030
	(100.0)	(54.0)	-	-	-	-	(10.7)	(31.4)
1970年	84,996	47,472	-	-	-	-	10,172	23,934
	(100.0)	(55.9)	-	-	-	-	(12.0)	(28.2)
1980年	105,979	52,113	2,124	1,396	-	-	16,998	22,950
	(100.0)	(49.2)	(2.0)	(1.3)	-	-	(16.0)	(21.7)
1990年	133,152	63,504	2,020	-	2,964	1,233	24,545	28,010
	(100.0)	(47.7)	(1.5)	-	(2.2)	(0.9)	(18.4)	(21.0)
2000年	154,805	80,737	2,183	-	6,983	1,334	32,625	19,096
	(100.0)	(52.2)	(1.4)	-	(4.5)	(0.9)	(21.1)	(12.3)

出典：U.S. Bureau of Census (1941, 1953, 1963, 1972, 1984, 1992); U.S. Census Bureau (2003)

向的に流出しているわけでもない。その意味でチャモロ人は長い間にわたってディアスポラ化してきたといえる。

　ディアスポラという点は、チャモロ人だけでなく、グアム住民全体に関しても指摘できる。グアムにおける外国人（非アメリカ国籍者）の割合を見ると、1970年には10.7パーセントだったのが、2000年には18.1パーセントに増加している。これはアメリカ本土出身者が減少し、逆にフィリピン系やミクロネシア系が増加し続けていることと一致している。さらに、アメリカ国民のなかで帰化した者の割合が、1970年には4.1パーセントだったのが、2000年には14.0パーセントに増加している（表2-3）。その一方で、前述したように、チャモロ人はアメリ

カ本土に流出し続けている。そのためグアムは人口流動が激しく、エスニシティに関わりなく、グアムにおけるグアム生まれの者は半数ほどとなっている（表2-4）。

(3) 産業・職業別に見たエスニシティ

グアムはエスニシティや国籍などにおいて多様化している。そして、それらのさまざまな属性を持つ人びとは固有の文化的背景を持つだけでなく、彼らの移動は戦後グアムを取り巻く特有のコンテクストのなかで行われてきた。それゆえ、国勢調査の統計データからはエスニシティや国籍と階層との相関が見られる。エスニシティ別の年間所得と産業別就業者数を見ていく。

まず、エスニシティ・人種別の個人の年間所得の統計データを確認する（表2-5、表2-6）。日系、白人の順に高く、チャモロ人、フィリピン系、コリアン系は年によって変動しているが相対的に近く、ミクロネシア系は全体の値の半分となっている。チャモロ人は1959年、1979年、1989年、1999年と中央値・平均ともに全体の値に非常に近い。これはグアム人口にチャモロ人が占める割合の高さがかなり関係しているであろう。フィリピン系は1959年に中央値が全体やチャモロ人と比べて低く、1979年にチャモロ人をわずかに上回るほどになり、その後は中央値・平均ともにチャモロ人より2000ドルから3000ドル低いが差は大きくはない。それに対して、日系は1989年、1999年と非常に高くなっている。白人は1989年には全体とそれほど差がないが、1999年に高くなっている。その明確な要因については分からないが、1990年代初頭の米軍縮小によって米兵が減少し、その代わり高所得の専門職の人びとの割合が高まったということも考えられる。ミクロネシア系の人びとを見ると、相対的に高いパラオ人以外は、全体と比べると中央値・平均ともに半分くらいと低い。もちろん、これらのカテゴリー内部での格差にも注目しなければならないが、このデータからは把握することはできない。

つぎにエスニシティ別の産業別就業者数を見る前に、産業別就業者数の推移を確認しておく[35]。これを見ると、グアムの産業構造の変化の一端が分かる（表2-7）。戦後の傾向として、農林水産業の衰退、建設業、行政、小売業、その他の第3次産業の比重の増大を指摘できる。

---

35) グアムの急速な都市化については都市人類学の観点からのMayo（1987）を参照。

表 2-5 グアムにおけるエスニシティ・人種別の年間所得 (1959〜1999年)　　　　単位：ドル

		全体（15歳以上）	チャモロ人	フィリピン系	日系	コリアン	白人
1959年	中央値	2,168	2,267	1,774	−	−	2,848
	平均	−	−	−	−	−	−
1969年	中央値	−	−	−	−	−	−
	平均	−	−	−	−	−	−
1979年	中央値	8,392	8,508	8,528	10,047	7,669	−
	平均	9,965	9,529	9,570	11,907	9,264	−
1989年	中央値	13,895	14,364	12,483	22,171	16,593	15,757
	平均	18,007	17,987	15,767	29,405	19,729	21,432
1999年	中央値	18,740	20,028	16,787	30,000	21,250	27,458
	平均	24,867	25,075	21,281	38,806	27,453	37,552

出典：U.S. Bureau of Census (1963, 1972, 1984, 1992); U.S. Census Bureau (2003)
注：エスニシティ・人種はチャモロ人も含めて単数回答のみ。1959年は14歳以上。

表 2-6 グアム在住のミクロネシア系の年間所得 (1999年)

	人口（人）	中央値（ドル）	平均（ドル）
チューク人	3,760	9,313	11,149
コスラエ人	190	11,389	13,393
マーシャル人	165	8,500	11,099
パラオ人	1,555	13,167	19,859
ポンペイ人	860	10,920	13,078
ヤップ人	460	11,422	13,293

出典：U.S. Census Bureau (2003)

　農林水産業は米軍による土地接収や基地建設などの影響で衰退する。1950年の時点ですでに全体の6.4パーセントだったのが、2000年には0.5パーセントにまで低下している。その反対に建設業は、基地の建設・拡張、台風などの自然災害からの復興、観光産業の発展など、時代状況に応じて必要とされてきた。小売業とサービス業は、人口増大、消費社会化の進展、観光産業の発展によって成長してきた。行政も戦前と比べると就業者数が急増し、グアムにおけるアメリカ化の進行とそれにともなう政府機能の拡張を示している。

　エスニシティ別の産業別就業者数からは、エスニック集団ごとに一定の傾向があることが分かる。チャモロ人は行政や公共サービス、フィリピン系は建設業や小売業、白人は専門・関連サービスに比較的集中している。

　農業・漁業に従事するチャモロ人は、1940年には45.9パーセントであったが、1950年には15.8パーセントに低下し、代わりに他の産業へと移っている（表2-8）。とりわけ変化が大きいのが行政・公共サービスであり、1.1パーセント

表2-7 グアムにおける産業別就業者数（16歳以上）の推移 (1950～2000年)　　　単位：人

	1950年	1960年	1970年	1980年	1990年	2000年
就業者	18,671	17,208	22,112	32,692	52,144	57,053
農林水産業（鉱業）	1,189	420	157	281	513	296
鉱業	38	33	12		55	
建設業（鉱業）	6,269	5,257	3,661	3,050	8,023	5,532
製造業	401	502	1,374	1,606	2,302	1,155
卸売業	244	283	337	754	1,584	1,948
小売業	1,593	2,036	3,357	6,545	9,959	7,558
運輸・通信業、公益事業	2,750	1,197	1,950	3,333	5,603	4,319
情報						1,540
金融・保険・不動産業	85	153	543	1,565	2,767	3,053
ビジネス・修理サービス	362	206	1,460	1,185	2,010	
パーソナル、娯楽、レクリエーション・サービス	1,066	892	856	2,106	4,953	
芸術、娯楽、レクリエーション・宿泊、フード・サービス						10,278
専門・関連サービス	943	1,669	3,783	6,403	8,677	4,277
教育・保健・社会サービス						8,412
その他サービス						2,158
行政	3,556	4,455	4,622	5,850	5,698	6,527

出典：U.S.BureauofCensus(1953,1963,1972,1984,1992);U.S.CensusBureau(2003)
注：鉱業は1980年には建設業、2000年には農林水産業に含まれている。1980年の教育は把握できなかった。

表2-8 チャモロ人の雇用 (1930～1960年)　　　単位：人（%）

産業区分	1930年	1940年	1950年	1960年
農業・漁業	2,625 (53.1)	2,747 (45.9)	1,036 (15.8)	383 (5.3)
建設・製造	792 (16.0)	813 (13.6)	1,108 (17.0)	778 (10.9)
輸送・通信	921 (18.6)	1,223 (20.5)	985 (15.1)	1,194 (16.8)
卸売・小売	212 (4.3)	299 (5.0)	1,194 (18.3)	1,169 (16.4)
金融・保険・不動産	−	−	47 (0.7)	96 (1.3)
専門サービス	173 (3.5)	211 (3.5)	538 (8.2)	901 (12.6)
行政・公共サービス	29 (0.6)	69 (1.1)	1,589 (24.2)	2,369 (33.2)
計	4,944	5,973	6,534	7,127

出典：Mayo (1992)：232の表1に若干の変更を加えた。
注：1930年と1940年は卸売・小売と金融・保険・不動産は分けられていない。

から24.2パーセントへと上昇した。1990年のデータでは、行政が18.3パーセントと依然として高いものの、専門・関連サービスも19.6パーセントと高くなっている（表2-10）。

戦後グアムの軍事化によって、白人のほとんどは米兵やその家族であるが、それ以外もけっして少なくない。1960年の「人種別」の産業別就業者数を見ると、

表 2-9　エスニシティ・人種別の産業別就業者数（1960 年）　　　単位：人（％）

	計	白人		チャモロ人		フィリピン系		その他
		2,789	(100.0)	7,127	(100.0)	6,656	(100.0)	636
農業・林業・漁業	420	23	(0.8)	383	(5.4)	10	(0.2)	4
鉱業	33	11	(0.4)	11	(0.2)	8	(0.1)	3
建設業	5,257	114	(4.1)	562	(7.9)	4,514	(67.8)	65
製造業	502	119	(4.3)	216	(3.0)	130	(2.0)	37
運輸業・通信業・公益事業	1,197	88	(3.2)	840	(11.8)	180	(2.7)	27
卸売業・小売業	2,319	383	(13.7)	1,169	(16.4)	624	(9.4)	143
金融業・保険業・不動産業	153	44	(1.6)	96	(1.3)	10	(0.2)	3
ビジネス・修理サービス業	206	40	(1.4)	91	(1.3)	60	(0.9)	15
パーソナル・サービス業	643	101	(3.6)	354	(5.0)	134	(2.0)	54
娯楽業／レクリエーション・サービス業	249	32	(1.1)	72	(1.0)	140	(2.1)	5
専門・関連サービス	1,669	617	(22.1)	901	(12.6)	86	(1.3)	65
公務	4,455	1,125	(40.3)	2,369	(33.2)	752	(11.3)	209
報告なし	105	30	(1.1)	63	(0.9)	6	(0.1)	6

出典：U.S. Bureau of Census (1963)

表 2-10　エスニシティ・人種別の産業別就業者の割合（1990 年）

	総数（人）	チャモロ人	ミクロネシア系	フィリピン系	他のアジア系	白人
16 歳以上雇用者数（人）	52,144	18,925	2,809	15,116	5,551	5,294
		100.0%	100.0%	100.0%	100.0%	100.0%
農林水産業	513	0.1	2.7	0.9	0.5	0.9
建設業・鉱業	8,078	7.9	16.9	19.5	43.6	7.6
製造業	2,302	4.4	5.2	5.2	1.4	4.7
卸売業	1,584	2.8	3.4	3.4	2.6	2.4
小売業	9,959	14.8	24.4	23.7	22.2	14.7
運輸・通信業、公益事業	5,603	14.9	9.3	6.9	7.3	9.5
金融・保険・不動産業	2,767	6.2	2.8	4.6	4.4	5.2
ビジネス・修理サービス	2,010	4.0	5.5	3.2	3.2	3.9
パーソナル、娯楽、レクリエーション・サービス	4,953	6.1	16.7	14.1	7.7	6.9
専門・関連サービス	8,677	19.6	9.5	12.5	5.3	32.3
行政	5,698	18.3	3.7	5.8	1.8	12.0

出典：U.S. Bureau of Census (1992)

公務に 1125 人、専門・関連サービス業（医療業、保健衛生、教育サービス業、宗教など）に 617 人、卸売業・小売業に 383 人となっている（表 2-9）。米軍関係者以外には、連邦政府の職員、医師、教師、食料品や衣料品などの商売に携わる白人がいたと見なせる。1990 年も専門・関連サービスに 32.3 パーセントと集中している（表 2-10）。医療・法律・教育・工学・建築といった専門サービスに従事する

白人が多いということである。

フィリピン系の人びとは、建設業から徐々に他の産業にも広がっていったことが分かる。1960年には建設業に7割近く、卸売業・小売業と公共サービスにそれぞれ1割となっている。そして1990年には、建設業は20パーセント、小売業は24パーセントとなり、その他の産業にも一定程度広がっている。もうひとつ注目すべきは、フィリピン系の人びとの労働力人口の比重の高さである。1960年の時点で、チャモロ人が7127人に対しフィリピン系が6656人と接近している。1960年の人口全体で見ると、チャモロ人の3万4762人に対しフィリピン系は8580人と、フィリピン系はチャモロ人の4分の1でしかない。

1990年にはフィリピン系以外のアジア系の人びとも、建設業・鉱業に4割以上、小売業に2割以上が就いている（表2-10）。建設業・鉱業では、中国系は59.2パーセント、コリア（韓国）系は56.4パーセントであった。観光産業の発展にともなう1970年代以降のホテル等の建設ラッシュにあわせて、中国人や韓国人はフィリピン人よりも安価な労働力として投入され、そのなかから小売業に従事する人びとが現れたということを示している。

以上のようにして、グアムのエスニックな多様化は進み、グアムは多文化社会へと変貌したといえる。その特徴を整理すると、チャモロ人が半数を割っており（非チャモロ人が過半数を占め）、グアム以外の出身者が半数を占め、帰化者と外国人（しかも永住者）が増加してきたということになる。こうした多文化的状況が急速に進行したため、第4章以降で見るように、チャモロ人の先住民アイデンティティが高揚していくこととなったのである。

3　社会の軍事化

メイヨのいうように、第2次世界大戦後のグアムにおける変化は、「グアメニアン（グアム人）社会の軍事化」でもあった（Mayo 1992）。1950年までは海軍政府、それ以後は米軍とその基地を介して、行政・教育・経済を中心としたグアムのアメリカ化が進行してきた。本節ではグアムにおける米軍基地の影響の概要を示す。

(1) 土地接収と基地建設

　第2次世界大戦中・戦後の土地接収によって、グアムにおける土地所有に大きな変化が生じた。スペイン王領地の移譲などにより、海軍政府は戦前の1941年の時点ですでに島の3分の1を所有していた。日本軍政時にもすでに島のかなりの部分が政府有地になっていたが、「解放」後は米軍が比較的自由に私有地を接収したため、次章でも見るように多くの住民が影響を受けた。住民は1944年7月に日本軍の強制収容所に連行され、米軍再上陸後には米軍の避難所に移された。その間、住民の居住地や農地は米軍に接収されていたのである。1946年には島の総面積のほぼ3分の2が連邦政府と海軍政府の所有地となっていた。その後の1950年には、軍用地は暫定的なものも含めて4万9128エーカー、つまり総面積の34パーセントであった。1950年の軍政から民政への移行で、海軍政府の所有地は新たに誕生したグアム政府に引き継がれた（表2-11）。

　大規模な土地接収が行われたため、住民は移住を強いられ、行政区ごとの人口の大変動が生じた。接収された土地の大部分は返還されず、そのまま米軍基地となってしまった。そのため、米軍の避難所から解放されたあと、多くの住民はもともとの土地と家を失っており、それぞれ新たな土地で生活を再開せざるをえなかった。

　戦前の主都ハガッニャ（アガニャ）には、人口の半分の約1万人が集中していた。しかし、1944年7月の米軍の爆撃によって町が破壊されてしまったため、1950年には10分の1以下の791人にまで激減した。その一方で、北部のデデドとジーゴ、中部のバリガダとシナハニャ、南部のスマイの人口は数倍から数十倍に激増した（表2-12）。これらは米軍基地が建設された地区であり、人口の激増は米兵によるものと考えられる。南部にはアプラ湾の海軍基地、海軍弾薬庫、中部には海軍飛行場、海軍病院、北部にはアンダーセン空軍基地、海軍通信基地が建設された。また、ハガッニャの人口は周辺の地区に拡散したと考えられる。

(2) 基地依存経済の形成

　土地接収と基地建設によって劇的な社会変動が引き起こされ、グアムにおける米軍と米軍基地の存在感は社会的にも政治的にも経済的にも以前にもまして大きなものとなった。こうした変化を、メイヨは「グアメニアン社会の軍事化」として論じている。この場合の軍事化とは、「人びとが戦闘に備えて武器を手に取

表2-11 1950年のグアムにおける土地所有
単位：エーカー

軍用地	49,128	34%
永久保有地	43,341	
取得済み・取得予定の私有地	24,278	
WWII戦前の政府有地	17,485	
返還要求される土地	1,578	
暫定保有地	5,787	
賃借中の私有地	4,352	
政府有地	1,435	
グアム政府有地	30,418	21%
政府使用地	815	
公有地	29,603	
私有地	64,454	45%
都市	2,600	
地方	61,854	

出典：Coote (1950): 7

表2-12 グアムにおける行政区別の人口
単位：人

	1940年	1950年
アガニャ	10,004	791
アガット	1,068	4,654
アサン	656	3,093
バリガダ	875	11,532
デデド	1,196	6,333
イナラハン	1,076	1,497
マチャナオ	275	684
メリッソ	866	1,085
ピティ	1,175	1,892
シナハニャ	1,236	9,159
スマイ	1,997	6,131
タロフォフォ	456	914
ウマタック	430	580
ジーゴ	324	9,026
ジョニャ	656	1,386
計	22,290	58,754

出典：Coote (1950): 2

る」ということではなく、「軍という制度が社会変化の過程に主要な役割を果たしてきたし、今後も果たし続ける」ということである (Mayo 1992: 239)。全体の議論から、米軍によって引き起こされる社会構造の変化、具体的には行政や教育を中心とした社会全体のアメリカ化や経済の米軍への依存のことであり、チャモロ人の生活様式の変化というミクロな側面も射程に収めていると考えられる。また、メイヨは戦後グアム社会を「グアメニアン社会」と捉える。ネオチャモロ社会は、第2次世界大戦後にグアメニアン社会となったというのである。ここでは、メイヨが論じている一般的にはアメリカ化と見なせる行政や教育に関する議論は脇に置き、グアムの経済やチャモロ人の生活様式に関する軍事化の議論に注目したい[36]。

米軍がグアム経済におよぼす影響にはメイヨもいうようにさまざまなものがある。たとえば、基地建設に関する契約の多くが地元の建設会社と結ばれている。また、米軍は地元で生産された卵・パン・牛乳・農産物などを地元の業者から購

---

[36] グアムにおける基地経済への依存については松島 (2007) も参照。経済への影響という点では、1960年代以降の観光産業の発展についての考察も重要であるが、本章ではグアムとアメリカとの関係に焦点を絞る。長嶋 (1987) は、グアムを「洋上の楼閣」と呼び、「軍」「大きな政府」「観光」への経済的な依存度の高さを明らかにしている。

入する消費者でもある。地元の業者と梱包・船積み・廃棄物処分・事務機器修理・敷地整備などの契約も結ぶ。基地の外で暮らす米兵とその家族は地元の商店を利用する。さらに、大きなものでいえばグアム政府の歳入への影響がある。①米兵の給与から引かれた連邦所得税（グアムで徴収された連邦税はグアム政府に戻ってくる）、②公立学校に通う米兵の子弟を支援するためにグアム教育省に支払われる資金、③米兵がグアムで購入したか他所から持ってきた自動車の登録料、などである。また、インフラの近代化においても重要な役割を果たしてきた。メイヨは発電所と電気供給を挙げているが、それ以外にも水道や道路なども基地を中心に発展してきたと考えられる（Mayo 1992: 231）。

そうしたなかでもメイヨがとくに着目しているのがチャモロ人の就業・雇用構造の変化である。とくに行政・公共サービスは1940年に構成比で1.1パーセントだったのが、1960年には33.2パーセントへと急激に増加している（表2-8）。メイヨによると、1970年代にグアム大学によって行われた700世帯を対象とした調査では、チャモロ人就業者のうち17パーセントが民間部門、残りの83パーセントが公共部門で働いていると回答した。そして、公共部門のうち49.7パーセントがグアム政府、残りの33パーセントが基地労働者か米兵として連邦政府に雇用されていると回答した。また、1980年代になっても、米軍は6000名以上の住民、つまり労働力人口の19パーセントを雇用し、島の主要な雇用主であり続けた。基地労働者には、海軍艦船修理施設における熟練機械工・電気工・職人や、基地内の売店・商店での店員やレジ係のようなサービス労働者などがいる（Mayo 1992: 231-2）。まさに基地依存経済というべきものが形成されてきたのである。

グアム経済における公共部門の占める割合の高さは、たんに島の要塞化にともない公共部門が発展したからだけでなく、1962年まで続いた海軍の出入域制限措置に明らかなように、連邦政府または米軍が民間部門の発展を抑制してきたからでもある。出入域制限措置とはその地域への人の出入りを国籍問わず軍が厳しく管理するものであり、それによってその地域の貿易ひいては商業を制約し、経済発展を妨げていた[37]。こうした状況のなか政府勤務や基地雇用がチャモロ人の

37）　出入域制限措置は、1941年2月のフラクリン・ローズヴェルト大統領の行政命令第8683号に端を発し、戦後も効力を失わず、1962年8月のジョン・F・ケネディ大統領の行政命令第11045号まで続いた。またこの撤廃によって、アメリカ本土出身者や日本人といった非チャモロ人による土地所有が増加し、観光開発が進み、地価が高騰した（Souder 1987: 218-25）。

役割モデルに影響をおよぼしているとメイヨは指摘する。公務員であることによって、職の安定、恵まれた退職給付と福利厚生、相対的に高い平均給与を得られるからである (Mayo 1992: 233)。

チャモロ人が公務員を好む理由についてメイヨは他にも親族関係と結束感・帰属感を挙げている。チャモロ人公務員はグアム政府（旧海軍政府）内で募集している職について家族や親戚に優先的に知らせ採用してきた。そうしたグアム政府内での血縁関係ゆえに特別な結束感・帰属感が生じてきたわけである。メイヨのチャモロ人インフォーマントは民間部門で働くことは「部外者」になることだと話し、別の本土出身のインフォーマントはチャモロ人がグアム政府のことを「わが社」と呼ぶということをある議員から聞いたという。これらのことからメイヨは2つの指摘をする。ひとつは、グアム政府がチャモロ人に「1個の人民・民族 (a people)」としての感覚を与えているということである。もうひとつは、民間部門が非チャモロ人（日系企業や多国籍企業）に支配されているという認識があるため、チャモロ人は民間部門から距離を取っているということである (Mayo 1992: 233-4)。

こうした米軍によって支えられた公共部門に依存したグアムの就業・雇用構造ゆえに、チャモロ人は米軍の既存の駐留や新たな計画に好意的な反応を示すという。メイヨは1980年11月の地元紙『PDN』のある記事に書かれたグアム商工会議所とグアム労働省による1000人を対象にした合同のアンケート調査に言及する。それによると、74パーセントがグアムへの新たな空母寄港に賛成し、84パーセントが軍の駐留はグアムにとって良いことだと回答し、66パーセントがより多くの米兵を受け入れるための新施設の建設に賛成した (Mayo 1992: 234)。ただし、次節で述べるように、こうした調査結果に触れる際には、『PDN』と商工会議所が米軍と密接な関係にあるということも考慮しなければならない。

(3) 軍民コミュニティ関係

米軍とその基地は、グアムの経済においてだけでなく、文化や社会関係においても重要な存在である。それゆえ、米軍コミュニティと民間人コミュニティの関係、つまりメイヨのいう軍民コミュニティ関係についても触れておく必要がある。

米軍はチャモロ人を兵士として雇用する存在でもある。1938年には、食堂従

業員に限定されていたものの、チャモロ人は海軍に入隊可能となった（Mayo 1992: 236）。1950年の基本法でチャモロ人にアメリカ市民権が付与されてからはそうした制約はなくなり、朝鮮戦争以降は多くのチャモロ人がアメリカの戦争に参加した。だがそれ以前から、米軍に入隊したものにはアメリカ市民権が付与されていた。1946年7月には初の一斉帰化が行われ、海軍に所属する113人のグアメニアン（チャモロ人）に市民権が付与された。その頃までには、英語を話せる18歳以上のグアメニアンとフィリピン人は米軍に兵士として入隊可能になっていた。3年以上所属した者には1940年国籍法のもとで市民権付与が可能であり、第2次世界大戦の帰還兵である約600人のグアメニアンが戦後に帰化している（Rogers 2011: 196）[38]。

　チャモロ人の米軍入隊率や戦死者率の高さはしばしば指摘されている。ヴェトナム戦争でのグアム出身兵士の戦死者率は全米平均の3倍であった。1973年にアメリカでは徴兵制から志願兵制へと移行した。そして2000年代以降のアフガニスタンやイラクでのいわゆる「対テロ戦争」でもグアムやミクロネシア出身の多くの兵士が出兵し、何十名もの戦死者が出ている。入隊率の高さゆえに「新兵採用担当者のパラダイス」といわれるほどである。その要因としては、愛国心、経済的動機、基地や米軍施設の利用の特権などが挙げられている[39]。

　また米軍は地元住民（民間人コミュニティ）と良好な関係を築く取り組みも行ってきた。そのひとつに、アンダーセン空軍基地が1976年に開始した「姉妹村プログラム」がある。これは各飛行隊と各村がペアになり、互いの活動に参加したり協力したりするプログラムである。たとえば、村の側はフィエスタに米兵たちを招き、軍の側はオープンハウス（オープンベース）に招くわけである（Mayo 1992: 230, 237-8）。こうした公式のプログラム以外に、軍と民の個人的な交流も行われる。

　教育においても軍の存在は大きい。アメリカの多くの大学には予備役士官訓練隊（Reserve Officers' Training Corps: ROTC）がある。ROTCは、士官候補生と呼ば

---

[38] アメリカ先住民に関しては、第1次世界大戦での従軍における貢献が1924年のインディアン市民権法につながっており、第2次世界大戦でも他のエスニック集団と比べて高い割合で従軍している（内田 2008: Ch.1）。

[39] 本書では論じられないが、チャモロ人の二級市民的な立ち位置が米軍への入隊を促しているという側面がある。詳細はShigematsu and Camacho eds.（2010）所収の論文や長島（2011）を参照。

れる参加学生に軍事教育・軍事訓練を授け、卒業後に初級士官として送り出す。多くは陸軍のものである。学生にとっては奨学金や生活費手当を得られるという特典がある。高校にもジュニア ROTC（JROTC）があるが、これには奨学金等はなく、卒業後に軍に入隊する義務はない。グアム大学と北マリアナ大学にも陸軍の ROTC があり、グアムや北マリアナ諸島の多くの高校に JROTC がある。そして、この地域における学生間や社会全体での ROTC の人気の高さがしばしば指摘されている。グアム住民、とりわけ若者にとって、米軍は ROTC を通じても身近な存在となっている。

また、日本の米軍基地と同様に、グアムの米軍基地にも軍関係者の子どものみが通える小学校、中学校、高校がある。これらは 1997 年に国防総省によって作られたものである。このときグアムの公立学校は国防総省からの財政援助を失ってしまい、もともと不安定だった財政の悪化に拍車がかかった。そして、基地の内と外で教育環境に大きな差が生まれることとなった。基地内の学校に通えること、これも軍への入隊で得られる特権のひとつとなっている。

その一方で、米軍基地による環境汚染が、他の米軍基地所在地と同様に、グアムでも住民の大きな関心事となってきた。自然環境や人体への影響は深刻な問題である。有毒物質の PCB（ポリ塩化ビフェニル）や TCE（トリクロロエチレン）が米軍基地の廃棄物などから排出され、土壌や地下水を汚染している。ヴェトナム戦争時に使用された枯れ葉剤のエージェント・オレンジやエージェント・パープルによる汚染の実態も明らかになってきた。グアムの面積における米軍基地の割合の高さのため、島内の基地内外のいたるところで汚染が指摘され、汚染地とがん発症などの健康被害の関係が大きな問題となっている。環境汚染は米軍や基地への住民の反発を引き起こす要因ともなっている（Natividad and Leon Guerrero 2010; 長島 2011）。

4　アメリカ化──教育とメディア

第 2 次世界大戦後のグアムの軍事基地化が進行するとともに、アメリカの影響も強まることによって、グアムの文化、チャモロ人の文化は、アメリカ化していったといえる。人びとの生活様式、価値観、趣味・嗜好などが大きく変容していった。たとえば、それにはジェンダーの変化、女性の位置づけの変化も含まれ

る (Souder 1992)。その役割を中心的に担ったといえるのが教育やメディアである。ここでは広義でのアメリカ文化の浸透をアメリカ化とし、教育やメディアを介した、あるいはそれらのアメリカ化を通じた、グアムのアメリカ化の一端を確認する。

(1) アメリカ化と教育

1899年からアメリカの海軍統治が開始され、海軍政府のもとで住民の教育も行われた。しかしアメリカ的教育が徹底され、住民のあいだに浸透していくのは戦後のことである。軍事的な重要性の高まりによって、国家による住民生活への介入の程度も高まったということがその背景にあるといえる。

教育と言語

アメリカ領となったグアムにおいて、海軍政府は、住民に英語を使用させ、アメリカ的価値観を植えつける英語オンリー政策を行った[40]。その政策の中心にあったのが学校であり、学校の管理は教会から海軍政府へと移行し、学校での宗教的指導は禁じられ、英語で授業が行われることとなった。海軍政府は学校以外でも英語の使用を奨励した。たとえば、「会話は英語のみ」という言葉が職場や学校や公共施設に貼られた。また、1910年代には若者のあいだで人気が高まっていた野球でも、チャモロ語の使用が禁じられた。1914年頃には、学校、役所、裁判所、ビジネスにおいて英語はスペイン語に取って代わっていたが、家庭や人びとの集まりなどにおいてはまだチャモロ語が主流だった。1917年に英語が公用語となり、チャモロ語の公的な場での使用が禁じられ、1922年にはグアムの学校制度はカリフォルニア州に倣ったものに再編成された。海軍はカリキュラムや教科書にも細かく関与し、チャモロ語・英語辞書を集めて燃やすほどまで、住民の英語の使用を徹底させようとした。

義務教育ではなかったが、子どもたちは学校に通い、読み書き算術や地理・理科・生理学などを学んだ。英語を話せることが経済的地位と明確に結びつくようになっており、チャモロ人は英語を積極的に学ぶようになっていた。1940年には、7歳から13歳までのチャモロ人のうち就学者の割合は91.7パーセント、チャモロ人の英語話者は72.8パーセントとなっていた(表2-13、表2-14)。

---

40) グアムの教育とそのなかでのチャモロ語の位置づけの歴史に関しては、Lujan (1996)、Rogers (2011)、Stade (1998: 103-5)、Underwood (1989a) を参照。

表2-13 チャモロ人の就学者の割合
(1940〜1960年)　単位：％

	1940年	1950年	1960年
5〜6歳	1.0	7.6	38.1
7〜13歳	91.7	97.8	95.9
14・15歳	59.1	95.3	95.1
16・17歳	31.5	79.7	80.6
18・19歳	11.1	−	54.5
20〜24歳	3.2	−	11.9

出典：U.S. Bureau of Census (1941, 1953, 1963)

表2-14 人種別の英語話者の割合 (1940年)
単位：％

チャモロ人	72.8
白人	99.1
フィリピン人	80.7
日本人	86.5
中国人	63.8
黒人	85.0

出典：U.S. Bureau of Census (1941)

　日本軍政が終わり再び米軍統治が始まると、学校はすぐに再建され、教育における、および教育を通じたアメリカ化がいっそう進行した。戦前とは異なり、アメリカ人の子どもたちもチャモロ人の子どもたちと同じ公立学校や私立のカトリック学校に通うようになった。チャモロ人の子どもたちの就学率も高まり、1940年には14歳と15歳は59.1パーセント、16歳と17歳は31.5パーセントであったのが、1950年にはそれぞれ95.3パーセント、79.7パーセントとなった。1940年には11.1パーセントだった18歳と19歳の就学率も、1960年には54.5パーセントに上昇した（表2-14）。

　また、戦前に比べ多くの子どもたちがアメリカ本土に渡るようになった。というのは、戦後に設立されたカトリックの奨学金がアメリカ本土の神学校や大学にチャモロ人の若者を送るようになったほかに、チャモロ人上流階級に属する家族の多くが自費で自分たちの子どもたちを本土の大学に通わせるようになったのである。その一方、グアムでも高等教育機関が誕生し、発展していった。1952年6月にはグアム属領大学が小学校教員養成のために設立され、1968年に現在のグアム大学となり、1977年にはグアム・コミュニティ・カレッジも誕生した。

　また、戦後は戦前以上に英語オンリーが徹底され、それにはアメリカ本土やハワイからやってきた教員たちの存在も関係している。1950年から51年にはそうした教員は全体の16パーセントであったが、1970年から71年にはチャモロ人教員が4分の1になるほど島外出身の教員が増加していた（Underwood 1985a: 168-9）。

　英語オンリーは教会にまでおよんだ。すでにアメリカ領となった直後に聖職者はスペイン人からアメリカ人に変更されていた。しかし、第2次世界大戦まではスペイン時代のやり方が踏襲され、神父たちはチャモロ語を学び、チャモロ人と

チャモロ語でコミュニケーションを取っていた。教会がチャモロ語存続に一役買うという状況が続いていたのである。だがアメリカ再領有後は、教会も英語オンリー政策を取ることとなり、チャモロ語の使用をやめてしまった。このようにして、日本軍政時代による中断はあったものの、戦前から戦後にかけて、英語オンリー政策が広がり、グアムにおけるアメリカ化の社会的基盤が築かれていったのである。

　1960年代までは、「話すのは英語のみ」の掲示は学校や役所でまだ見られたし、生徒たちは学校でチャモロ語を話すと罰を受けた。しかし1970年代にはそうした状況は一変する。チャモロ語・文化への取り組みがグアムの学校で開始されたのである。最初に実施されたのは1969年のプルグラマン・クレホン・マンディキケ（Kolehion Mandikike：「小さな大学プログラム」の意）と名づけられた2言語教育プログラムである。連邦政府からの資金提供を受け、2つの小学校で開始された。初めてグアムの公立学校でチャモロ語の使用が認められたのである。1973年には連邦政府から新たな資金提供を受け、より多くの小学校でチャモロ語プログラムが実施されることとなる。このプログラムは1977年の公法14-53でグアム政府の資金によって継続された。1971年にはマリアナ正字法委員会でチャモロ語の綴りの原則が定められ、1974年にはチャモロ語は英語と並んでグアムの公用語となった。

　アンダーウッドは「数年前までチャモロ語を話した子どもたちに罰を与え、英会話クラブを支援していた教育システムからすると、これは姿勢と政策の両方において重要な転換を表しているように見えた」と述べる（Underwood 1989a）。その後、チャモロ語・文化の教育は拡大し定着していった[41]。

チャモロ語話者

　しかしチャモロ語・文化への取り組みが学校で開始された1970年頃にはすでに英語やアメリカ文化の影響は増大していた。この時期には「残っていた伝統的なチャモロ文化のほとんど（言語、婚姻、家族のきずな、土地の保有のようなクストゥンブリン・チャモル〈kustumbren Chamoru〉として知られているもの）はアメリカ化、開発、観光によって変化のただなかにあった」とロジャーズによって指摘され

41）　現在の公立学校における「チャモロ学習（Chamorro Studies）」、つまりチャモロ語授業とチャモロ文化学習の実態や様子については、中山（2012）の第9章を参照。チャモロ学習課を中心にさまざまな取り組みが行われており、授業では編み細工、歌、チャント、ダンスなども取り入れられ、一定の成果を上げているといえる。

ている（Rogers 2011: 226）。

1980年にはチャモロ人のうち「家庭で英語のみ話す」は23.1パーセント、他言語（チャモロ語）と比べて「英語のほうが多い」が25.3パーセントで、すでにほぼ半数の家庭で英語が主言語になっていた（表2-15）。「同じくらい」が27.0パーセントであるが、家庭の外の学校や職場では英語中心であるから、1980年には大多数のチャモロ人が英語中心の生活を行うようになっていたということが分かる。すなわち、チャモロ人のうち4分の3が家庭内でチャモロ語を使用し、半数が家庭内で英語と同じかそれ以上にチャモロ語を使用していたとしても、英語中心社会となっていたグアムでチャモロ語は周辺的な存在とならざるをえない。

表2-15 チャモロ人とフィリピン人における家庭で英語を話す頻度（1980年）　　単位：%

	チャモロ人	フィリピン人
家庭で英語のみ話す	23.1	19.4
家庭で他言語を話す	76.9	80.6
英語のほうが多い	25.3	14.3
英語と同じくらい	27.0	26.5
英語のほうが少ない	24.2	39.5
英語を話さない	0.3	0.4

出典：U.S. Bureau of Census (1984)

表2-16 チャモロ語が家庭内言語である者の年齢別割合

単位：%

	1980年		1990年	
	チャモロ人	チャモロ語	チャモロ人	チャモロ語
5～9歳	54.0	26.4	53.5	20.5
10～14歳	59.7	36.0	56.1	26.1
15～19歳	57.4	40.8	54.2	29.8
20～24歳	35.6	29.9	35.9	24.2
25～29歳	34.1	31.2	35.7	26.5
30～34歳	32.1	30.1	34.9	28.9
35～39歳	35.1	33.3	36.1	32.5
40～44歳			36.6	34.3
45～49歳	41.7	40.3	34.1	32.9
50～54歳			39.8	38.1
55～59歳	39.9	39.4	40.8	38.6
60～64歳	46.6	46.0	36.0	35.4
65～69歳	58.5	56.6注	38.3	37.6
70～74歳	-	-	42.7	41.7
75歳以上	-	-	53.5	51.7

出典：U.S. Bureau of Census (1984, 1992)
注：1980年は70歳以上の区分はないため、これは65歳以上の数字である。

さらに、年齢別のチャモロ人の割合と年齢別のグアム全体でチャモロ語が家庭内言語である者の割合を並べてみると、チャモロ語の状況がより明確になる（表2-16）。たとえば、1980年に5～9歳のチャモロ人は54.0パーセント、チャモロ語話者は26.4パーセントであり、25～29歳のチャモロ人は34.1パーセント、チャモロ語話者は31.2パーセント、45～54歳のチャモロ人は41.7パーセント、

チャモロ語話者は 40.3 パーセントである。すなわち、年齢が低いほどチャモロ人であるがチャモロ語話者ではない者の割合が高まる。1990 年を見ると、この割合がそのままスライドしていることが分かる。1980 年に 5〜9 歳は 1990 年の 15〜19 歳であり、割合に大きな変化はない。ただし、3 パーセントの増加は学校でのチャモロ語教育の影響といえるかもしれない。そして、1980 年と 1990 年で 15〜19 歳のチャモロ人とチャモロ語話者を比較し、単純にチャモロ人のうちのチャモロ語話者の割合を考えると、チャモロ語話者の減少が明確に進行しているということが分かる。世代的にいうと戦後生まれを境に家庭でもチャモロ語を話さない者の割合が急増していったのである。チャモロ語を話さない者の多い世代が成人に達していた 1980 年頃には、グアムにおけるチャモロ語の存続は危機的な状況に陥っていたといえる。

英語イデオロギーの展開

第 1 章で確認したように、このチャモロ文化ナショナリズムによるチャモロ語・文化の復権のための動きはアメリカ文化多元主義の前に無力であった、とアンダーウッドは論じる（Underwood 1989b）。それはチャモロ語教育が開始された一方で、チャモロ語話者が減少していく状況にも現れている。1980 年代には、「チャモロ語は死んではいないかもしれないが、健康状態が非常に悪」くなっていた（Underwood 1989a: 74）。それほどまでにグアムにおいて英語の地位は確固たるものとなっていた。

こうした状況を引き起こしてきたものとして、アンダーウッドは自らが英語イデオロギーと呼ぶものを指摘する。ここでいう英語イデオロギーというのは、単純に、英語を習得すべきであるというイデオロギーである。グアムではアメリカ人やチャモロ人エリートらによって喧伝され、人びとに受容されてきたものである。それには大きく分けて 4 つの動機づけが見られる[42]。

1 つ目は、「英語は良い学業成績への確実なルートである」というものである。学校の授業が英語で行われることを考えれば、これは当然のことではある。しかし前述のように、戦前は比較的に就学率が低く就学年数が短いことからその効果は限定的であり、むしろ戦後に重要性を帯びたといえる。

2 つ目は、「英語はグアムにおける近代社会の発展のために必要なものである」というものである。英語を社会的な進歩・進化と同一視する考えによるものであ

---

42) 英語イデオロギーについては、第 4 章のライフヒストリーも参照。

る。アンダーウッドはこの例として海軍が出版していた『グアム・レコーダー』という雑誌に掲載された「グアムの学校における英語」という記事を挙げている。少し長いが、社会的な進歩・進化の考えが顕著であり、重要なので引用する。

　　英語は公立学校を通じて保健・衛生の知識をグアム住民にもたらし、人びとが正しい習慣で生活するのを可能にするであろう。これは人口を順調に増加させることにつながるであろう。そのような増加で、経済発展がさらに進み、避けられなくなるであろう。経済発展で人生の真の喜びがますますもたらされるであろう。英語を通じて、アメリカ人の祖先がその言語の起源のときにもっていたような、アメリカ国民によって現在実践されているような、フェアプレイの知識や名誉の感覚がもたらされるであろう。アメリカ人の指導のもとにある英語の知識を通じて、自らを教養ある人間と見なすようにさえなる人びとによる労働や産業への自然な愛が生まれるであろう。実践的だけでなく理論的でもある農業の知識があらゆる人びとに英語を通じて現行秩序のもと開かれ、それが継続されるなら、グアムは世界的な菜園のひとつとなるはずである。(Underwood 1989b: 78 に引用)。

3つ目は、「英語は個々人に望ましい仕事や経済的成功を与える」というものである。前述したように、戦後の土地接収と米軍基地建設によってグアムの社会経済構造は大きく変動した。自給自足中心社会から賃金労働中心社会へと急速に変化したことにより、就職や昇進との関連で英語の重要性が急速に高まったのである。

4つ目は、「英語はアメリカへの同化や愛着の証明となる」というものである。これはとくにチャモロ人へのアメリカ市民権付与の要求において見られたものである。アンダーウッドが挙げているのは、1950年に連邦議会でグアムの政治家アントニオ・ウォンパットが市民権要求のために行った証言での、「われわれはあなた方の言語に適応しており、あなた方の理念や生活様式に同化しております」という発言である (Underwood 1989b: 77-80)。

アンダーウッドは社会言語学の議論をもとに、2つ目と4つ目を統合的要因に、1つ目と3つ目を道具的要因に分類する。そして、1970年代以降のチャモロ・アイデンティティの高揚によって変化が見られる前者よりも、後者のほうがチャモロ語の存続にとって決定的であると見ている (Underwood 1989b: 80-1)。

チャモロ語・文化を推進する教育者を中心とした人びとは、「グアムの教育をチャモロ化すること」「チャモロ人をチャモロ化すること」(Lujan 1996: 25) に取り組んできたといえるが、それが非常に困難な課題であるということも認識してきたのである。

ただ、チャモロ・ルネサンスやチャモロ・ナショナリズム以降の状況は、1980年代の観察・分析から十分に捉えきれないのも確かである。グアムの教育現場におけるチャモロ学習について2000年代末に調査を行った中山京子は、チャモロ学習に関するやや悲観的な見方に対して留保をつける。子どもたちは主体的にチャモロ学習に参加し、チャモロ語の語彙を増やし、簡単な読み書きや会話を行えるようになり、チャモロ文化の理解を深めているという (中山 2009: 259)。

(2) マスメディアと米軍・アメリカ

アンダーウッドは、「グアムのマスメディアの文化的次元を理解するもっとも効果的な方法のひとつはその起源を調べることである」と述べている (Underwood 1981: 67)。グアムのマスメディアの歴史を見れば、それが軍事化と密接な関わりを持つというよりもむしろ軍事化 (米軍) によってメディアが形成されてきたということが分かる。そうしたマスメディアへの批判的議論は第5章で取り上げることとして、ここではアメリカ化の媒体としてのメディアの歴史と現在を概観する[43]。

これまで数多くの新聞や雑誌がグアムで発行されてきたが、そのなかでも代表的なものやアメリカ化という点で重要なものを中心に取り上げる。2014年現在、日刊紙には『パシフィック・デイリーニューズ (Pacific Daily News: PDN)』紙と『マリアナズ・ヴァライアティ・グアム版 (Marianas Variety Guam Edition)』紙がある。『PDN』紙のほうが発行部数も多く、その分影響力が強いといえる。

グアムでもっとも歴史が長いマスメディアは『PDN』紙である。その起源は1945年に開始された『海軍ニューズ』という日刊紙にある。グアムのマスメディアといっても、地元のことはほとんど報道せず、同紙の主旨は「米兵に故郷とのつながりを保たせること」にあったという (Underwood 1981: 67)。1950年には実業家でのちに初のチャモロ人知事となるジョセフ・フローレスに売却され、『グ

---

[43] グアムのメディアの歴史に関しては、おもに Underwood (1981)、Stade (1998)、Rogers (2011) に依拠する。

アム・デイリーニューズ (GDN)』となった。住民の日常生活も記事にする『GDN』紙は「島のバイブル」となり、同紙に書かれていないことは「現実に起きていないこととなった」という (Underwood 1987: 67)。その一方で、『GDN』紙は『海軍ニューズ』時代と同じ通信社を利用したため、ミクロネシアに関する情報を独自に取材することはほとんどないが、アメリカ本土向けの生活に役立つ特集記事が掲載されていた。1970年に『GDN』紙はハワイの新聞社ホノルル・スターブレティンに売却され、現在の『パシフィック・デイリーニューズ』という名になった。その1年後には、『ホノルル・スターブレティン』紙とともにアメリカ本土のガネット社（のちに『USAトゥデイ』を発刊）の系列に入った。それによって、構成や視覚的アピールや報道範囲の面でレベルの向上があり、発行部数も3年で2倍になったという。それまでは配達もあったが、多くの人びとはハガッニャで新聞を購入し、職場で回し読みしていた。しかし新聞配達網が向上し、島のどこでも朝6時半までに配達されるようになり、サイパンにも毎日配達されるようになった。そして、ミクロネシアの多くの島々で読まれる新聞となっていった (Underwood 1981: 67)。

　さらに『PDN』の親会社はグアムの海軍機関紙『ナヴィゲーター』や空軍機関紙『パシフィック・エッジ』を発行してきたが、この地域の軍の統合により両紙も『ジョイント・リージョン・エッジ』として統合された。『PDN』の歴史と現在とを見ると、アメリカ資本や米軍とのつながりの深さが明らかになる。それに加え、スタッフはアメリカ本土出身者中心である。

　島のラジオ局ももともと米軍のものだけであり、放送されるのは基本的に米兵向けの番組であったが、基地のなかだけでなく島全体で聴くことができた。その後、現在の主要ラジオ局・テレビ局のひとつである **KUAM** が1954年にラジオ放送を開始した。開局の日にアンダーセン空軍基地のある大佐は「グアムの全住民のアメリカとの接触を増大させるだけでなく、民主主義の声を強めるだろう」と述べたという。同局ではアメリカ本土で人気のコメディ番組やクイズ番組を放送した (Underwood 1981: 68)。1956年にはテレビ放送も開始され、島に大きな変化をもたらした。1968年にはマリアナズ・ケーブル・システムという会社によってケーブルテレビが開始され、これによってグアムの人びとはロサンゼルスのテレビ局の多くのチャンネルを観られるようになった。これら以外にもラジオ局やテレビ局がその後いくつか開設されてきた。

戦後のマスメディアの動きをまとめると、1950年代、1960年代にはすでにアメリカの情報を伝え、アメリカの番組を流すマスメディアが誕生していたということが分かる。グアムの人びとに身近なものとなったマスメディアによって、文化のアメリカ化は確実に進行してきたと考えられる。しかしその一方で、チャモロ・アイデンティティの高揚がマスメディアのなかに反映されてきたということにも注目すべきである。テレビではチャモロ語のレッスンやニュース番組が放送されたり、『PDN』紙上ではチャモロ語の漫画やレッスンが掲載されたりするようになった。

　また重要なのは、1970年代以降に現れたアンダーウッドに代表されるチャモロ人活動家にとっても、グアムのアメリカ化に果たすマスメディアの役割が認識されてきたということである。またアメリカ化という抽象的次元においてだけでなく、特定の問題に関する思想・立場・姿勢に批判的まなざしを向けてきた。とりわけ、チャモロ文化に対する姿勢、チャモロ人活動家の表象、政治的地位問題、米軍基地問題に関する社説やコラムなどである。それゆえ、チャモロ人活動家と『PDN』がじかに対立し、議論を繰り広げるということも起こってきた（第4章、第6章参照）。

第3章 戦争の体験・記憶とアイデンティティ
―戦後補償要求における愛国主義、ナショナリズム、植民地主義―

　アメリカにおける第2次世界大戦に関する自国民への戦後補償としては、1948年戦争賠償請求法や同法を改正した1962年戦争賠償請求法によるものがある。前者は米軍捕虜・民間人抑留者らをおもな対象とし、後者は前者で補償がなされなかったその他の人身損害・財産損害の被害者に対象範囲を拡大した。

　その他にも、戦時中にアメリカ政府自体によって強制退居や強制収容の被害を受けた日系アメリカ人やアラスカ州のアリュート人（Aleut）に対して、1988年市民自由法（アリュート補償法）によって補償が行われた。1999年にはカリフォルニア州議会において州法第354条第6項が成立し、第2次世界大戦中に日本により強制労働に従事させられた人びとによる対日本企業訴訟の可能性を広げた。これらの戦後補償とその要求は日本政府やアメリカ政府の責任を追及し被害者を救済しようとするものであった。しかしそれだけでなく、アメリカのナショナル・ヒストリーや支配的な戦争の記憶とも重要な関わりを持つものであった（cf. 米山 2003: Ch. 5）。

　グアムでも、第2次世界大戦中・戦後の日本軍や米軍から受けた被害への関心が1970年代に再燃し、戦後補償の要求が住民組織や政治家らによって開始された。その戦後補償要求は、グアム住民のアメリカ的愛国主義〔パトリオティズム〕との深い関わりを当初から持っていた。

　1941年12月から2年半以上にわたり、グアムは日本の占領統治を受けた。グアムでは、米海兵隊が再上陸した7月21日が「解放記念日（Liberation Day）」として祝われ、戦争の記憶がアメリカに対する感謝や忠誠と結びつけられてきた。その一方で、アメリカの海外領土・植民地としての政治的地位やそれゆえの住民の二級市民的な地位などは変わることなく、グアム住民はそれらを変革すべく連

邦政府に働きかけてきた。それらの動きにおいては、当初はアメリカへの忠誠を主張する愛国主義が中心的であったが、1970年代以降はそれに批判的なチャモロ人の反植民地主義ナショナリズムや先住民運動が徐々に影響力を持ち始めた（M. Perez 2005b）。

しかし近年の研究は、アメリカの植民地主義やレイシズムの問題をチャモロ・ナショナリストと共有しつつも、チャモロ人の愛国主義をより多面的に捉えようとする潮流を生み出している。グアムのチャモロ人の戦争体験と愛国主義の接合の状況に注意を払いつつ、チャモロ人の愛国主義がアメリカ人のそれと同一化してきたわけではないことや、アメリカの植民地主義やレイシズムを見逃してきたわけではないことを改めて強調するものとなっている（Camacho 2011; Diaz 2003; Hattori 2001）[1]。

本章はこれらの先行研究と視点を共有しつつ、1970年代から1990年代初頭にかけてのグアム土地所有者協会（Guam Landowners Association: GLA）という住民団体とグアム政府のもとに設置されたグアム戦後補償委員会（Guam War Reparations Commission）の活動、2002年12月に制定された「グアム戦争賠償請求調査委員会法（Guam War Claims Review Commission Act）」後の新たな動きを取り上げ、グアムの戦後補償要求と愛国主義、ナショナリズム、植民地主義との関係について考察する。

1 第2次世界大戦とグアム

(1) 日本軍の占領統治

1940年のグアムの人口は2万2290人で、そのうちチャモロ人が2万177人で9割を占め、残りは白人が785人、フィリピン人が569人となっている（表

---

[1] 第2次世界大戦の体験と記憶は、その後のチャモロ人のアイデンティティに大きく影響をおよぼしている。それゆえ戦争の記憶や歴史記述は大きな関心を呼ぶテーマとなっており、カルチュラル・スタディーズやポストコロニアル・スタディーズの分野で成果が生まれている。おもなものに、第2次世界大戦の記憶を記念碑や記念活動を取り上げて論じたCamacho（2011）、米軍による「解放」を受容する言説とそれに批判的なチャモロ・ナショナリストの言説を批判的に考察したDiaz（2001）がある。日本側の研究では、グアムが日本人の観光地として開発されていくなかで、日本においてグアムでの植民地支配や戦争の記憶が忘却されていくさまを論じた山口（2007）、チャモロ人と旧日本軍とのあいだの記憶の「断裂」に着目した大久保（2010）がある。

表3-1 日本占領下グアムの時期区分

	組織的変化	チャモロ人の労働
① 1941年12月～1942年1月	占領開始（「陸軍」民政署による統治）	
② 1942年1月～1943年10月	民政部と警備隊時代	開墾と農業
③ 1943年11月～1944年3月	（海軍民政部による統治）	農業（主として海軍のニーズを満たす）
④ 1944年3月～1944年7、8月	開墾隊時代	農業（海軍と陸軍のニーズを満たす）、飛行場建設、戦闘に備えた兵力増強

出典：Higuchi（2013）と大久保（2010）をもとに作成

2-1)。しかし太平洋戦争開戦前の1941年10月までに、米海軍はグアム駐留の米軍兵士の家族をほぼ全員ハワイに退去させていた。そして1941年12月8日、日本軍はハワイ真珠湾を攻撃した。その数時間後には日本統治下の南洋群島に囲まれていたグアムにも航空攻撃を行い、10日に上陸作戦を実施した。攻撃開始から数日で、日本軍はグアムを占領した（防衛庁防衛研修所戦史室1967; Rogers 2011: 150-7)。

太平洋戦争中のグアムの状況は、当然のことながら日本軍の戦況に大きく左右された。日本軍の組織や政策の変化などに着目すれば、表3-1のように時期区分できる。①の占領初期には、グアムの島名は「大宮島」となり、島内の地名も変えられた[2]。「お辞儀」の強制や公開処刑などが行われている。陸軍がグアムを去り、新たに設置された海軍民政部によって本格的な占領地行政が開始されたのが②と③である[3]。1市1町14村に区分され、「ソンチョオ」「クチョオ」が選ばれ、その上に日本人の「タイチョオ」が置かれた。また、飛行場建設などのための強制労働が始まり、プロパガンダが行われ、学校が開設された。関東軍が満州からグアムに派遣されてからの時期が④である。1944年5月には南方移民訓練機関・拓南錬成所の卒業生等が来島し、食料を増産し自給するために「開墾隊」を組織した。だが米軍上陸の恐怖のなかで開墾隊を始め日本軍の残虐性は増し、この「開墾隊時代」は「虐殺と強姦の時代」としてチャモロ人に記憶されている（大久保2010: 221)。また、③と④の時期のチャモロ人の労働にも着目する必要がある。1943年9月に絶対国防圏が策定され、11月には飛行場建設のためにかなりの労働力が割かれることとなった。島内における日本軍兵士は増加する一方で、飛行場建設などのためにチャモロ人農業労働者は実質的に減少していった。この

---

2) 「大宮島」の読みや由来についてはHiguchi（2013: 280）を参照。
3) 海軍民政機関のなかにグアム民政部を位置づけた研究として太田（1992）がある。

ように戦局の悪化とともに日に日に食料生産（とりわけ米）の重要性は高まり、チャモロ人の生活環境や労働環境は厳しくなっていった。海軍は有機的結合という概念によってチャモロ人の主体的な協力を得ようとしたが失敗に終わり、逆にその後の戦後補償問題へとつながっているのである（Higuchi 2008, 2013: 109-23）。

(2) 日本化政策とその帰結

また、当時の南洋群島とグアムとにおけるエスニック集団間の関係は、グアムのチャモロ人の置かれた状況を知る上でも、その後の政治的地位問題や戦後補償問題を理解する上でも重要である[4]。旧南洋群島と呼ばれる地域は、第1次世界大戦勃発から2カ月後の1914年10月に日本軍が占領した旧ドイツ領のマリアナ諸島、カロリン諸島、マーシャル諸島からなる。日本の統治は約30年にわたった。当初海軍による軍政がしかれ、1919年のパリ講和会議でのC式委任統治の受託を経て、1922年に南洋庁を統治機関とする民政が開始された。日本は1933年に国際連盟からの脱退を宣言し、1935年には正式に脱退するが、日本の南洋群島統治は続いた[5]。

今泉裕美子は、軍政期（1914年～1922年）、南洋庁統治（1922年～1937年）、非常時（1937年～1944年）に区分した上で、「軍が実際にここを『占領』したのは、軍政期と第2次世界大戦期である。にもかかわらずこの30年間を『占領』と解釈するのは、軍政期の統治政策が南洋庁の統治を規定し、そこに『玉砕』を生む要因が醸成されていったのではないか、と考えるからである」（今泉 1992: 43）とする。軍政期には、「海軍は南洋群島を対米戦略上重視しつつ、この地域を経済的な南方進出の拠点として、政治的、経済的に『日本化』しようとした」（今泉 1992: 46）。政治的「日本化」とは、「現地住民を同化し、日本の統治組織に組み込むこと」であり、教育はその最大の推進力となり、「皇民化」も進められた。経済的「日本化」とは、「南方への経済的進出の拠点とし、日本企業の誘致による拓殖事業の確立」の試みである（今泉 1992: 45-6）[6]。「委任統治」となると一定の

---

[4] 当時の南洋群島の状況や日本の統治については、さまざまな資料や研究があるが、ここでは十分に触れる余裕がない。チャモロ人の戦争の体験や記憶とアイデンティティに関連する問題を指摘するに留める。

[5] 日本の国際連盟脱退後の南洋群島の法的地位については、矢崎（1999）の第3章第4節を参照。

[6] 南洋群島は「内（裏）南洋」、その外側に位置する島嶼部を含む東南アジアは「外（表）南洋」と位置づけられた。前者は日本人にとっての「足溜の地」、「捨石」とも認識されていた。

規制はあったものの、基本的には軍政期の方針を継承した。この時期には、土地の占有と日本人の大量流入によって、㈱南洋興発の製糖業が発展している。そして1933年に「委任統治」から脱すると、「政治的、経済的な『日本化』政策や軍事政策が公然とおこなわれるようになる」（今泉1999: 48）。さらに非常時下になると、日本の同化政策の矛盾が顕在化し、「玉砕」に至ったのである。

こうした「玉砕」に至る南洋群島統治において注目すべきなのが、現地の社会構成や序列である。「日本人勢力の扶植として導入されたのは、日本社会の底辺に置かれた農民、労働者」であり、戦時に労働力源として選ばれたのは「沖縄県人、朝鮮人、囚人」であった（今泉1992: 49）。また序列に関しては、「一等国民日本人、二等国民沖縄人／朝鮮人、三等国民島民」とされた[7][8][9]。今泉によると、軍が住民に求めたことは、「積極的協力」と「消極的協力」に分けられる。前者は「労働力、物資、食糧、土地家屋の提供、および志願や召集、徴用に応じるなど」で、後者は「軍の作戦を妨害しない」ことであり、たとえば、1943年後半から行われた「16歳未満60歳以上の幼児や老人、婦女子の強制引き揚げ」などである（今泉1992: 49-50）。

今泉（1993）も参照。

[7] 「島民」はおもにマリアナ諸島で暮らす「チャモロ」とおもにカロリン諸島やマーシャル諸島で暮らす「カナカ」に分けられ、前者が後者よりも文明度が高いとされた。たとえば、矢内原（[1935] 1963）を参照。この日本統治時代の二分法については今泉（1996）に詳しい。第2章で確認したように、スペイン・チャモロ戦争以降に、人口減少、キリスト教への改宗、混血が進行し、チャモロ人社会は劇的に変容した。カロリン諸島やマーシャル諸島においても19世紀半ば以降の捕鯨船の寄港やキリスト教の布教によってそれまでよりも西洋人の影響を受けるようになったが、マリアナ諸島の比ではなかった。「チャモロ／カナカ」の二分法は、こうした当時の状況から外来者が受ける印象に基づいていると考えられる。

[8] 「一等国民日本人、二等国民沖縄人、三等国民島民、四等国民朝鮮人」というものや、「二等島民」と順番が入れ替わった言い方または意識もあった（冨山2006: 96-8）。冨山一郎によると、「制度的には区分された『沖縄人』『朝鮮人』と『島民』との境界が、社会意識の側面では明確に確定されず、逆に『島民』は『沖縄人』『朝鮮人』を蔑視していた」（冨山2006: 97）。ピーティ（1998）も参照。また、「島民」と沖縄出身者等も含めた意味での「日本人」との、経済開発の現場での錯綜した関係については飯高（2009）を参照。

[9] 日本人による「島民」へのさまざまな偏見や差別についてはピーティ（1998）を参照。また、南洋群島の労働者のあいだには、出身地別の賃金格差もあった。たとえば、南洋庁のアンガウル燐鉱採鉱所の定額平均日給賃金（1933年）は、「日本人3.25円（内地人3.45円、沖縄人2.53円）、支那人2.15円、チャモロ族1.40円、カナカ族0.76円」となっている。矢内原忠雄は、「右労働賃銀に於ける種族的差異は、熟練労働者と不熟練労働者との別、勤続年限の長短、並に生活程度の高低に基づくものであるが、日本人支那人又はチャモロ族と出稼島民（カナカ族）との間には格段の差のあることが解る」と述べている（矢内原[1935] 1963: 112-3）。冨山（2006: 95-6）や矢崎（1999: 97-8）も参照。

この「積極的協力」では、危険な仕事であるほど、社会の底辺に位置づけられた人々が強制的に、もしくはより積極的にこれに参加するという特徴がみられた。(中略)現地住民から募集した「ニューギニア挺身隊」や「義勇斬込隊」など〔の〕(中略)旧隊員の回顧によると、彼らはみな「日本人」になりたい一心で志願し、「大和魂」の何たるかを徹底的に教え込まれたという、これはまさに、南洋群島固有の「日本化」政策の産物であろう。すなわち、精神を「日本化」しながら「三等国民」として差別したこと、つまり日本国民としての義務を遂行する精神を植え付けながら、基本的な権利を与えなかったことへの反動が、彼らを「皇民化」へと駆り立てたのではなかろうか。(今泉 1992: 49-50)[10]

30 年間の南洋群島統治におけるこうした序列によって、「島民」たちの「日本人」になるという思いは培われていった[11]。

　このような南洋群島統治政策の延長線上に「大宮島」は位置づけられ、それゆえにグアムにおいても数多くの悲劇が起こってしまったといえる。南洋群島と同様にグアムでも現地住民であるチャモロ人に対する日本化政策が行われ、なかでも重視されたのが学校教育である。占領から 1 カ月後の 1942 年 1 月 15 日には 15 の学校が開校され、第 54 警備隊の兵士が教師を務めることとなった。同年 9 月からはパラオ、サイパン、テニアンから日本人教師が呼ばれ、19 の初級国民学校でチャモロ人に日本語が教えられた。天皇、日本国、歴史、戦争に関連する式典も学校で行われた。翌年 1 月には 15 歳から 30 歳のチャモロ人の若者たちを対象とした青年団が結成され、ここでも日本語教育が行われることとなった。また、1942 年 10 月には臨時教員補養成所が開設され、チャモロ人教員の養成も開

---

10) もちろんすべてのミクロネシア人(「島民」)がこのような態度を示したというわけではない。マーク・R・ピーティは、新たな島民エリート集団や混血児などの社会的区分や階層の違いおよび島の違いに注意を促し、ミクロネシア人の日本人に対する態度にはさまざまなパターンがあったと述べている。また、ミクロネシア人は、戦争を通じて日本への愛着を捨て去ったのであり、日本人に敵意を示すこともあったという。その基本的要因として 3 つ挙げられている。「日本軍の島民に対する鈍感さと実際に行った残虐行為、戦争それ自体がもたらした悲惨さ、そして最終的に島民が、日本人は彼らを保護、もしくは統治できないか、あるいは、そうする意志がないと知ったことである」(ピーティ 1998: 142-8)。矢崎幸生は、日本人と「島民」の関係について、日系ミクロネシア人の存在、つまり血縁関係による連帯意識の醸成を指摘している(矢崎 1999: 80-1)。

11) 冨山(2006)の第 2 章が中心的に取り上げているのは、こうした序列の、「ジャパン・カナカ」とも称された沖縄出身者との関連である。「日本人」をめぐる言説が、沖縄の人びとにどのように作用したかが論じられている。

始された。全体として、教育を通じたチャモロ人の内的日本化が目指されたのである (Higuchi 2001: 22-5) [12]。

しかし、戦局の悪化にともなう労働力需要の増加により、1942年12月には学校教育 (「内的日本化」) より食糧の増産・自給のための労働 (「外的日本化」) が重視されるようになり、1944年3月頃には学校は閉鎖された。すなわち、初級国民学校が開かれたのはわずか1年半の間であり、学校教育が重視された期間はさらに短く数カ月である (Higuchi 2001: 26-7, 34)。

グアムにおけるチャモロ人への日本化政策について、樋口は2つの目的とその帰結を指摘している。第1は、それまでの40年間にわたるアメリカ統治時代にチャモロ人が受けた社会的・教育的・経済的な影響を取り除くことであった。英語ではなく日本語、民主主義や合理主義といったアメリカ的理念ではなく日本的な精神や労働倫理、アメリカへの敵対感情を植えつけようとしたわけである。第2は、それまでの28年間にわたって日本統治を受けてきた南洋群島の「島民」のレベルにまでグアムのチャモロ人を至らせることであった。そのために南洋群島での日本化の方法や経験がグアムに導入され、サイパン出身のチャモロ人が学校や村での通訳や警察補助として雇われた。しかし、短期間でのそうした日本化政策はグアムのチャモロ人にとって抑圧的なものであり、彼らはますます親米的、反日的、反サイパン人的になっていったのである (Higuchi 2001: 34-5)。

ここで注目すべきは、南洋群島での日本化政策のなかでの序列がそのままでないにせよ「大宮島」にも移入され、アメリカ化が進んでいたグアムのチャモロ人をその底辺に位置づけたのではないかということである。アメリカの影響を否定され、サイパンやロタからのチャモロ人に上に立たれた彼らの思いがいかなるものであったのか想像に難くない。マリアナ諸島では異なる島のあいだで親族関係を維持している人たちが少なくないが、親米的なグアメニアン (グアム人)、親日的なサイパニーズ (サイパン人)、ロタニーズ (ロタ人) へと分断されていったのである。こうしたアイデンティティの違いが戦後のマリアナ諸島の政治に影を落としている (第4章、第6章参照) [13]。

[12) Higuchi (2001) は当時のある日本人教員によって書かれた手紙を主として用いながら、グアムにおける日本化政策を論じている。

[13) もちろんチャモロ人にとっての第2次世界大戦の体験・経験は、アイデンティティや集合的記憶の問題に留まるものではない。多くのチャモロ人が身体的にも精神的にも深い傷を負ったのである。心理学者のパトリシア・タイマングロは、戦争や植民地支配においてチャモロ人社

(3) 戦時中の被害

 日本軍はグアム占領後に「カク」と呼ばれる慰安所を5カ所設置した。そこには日本や朝鮮半島から連れてこられた女性が45人、地元のチャモロ人女性が15人ほどいたという。後者のチャモロ人女性たちは、アメリカ統治時代に月曜に衛生検査を受けていたため「月曜の女たち（Monday Ladies）」と呼ばれていた。朝鮮人とチャモロ人は一般兵士、日本人芸者は将校と軍属に仕えたという（Palomo 1984: 79-80; 伊従 2000）。

 チャモロ人女性のなかには、日本軍高官の愛人となることや将校用慰安所の慰安婦となることを強要された者もいた[14]。慰安所以外にも、組織的なレイプが行われ、単発的なレイプも少なくなかったという（Palomo 1984; 伊従 2000）。

 性暴力に関連してよく知られているのが、マリア・アゴン・ペレス、愛称マリキータの物語である。彼女は「タイ地区の『開墾隊本部』で、何人かの高級将校の召使いの一人に指定され、将校宿舎での炊事、洗濯、掃除のほかに、入浴やマッサージの奉仕、爪切りまで強制され、はては将校たちの性的欲望を満たすことまでも求められた。そんななかでマリキータは、日本人に体を許すくらいなら死ぬ、という誓いをたてる」（大久保 2008: 219-20）。その後、マリキータは「タイチョオ」の部下に殺害されたとみられている。彼女には2人の小さな子どもがいたが、米兵の夫は捕虜となって日本の収容所にいた[15]。

 米海軍通信兵ジョージ・トゥイードの潜伏とデュエナス神父の処刑もグアムの人びとに記憶されている。トゥイードは日本軍占領後に複数のチャモロ人の協力を得て潜伏しており、日本軍はチャモロ人を警察に連行して拷問によって取り調べるなど、探索を続けたが見つけることができなかった。その過程で多くの住民が暴行・殺人の被害にあっている。結局、トゥイードは米軍上陸間近の1944年7月10日に沖合の米艦に救助された。島の社会的・宗教的リーダーであったデュ

会がトラウマ体験をし、次世代にも受け継がれていく問題を「コミュニティ・トラウマ」として論じている（Pier 1998）。

14) これらの性暴力については米海軍の戦犯裁判のなかで具体的に明らかにされた。林（2003）を参照。

15) マリキータの人生については息子のクリス・ペレス・ハワードによる『マリキータ』（Howard [1982] 2000）にまとめられている。同書の刊行は、本章で後述するように、土地賠償請求運動が進み、戦後補償要求が本格的に開始された時期であった。ハワードは戦後にアメリカに渡り育ったが、1979年にグアムに戻って自らのルーツを探求し、チャモロ人活動家となった。これについてはHoward（1993）や次章以降を参照。

エナス神父はトゥイードに関する情報を持っているとみられ、甥とともに逮捕され、公衆の面前での拷問の末、開墾隊の手で処刑された。樋口によると、「ツィード〔トゥイード〕の島内潜伏は当初、チャモロ人に『日本軍占領下のグアムにおけるアメリカの象徴』として好意的に受け止められていた、しかし警察による拷問、殺害の被害に遭ったうえ、95パーセント以上の島民が敬虔なカトリック教徒であるグアム島で『最も尊敬されていた』デュエナス神父を失ったことにより、戦後にはツィードへの憎悪感が残ったともいわれている」(樋口2002: 178)。

　日本軍の戦局が悪化してくると公の場でのむち打ちや処刑が頻繁に行われるようになった。さらに強制労働も1日12時間、週6日と厳しくなり、農作業や沿岸要塞や飛行場の建設に当たった (GWCRC 2004: 5-6)。米軍の上陸が間近にせまった1944年7月10日には、全住民がマネンゴンやタイなど島内の3カ所に強制的に移動させられ、食糧も雨露をしのぐ建物もないまま収容された。この時期には日本軍の兵士によるレイプや虐殺が相次いだ。たとえば、7月15日にはメリッソ村のティンタという地域の洞穴に30名の住民が入れられ、手榴弾を投げられ剣や銃剣で突き刺され、16名が死亡し、14名が生き延びた。翌16日には同村のファハの洞穴で30名、23日には中南部のフェナの洞穴で35名が同様の方法で殺害された (Rogers 2011: 168-9) [16]。

(4) 終戦直後の被害への対応

　7月21日に米軍はグアムに上陸し、日本軍との戦闘を繰り広げ、8月10日になって日本軍の組織的抵抗の終結を宣言した[17]。米軍はグアム占領後に軍事基地

---

[16] これらの虐殺地ではのちに慰霊碑が作られるなどし、毎年慰霊祭が行われている。また、このようなグアムでの日本化政策や虐殺およびその後の慰霊については、南洋群島との共通点や相違点が興味深い。Camacho (2011) を参照。

[17] その翌日に第31軍司令官小畑英良陸軍中将が自決し、「グアム島の戦い」はこの頃に終わったとされる。しかしその後も内陸部のジャングルでのゲリラ戦は続いた。1944年8月末までに、日本側の戦死者は200名の民間人を含む1万8377名であり、投降したのは1250名のみであった。米軍とチャモロ人は協力して日本兵の掃討作戦を行い、同年9月末までに4926名の日本兵が殺され、ビラや放送による投降の呼びかけに応じた者はわずかであった。1945年9月には68名、その1週間後には46名が投降したが、まだ約130名が潜伏していた。100名以上が投降したが、それ以外は飢え死にしたり、殺害されたりした (Rogers 2011: 180)。1960年5月には皆川文蔵氏と伊藤正氏、1972年1月には横井庄一氏が「発見」された。こうした「戦後」の日本兵の状況はグアムの人びととの戦争の記憶にも影響をおよぼしたといえる。防衛庁防衛研修所戦史室 (1967) も参照。また、これらの出来事の日本国内での受けとめられ方については山口 (2007) の第1章を参照。

建設のために土地を接収し、連邦政府有地は一時島の総面積の3分の2近くに達し、駐留する米兵は20万人におよんだといわれる（Hattori 1995: 7-8）。

海軍作戦部長と海軍長官は土地接収や戦闘によるグアム住民の被害についての責任を認識し、1945年3月3日に住民の財産損害や人身損害・死亡の状況を調査するための土地・賠償請求委員会を設置した[18]。同委員会による調査をもとに作成されたグアム勲功賠償請求法（公法224：「勲功的賠償請求への支払いによるグアム住民の救済ための法律」）が11月15日に連邦議会で成立した。同法は、大まかにいえば、海軍と海兵隊の将校によって構成される賠償請求委員会が賠償請求を受け付け、支払いをするというものであった。同法では「勲功（meritorious）」という言葉が2回用いられているが、それ以外に同様の表現は見られない。第2次世界大戦でグアム住民が受けた被害を勲功的と価値づけているようである。これと関連しているのは、「認められない賠償請求」と題された部分である。「合衆国の敵軍を自発的に援助してきた者、合衆国と交戦中の国の国民、上記のような敵国の協力者の賠償請求は、上記のような国民は被害・損害を受ける時だったのでありそれでも合衆国に友好的であるとその地域の軍事司令官またはその被任命者が判断するときを除いて、この法律のもとでは認められない」と明記してある。

同法により、戦争行為、敵国の占領、米軍の非戦闘行為によってグアムで生じた財産損害に対し、設置される委員会が5000ドルを限度に補償することとなった。2500ドルから5000ドルまでの補償については海軍長官によって任命された役人の許可が必要であり、5000ドルを超える財産損害の賠償請求とすべての死亡・人身損害の賠償請求は、議会へ証明する必要があった。強制労働、強制移動、強制収容は補償の対象とされなかった。そして1941年12月6日から1945年12月1日のあいだに生じた被害については1945年12月1日から1年以内に請求されなければならず、上記期間外の被害についてはそれが生じてから1年以内に請求されなければならなかった。1946年5月に海軍長官によって作成された同法の運用規定が公表され、新たに設置された第3次と第4次の土地・賠償請求委員会が支払い等の作業を行った。

米軍は住民の被害への補償を行おうとしたが、土地接収を止めることや抑制することは考えていなかった。1945年11月に制定された土地移転法（公法225）

---

[18] 以下の終戦直後の補償をめぐる動きは、グアム戦後補償調査委員会（GWCRC）の報告書であるGWCRC（2004）におもに依拠する。

は、土地を接収された住民が他の連邦政府有地を購入することを可能にするもので、1948 年と 1949 年に実施された。そして 1946 年 8 月に制定された土地接収法（公法 594）は、恒久的な軍事施設のために必要とされる私有地を接収する権限を海軍省に与えた（Rogers 2011: 198）。

しかし勲功賠償請求法にもとづく補償の作業が思うように進まず、海軍長官は 1947 年 1 月に、グアムとアメリカ領サモアにおける復興処理を評価させるために、ダートマス大学の前学長のアーネスト・M・ホプキンスを委員長とする 3 名からなる委員会（通称「ホプキンス委員会」）を設置した。同委員会による現地調査後の 3 月 25 日付けの報告書は、海軍省の怠慢、人材不足、賠償請求法とその規定の非効率性や扱いにくさなどを指摘し、改善点を示した。提案の多くは採用されなかったが、それ以後の土地・賠償請求委員会の作業ペースは上がった。また、同委員会が提案したグアムでの上位裁判所の設置やグアム住民へのアメリカ市民権や自治の付与は、結果的に数年以内に実現した。しかし同年 10 月に設置されたグアム上位裁判所では、2 名の「グアメニアン」（チャモロ人）の判事を置くという同委員会の提案は採用されず、本土出身の判事が海軍によって任命された。さらに、上位裁判所の判決への上訴は海軍長官に対して行われるため、軍の利害関心が優先されることは明らかであった。これにより、土地接収の手続きが迅速に行われる一方で、補償金が低く抑えられることとなった（Hattori 1995: 11-2; Rogers 2011: 199）[19]。

2　戦後補償と愛国主義

第 2 次世界大戦中・戦後の米軍による大規模な土地接収は、住民生活を戦前のものから劇的に変化させたのであり、けっして補償問題に留まるものではなかった。住民の土地移転がほぼ終了した 1950 年の時点で軍用地は 34 パーセントであり、島内の人口分布は大きく変化した（第 2 章参照）。この土地接収については、住民は日本軍から「解放」してくれた米軍に感謝したため土地の提供をいとわなかったということがしばしば言われている。しかし、グアムの歴史家アン・ペレス・ハットリのいうように、そのような「世間の神話」は一面的であり、土地接

---

19)　グアム議会では上位裁判所を廃止する法案が提出されていたが、チャールズ・パウネル知事によって拒否された（Hattori 1995: 11）。

収や補償の専制的なやり方に対しては、終戦直後のグアム議会の議員が激しい抗議の声を上げていた。それと同時に彼らはグアム住民へのアメリカ市民権の付与をそれまで以上に強く真剣に要求した。住民生活が土地接収によって脅かされるなかで、住民の権利を保障するためにもアメリカ市民権は必要と考えられたのである（Hattori 2001: 186-202）。

　その一方でグアムの人びとの愛国主義が強かったのも確かである。これは日本統治時代の体験や記憶と関連している。たとえば、チャモロ人と日本人の両方を祖先にもつ住民は、戦後のアメリカ統治下で厳しい立場に立たされた。彼らは最長で戦後2年間、アガットという村で柵の囲いに収容された。また、そこから解放されたあと、彼らは日本姓をチャモロ姓に変えなければ職も得られない状況であったという（Camacho 2011: 66-8）。このようにグアムでは強い反日感情があり、それがアメリカという国に対するチャモロ人の愛国主義と表裏の関係となっており、前者が後者を増幅させてきたといえる[20]。

　さて、1945年の勲功賠償請求法による補償は、実際には米軍による土地接収を進めるためのものであり、手続きの不公正さや補償金の不十分さが当時から認識されていた。そして補償の対象範囲も日本占領中の住民が受けた被害を十分に反映したものとはいえなかった。そのうえ、その後のアメリカの戦後補償の取り組みにおいてグアム住民の被害が対象に含まれることはなかった。1948年戦争賠償請求法は第2次世界大戦で米兵捕虜や民間人抑留者等に対して補償を行うものであり、同法が1962年に修正されたときにできたタイトルIIは補償対象者の範囲を拡大した。しかし、連邦議会はグアム住民に対する補償はグアム勲功賠償請求法によって解決したという認識のもと、グアムを対象に含めなかった（GWCRC 2004: 25-6）。

　このようなアメリカ政府および国民のグアム戦後補償問題の忘却あるいはそれへの無関心・無理解の一端は、1960年代に日本人とグアム住民がグアム北部における慰霊公苑建設を計画したときに、アメリカの退役軍人と政治家らが示した反応にも表れている。退役軍人らは彼らが奪回した島において敵国である日本の慰霊公苑が建設されるのは不適切であるとグアム住民を非難し、その一方で米軍

---

[20]　かつて日本軍がグアムを占領統治し、多くのチャモロ人を虐殺・虐待したということを忘却していく日本人とは対照的に、チャモロ人は戦争の記憶の問題から離れることはできなかった。前者に関係するグアムの観光開発と日本人の記憶については山口（2007）を参照。

の戦いを賛美する太平洋戦争国立歴史公園の建設を推進した。グアムにおける戦争の記憶を彼らは占有しようとしたのである（Camacho 2011: 100-4; 山口 2007: 64-76)。

グアム住民側からの戦後補償の問題提起は、日本軍占領時の過酷な体験のトラウマや、米軍によって「解放」してもらったという負い目によりけっして容易なものではなかったといえる。しかしグアムのチャモロ人の沈黙ともいってよい状況を変えたのは、1970年代以降の日系アメリカ人の強制収容に関する補償要求の運動やミクロネシア（TTPI）の戦後補償の実施であった。とくに後者がグアムの運動に与えた影響は大きい。グアム戦争賠償請求調査委員会の報告書が指摘するように、「これによってグアム住民が認識したのは、アメリカ政府が、TTPIのチャモロ人同胞や他の人びとに（アメリカ国民であったことは一度もないにもかかわらず）、グアム勲功賠償請求法のもとにグアム住民に与えられた以上に好意的な処遇を与えているということであった」（GWCRC 2004: 25)。

TTPIの住民による戦後補償要求は1950年に始まった。国連信託統治理事会の第1回現地訪問視察団に、現地住民が直接請願を行ったのである。請願は繰り返し行われ、視察団は信託統治理事会にその都度報告し、1956年以降、同理事会はアメリカに問題解決を求めた。ミクロネシア議会もこの問題を取り上げ、日本のTTPIへの戦後補償を促進することを国連に求める決議を1968年に採択した。TTPIと国連の双方から、日本とアメリカに戦後補償の実施が求められたのである（矢崎 1999: 170-1)。

TTPIの戦後補償は、1969年の「太平洋諸島信託統治地域に関する日本国とアメリカ合衆国との間の協定（ミクロネシア協定）」と1971年のアメリカのミクロネシア賠償請求法によって実施された。ミクロネシア協定は、日米両国がそれぞれ18億円（500万ドル）相当額ずつ（日本側は同額相当の物資と役務）を「自発的拠出」するということを決めた[21]。そして、ミクロネシア賠償請求法のタイトルⅠはこの1000万ドルを基金として日米間の戦争での損害を補償すること、タイトルⅡはこれとは別に2000万ドルを計上して各島占領時から1951年7月1日までの米軍政下で生じた損害を補償することを定めた。これにより設置されたミクロネシ

---

[21] ちなみに、日本政府はこれによってTTPIの住民の日本に対する請求権は最終的に解決されたとしているが、この拠出の法的性質については損害賠償でも見舞金でもなく住民一般の福祉のための経済協力としている（矢崎 1999: 171-2)。

ア賠償請求委員会は、ミクロネシア住民からの賠償請求を受け付け、被害額を調整および確定した。認定された補償金はタイトルⅠとタイトルⅡの両方で予算を大幅に上回ったため、補償金の未払い状態が生じたが、1977年のミクロネシア議会でのアメリカに支払いを要求する決議を経て、1992年までにアメリカは全額支払った。また、補償金未払い問題への対応として、日本政府は1980年度よりTTPIの各自治政府に対して無償資金協力を行った（荒川1995; Higuchi 1995; 矢崎 1999: 171-5）。

　このようなアメリカによるTTPIへの戦後補償の動きにいちはやく反応した、グアム戦後補償問題における初期の中心人物が、グアムの活動家でありのちに政治家となるセシリア・クルス・バンバであった。当時バンバが感じていたのは、グアム住民が「アメリカ人であるつもり（would be Americans）」であるがゆえの愛国主義のためにすさまじい苦難に耐えてきたにもかかわらず、グアムが近隣のミクロネシアの島々に比して戦後補償問題において取り残されているということであった。そして連邦政府がグアムの「忠誠な市民たち」を軽視しているということが許せなかった。「どうして連邦政府は私たちを無視しうるのでしょうか。私の心は傷ついています。以前はこのようには感じませんでしたが、愛する誰かに裏切られることのようなものです」（Souder 1992: 116-7）[22]。

　バンバの戦後補償問題への関与は、日本占領中に母親と父親を失った彼女自身の個人的体験に基づいた動機によるものでもあった。「愛国主義的で、アメリカに非常に忠誠」だったという父親は、アメリカ人操縦士を救助したために日本軍の兵士によって斬首された。しかし、米軍による日本軍からの「解放」は別の苦難の始まりでもあった。「私を敵軍から解放したアメリカが解放後に私たちの土地、私の暮らしのための資源を奪った」（Souder 1992: 115）。連邦政府が戦後約30年経った時期に、グアムの近隣の「アメリカ」ではないミクロネシアの住民に戦後補償を行ったことは、戦争の被害者である活動家バンバに強い衝撃を与えたのである。

3　土地賠償請求

　戦争被害とその補償の問題への関心を強めていくなかで、バンバは「土地賠償

---

[22]　以下、バンバの活動についてはSouder（1992）におもに依拠する。

請求」と「戦後補償」とを区別し、土地賠償、戦後補償の順に別々に要求する戦略をとった。その理由についてバンバは、連邦政府と交渉するうえで2つを同時に要求すれば、どちらか一方を選び先に取り組むように連邦政府側にたしなめられると考えたと述べている。すなわち、連邦政府とグアム政府の植民地主義的な力関係が、暗黙の了解としてバンバに自覚されており、それゆえ「戦略」という形で補償要求の態度をも決定していたのである。

この区別自体は何を意味するのであろうか。土地賠償は、米軍が接収した土地に関して、連邦政府に直接的に責任と賠償を問うものである。戦後補償は、日本軍がグアム住民に与えたさまざまな被害について、不十分な補償のまま放置してきたことのために連邦政府に間接的に責任を問い、直接的に補償を要求するものである。

バンバは連邦政府を動かすためにはグアム住民がまとまって声を上げることが必要だと考え、弁護士であるジョン・ボーン[23]の助けを得て、グアムの軍用地主の団体、グアム土地所有者協会（Guam Landowners Association: GLA）を設立した[24]。同協会の活動を円滑に進めるために、まずバンバは大土地所有者の14人に接触し、1977年1月に会合を開いた。協会の設立メンバーがまず行ったのは、各地での会議開催や勧誘活動である。協会に参加する者の多くが、すでに亡くなっていた土地所有者の相続人であったという。また、バンバはアメリカ本土在住のチャモロ人の支持をとりつけるために、シアトル、サンタクララ、ロングビーチ、アラメダ、リバーサイド、サンディエゴ、ホノルルと飛び回った。それらの活動の結果、協会は1000家族近くが参加するまでに大きくなった（R. Perez 1977）。

GLAが作成した法案がグアム選出議員のアントニオ・ウォンパットによって連邦議会に提出される一方で、バンバは議会でのロビー活動を展開し、公聴会での証言も行った。バンバらがいくつかの点で妥協する現実主義的な方針で臨んだ。その結果、1977年10月にカーター大統領が同法案に署名し、包括海外領土

---

23) ボーンは1931年にスタンフォード大学卒業、34年にカリフォルニア大学バークリー校のロースクール修了、50年にグアムを初めて訪れ、軍政から民政への移行の支援（法制度の構築）に携わった。その後もグアム政府の立法顧問として活動した。自身が携わった土地賠償請求のクラスアクションの最終局面にあった86年11月29日にカリフォルニア州の自宅にて75歳で亡くなった。

24) 土地所有者とはいっても、沖縄の軍用地主のように米軍と賃貸借契約を結んでいるわけではなく、彼らは法的には所有権を失った状態にあった。

法 (公法 95-134) が生まれた。同法のタイトル II 第 204 項がグアムの土地賠償請求に関するものである。同項によって、戦中・戦後に土地接収を受け、不公正な補償しか受けられなかった人びとは、グアム地裁に賠償請求をすることが可能となった。さらにバンバらはロビー活動を継続し、賠償とともに利子の支払いも可能となるように修正させた。

このような法案が連邦議会で可決されたのは、グアムの置かれてきた状況についての連邦政府の側での何らかの理解があったからであろう。たとえば、グアムの土地賠償問題について調査した連邦政府のある関係者は、「脅迫、強制、愛国主義への訴え、軍事的報復の恐怖」のために、グアム住民の多くが実際の価値以下で彼らの土地を手放したということを指摘した。他の連邦政府関係者も、グアム住民は米軍を強く支持し、「愛国心を誇示し (flag-waving)、歓声を上げて、彼らの解放者を歓迎」したにもかかわらず、「私たちは彼らから盗んだ」、「上品に言っても、不正行為を働いた」と述べた (Rubin 1980)。ただし、これらの発言について留意すべきは、連邦政府からグアム住民への賠償には、グアム住民の愛国主義が前提とされていたということである。

その後、賠償請求は 1980 年には約 600 から 700 件ほどなされ (Pear 1980)、その数が 1337 件に達したあと、1983 年にボーンを弁護団長とするクラスアクション (集団訴訟、代表訴訟) に展開した。裁判で裁判外の和解 (out-of-court settlement) に向けて話し合うように促されたこともあり、司法省が 1983 年 5 月に 3950 万ドルを和解金として提示し、ボーンはそれに同意した。しかし、その金額に不満をもつ GLA の委員会メンバーとのあいだで対立が生じ、バンバとボーンはそれぞれ会長と顧問弁護士などから外された。バンバによると、GLA メンバーの多くはそのような動きに反発し、90 パーセントが同協会をまとめて辞めることとなった。そしてバンバとボーンは土地賠償請求者和解同盟 (Land Claimants for Settlement Alliance) というグループを作り、和解を選択する人びとを支援した。約 5200 人の原土地所有者とその相続人が和解を受け入れ、約 200 人 (ほとんどが大土地所有者) が訴訟を継続したという (Ige 1986c; Rogers 2011: 243-4)。

具体的に説明すると、和解における自らの割当て金額を受け入れること (オプション 1)、和解は受け入れるが自らの割当て金額に異議を唱えること (オプション 2)、クラスアクションから離脱し自ら法的な手段をとること (オプション 3) の 3 つの選択肢から 1986 年 11 月 15 日までに選ばなければならなかった。連邦政

府が和解を取りやめる可能性や、第9巡回控訴裁判所に控訴すればさらに時間がかかること、その間に多くの原土地所有者が亡くなることなどから、多くの人びとがオプション1を選択したと考えられる（Ige 1986a）。最初にオプション2を選択した人びとも、さらなる年月を要することを考慮し結局は控訴を断念した。また、接収された土地4000区画のうち1982年の期限日までに賠償請求がなされていたのは2500区画であった。請求されなかった残りの1500区画から、クラスアクションによって賠償を得られるとは考えていなかった人びとや、家族が土地を所有していたということを知らない人びとが多く存在したと推測される（Ige 1986b）。

　GLAの土地賠償請求運動によって、過去の不正義の問題が表面化し、連邦政府関係者のなかにも愛国主義を前提としてではあるが反省的態度を示す者も現れ、裁判外の和解へとつながった。しかし、連邦政府による公式の謝罪はなく、GLAも和解をめぐって分裂してしまった。そうした状況のまま、バンバの活動は戦後補償の解決という次なる課題に移ることとなった。

4　戦後補償要求

(1)　グアム戦後補償委員会の活動

　「土地賠償請求」の道筋がついたところで、バンバは「戦後補償」に重心を移していく。第15グアム議会（1979〜1981年）の議員となっていたバンバは、グアム戦後補償委員会（Guam Reparations Commission）設置のための法案を共同提出し、同法は1980年12月12日に通過した。同委員会の目的は、日本占領時に受けた被害に関するグアム住民による補償要求を調査することであり、具体的には以下の4つに分けられた。第1に、グアム住民の補償要求の数・タイプ・程度の調査と、強制労働、財産没収、身体的虐待、拷問、殺害、レイプ、人間・財産の他の傷害・損害といったグアム住民への被害の調査。第2に、被害額の見積り。第3に、ミクロネシア人の戦争賠償請求についての特別報告書の作成。第4に、1983年12月31日までにグアム知事と議会への最終報告書の提出。米軍による被害を問題にした「土地賠償請求」とは異なり、「戦後補償」では日本軍による被害が対象とされ、さまざまななまなましい悲惨な被害体験の掘り起こしが行われた。また内容においてもミクロネシアの戦後補償が強く意識されていたことが分

かる。

　グアム戦後補償委員会のこのような活動は、グアム住民の戦後補償への関心を高め、支持を集めることもねらっていた。連邦政府へ戦後補償要求をする土台をつくるためである。

　バンバはワシントン DC ではグアム選出議員ウォンパットや内務副長官らと協議した。そして 1983 年 7 月にバンバは連邦下院の法律顧問と会い法案の最終的な文面を作り上げ、バンバの後押しによって 1983 年 9 月 21 日、ウォンパットによってグアム戦時占領委員会法案（H.R.3954）が提出された。これはグアム側から働きかけたグアムの一般住民向けの初めての法案であった。同法案は、グアムの戦時占領を調査する委員会を設置し、その委員会が「グアメニアン」の損害賠償に関する事実・状況を調査し、適切な救済策を勧告するという内容であった。下院外交委員会で審議され廃案となった[25]。

　ロビー活動も活発に行われた。バンバによって作られた日本軍の残虐行為や補償の必要性を主張した決議は、アメリカ本土とハワイのグアム出身者の組織によって採択され、それら組織のメンバーに関係する連邦議会の議員に送られた。大統領、主要スタッフ、下院・上院の全メンバーに対して文書が送られることにもなった。さらにバンバは戦時中の出来事についてドキュメンタリーを制作し、全米のメディアで放映させることも考えていた。

　グアム住民による戦後補償の要求は、日本軍が与えた被害であるにもかかわらず、連邦政府に対してなされるものであった。これはサンフランシスコ平和条約による連合国の請求権放棄を前提としたもので、故あってのことである。しかしグアム住民が連邦政府に戦後補償を要求するということは、グアム住民の戦争体験・被害をアメリカ国民に承認＝顕彰（recognize）させるというプロセスでもあった。そのなかでバンバは前節で述べたような個人的体験とそれに関係した愛国主義に基づいて精力的に行動したのである。

(2) 連邦議会でのグアム戦後補償法案

　1972 年からグアムは連邦下院に議員、つまり代表（Delegate）を公式に送ることができるようになっていた（序章、第 6 章参照）。1983 年のグアム戦後補償法案

---

　25) Souder (1992: 124) には、同年 10 月 1 日に最初のグアム戦後補償法案（Guam Reparations Act）が提出されたとあるが、おそらく誤りと思われる。

の提出以降、グアム選出の議員にとって、連邦下院に同法案を提出し働きかけることが非常に重要な欠かすことのできない仕事のひとつとなっていく。ウォンパットを引き継いだベン・ブラスも、1986年にH.R.5187、1987年にH.R.3191、1989年にH.R.2024と戦後補償法案を継続して提出した。

たとえば、H.R.3191（「グアム戦後補償委員会法」）は、内務長官のもとに5名からなるグアム戦後補償委員会を設置するとした。委員会のメンバーのうち2名は内務長官によって、3名はグアム議会の同意のもとにグアム知事によって任命されるとした。委員会の役割は、グアム住民の賠償請求を受け付け、調査・裁定し、最終的な決定をすることであった。賠償請求可能な被害は、1941年12月8日から1944年8月10日までの日本政府とアメリカのあいだの戦争行為によって生じた、①生命の損失および人身損害、②強制労働および強制収容、③補償が支払われていない財産の損失、④性的虐待・暴行、であった。

これらの法案は、それぞれ内容は若干異なるが、いずれも委員会を設置して、委員会が「グアメニアン」の賠償請求の受付・調査・裁定・最終的決定を行うというものであった。いずれも共同提出者はおらず、最初のものは下院外交委員会、つぎのものは下院司法委員会、3つめは下院内務・島嶼問題委員会でそれぞれ審議され廃案となった。賠償請求の主体とされる「グアメニアン」について、H.R.2024ではつぎのように定義されている。「『グアメニアン』という用語は1941年12月8日から1944年8月10日までの期間に属領グアムに居住し、アメリカ国籍であった人を意味する」。当時のグアム住民の9割以上はチャモロ人である。そして、ほとんどのチャモロ人は基本的にアメリカの市民権は持っていなかったが、国籍は保持していた（序章参照）。つまりこの場合の「グアメニアン」とは実質上、日本占領中にグアム在住であったチャモロ人のことを指している。

ちょうどH.R.3191が審議されていた時期、前述した1988年市民自由法が制定された。レーガン大統領が同法に署名する前に述べたのは、「あらゆる人びとのための自由と正義を保護するアメリカの責任を再主張するように、アメリカの歴史の不幸な事件を」終わらせるということである。10歳のときに強制収容を体験した日系アメリカ人の下院議員ノーマン・ミネタも「これは私自身やアメリカ人の相対的に非常に少数の人びとにとっての非常に個人的な問題であるけれども、この法律はアメリカ人であることが意味するものの精神、したがってわれわれのネイションのまさに中心部を揺り動かすのです」と述べている。グアム選出

表3-2 アメリカ連邦議会における主要なグアム戦後補償関連法案・決議案

提出年月	法案等（議会）	標題・簡略標題・内容等	提出者（選出州・選挙区）	結果
1945	S.1139 (79)	グアム勲功賠償請求法案	D. Walsh (MA)	公法79-224
1973/03	H.R.6083 (93)	第2次世界大戦中グアム地域安全巡視隊に務めた者に退役軍人恩給を認定する法案	A. B. Won Pat (GU)	廃案
1974/09	H.R.16612 (93)	第2次世界大戦中グアム地域安全巡視隊軍に務めた者に医療を提供するために合衆国法第38章を修正する法案	A. B. Won Pat (GU)	廃案
1975/01	H.R.2560 (94)	第2次世界大戦中グアム地域安全巡視隊に務めた者に医療を提供するために合衆国法第39章を修正する法案	A. B. Won Pat (GU)	廃案
1977/02	H.J.Res.244 (95)	グアムにおける土地接収に関して公正な補償金が合衆国によって支払われるように特定のグアム住民への自発的拠出金を認めるためと、グアム戦後土地接収委員会を設置するための合同決議案	A. B. Won Pat (GU)	廃案
1977/04	H.R.6550 (95)	包括海外領土法案（土地賠償請求）	P. Burton (CA-6)	公法95-134
1980/07	H.R.7840 (96)	第2次世界大戦中アメリカ軍による被害を受けたグアム在住日系人に補償金を支払う法案	A. B. Won Pat (GU)	廃案
1981/07	H.R.4208 (97)	第2次世界大戦中アメリカ軍による被害を受けたグアム在住日系人に補償金を支払う法案	A. B. Won Pat (GU)	廃案
1982/06	H.R.6540 (97)	第2次世界大戦中グアム地域安全巡視隊に務めた者に退役軍人恩給を認定する法案	A. B. Won Pat (GU)	廃案
1983/09	H.R.3954 (98)	グアム戦時占領委員会法案	A. B. Won Pat (GU)	廃案
1986/02	H.R.5187 (99)	グアム戦争賠償請求委員会法案	B. Blaz (GU)	廃案
1987/08	H.R.3191 (100)	グアム戦後補償委員会法案	B. Blaz (GU)	廃案
1989/04	H.R.2024 (101)	グアム基本法の修正、その他のための法案	B. Blaz (GU)	廃案
1991/11	H.Res.293 (102)	グアム・ハワイ住民の第2次世界大戦中の犠牲・貢献を称える	B. A. Gilman (NY-22)	下院で可決
1994/07	H.R.4741 (103)	グアム戦争賠償法案	R. A. Underwood (GU)	廃案
1994/08	S.2420 (103)	グアム戦争賠償法案	D. Inouye (HI)	廃案
1995/01	H.R.602 (104)	包括海外領土法（グアム第2次世界大戦忠誠承認法）	E. Gallegly (CA-23)	廃案
1995/07	H.R.2041 (104)	グアム戦争賠償法案	R. A. Underwood (GU)	廃案
1995/11	S.1403 (104)	グアム戦争賠償法案	D. Inouye (HI)	廃案
1997/07	H.R.2200 (105)	グアム戦争賠償法案	R. A. Underwood (GU)	廃案
1997/07	S.1078 (105)	グアム戦争賠償法案	D. Inouye (HI)	廃案
1999/02	H.R.755 (106)	グアム戦争賠償請求調査委員会法案	R. A. Underwood (GU)	廃案
1999/03	S.524 (106)	グアム戦争賠償法案	D. Inouye (HI)	廃案
2002/01	H.R.308 (107)	グアム戦争賠償請求調査委員会法案	R. A. Underwood (GU)	公法107-33
2004/07	H.Res.737 (108)	第2次世界大戦グアム解放60周年を承認する	M. Bordallo (GU)	下院で可決
2005/04	H.R.1595 (109)	グアム第2次世界大戦忠誠承認法案	M. Bordallo (GU)	廃案
2007/03	H.R.1595 (110)	グアム第2次世界大戦忠誠承認法案	M. Bordallo (GU)	下院で可決
2009/02	H.R.44 (111)	グアム第2次世界大戦忠誠承認法案	M. Bordallo (GU)	下院で可決

出典：The Library of Congress と GovTrack.us から筆者作成

のブラスも同法案について、「歴史が形成過程にあるのを感じます」と感動を伝えた (Gould 1988)。

このようにして戦後補償を通じてアメリカ人としてのアイデンティティを再確認していく日系アメリカ人をブラス議員は目の当たりにしていた。翌1989年には、ブラスとグアムのジョセフ・アダ知事は1988年市民自由法をミクロネシア賠償請求法とともに、グアム戦後補償法案を正当化するために用いている (Kramer 1989)。

また、1980年代のグアム戦後補償関連法案については、提出者の愛国主義が強く表れている一方で、法文それ自体に愛国的要素はほとんど見られないといってよい。しかしブラスの任期の終了間際の1991年11月26日に共同提出者236人の「グアム・ハワイ住民の第2次世界大戦中の犠牲・貢献を称える」という決議案が可決されたということは注目される。同決議は、グアム住民の戦争体験をハワイ住民の真珠湾攻撃の体験と並べて、アメリカの歴史のなかの記憶すべき出来事として位置づけた。決議文にはつぎのようにある。「1941年12月10日、グアムは前述の軍〔大日本帝国軍〕によって侵略され強制的に占領される合衆国唯一のコミュニティ (the only populated community) となった」。「占領中、合衆国に忠誠のままであったこと、捕虜となった米兵への手助けや食料供給をしたこと、米兵を敵軍からかくまったことなどのために、グアムの人びとはむち打ちや処刑をされた」。さらに、強制労働、強制収容所での過酷な生活、日本軍による虐殺が言及された。そして最後に下院は、「第2次世界大戦中、とくに属領グアムの侵略・占領中の、愛国心、勇気、合衆国への忠誠、多くの犠牲のため」にグアム住民を称えるとした。1980年代の戦後補償関連法案で抑制されてきた部分が、この1991年の決議のなかで惜しみなく表現されている。

(3) 法案をめぐる対立 [26]

しかしこの戦後補償要求においてもやはり土地賠償のときと同様に補償金額をめぐって対立が生じた。今度はグアム議会の議員とブラスを含む連邦議会の議員とのあいだの対立であった。

---

[26] ここで取り上げる議員間での書簡等はグアム戦争賠償請求調査委員会の報告書であるGWCRC (2004) の付属資料 (Appendix C and D) に含まれているものである。本書巻末の文献一覧の該当資料には、末尾に資料番号を付している。

1989年の戦後補償法案（H.R.2024）は、グアム議会の決議によって支持されたあとに、ブラスによって提出された。それは死亡に2万ドル、負傷に5000ドル、強制労働・強制移動・強制収容に3000ドルを与えるというものであった。そして計2000万ドルを上限とし、死亡の場合以外は被害者の相続人には支払われないとした。

　1989年7月、グアム戦後補償委員会のメンバーでもあるグアム議会議員のマリリン・マニブサンは、連邦下院の島嶼問題小委員会で同法案を支持する証言を行った。しかしグアム戦後補償委員会のメンバーのあいだでは同法案の補償金額などの内容について見解が一致していなかった。

　そして翌年4月、連邦下院の島嶼・国際問題小委員会のメンバー2人が同法案を修正したものへのグアム議会の支持を取りつけようとした。ひとりは同委員会議長のロン・デ・ルゴ（ヴァージン諸島選出）、もうひとりは共和党幹部のロバート・ラゴマルシノ（カリフォルニア州選出）であった。さらに上院議員のダニエル・イノウエ（ハワイ州選出）も上院で同内容の法案を提出するに当たりグアム議会の同意を得ようとした（Lagomarsino and de Lugo 1990; Inouye 1990）。

　しかしグアム戦後補償委員会は、同法案に異議を唱えた。そして1990年7月に、ラゴマルシノとイノウエに対して、「グアム戦後補償委員会のグアム戦後補償法への『イノウエ修正案』についての立場」と題する文書を送付した。それは、死亡に2万ドル、負傷に1万2000ドル、強制労働に1万ドル、強制移動・強制収容に7000ドルというようにカテゴリーと金額の変更と、1億6000万ドルを前金とし上限なしとする補償総額の増額と、被害者の相続人への支払い対象の拡大など、さまざまな点にわたって「イノウエ修正案」の修正を要求した（Guam War Reparations Commission 1990）。翌年1月には、グアム議会もグアム戦後補償委員会の修正要求を反映した法案を連邦議会に提出するよう求める決議を可決し、ブラスやデ・ルゴやイノウエらに送った（Twenty-First Guam Legislature 1991）。

　その間、グアム議会と連邦議会との交渉の間に立ったブラス議員は、グアム議会議長ジョー・サンアグスティンに、連邦議会議員らに従うよう何度か説得を試みている。ブラスは1990年6月20日にサンアグスティンに対して自らの見解を述べた。「計器は40年以上この問題で動き続けており、電池が切れかかっています。この問題を再訪する見通しは、あなたがたの支持を得ることができないので、時間の経過とともに悪くなっています」。同年12月には、イラクのクウェー

ト侵攻による中東情勢の緊張やアメリカ自体の財政状況のますますの悪化なども、グアム戦後補償の雲行きを怪しくしているとブラスは主張した（Blaz 1990a, 1990b）。

ラゴマルシノとイノウエもそれぞれ、現在生きている被害者が亡くなる前に補償を受け取れることを優先すべきで、そのために法案の内容については妥協する必要があると述べ、グアム議会の強硬な姿勢を嘆いた（Lagomarsino 1990; Inouye n.d.）。また、デ・ルゴとラゴマルシノは翌年6月にもグアム議会のディアーキングに送った手紙のなかでグアム議会に対する憤りをあらわにした。「悲しいのは、多くの請求者たちから時間がなくなっていくなかで、冷淡にもこの問題で私利を図る（play politics）人たちもグアムにいるということです」（Brooks 1991）と非難した。連邦下院の島嶼・国際問題小委員会の面々や上院のイノウエにとっては、妥協を拒むグアム議会とグアム戦後補償委員会の動きは、不可解で歯がゆいものであった。

グアム戦後補償問題あるいはもっと広くグアムとアメリカの関係の文脈でこのグアムの政治家たちの動きの注目すべきところは、愛国主義との位置関係である。前述した「グアム戦後補償委員会のグアム戦後補償法への『イノウエ修正案』についての立場」では「イノウエ修正案」36項（k）の次の文面が問題とされた。「ここに含まれたものは、戦争を原因とする賠償を支払うアメリカの義務を構成しない。この項で提供される補償は、自発的拠出（ex gratia）という性格のものであり、第2次世界大戦中にアメリカに対して表出されたグアム住民の忠誠を承認する手段として意図されているだけである」。これに対してグアム戦後補償委員会は、「グアムのチャモロ人の忠誠は疑いない一方で、この問題の争点ではない。グアム住民は自らの忠誠の補償を求めているのではなく、われわれは強力な2国家、アメリカと日本のあいだの戦争行為から直接生じたチャモロ人の被害への補償を求めているのである」と主張した。そしてサンフランシスコ平和条約について言及し、その背景として当時の国際情勢を理解しつつも、グアム戦後補償問題におけるアメリカの義務・責任があることを論じた（Guam War Reparations Commission 1990: 11-2）。

アメリカへの忠誠を介在させないでグアムの戦後補償がアメリカに要求されたのはこれだけではない。1988年にチャモロ・ナショナリストの組織であるOPI-Rは、戦時中にはグアムのすべての住民が物質的・精神的な被害を受けており、グ

アム戦後補償法案 (H.R.3191) によってグアムの住民が分断されるようなことがあってはならないと主張した。そのなかで、「集合的補償」を要求する「集合的損傷」という考えを示し、アメリカへの忠誠についてはまったく言及せず、むしろグアム住民（チャモロ人）の一体性を強調した (OPI-R 1988)。

(4) グアム戦争賠償請求調査委員会法へ

1992年の選挙によってロバート・アンダーウッドが新たなグアム選出の下院代表となった。1994年7月13日、アンダーウッドはグアム戦争賠償法 (H.R.4741) を第103議会に提出した。それ以来ほぼ同内容の法案を第104議会で H.R.2041、第105議会で H.R.2200 として提出した。それと並行して上院では1994年以降、ハワイ選出のイノウエが同内容のグアム戦争賠償法を、第103議会で S.2420、第104議会で S.1403、第105議会で S.1078、第106議会で S.524 として提出し続けた。共同提出者は下院では最初の H.R.2041 で2人、つぎの H.R.2041 では無し、最後の H.R.2200 では12人に増えた。同法案の正式名称は、「第2次世界大戦グアム占領中に人身損害、強制労働、強制移動、強制収容、死亡のような残虐行為に苦しんだグアム住民に賠償を提供するためと、その他の目的のために、グアム基本法を修正する法律」である。

同法案は1980年代の戦後補償関連法案を作りなおしているが、基本的枠組みは同様のものである。だが2点だけ触れておきたい。1点目は、「忠誠」や「苦難」の「承認」という文言が現れたことである。同法案はグアム基本法に「第2次世界大戦中にグアム住民によって示された合衆国への忠誠と、そこから生じた苦難・損失との承認」という名の修正条項を加えるものとされた。2点目は、教育・研究といった賠償以外の目的が追加されたことである。戦争賠償信託基金は「グアメニアンの戦争体験や損害に関する出来事が想起されるように、そしてこれらや類似の出来事の原因・状況が解明・理解されるように、研究・公教育活動を支援するため」に用いられるとされた。

同時期の1995年1月には、第104議会に包括領土法案 (H.R.602) がカリフォルニア州選出議員によって提出された。これには「グアム第2次世界大戦忠誠承認法案」というのちの法案と同名のものが含まれているが、内容はアンダーウッドが提出していたグアム戦争賠償法案とほぼ同じであった。

1999年以降に提出する戦後補償関連法案でアンダーウッドは方針転換をする。

直接戦争賠償を要求する法案ではなく、まずグアム戦後補償の実態を調査する委員会を設置する法案を提出し始めたのである。グアム戦争賠償請求調査委員会法案（H.R.755）は1999年2月11日に下院に提出され、2000年9月12日に下院を通過したが廃案となった。2001年1月30日に同法案（H.R.308）はつぎの議会に提出され、2001年3月13日に下院、2002年11月20日に上院を通過し、2002年12月16日にジョージ・ブッシュ大統領に署名され、公法107-333として制定された。

同法による任務は6つに分けられた。

①グアム勲功賠償請求法の実行・実施に関する事実・状況や日本占領時グアム在住のアメリカ国籍者（American nationals）の戦争賠償請求に取り組む法律の有効性を調査。

②連邦政府によるグアム戦争賠償請求に対する支払いに関する、あらゆる関連した連邦・グアム領土法、以前にとられた口頭証言記録、グアムにある書類や連邦政府の公文書の調査。

③日本軍占領を経験した人びとの口頭証言の収集。

④グアム勲功賠償請求法のもとでグアム住民に支払われた賠償を、第2次世界大戦中に大日本帝国軍によって占領された領土において他の同様の影響を受けた合衆国市民・国籍者に支払われた賠償と比較して、同等性があったか否かの決定。

⑤グアム住民への追加的補償についての助言。

⑥9カ月以内に、内務長官、下院の資源委員会と司法委員会、上院のエネルギー・天然資源委員会と司法委員会に報告書を提出。

同法においては「忠誠」など愛国心に関わる文言は出てこない。公平・公正な補償がグアム住民に与えられてきたかいなかを調査するという趣旨と調査の内容・プロセスについて淡々と説明するのみである。そのなかでも④だけは、グアム住民（チャモロ人）とアメリカ国民の関係性について触れている部分である。ここで比較されているのは戦前にアメリカ領であったフィリピン在住のアメリカ市民・国籍者である。当時アメリカ国籍者または市民であったグアム住民に対しても、他のアメリカ国民と同様の扱い、つまり同等な賠償の支払いをするべきであるという主張がこめられている。

その後、2003年10月10日に設置された戦争賠償請求調査委員会は、グアム

などでの調査を行い、2004年6月9日に報告書（GWCRC 2004）を内務長官らに提出した。

(5) グアム第2次世界大戦忠誠承認法案

アンダーウッドはグアム知事選への出馬のため2003年に辞任し、1995年から2002年までグアム副知事を務めたマデリン・ボダリオがつぎのグアム代表に選出された。マデリン・ボダリオはミネソタ州生まれの白人であり、故リカルド・ボダリオ元知事の未亡人であった（cf. Stade 1998）。

1944年7月21日のグアム解放から60年後の2004年7月21日、マデリン・ボダリオは「第2次世界大戦グアム解放60周年を承認する」決議案（H.Res.737）を提出した。同決議案は9月28日に可決された。その内容は、第2次世界大戦中の日本軍占領と米軍による解放に言及する、戦後繰り返しグアムで用いられてきた解放のナラティヴである。ただし、これは連邦下院での決議ゆえに、グアム住民ではなくアメリカ国民の視点から捉えたものとなっている。「グアム住民は合衆国への変わらぬ忠誠のために残忍な占領に苦しんだ」、「アメリカ史におけるこの時代のグアム住民の忠誠と勇気はすべてのアメリカ人に感動を与える」、「下院は（中略）占領を耐えたグアム住民によって示された驚くべき英雄的行為と不動の忠誠心を承認する。（中略）グアム解放を記念し、第2次世界大戦中の太平洋戦域の重要な戦いの記念の年を祝うよう、アメリカ国民（the American people）に奨励する」〔強調は引用者〕といった文章が並ぶ。この決議は、アメリカがグアムを解放したという単純な自己正当化のナラティヴではなく、グアムとグアム住民をアメリカのなかでいかに位置づけるかということに関して意識的であることをうかがわせる。

2005年以降、ボダリオはグアム第2次世界大戦忠誠承認法（Guam World War II Loyalty Recognition Act）を提出してきた（H.R.1595、H.R.44）。同法案の正式名称は、「グアム戦争賠償請求調査委員会の勧告を実行する法」である。つまり、GWCRCが報告書で示した勧告にそくして、グアム住民への戦争賠償を支払うことを目的としている。だが何よりも同法の特徴は、グアム住民のアメリカへの忠誠を承認するということを明言している点である。簡略標題に「忠誠承認」の語句があるほか、第2項は「グアム住民の苦難と忠誠の承認」となっており、(a)で苦難を、(b)で忠誠について説明している。(b)には次のように書かれている。「グ

アム住民の忠誠の承認。グアム住民のアメリカ合衆国への変わらぬ忠誠に合衆国は感謝する。それは第2次世界大戦中にグアムを占領した大日本帝国軍によって直面させられた死や大変な身体的危害の脅威にもかかわらずなされた数えきれない勇気ある行為によって示された」。

また、2006年頃からグアムで本格化していく米軍増強の議論のなかで、その前に政治的地位問題や戦後補償問題を解決すべきという声も出てきた。ボダリオも戦後補償を米軍増強に関連づけた発言を行うようになっていく。その一方で、連邦政府の側も軍事的・政治的な必要からグアム住民の愛国心に目を向けるようになっていく（池田 2010）。

同法案は第109議会、第110議会、第111議会に提出され、第110議会と第111議会では下院を通過した。グアム住民に賠償を直接支払うことになる法案はそれまで20年間にわたって上下院どちらにおいても可決されたことはなかった。GWCRC を介したことと「忠誠承認」という語句を用いたこと、米軍増強計画と関連づけたことが、連邦議会において一定の支持を取りつけることにつながっていると思われる。

5　戦後補償要求におけるナショナル・アイデンティティ

最後に、戦後補償関連法案の変遷を見ていくなかで明らかになったことを整理し、そこからチャモロ人の戦争の記憶とナショナル・アイデンティティの関係について考察する。

(1) 戦争の記憶のアメリカ化

まず注目したいのが戦争の記憶のアメリカ化である。1945年グアム勲功賠償請求法ではグアムがアメリカであることによって被害を受けたことを「勲功的」と捉えている。米軍基地のための土地接収のまっただなかであり、土地接収をスムーズに行うための賠償請求という側面があったが、グアムをアメリカの領土として扱っている。

その後、1970年代後半以降に土地賠償請求関連法案が連邦議会で可決されていくなかでは、より感情的・反省的にグアムの戦争被害に言及する連邦政府関係者もいた（第3節）。さらに1991年の下院での決議は、グアム住民の戦争体験を

ハワイ住民の真珠湾攻撃の体験と並べて、アメリカの歴史のなかの記憶すべき出来事として位置づけた。そしてグアム住民の受けたさまざまな被害を挙げ、下院の決議文のなかにアメリカ史の一齣として留め、グアム住民を称えるとした（第4節）。

　1990年代に入ってからの戦後補償関連法案には、「忠誠」と「苦難」の「承認」という言説が現れ始めた。これらの法案は成立しなかったが、2004年の下院決議はグアムの戦争被害をアメリカ史に位置づけ、アメリカ国民に記憶するよううながすものとなっている（第4節）。

　このような戦後一貫して続く戦争の記憶のアメリカ化はいったい何なのであろうか。アメリカによるグアムの領有と植民地支配を考えると、グアムがアメリカ領であり続けることの正当性には問題がある。しかしながら、グアム住民は日本軍の占領統治中もアメリカに対して愛国心を保持し、そしてそのためにグアム住民は多くの苦難に直面し、それに耐え、最終的に米軍がグアムに戻ってくることによってグアム住民は解放された、という解放のナラティヴは公的記憶において重要な役割を果たしている。解放のナラティヴで戦争が記憶されることで、アメリカにとっても、グアム住民にとっても、アメリカのグアム支配とグアム住民がアメリカ人であることが自然化されてきたように思われる。

(2)　周縁化と主体化＝従属化

　しかしながら、グアム住民の戦後補償は近年までほとんど実現性を帯びることはなかった。1977年に米軍が接収した土地に関する賠償請求を可能にする法律が制定された以外は、1973年からの退役軍人恩給を要求する法案からだと約40年近く、1983年の一般住民向けの戦時占領委員会法案からだと約30年近く、連邦議会は拒絶し続けている。予算との兼ね合いもあるが、グアム戦後補償法案の連邦議会における優先順位の低さは、グアムとアメリカの関係、連邦政府のグアムに対する認識を物語っている。グアムの戦争の記憶をアメリカ化する一方で、グアムにはあくまでも周縁的な位置しか連邦政府は与えないのである。

　同時に、グアム住民もアメリカ人として戦後補償を受けるために、記憶のアメリカ化に加担していくことになる。アメリカ人として主体化＝従属化していくのである。それは戦後補償要求、戦後補償法案の提出という実践をともない、それによって補強される。そこでは承認する側、承認される側の力関係が強力に作用

しているのである。

　そういったアメリカ人としての主体化の重要性は、同時期の日系アメリカ人の強制収容問題やミクロネシアの戦後補償問題の進展によって高まった。日系アメリカ人は模倣すべき対象となり、ミクロネシアへの戦後補償はグアム住民（チャモロ人）のアメリカ人としてのアイデンティティを揺るがすものであった（第2節）。

　戦後補償関連法案のなかでのアメリカ人としての主体化＝従属化は、どのグアム選出議員にも共通してみられる。アンダーウッドにおいてさえそうである。1993年から2003年までの下院議員時代に、アンダーウッドは何度も戦後補償関連法案を提出したが、そのなかで彼もまた「グアメニアン」「アメリカ人」として「忠誠」と「苦難」の「承認」を要求した。

　しかし、戦後補償要求の動きはそう単純なものではない。バンバらは土地賠償請求問題においてあくまでも愛国主義の枠組みで現実的な解決策を探ったために、連邦政府からの謝罪も納得のいく金額も得られないまま、GLAの分裂へといたった。そこには連邦政府の責任をどこまで追及するかという植民地主義をめぐる問題が横たわっていたといえる。

　1980年代にバンバらによって開始された「戦後補償」の要求においても、グアム戦後補償法案は連邦議会の議員の協力によって進展を見せたが、その過程において彼らとグアム議会やグアム戦後補償委員会のメンバーとの認識の相違が露呈した。その相違とは単に補償金額に関するものではなく、愛国主義を戦後補償問題にどう位置づけるかというものであった。グアム戦後補償要求において、愛国主義は大きな原動力であったが、その限界もまた認識されており、チャモロ・ナショナリズムとも複雑に絡まり合いながら展開してきたといえる。

第4章　チャモロ・アイデンティティの諸相

　これまでの章ではアメリカ植民地主義に焦点を当ててきたが、その一方でチャモロ・アイデンティティの高揚も無視することはできない。そこで、本章ではチャモロ・ナショナリズムやチャモロ・ルネサンス以後のチャモロ人のアイデンティティの変容を考察する。第1節では、まず「チャモロ・ルネサンス」と呼ばれる文化復興運動、とりわけチャモロダンスとチャモロチャントおよびチャモロ語をめぐる展開と実態について、中心的な人物や団体の役割に着目しつつ確認する。つぎに、そうしたチャモロ・アイデンティティの高揚とチャモロ・ナショナリズムとの関係性を考察する。第2節では、チャモロ・ルネサンスやチャモロ・ナショナリズムという運動における個々人のライフヒストリーに焦点を当て、チャモロ・アイデンティティの高揚とディアスポラやハイブリッド性の関係性について明らかにする。

1　チャモロ・ルネサンスとナショナリズム

　アメリカ化や英語化の影響を受けつつも、1970年代から徐々にチャモロ語を含めたチャモロ文化への関心がグアムで高まり始めた。とりわけ1980年以降は、チャモロの歌、ダンス、チャント、工芸品などの再生・復興を目指す動きが活性化した。これはグアム住民のあいだでのチャモロ人としてのアイデンティティの高揚を示していた。1970年代以降のハワイ人の文化復興運動「ハワイアン・ルネサンス」と同様に、グアムでも「チャモロ・ルネサンス」という言葉が聞かれるようになった。
　現在グアムでは、「チャモロ」という言葉は広く用いられているし、それが何を意味しているかということもおおよそ共有されている。「チャモロ」はマリア

ナ諸島の先住民として肯定的な意味を付与され、人びとの誇るべきアイデンティティともなっている。また、いくつかの法律においては、「チャモロ人」が歴史的な観点から定義されてもいる。

だがそれは、単純化してしまえば、チャモロ・ルネサンスを通じて一般化されたことである。セシリア・ペレスによれば、1940年代末から1970年代末まで、グアムのチャモロ人を指す名称として、「チャモロ」に加えて「グアメニアン (Guamanian)」が用いられた。その後、「チャモロ」が優勢となる一方で、「グアメニアン」は非チャモロ人の定住者を指す言葉となった。1980年代末以降は、チャモロ語の「タオタオタノ(「この土地の人びと」の意)」もチャモロ人を指す象徴的な言葉として広まった (C. Perez 1996: 70)。第2次世界大戦後のグアムにおいて、「チャモロ」と「グアメニアン」の意味が変化してきたということであり、そのことはグアムのチャモロ人のアイデンティティの変化を示してもいる。

そもそも「グアメニアン」という呼称は、1944年から46年にかけて米軍・連邦政府関連の公式文書やマスメディアにおいて、用いられるようになった。「グアムの住民」というような意味であるが、実質的には「グアムのチャモロ人」のことであった[1]。「グアメニアン」は、グアムのチャモロ人を他のチャモロ人、つまり北マリアナ諸島のチャモロ人と区別するという点で実用的な呼称であった。この時期には、「チャモロ」や「グアメニアン」以外にも「グアミーズ (Guamese)」や「グアミアン (Guamian)」という呼称も用いられていた。1946年にはこれらの呼称に関する非公式の世論調査が何度か行われ、「グアメニアン」がもっとも支持されている (Sanchez 1989: 264)。「グアメニアン」が政府やマスメディアなどに用いられることによって、グアムのチャモロ人のあいだにもその用語は根づいていったのである[2]。彼らにとっても、固有の歴史、社会経済状況、アメリカ化の程度などから、北マリアナ諸島のチャモロ人(「サイパニーズ (Saipanese)」など)との区別は受け入れやすいものであったと考えられる(第3章、第6章参照)。

---

1) たとえば、海軍省が1946年から国連に提出した報告書においては、「グアメニアン」は「グアムの住民」とも「グアムのチャモロ人」ともとれる呼称として現れている (USDN 1951b)。USDN (1951a) も参照。

2) ローラ・トンプソンのグアムのチャモロ人に関する呼称をみると、1944年までは「チャモロ」だったのが、1945年には「グアミアン」、1946年には「グアメニアン」と変化した (Thompson 1944, 1945, 1946)。

第 4 章　チャモロ・アイデンティティの諸相　135

それが 1980 年代以降、「グアメニアン」は「グアムのチャモロ人」よりは「グアム住民」あるいは「非チャモロ人定住者」の意味合いが強くなっていった[3]。チャモロ・ルネサンスのなかでのチャモロ人のチャモロ・アイデンティティの高揚をそのことは示している[4]。

(1) チャモロのダンスとチャント

チャモロ・ルネサンスのなかでもっとも目立った存在といえるのが、1980 年代に始まったチャモロのダンスやチャントの復興の動きである。いまやグアムを中心としたマリアナ諸島だけでなく、アメリカ本土や日本も含めて、いくつものグループが活動している。

それまでのチャモロ文化をめぐる状況を考えると、それは劇的なことであった。グアムを含めたマリアナ諸島は、他の太平洋の島々と比べ、欧米諸国の植民地化やキリスト教化の影響を長く強く受けているといえる（第 2 章参照）。ジュディ・フローレスの言葉を借りると、「この長い植民地としての歴史は、土着的な過去に関するチャモロ人の記憶を削除してしまった」(Flores 2001: 1)。

しかし、チャモロ人やチャモロ文化が消えてしまったというわけではない。「変化しつつも固有性を維持してきたチャモロ文化」というローラ・トンプソン的な認識は、グアムの人びとに広く受け入れられてきたといえる。フローレスによれば、「しかしチャモロ人は、新たな思想や物質を流用しつつ、新たな状況に順応しつつ、文化的集団、エスニック集団として存続した。固有の言語やネオチャモロ文化が、遠い過去につながりうる実践の痕跡をもって、存在している」(Flores 2001: 1)。

チャモロダンス復興において先駆的かつ中心的な役割を果たしたのがフランク・ラボンである[5]。スペインの長い影響下におかれたグアムにおいて、それま

---

3) 国勢調査では第 2 次世界大戦後も「チャモロ」が使用されているが、1980 年だけは「チャモロ」とともに「グアメニアン」というカテゴリーが作られた。「グアメニアン」の定着を示しているようでもあるが、おそらく「チャモロ」との混乱や意味の曖昧さのために 1990 年以降は用いられていない。

4) ジャーナリストのイアン・ブルマは、1980 年代のグアムの状況に好奇のまなざしを向けている。アメリカ領としてアメリカ本土や米軍からさまざまな影響を受け、「グアメニアン」のほとんどがアメリカ人として強い愛国心を持っている一方で、アメリカ本土との植民地主義的な関係や移民の急増などによって、チャモロ人としてのアイデンティティを持つ人びとがいまだに存在していると指摘した (Buruma 1985)。

5) フランク・ラボンの経歴については、自著 (Rabon 2001) と後述の筆者によるインタビュー

でチャモロ人のダンスといえば、スペインを経由したワルツやポルカの動きを基にしたものとなっていた。ラボンは観光産業の黎明期の1970年代に自らが働いていたホテルでポリネシアン・ディナーショーを目にしたことがきっかけで、土着的なダンスに関心を持ち、ポリネシアンダンスを習いはじめた。その数年後、今度はチャモロ文化についてより知りたいと思うようになり、スペインからの宣教師が到着する前の人びとの生活について勉強したり、親戚に尋ねたりした。だが、植民地支配の影響のために、チャモロ文化を理解することは容易ではなかった。

1970年代後半にグアムを離れ、ハワイ、ワシントン、カリフォルニア、オレゴンでダンサーとしてのキャリアをさらに積み（その間、ワシントンで大学に通い、社会学を専攻）、1983年にグアムに戻ってきた。ラボンは「7年間離れていたので島が恋しかった」という。彼が帰ってきたとき、グアムでは観光産業が発展し、劇的な変化が生じていた。そのなかで、グアムの観光産業が観光客向けに提供しようとしていたのはポリネシア文化であった。彼自身も古くからのダンス仲間を集め、ポリネシアンダンスなどのパフォーマンスを行うダンスグループを結成した。

そんななかグアムの著名な政治家カルロス・タイタノ（グアム議会の元議長で郷土史家）との出会いが転機となった[6]。ラボンとタイタノは親交を深め、タイタノはラボンに1984年にニューカレドニアのヌーメアで開催されることになっていた第4回太平洋芸術祭でのグアム・プログラムの振り付けを依頼した[7]。それ以降、ラボンは史料調査によって「チャモロダンス」を再創造し始めた。そして、自らのグループを「タオタオタノ（Taotao Tano'「この土地の人びと」の意）」に名称変更した[8]。

に基づいている。

6) タイタノは1949年のグアム議会のストライキに中心的に関わり（第2章参照）、1950年8月1日にホワイトハウスで開かれたグアム基本法の署名式にはグアムから唯一出席した。Taitano（1983, 1996, 1997）も参照。

7) 太平洋芸術祭は1972年の第1回大会（フィジーのスヴァ）以来、4年に1度開催されている。このヌーメアでの第4回大会は、先住民であるカナクの独立運動にともなう紛争のため、結局開催されなかった。Yamamoto ed.（2006）を参照。なお、2016年の第12回大会は初めてグアムで開催される。

8) ミクロネシアにおける芸術とアイデンティティの関係についてはYasui（2006）を参照。同論文は2000年にニューカレドニアで開催された第8回太平洋芸術祭でのグアムを含むミクロネシア地域の参加者たちを取り上げている。

その後、ラボンとタオタオタノはグアムで広く認知されるようになった。チャモロダンスはチャモロ・ルネサンスを代表する存在となり、ラボンはチャモロダンスの代名詞ともなり、グアム芸術人文会議（CAHA）から「マスター・オブ・チャモロダンス」の称号を受けている。1999年にはラボンから派生したいくつかのグループ、つまりラボンのもとで学んだ弟子たちが結成したいくつかのグループを束ねる「パア・タオタオタノ（Pa'a Taotao Tano'「この土地の人びとの生き方」の意）」という団体が設立された。ラボンはグループでのレッスンのみならず学校での授業も行ったり、指導者の育成に取り組んだりし、チャモロの踊りや歌の普及、ひいてはチャモロ・アイデンティティの形成に大きな貢献をした[9]。その一方で、ラボンらのグループは世界各地を周り、チャモロ文化の存在を広める役割も担っている。

現在のグアムではチャモロのダンスやチャントに対する人気が高まっており、2006年時点でチャモロダンスのグループが9つ、チャモロチャントのグループが1つ活動していた[10]。ダンスグループはグアムだけでなく、テニアン、サイパン、アメリカ本土（ワシントン州、カリフォルニア州、オレゴン州）にも存在していた[11]。多くの子供たちや若者たちが、それらのグループに参加している。チャモロのダンスやチャントは、チャモロの文化やアイデンティティの再生を象徴するものとして、グアム内外で受容されている。

(2) チャモロ語

チャモロ語の公的な位置づけは、アメリカ国内の文化多元主義の流れと呼応して、1970年代に変化しはじめた（第2章参照）。学校教育への導入、公用語化、正字法の構築などが進められた。

チャモロ語教育に関しては、民間での動きも出てきた。フラオ・アカデミー

---

[9] 筆者は2006年12月にグアムのタムニンにある高校でラボン氏の授業を見学した。その授業にはチャモロ人生徒は少なく、さまざまな人種・エスニシティの生徒たちが参加しているように思われた。その日は日本の高校の修学旅行生が訪問しており、その授業の生徒たちは校庭で日本の高校生たちにチャモロダンスを披露した。チャモロ人だけでなく非チャモロ人もチャモロダンスを踊るという状況が生じている。

[10] ここでいう「ダンスグループ」はもともと1つのグループから枝分かれしたものである。「チャントグループ」は独自の活動によって他の「ダンスグループ」と差異化を図っている。

[11] その後、日本で結成された2つのチャモロダンスのグループが、ラボン氏らの団体によって承認された。

は、2005年にNPOとして設立されたチャモロ語のイマージョン教育（この場合はチャモロ語による教育を通じてチャモロ語やチャモロ文化を身に付けさせること）を行う教育機関である。放課後教育、サマーキャンプ、成人教育などのほか、さまざまなイベントへの参加を活発に行っている。

　北部のデデドには、1999年に設立されたチャモロ語教育を行う私立のデイケアがある。名称はそのまま「サガン・フィナングエン・フィノ・チャモル（Sagan Fina'n'guen Fino' Chamoru「チャモロ語を学ぶ場所」の意）」である。ここはイマージョン教育ではないが、チャモロ文化の伝達やチャモロ語での会話を重視し、独自の教材を作成・利用している。幼児教育と小学生の放課後教育（学童保育）を中心に行い、その子どもたちの親の世代へのチャモロ語レッスンも最近になって開始した。

　このデイケアは、グアムにおけるチャモロ語の衰退に危機感を抱いたオーナーLY（女性、50歳代前半）が始めたものである[12]。もともとLYは子どもが好きで、チャモロ語を教えることに興味を持っていた。1960年頃の生まれのLYは本人いわく「最後の流暢なチャモロ語話者」の世代である。チャモロ語を第1言語とする親と英語を第1言語とする子どもとのあいだのコミュニケーションにおいて不具合が生じることを問題と感じ、チャモロ語教育に関心を持っていたという。

　現在の祖父母世代はチャモロ語を流暢に話せる者も多いが、親世代は英語を第1言語とし、チャモロ語を話せる者はごくわずかである。そのため、デイケアでは子どもたちに祖父母とチャモロ語で積極的に話すように促している。また子どもたちとチャモロ語で会話したいという親たちのために、チャモロ語レッスンも行われるようになっている。

　民間でのチャモロ語教育の動きは、現行の公立学校のカリキュラムの限界（チャモロ語教育の時間は限られている）を補う働きをしている。ここで挙げた2つの施設以外にも草の根の動きは広がっている。それらは、ロバート・アンダーウッドの批判するアメリカ文化多元主義や英語イデオロギーのなかで、対抗的な動きとなっている[13]。

---

12) 筆者はLYとは2006年からの知り合いであり、何度も会って話したことはあるが、2012年9月に初めてインタビューを行ったあと、彼女のデイケアを2度訪問した。

13) デイケアへの2度目の訪問時に同席したあるチャモロ人活動家は、チャモロ語を教育するデイケアの重要性をつぎのように訴えた。「グアムでは、ラジオやテレビからは英語が流れ、アジア系・ミクロネシア系の移民たちは自分たちの言語を使いつづけている。フィリピン系の人

(3) チャモロ・ルネサンスとナショナリズムの関係

チャモロ文化への関心の高まりは、グアムの政治、社会運動にも表れている。チャモロ・ルネサンスとチャモロ・ナショナリズムは、チャモロ・アイデンティティの高揚の2つの帰結であるといえる。ここでは、OPI-Rとナシオン・チャモル（Nasion Chamoru）というグアムのチャモロ・ナショナリズムにおいて主導的な役割を果たしてきた団体におけるチャモロ文化の位置づけを確認する[14]。

OPI-R

OPI-R（Organization of People for Indigenous Rights）は1981年に結成された団体であるが、そのメンバーは1970年代にすでにグアムにおける社会運動に積極的に関わってきた人びとであった。そして、チャモロ文化に関しても当時から高い関心を保持してきた。

そのことを明確に示しているのが、1977年に行われたグアムの地元紙『パシフィック・デイリーニューズ（PDN）』（第2章参照）に対するチャモロ語の広告をめぐる住民の抗議活動である。その抗議活動を呼びかけた「応答的なオルタナティヴのための人民同盟」（People's Alliance for Responsive Alternatives: PARA）には、のちにOPI-Rのメンバーとなる人びとが参加していた。事の発端は、ロレイン・アンダーウッド（ロバート・アンダーウッドの妻）が同紙にチャモロ語とスペイン語で「ハッピー・バースデイ」と家族に向けた広告を載せようとしたところ、英訳のないことを理由に掲載を拒否されたということであった。PDNの対応に抗議するため、700人以上の住民がグアムの主都ハガッニャのラッテストーン公園に集まった。そして、デモ行進を行い、チャモロ語でシュプレヒコールをあげ、チャモロの歌をうたい、チャモロのお祈りをし、PDN社前でその新聞を投げ捨て、火をつけるなどした。この抗議行動には年配者たちも島中から参加した。その他にもPARAは空港に英語だけでなくチャモロ語の標識も加えるようグアム空港局に要求し成功させている（Ada and Bettis 1996: 152; M. Perez 1997: 245）。

OPI-Rとチャモロ語の関わりは多くの点で見られる。そもそもOPI-Rという名前の由来は、チャモロ語で「応答する、返答する、はっきりと意見を言う」という意味の「oppe」、「opi」にある。メンバーが行う演説では、チャモロ語も用い

びとはフィリピノ語・タガログ語をグアムの公用語にしようと主張している。チャモロ語は周辺に追いやられており、マリアナ諸島で使われなければ消えてしまう」。

14) OPI-Rとナシオン・チャモルについては、次章以降でも詳しく取り上げる。

る。1983年7月の国連での演説の原稿は、「Hafa Adai」のあいさつで始まり、チャモロ語の文章で締めくくられている。また、この原稿が含まれた1983年の広報誌にはグアム賛歌（ファノギ・チャモル）の英語詞とチャモロ語詞を並べて掲載している。この賛歌は1930年に作られたものであるが、チャモロ語詞は1974年に新たに作られたものである（OPI-R 1983）。

　チャモロ語がOPI-Rの活動において重要であるということは、彼らの「マニフェスト」（Dames 2002: 345）とも呼ばれる1987年出版の『チャモロ人の自己決定―人民の権利』においても明らかにされている。チャモロ語研究者ロサ・サラス・パロモが全文チャモロ語でチャモロ人の自己決定について論じた第1章で始まっていることについて、編者はつぎのように述べる。「言語は文化のへその緒であるので、チャモロ人の地位を改善・強化しようとする取り組みにおいて、チャモロ語の中心性や促進する必要性を私たちは認識している。私たちは土地、移民、経済発展、政治的地位といった関心事から切り離してチャモロ語の問題を扱うことはできない。チャモロ人にとって、これらの問題はすべて自己決定というわれわれの不可譲の権利を行使する闘争のなかでつながっている」（Underwood and Souder-Jaffery eds. 1987: 1）。彼らは子どもの頃に学校におけるチャモロ語の使用を禁じられ、使用した場合は罰せられた世代であり、それゆえにチャモロ語の使用は象徴的な意味を帯びていた。

ナシオン・チャモル

　1990年代にグアムの社会運動においてもっとも注目を浴びたナシオン・チャモル（以下、ナシオン）は、OPI-R以上に積極的にチャモロ文化をグアムの政治に取り込んでいった。1991年にチャモロ・ネイション（チャモロ民族）の独立を宣言したときからそうであった。ハガッニャのラッテストーン公園で、リーダーのエインジェル・サントスはラッテの真ん中に立ってつぎのように述べた。「ラッテのなかにいなさい、これはわれわれの祖先の力、われわれの祖先のスピリットが生きているところであり、それをラッテのなかで感じることができるし、われわれが彼らとこれを共有することは重要なのです」（Celes 1991）。サントスは祖先崇拝を示すことによってチャモロ文化を実践したといえる。

　サントスは身体的にチャモロ文化を体現することに長けており、それが彼のカリスマ性につながった。サントスと行動をともにした文化人類学者ロナルド・ステイドはつぎのように指摘する。

第4章　チャモロ・アイデンティティの諸相　141

　アンゲット〔チャモロ語でのサントスの呼び名〕はそのグループのリーダーとなったのであり、そのことは彼の明らかなカリスマ性に帰される。このカリスマ性の一部は、彼が身ぶりや外見を通して表出しえたものである。アンゲット・サントスは、ナシオン・チャモルの活動家としての日々のなかで、黒い口ひげとあごひげをたくわえ、髪の毛は中国人風の弁髪の部分を除いては剃られており、首回りに貝殻の魔除けを身につけ、フォーマルな島の服（ハワイ風のプリント柄のシャツ、しっかりとプレスされたズボン、ローファー）を着た。彼はたいてい両足を離して立ち、自信と断固とした態度をにじみだしつつも、同時にいつも警戒しているように見えつつ、ほとんどまるで彼は攻撃してくる何かあるいは誰かを待ち構えているかのようであった。彼は人前では適切なふるまいを示そうといつも用心深く、そのときに彼は尊敬を受けるに値する人たちに必ずママラオ（mamalao「うやうやしい」）な態度を見せ、こちらでは椅子を引き、あちらではンニンギ（nginge'〔尊敬のしるしとして、相手の右手の甲に口づけをするあいさつ〕）をする。(Stade 1998: 189-90)

　サントスのスタイルは、チャモロ・ルネサンス以降のグアムの状況に適合していた。ンニンギ（nginge' または manginge'）は1960年代まではチャモロ人のあいだで広く実践されていたが、それは次第に頬への口づけに変わっていった。つまり、サントスはンニンギを新たに実践しはじめたのであった（Flores 1996, 1999）。ジュディ・フローレスは指摘する。「彼〔サントス〕が活動家から公選の議員に変わることができたという事実は、コミュニティのかなりの程度の受容——政治的にだけでなく、彼の示す土着の過去についての芸術的表象の受容——を示している」（Flores 1999: 24）。

　ナシオンと文化的実践者とは交流は早くから始まっており、それがナシオンへの支持につながっていたということが考えられる。たとえば、1992年7月21日にナシオンの1周年を祝うために催されたフィエスタでは、フランク・ラボン率いるダンスグループのタオタオタノがパフォーマンスを披露した。サントスを中心とするナシオンは、こうした活動スタイルによって、多くの人びとの政治的な関心を引きつけていった可能性がある。翌日の新聞記事によれば、ナシオンのメンバーは1992年の時点で5000人を超えていた（Amesbury 1992a）。

2 チャモロ人のライフヒストリー

1970年代、1980年代以降のチャモロ・ルネサンスは画期的なものであった。それまで抑圧されてきたチャモロ文化が肯定的に見直されるようになった。学校でのチャモロ語教育が開始され、チャモロのダンスやチャントが再構築・再創造され、チャモロの工芸品の作成・流通が活発化した。多くの人びとがその文化復興運動に主体的に関わり、それが他の人びとの意識をも変革していった。多くのチャモロ文化の文化的実践者が表舞台に現れたり、新たに誕生したりしたのである。

本節では、何名かのチャモロ人のライフヒストリーを通して、チャモロ・ルネサンス以後の状況におけるチャモロ・アイデンティティの諸相を浮かび上がらせる[15]。チャモロ・アイデンティティの内実は多様である。グアムのチャモロ人は、実にさまざまにルーツを持ち、ディアスポラ的経験をしている。チャモロ・ルネサンスを第一線で担った世代とその後の若い世代でも経験や背景は異なる。以下で取り上げるのは、チャモロ文化の実践に積極的に関与してきた人びとやチャモロ人活動家が中心であるが、それ以外の者も含む。

また、さまざまなルーツを持つハイブリッドなチャモロ・アイデンティティの諸相を単純にアイデンティティ政治にのみ帰すことはできない。文化人類学者ローレル・マニッグのいうように、他の太平洋諸島の人びとと同様に、チャモロ人にとってのファミリー（チャモロ語ではファミリア〈familia〉）の概念はアメリカ白人中産階級的なものとは異なり、より拡張的であり、より概念的に固定的なものではない。ポクサイ（poksai）というインフォーマルな養取慣行は、そのことをよく示している。ポクサイが行われるケースで多いのは、子どもの多いある家族が、自分たちの子どもを1人か2人、子どものいないあるいは子どもの少ない親族に与えるというものである。チャモロ・ファミリアは生物学的なつながりと非生物学的なつながりの両方を含んだものであり、ハイブリッドな／メスティーソのアイデンティティを非真正で政治的に非正当なものとしてスティグマ化し、人種的・文化的・言語的な「純粋性」の概念に基づいて真正性を主張するような

---

[15] チャモロ人の教育者や文化的実践者のライフヒストリーについては、中山／ラガニャ（2010）も参照。

考えとは本来無関係である。チャモロ人の「メスティース的先住民性、つまり人種的な純粋性の観念を前提としない先住民アイデンティティの一形態」に着目する必要がある (Monnig 2008)[16]。

チャモロ・ファミリアとアイデンティティ政治の絡まり合いを踏まえつつ、ここで取り上げるライフヒストリーを考察する必要がある。

チャモロダンス創始者

前節でも取り上げたフランク・ラボンは自らをチャモロ人とみなし、チャモロダンスの再創造に尽力しているが、自らのルーツはフィリピンにあると認識している[17]。ラボンの曾祖父は1872年にフィリピンからグアムに渡ってきた。それがグアムにおけるラボン家の始まりである。当時はフィリピンもグアムもスペイン領であり、植民地政府によって多数のフィリピン人がグアムに送り込まれていた（第2章参照）。彼の曾祖父もその流れのなかにいたという。

　それから4世代のちに、私は生まれました。10人家族でした。父も母もグアム生まれです。自分はチャモロ人だと考えています。なぜなら、この島で生まれ育ち、人生の大半を過ごし、ここの人びとの伝統のなかで育ちました。ずっと続いてきた伝統です。私の名前は（フィリピンに）さかのぼりますが、にもかかわらず、自分はチャモロ人であると見なしています。（中略）私のバックグラウンドはダンサーであり、事実上、生まれたときからの文化的実践者です。両親は私を私の言語、チャモロ語で育て、私は流暢に話しますし、理解しますし、書きもします。私は2人の祖母たちのいるなかで育つことができました。父方の祖母と母方の祖母、両方です。祖父は私が生まれる前に亡くなりました。文化的には、1600年代、1700年代に始まった植民地期のもののなかで私は育ちました。スペイン、オランダ、ドイツ、アメリカ、日本、アメリカによるものです。伝統的には、両親に受け継がれたさまざまな影響のなかで私は育ちました[18]。

ラボン家はフィリピンに出自を持ち、おそらくラボン家ではそれが意識されて

---

16) 「メスティース（mestizu）」とは「メスティーソ（mestizo）」のチャモロ語である。マニッグは前者を混血や文化的ハイブリッド性のチャモロ的ナラティヴ、後者をグアムでの混血の植民地主義的ナラティヴに関連するものとして使い分けている（Monnig 2008: 195）。

17) ラボン氏に関する記述は、Rabon（2001）、Flores（1996, 1999）と、2006年12月に筆者が行ったインタビューにおもに基づく。

18) 筆者によるラボン氏へのインタビュー。2006年12月8日、ハガッニャのラッテストーン公園にて。

本章でのおもなインフォーマントの一覧

氏名または仮名	職業等	所属団体	生年	性別
D	ラジオ・パーソナリティなど	ナシオン・チャモル	1953年	女
フランク・ラボン	チャモロ・ダンスの講師	パア・タオタオタノ	1954年	男
ホープ・クリストバル	元教師、元グアム議会議員	OPI-Rなど	1946年	女
JE	チャモロ語教師、大学生	イ・ファンラライアン	1984年	男
JO	工芸品店店主、元教師		1951年	男
レナード・イリアティ	チャモロ・チャントの講師	イ・ファンラライアン	1960年	男
LI	元教師、元ソーシャルワーカー、元農業局勤務		1951年	女
LY	デイケア経営者		1960年前後	女

いるが、フランク・ラボン自らはチャモロ人であると明言した。その理由として、グアムのチャモロ文化のなかで育ったことを挙げている。家でチャモロ語を話す環境があったこと、自らもチャモロ語を話し、読み書きすることに言及している。

そのチャモロ文化とは、スペイン、ドイツ、アメリカ、日本などによる植民地支配のなかで、さまざまな影響を受けたものであるという[19]。チャモロ文化のハイブリッド性は、ラボンにそのまま受け入れられているといえる。また、ラボンによるチャモロ文化のハイブリッド性の受容の仕方は、スペインやポリネシアの要素を包含した、彼の再創造したチャモロダンスにも表れている。

チャモロチャント探究者

グアムにはチャモロダンスではなく、チャモロチャントを探究するグループもある。そのリーダーであり、古いスタイルのチャモロチャントの第一人者であるのがレナード・イリアティである。以前はおもにグマパルリエ−イ・ファンラライアン (Guma' Pålu Li'e' - I Fanlalai'an) として、現在はイ・ファンラライアン (I Fanlalai'an) というグループ名で活動している。彼は1990年代末から本格的にチャモロチャントのグループで指導を開始した。彼のグループの活動目的は、エンターテインメントではなく、チャントを通じてチャモロの歴史を再構築し、人びとを教育・啓蒙することである。それゆえ、儀式や教育・啓蒙活動などの機会においてはチャントを行うが、観光客の前では原則として行わないという方針を

---

19) グアムはドイツの影響を直接受けていないが、北マリアナ諸島は1899年から1914年までドイツの統治を受けた。オランダ人はスペイン領時代のマリアナ諸島に立ち寄っているが、統治に関わったことはない。

取っている。イリアティは長年にわたってマリアナ諸島や近隣の島じまの歴史・文化の研究を続け、古いチャモロ語を用いた、スペインなどの影響をなるべく排したチャモロチャントを再構築しようとしてきた。そして、それらのチャントを高校生や大学生やその他の大人をおもな対象として伝える活動を行っている[20]。また彼はチャモロ工芸品の収集家や制作者としても著名である。

イリアティも、ラボンと同様に、自らがチャモロ人以外にもルーツを持つことを認識している[21]。彼のラストネームはバスクに由来するものである。18世紀半ばにバスクからグアムにやって来た男性が、チャモロ人女性と結婚したと考えられている。また、ミドルネームの「ザーネン」は母方の姓であり、クルド人に由来するものである。クルディスタンの現イラン領にルーツを持つアメリカ人男性が、第2次世界大戦前に米兵としてグアムにやって来て、チャモロ人女性と結婚したのである。そして、彼のファーストネームはおもにアメリカやイギリスで使われているものである。彼の名前にはマルチエスニックなルーツが反映されているのである。また、グアムのチャモロ人でありつつ、同じようにマイノリティとしての問題を抱えるバスク人やクルド人にルーツを持つということを、彼自身も面白がっていた[22]。

イリアティはチャモロ・ディアスポラといってもよいであろう。彼の曾祖父は北部のジーゴに広大な土地を所有していたが、第2次世界大戦後にほとんど売り払ってしまった。その後、カリフォルニアでグアムとほぼ同じ面積の土地を購入し、牛や馬を育てながらカウボーイのようなことをしていたという。イリアティは6歳からその土地で暮らし、14歳のときにグアムに戻った。現在も、グアムを拠点としつつも、芸術祭などのイベントに参加するため、アジアや太平洋の各地を回っている。

イリアティがチャモロ文化への関心を強めたのは、自分自身だけでなく、グアムの人びともそれについていかに知らないかが分かるようになってからである。イリアティが子どもの頃、彼の両親はチャモロの古い伝統を知らなかったし、彼

---

[20] 2014年10月、イリアティ氏はそれまでの功績を評価され、グアム芸術人文会議（CAHA）から「マスター・オブ・チャモロチャント」の称号を与えられた。

[21] 筆者は2006年9月以降、イリアティ氏のグループの練習を見学し、彼やグループのメンバーから話を聞きつづけている。ここでの記述は、それらの会話やインタビューと、Flores (1996, 1999) とにおもに基づく。

[22] 筆者によるイリアティ氏へのインフォーマル・インタビュー。2006年9月18日、イリアティ氏の車にて。

自身はチャモロが古い伝統を持っているとは考えたことがなかったという。だが彼はアメリカ・インディアンの人びとと出会い、一緒に過ごすなかで、先住民について考えるようになった。その後、グアムでチャモロ文化の探究を開始した。

チャモロ文化探究の直接のきっかけは、1976年にニュージーランドのロトルアで開催された第2回太平洋芸術祭に参加したことに関係する。イリアティが子どもの頃、彼の父親は子どもたちに歌の訓練を行っており、それが「家族の伝統の一部」であった。そしてイリアティ家の歌唱グループは、1976年の太平洋芸術祭に非公式代表のメンバーに加わることになったのである。そこで彼は太平洋の他の島々の文化を目の当たりにして、自分たちとの違いに愕然としたという。

やっと(アメリカ本土から)グアムに戻ってきて、真剣に周りを見るようになり、人びとに尋ねたのです。それで、どのくらい私たちが失っているかを私は認識しはじめました。周りの他の島々を見ると、彼らはまだ(古い伝統を)保持していることが分かります。彼らはまだ保持していますが、私たちは失っていたのです。それで比較をしました。何かがおかしいと思いました。とても深刻なことです。私たちはチャモロ人として歴史がないのです。アメリカ時代、戦時中、スペイン時代については、私たちは知っています。それ以前にはほとんどのチャモロ人はそれについて何も知りませんでした。(チャモロ文化を知らない)もっと多くの人びとがおり、何を学んだらよいか、たくさんの疑問があり、たくさんの異なった答えがありました。それで私たちは何が正しい答えかを知りたかったのです[23]。

チャモロ文化またはその真正性が失われてしまっているという危機感から、イリアティは古いスタイルのチャモロチャントを再構築することに意義を見出している。そのためにチャントに古いチャモロ語を取り入れようとし、チャモロ語話者である妻の協力を得ている。また、裏づけのための調査活動も重要であり、歴史資料を調べたり、文化的に近いと考えられる近隣の島々のチャントを学んだりしている。イリアティの場合、チャモロ・ディアスポラとしての生い立ちが、チャモロ文化の真正性の追究へと向かわせているように思われる。

白人系アメリカ人を親にもつチャモロ人

チャモロ・アイデンティティの探究において、チャモロ人のディアスポラ性や

---

[23] 筆者によるイリアティ氏へのインタビュー。2006年12月4日、グアム・コミュニティカレッジにて。

ハイブリッド性は重要な意味を持つ。アメリカやアメリカ人（白人、ハオレ、本土出身者）との関係性においてもそうである。その点で、アメリカ人または白人の親を持つチャモロ人のアイデンティティは考察に値する。同様の観点からの考察として、ヴィヴィアン・ダマスによるものがある（Dames 2000）。ダマスはチャモロ・ナショナリズムに関する考察のなかで、OPI-R の 3 人の活動家、クリス・ペレス・ハワード、ホープ・クリストバル、ローラ・サウダーを取り上げている。彼らは 3 人とも、チャモロ人の母親と白人系アメリカ人（アメリカヌ）のあいだに、1940 年から 1950 年のあいだにグアムで生まれた。つまり、グアム住民（チャモロ人）にアメリカ市民権を付与した 1950 年のグアム基本法以前に、3 人は生まれながらにしてアメリカ市民権を得ていた。「ハワードによると、彼らのメスティーソ／メスティーサ・アイデンティティは、アイデンティティや政治的地位の複雑さや曖昧さへの関心において、『動機づけ』となった」（Dames 2000: 284）[24]。

　一部のチャモロ人活動家に見られる共通点への関心は特別なものではない。ロナルド・ステイドも、チャモロ人内部の多様な社会的区分に着目し、ホープ・クリストバルやローラ・サウダーらがグアム社会でどのように位置づけられているかについて考察している（Stade 1998）。また筆者のフィールドワークにおいても、あるチャモロ人住民が「グアムの活動家にはなぜかハーフ（half）の人が多い」と話すのを聞いたことがある。グアムの政治または社会運動における「ハーフ」の人たちの存在はグアムの人びとに広く意識されているといえる。

　ナシオン・チャモロにおけるリーダー的存在の活動家 D（50 歳代前半、女性）も、母親はチャモロ人、父親は「白人（caucasian）」である[25]。彼女は父親の地元である、カリフォルニア州北部のとある町で 1950 年代前半に生まれている。その理由は、「父がより良い医療を受けさせたかったから」である。母親は出産のために 3 カ月間カリフォルニアの父親の実家に滞在し、出産後、家族でグアムに戻ってきた。D はそれ以来、子どもの頃の 5 年半のハワイ生活以外は、グアムで暮らし続けている。自身の地元は西部の村であるが、現在は夫の地元である南部の村に住んでいる。彼女は政治的活動を始めたきっかけについてつぎのように答

24）　前章でも触れたように、ハワードは日本軍政期に殺害された母親を取り上げた作品『マリキータ』でもよく知られている。
25）　筆者は 2006 年 10 月 24 日に D にインタビューを行った。

えた。

　アメリカ人の娘たちがグアムで人びとの病気について研究をしていて、私たちは適切に扱われていない、人間（people）として扱われていないと感じたのです。彼らはわたしたちを研究のための人体（human subject）として扱っていた。それでたぶん人びとは怒ったのです。私はその医者たちの通訳者でした。彼らが何をしているのか理解していました。彼らがやっていることが好きではなかった。

ここで言及されている病気とは、地元でリティコ‐ボディグと呼ばれているものであり、リティコは筋萎縮性側索硬化症（ALS）のような症状、ボディグはパーキンソン病とアルツハイマーのような症状である。非常に多くのグアムのチャモロ人がこの病気に罹っており、とくに南部のウマタックに患者が集中していた。第2次世界大戦後に多くの神経学などの研究者がグアムを訪れ、この病気について研究してきた。また、1952年以降に生まれた人たちはこの病気に罹っていないといい、現在では患者数は減少している（Sacks 1996）。

脳神経科医オリヴァー・サックスの著書にも、チャモロ人の同様の不信や怒りが紹介されている。「チャモロ人は彼らの研究のために自分たちの経験、時間、血液、そして死後には脳まで提供しているので、自分たちは単なる標本、あるいは研究の対象でしかないのではないか、島を訪れて自分たちにさまざまな検査を行う医師が関心を持つのは病気だけで、チャモロ人については関心がないのではないか、と感じることがあるのだ」（Sacks 1996＝1999: 160-1）[26]。

こうした研究の通訳という媒介者の立場を経験したDは、アメリカ人医師たちのグアムのチャモロ人に対する態度に疑問を持ち、チャモロ・アイデンティティを強め、チャモロ・ナショナリズムに関与するようになったのである。

つぎにOPI-Rの会長を長年にわたって務めたホープ・クリストバルについてもここで取り上げる[27]。クリストバルの父親はスペイン系アメリカ人で、グアムにはアメリカ海兵隊員としてやって来た。父親が始めた商売が繁盛し、その当時は経済的・物質的に恵まれた生活を送っていたという。また、クリストバルは

---

[26]　リティコ‐ボディグの研究におけるスティグマの問題を扱ったものとして、Workman and Quinata（1996）を参照。

[27]　筆者は2003年以来、クリストバル氏と親交があり、通常のインタビュー以外にも多くの話を聞いてきた。ここではその経験と、M. Perez（1997）やDames（2000）における同氏へのインタビューをもとに記述する。

チャモロ語と英語のバイリンガルな環境にいたが、父親は家では英語のみを使うよう強制した。「チャモロ語を話すことへの学校と家での抑圧は、土着の言語を学ぶことへの父親の無関心とともに、アメリカ人であることがチャモロ人であることより規範的に善いことであるという侮辱的なメッセージを彼女に伝えた」(Dames 2000: 300)。その父親の家庭内暴力が原因でクリストバルが12歳のときに両親は離婚し、親戚のあいだを転々とする辛い子ども時代を過ごすことになったという。

クリストバルが自らのアイデンティティやグアムの帰属に関して疑念を持つようになった最初のきっかけは、1967年にミスユニバースのグアム代表に選出されたことにある。ミスアメリカやミスUSAの地域にグアムは含まれていないことなどから、グアムの政治的な位置づけに関心を持つようになった。また、彼女は翌年からワシントン州で暮らしはじめ、そこでも自らのアイデンティティについて考えることとなった。彼女は自らを白人とみなしていたが、ワシントン州ではアジア系やアメリカ先住民と思われた。そして、アメリカ先住民の特別な地位について学ぶことによって、彼女はナショナリティについての考察を深めた。

クリストバルはグアムに戻ってきてから、自らのアイデンティティ・クライシスとグアムのナショナルなアイデンティティ・クライシスを重ね合わせるようになった。当時の状況をよく表しているのが、公立小学校に通っていた彼女の娘が授業に参加せず、クリストバルが学校に呼び出されたときのエピソードである。娘の行動の原因は、彼女は自らをチャモロ人だと見なしていたにもかかわらず、フィリピン人教師がチャモロ人は消滅してしまいすでに存在せず、代わりに混血の新たな人びとがいるだけであると発言したことであった。こうした経験によって、クリストバルのアイデンティティが形成されていったのである。

チャモロ工芸品店店主

つぎは1990年代半ばの40歳代半ばになってチャモロ・アイデンティティを強めることになった男性JO（50歳代半ば）の事例である。JOはハガッニャのチャモロビレッジにあるチャモロ工芸品店の店主であり、元小学校教師である[28]。彼の店では、妻と息子2人とともに、石つぶて（投弾、スリングストーン）のネックレスなどのチャモロ工芸品を販売している。チャモロビレッジは、スペインのコロニアル風の建物に統一されており、それらのなかにチャモロ料理の店やチャモ

---

28) 筆者は2006年11月20日にJOにインタビューを行った。

ロの工芸品の店が入っている。地元住民や観光客が多数訪れる場所である。毎週水曜日の夜には、「ウェンズデイナイト」といって、地元の工芸品、Tシャツ、CD、ローカルフードなどを売る露店が所狭しと出店し、チャモロダンスのショーが行われたり、地元住民がチャチャを踊ったりする[29]。JOはチャモロビレッジの一室を店舗として賃借しており、ウェンズデイナイトのときには清涼飲料水を売る露店を出していた。

JOはもともとグアムの公立小学校の教師であり、中部や北部の小学校で計約20年間勤めた。妻も同じく小学校の教師だった。北部の小学校では彼は、LAMP (Language, Arts and Math Program) プログラムという補習クラスを受け持った。名称は「言語・芸術・数学」であるが、実際には英語と数学の補習クラスであった。つまり、ここでの言語とはチャモロ語ではなく英語である。

JOがチャモロ文化への関心を高めていくのは、1993年に小学校教師を退職したあとのことである。

　　何年も前、退職したとき、チャモロ文化にとても関心を抱いていました。退職して以来、自分の文化を探究するのに、より自由と時間がありました。ある日、私たちは島のとある場所でハイキングをしていました。ハイキングをしていて、スリングストーンをたまたま見つけました。スリングストーンショットです。(中略) その何年も前に見つけたスリングストーンショットで、私はとても感化されました。初めて、私の祖先のものだったスリングストーンを目にし、手に取ったのです。(中略) いまここで拾っている自分よりもっと前に、私の祖先がいたということです。3000年前かもしれません。3000年前におそらくそれまでこれを持っていた最後の人が使い、ここにいる私が初めて95年か96年に再び拾ったということ、そのことで私は感化されました。拾い見て、「これは何かすごいものにちがいない。なんて美しいんだ」と[30]。

退職時にすでにチャモロ文化への関心を持っていたが、ハイキング中に偶然見

---

29) 現在のチャモロビレッジは1990年代に建設されたものである。かつてはこの辺りはファーマーズマーケットであった。島の農家の人たちが野菜や生肉をここに持ってきて売っていた。それが現在のようなグアムにおけるチャモロ文化を促進する場としてのチャモロビレッジへと発展したのである。もちろん、いわゆるチャモロ文化だけがあるのではなく、ここではさまざまな文化の要素が混ざり合っている。JOは「このエリアの目的はチャモロ文化を促進することです。だから私はうってつけの場所にいると感じています」と語った。

30) 筆者によるJOへのインタビューによる。2006年11月20日、JOの店にて。

つけたスリングストーンショットに大きく心を動かされたという。それは「95年か96年」のことである。その頃には、チャモロダンスのグループやナシオン・チャモルの人気が高まり始めていた。チャモロ・ルネサンスによって、チャモロ文化への認識の転換がすでに生じており、そのことがスリングストーンという過去の遺物に異なる意味づけを与えていたのは確かである。たとえば、1970年代にジャングルを歩いていても、そうした過去の遺物は目に入らなかったかもしれないし、目にしても気にも留めなかったかもしれない。しかし1990年代にはチャモロ文化を表象するものとしてそれを「拾い」、それに「感化」されたわけである。

そして、JO は自分で石つぶて、手斧、釣り針といった工芸品を作り、売るようになった。

　　私はそれ（石つぶて）を身につけて、「私はチャモロです」と人びとに見せたくなりました。「これが私の文化です。私たちのものです」。家に帰って、ドリルで穴を空けはじめました。そしたら妻が、「何をしたいの？どうして壊しちゃうの？私たちの祖先のものよ。触れないで。そのままにしておきなさい。見つけたときはそうするものよ」（と言いました）。それで、どうやってこれを他の人たちに見せようかと考えました。これは私の文化のものです。考えて考えました。そして、本物の工芸品を使うことができないなら、レプリカを作ればいいんだ、と私は言いました。だからスリングストーンを作りはじめたのです。（中略）チャモロがどういったものであるか、私たちは何をするのか、何をしたのか、を人びとに見せ、それを他の人たちと共有しようというインスピレーションがあったのです。その後、もっとたくさん作り、カルチュラル・ショー（文化展覧会）に出かけるようになりました。カルチュラル・ショーがあるときはいつでも、石つぶて、手斧、釣り針といった自作の工芸品を持っていき、それらを売りました。レプリカです。そこで人びとにそれらにまつわる話をしました。たしか1年間くらいそれを続けました。出向くたびにいつも名刺を求められるようになりました。名刺なんて私は持っていませんでした。自分の楽しみのためにやっている趣味でしたから。でも周りの人たちはみんな、素敵な装飾された名刺を持っていて、手渡していました[31]。

---

31) 筆者による JO へのインタビュー。2006 年 11 月 20 日、JO の店にて。

その後、息子が名刺のロゴをデザインし、そのロゴを使った帽子やTシャツも作り売るようになった。店名はチャモロの言葉でつけた。そしてチャモロの工芸品やロゴ入り商品が売れるという確信を持つようになり、チャモロビレッジに店を構えるようになったのである。店にはさまざまなアーティストが作った品が置かれている。
　チャモロの工芸品などの制作や販売という形でチャモロ文化に直接関わるJOは、グアムにおけるチャモロ文化の位置づけをめぐる変化を感じていた。チャモロ・ルネサンスについて尋ねるとJOはつぎのように答えた。

　　チャモロ文化の再生が行われています。10年前にさかのぼると、私の意見では、いまほどは活気に満ちておらず、力強くはありませんでした。私はチャモロ文化を持続させるこの運動、ルネサンスの一部でありたいと思っています。今日の文化に、この10年間で多くの変化が生じているのを見ることができます。チャモロ音楽、ミュージシャンが現れています。チャモロ語が以前より使われるようになり、チャモロ人の両親は子どもたちにチャモロの名前を付けています。これは20年前、30年前にはありませんでした。しかしいまや子どもたちのファーストネームにチャモロの名前を使っています。ビジネスにもチャモロの言葉をつけています[32]。

チャモロのダンスやチャントにもJOは言及した。そして小さな子どもたちそれらのグループに参加していることに感銘を受けている様子であった。「将来、これらの若い子たちが成長し、私たちの文化の価値を彼らの子どもたちに伝えていってほしい。とてもポジティヴです。文化の持続に向かうとてもすばらしい動きです」と語った。
　チャモロ文化に誇りを持つことの喜びを、JOは世代的な経験からも感じていた。1951年生まれの彼は、1960年代に学校でチャモロ語を話すことを禁じられていたことを覚えていた。「おい、チャモロ語を話したな。25セントだ」と、チャモロ語を話すたびに罰金を科せられていたのである。そうした状況からの大きな変化を彼は感じていた。

　　どうやって自分の文化を否定することができますか。それはやってはいけません。正しくありません。今や変わりました。私たちは自分たちのことを誇りに思っています。以前は「あなたのナショナリティは何ですか」と尋ね

[32]　筆者によるJOへのインタビュー。2006年11月20日、JOの店にて。

たら、10人が「私はグアメニアン(グアム人)です」と答えました。それは理にかなっています。グアム出身だったらグアメニアン、日本出身だったら日本人というようにです。しかし、実際には私の文化はチャモロで、私の言語はチャモロ語です。今は子どもたちに尋ねたら、9人、10人が「私はチャモロです」と答えます。この島で大きな変化が起こったのです[33]。

チャモロ・ルネサンスのなかで、JO はチャモロ文化への誇りを高め、チャモロ・アイデンティティを強めた。同様に、おそらくこの20、30年のあいだに、「グアメニアン」から「チャモロ人」への移行も起こったのである。

若きチャモロ語教師

現在のグアムのチャモロ人の若者のなかで、チャモロ語を流暢に話せる者は非常に少ない。JE(20歳代後半、男性)はそのなかのひとりであり、グアム中部に住み、チャモロ語教師をしつつ、大学に通っている[34]。チャモロチャントのグループにも所属している。彼の知るかぎり、グアムの同世代で同程度にチャモロ語を使える者は10人強だという。

グアムでは学校でも家庭でもチャモロ語はなかなか使われない。たしかに学校ではチャモロ語が科目としてカリキュラムに取り入れられている。しかし JE によれば、小学校では1日20分か30分、中学校と高校ではそれぞれ1年間学ぶだけで、JE 自身もチャモロ語がきちんと理解できていなかったという。

ほとんどの家庭でも、誰もチャモロ語を話さない。親がチャモロ語を話せる場合でも、普段は子どもに対して使わず、怒っているときだけ出てしまい、子どもにはうまく伝わらないということはよくあるそうだ。しかし JE の母親(1960年代末生まれ)はチャモロ語を話さない。母親には11人の兄弟姉妹がいるが、チャモロ語を話すのは年齢が上の方の3人だけである。JE の祖父母の世代の者たちは、年配者同士で話すときはチャモロ語を使うが、若い子どもたちと話すときは英語にスイッチするという。これについて JE は、「英語をうまく話せることが人生での成功につながるというメンタリティがあるから」と説明した。つまり、子どもたちのためを思い、英語を使うのである。第2章で言及した、ロバート・アンダーウッドのいう「英語イデオロギー」がまさに当てはまる。

---

[33] 筆者による JO へのインタビュー。2006年11月20日、JO の店にて。
[34] 筆者は2012年9月12日にマンギラオのファストフード店で JE にインタビューを行った。JE とはチャントグループの練習やチャモロ文化の催し物などで知り合っていた。

だが JE はチャモロ語を勉強し、話すようになった。祖母が亡くなるちょっと前に、JE にチャモロ語を話せるようになってほしいと望んだからである。JE が生まれたとき、母親はまだ高校生で、父親も 20 歳になる前であった。そのため、JE は母方の祖父母に育てられた。葬式、結婚式、ロザリオの祈りのとき、知人宅へのただの訪問のときなど、どこへ行くときも JE は祖母について回ったため、周囲の人びとは JE が祖母の長男だと勘違いするほどであった[35]。JE は小さい頃から年配者と時間を過ごすことが多かったため、チャモロ語には耳が慣れていたという。そして、祖母が亡くなる前、JE が 13 歳のとき、祖母や彼女のいとこたちが JE にチャモロ語を学ぶように頼んだ。彼女らは、チャモロ語を話せる孫がいないなか、誰かにチャモロ語を学んでほしい、適任者はいつも年配者とともにいて素質のある JE だと考えたのだという。

そうして JE は 13 歳からチャモロ語を積極的に学ぶようになった。辞書を持ち歩いて分らないことがあったら調べ、それでも分らなかったら人に聞く、その人が分らなかったら他の人に聞くということを繰り返し、チャモロ語の語彙を増やし、文章を作る訓練をした。高校生になってからは、テニアン出身のいとこたちと多くの時間を過ごすようになった。テニアンではグアムよりもチャモロ語が使用されており、話し方がとても速い。彼らとチャモロ語を話すことによって、JE のチャモロ語は上達した[36]。

現在数少ないチャモロ語に堪能な若者となった JE は、チャモロ文化やチャモロ語の復興の現状や課題についてつぎのように語った。

　（若い世代のなかでチャモロ語を）他に十分に理解はできますが話さない人たちもいます。使い方や話し方を知っていますが、話すのをためらう人たちもいます。なぜなら、成長するなかで、私も含めて、このようなアクセントのある英語を話します。私たちにアクセントがあるので、他の者たちにからかわれます。「あなたは英語をうまく話せないのですね。みんな聞いて」（と周りに呼びかける）とかです。アクセントがあることは、知性とは無関係です

---

[35] つぎの LI のライフヒストリーでも触れるように、若い未婚の男女の子どもは祖父母が親として育てるという慣習がチャモロ人にはあるが、JE の場合は説明を聞くかぎりでは祖父母と孫という関係は意識されていたようである。あるいは、そうした慣習の変化したもの、バリエーションのひとつと見ることもできる。

[36] チャモロ語は、同じマリアナ諸島でも島ごと、島内の地域ごとによって、単語、リズム、速度、イントネーションなどが方言のように異なる。これには、移住や植民地支配などの歴史も大きく関係している。

(笑)。私が幸運にも科学者であったとしても、あなたは知りませんよね。残念ながら、私たちはそのようなことに直面しているのです。祖父母のように、英語オンリー政策があったり、(チャモロ語を使用した場合に)彼らはお金を払わなければならなかったり、学校でのビートルナッツ〔ビンロウ〕(の使用禁止)であったり。チャモロ語を話すこと……。子どもたちに同じようなことに苦しんでほしくない。だから、子どもたちに教えない選択をする人もいたのです。幸運にも(チャモロ語は)まだ存続しています。しかし、私が言ったように、成長するときに、私たちは常にからかわれます。彼らはチャモロ語を話すことをからかいます。〔その前の会話で筆者が「英語イデオロギー」の話をしたのに対して〕アンダーウッド博士が言ったのは何でしたっけ？アメリカン・イデオロギー？
——いいえ、英語イデオロギーです。
　英語イデオロギー。英語イデオロギーはここではとても優勢です。人によっては心のなかでは、より土着的であること、自分の言語を話すこと、チャモロのアクセントのある英語を話すこと、農業をすること、漁業をすること、これらすべてが長所のはずです。これらのうちのどれかを行っているなら、後進的であり、近代化に従順ではないとみなされます。スリッパを履いていると、からかわれます。〔聞き取れず〕私たちには農園があります。農業をしています。「あなたはお店に行くお金がないのですね」(と人に言われます)。まったく違います。もし船が荷物を運んでこなかったらどうなりますか？お店でモノを買うことはできません。私たちはラッキーでしょう。私たちは必要なものを持っているのです。英語イデオロギーが私たちを実際に傷つけています。今日、子どもたちはゆっくりと変わりはじめています。とても良いことだと思っています。チャモロ語を学びはじめているということ、若い人も年配者ももっと学ぶということ、学習プログラムに取り組むということは、とてもすばらしいことです。私は歓迎しています。いま私たちは腰を据えて、しっかりと取り組むときです[37]。

　JEは近代化イデオロギー、アメリカ・イデオロギー、英語イデオロギーと呼べるようなものによって、チャモロ文化やチャモロ語が蔑まれ、それをチャモロ人が内面化してしまうことの問題を指摘したといえる。JEにとってのチャモロ・

---

37) 筆者によるJEへのインタビュー。2012年9月12日、マンギラオのファストフード店にて。

アイデンティティは、チャモロ語を守っていくこと、アメリカ化に抗うことに関係しているようである。

グアム南部の住民

LI（60歳、女性）はグアム南部のとある村の住民、インタビュー時には20歳前の孫と同居していた[38]。主都ハガッニャ、観光開発が進み産業の中心となっているタムニン、新住民の多い北部の村々と異なり、南部の村々は外部の影響が比較的小さく、昔ながらの町並みとチャモロの伝統が残っていると一般的にはいわれている。また、南部に住む人びとも、そういったことを意識的に語り、居心地の良さや治安の良さを強調する[39]。LIもそうであった。

しかしそうした伝統的なイメージのある南部でも、家族のバックグラウンドは一様ではない。LIには6人の子どもがいるが、皆グアムを離れており、2人がミネソタ、3人がサンディエゴ、1人がハワイに住んでいる。LIの兄弟姉妹は、何人かはアメリカ本土で暮らしていたが、今は皆グアムに戻ってきている。同じ地区に住んでいる者もいれば、他の村に移って住んでいる者もいる。

LIはチャモロ人であると同時に他のエスニック・ルーツを持つと自らを見なしている。まず、彼女の結婚前の姓はフィリピンに由来するもので、祖先がフィリピンからやってきたと認識している。そして彼女の母方の祖父は日本人である[40]。しかし、その祖父はLIの母親が生まれる前に亡くなってしまったということもあり、彼の出身地域、グアムに来た時期、理由・経緯などについては、LIは曖昧な知識しかなく、はっきりしたことは分からないとのことであった。彼女だけでなく、彼女の他の家族もそうであった[41]。LIの家族内では、祖父につい

---

38) 筆者は2011年9月に知人の紹介でLIの家の離れに1週間滞在した。その後の調査ではLIの姉家族のお宅にもお世話になり、さまざまな背景情報を得た。LIに関する情報はインフォーマルなものも含めたインタビューなどによるものである。

39) 一般的に南部の村々とは、メリッソ、イナラハン、ウマタックなどを指す。もちろんこれらの村々に観光開発などによる外部からの影響があまりないというわけではない。南部の観光スポットをまわるオプションツアーは定番であり、多くの観光客が訪れる。また、メリッソにはマリンスポーツなどが楽しめる観光地のひとつであるココス島がある。イナラハンにもゲフパゴ文化村というチャモロ人の伝統文化を体験できる場所がある。だが、イナラハンにこうした文化村があるのは、まさに南部がグアムの昔ながらの雰囲気を残している場所と見なされているからでもある。

40) 筆者が日本から来たということもあり、LIは最初に会ったときにそのことを話した。棚に置いてあった母親の写真を持ってきて、「彼女の父（LIの祖父）は日本人だから、日本人っぽく見えるでしょ。彼女の母親（LIの祖母）はチャモロ人なので、母親は日本人とチャモロ人のハーフです」と語った。

ての情報は非常に乏しい、あるいは少なくともあまり共有されていなかった。

　LIの親戚Tも祖父が日本人で、Tの場合は日本に住む親戚を見つけることができた[42]。Tの家族は、1980年代に日本の新聞に写真などの情報を掲載してもらい、日本の親戚を捜した結果、見つけることができた。祖父の息子とその子どもたちである。Tにとってはおじといとこ、Tの母にとっては兄とおいやめいとなる。彼らは実際に日本を訪れ、北関東に住む親戚たちに会い、交流を持つようになった。

　その一方でLIの家族は、日本人の祖父が早くに亡くなったうえに、1949年にグアムを襲った津波か高波の被害ですべてを破壊され、写真などの手がかりとなるものを持っていない。そうしたことがこれらの2つの家族のたどった道に影響していると考えられる。

　戦後グアムにおける日本や日本人に対する反発感情も、日系の人びとのアイデンティティに大きく影響をおよぼしている。グアムの日系の人びとの多くは、戦後、日本の姓からチャモロなどの姓に変更した。戦後しばらくは、日系であることはできれば隠したいことであり、わざわざ自分の日系としてのルーツを探求するような状況ではなかった（Camacho 2005: 118-20）。LIのおじもそうした理由で姓を変更したという[43]。

　LIのライフヒストリーも、第2次世界大戦後のグアムのアメリカ化のなかでのチャモロ文化を考える上で興味深い。彼女は高校生のときに妊娠し、双子の女児を出産した。そして彼女はその子どもたちをアメリカ本土に養子に出すことになった。

　　昔は、若いときに結婚しないで妊娠することは、とても不名誉なこと、恥だった。家族は娘を隠して出産させ、（親が）彼らの子どもとして育てるのです。私の母は私をミネソタに送った。私の兄がそこにいたから。兄の奥さ

41) 筆者のインタビュー時、LIは分からないことがあると兄たちに電話をかけ尋ねた。彼女の兄によれば、祖父は商船の乗組員としてグアムにやって来たのではないかとのことであった。しかしそれ以外の情報はよく分からなかった。

42) LIはTにも電話をかけ、さまざまな情報を求めた。Tの祖父はLIの祖父たちと一緒にグアムへ来たと考えられている。また、Tの祖母はLIの祖母と姉妹であり、Tの祖母は若くして亡くなったため、その子どもたち（LIの祖母にとってはおいやめい）をLIの祖母が育てた。そのため、LIの母とTの母は「姉妹のような関係」であり、LIとTは実際にはハトコであるがイトコのような密な関係であるという。

43) こうした状況は変化してきているように思われる。ここ数年で、グアム日系協会（Guam Nikkei Association）が結成され、活動を活発化させている。

んは本土出身者です。本土出身者はもし若いときに妊娠すれば養子に出すことを考える。私たちの文化は違います。私たちは養子には出しません。それはハオレの、本土出身者のやり方です。私は12月に一卵性双生児を養子に出しました。雪が降り、寒いときで、初めての「サムイ」でした。母は泣いていました。義理の姉は養子に出すことを望んだ。母はどうしたらよいか分からなくて。そこには兄以外にほかに家族もおらず、その姉は兄の言うことを聞かない。兄は何も言わない。姉は兄の上司みたいな感じです。彼らが決定して。私はまだ若くて、養子に出すべきか分からなかった。それで彼女ら（双子）はアメリカ人夫婦に養子に入れられたのです。彼女らを養子に入れる唯一の条件は、同じ家族で、同じ宗教であるということで、当時私はカトリックでした[44]。

　LIの家族は迷いつつも、チャモロの伝統的な慣習ではなく、「ハオレの、本土出身者のやり方」である養子縁組制度に従った。これは1960年代末のことであり、この時期にはアメリカでは養子縁組制度が根づいていたといわれる。それゆえ、アメリカ社会とのつながりやアメリカ文化の影響力が強まっていく当時のグアムの状況を推察することができる。LIの述べるように、かつては未婚での妊娠・出産の場合、妊婦は出産まで表に出ないようにされ、妊婦の両親が生まれた子どもの親となり育てるということがあった（Iyechad 2001: 120）[45]。

　だが、「私たちの文化」も長期にわたって変化してきたものである。スペインやカトリックの影響が強まる前までは、チャモロ人社会において同棲や出産をするのに婚姻は必要ではなく、育児は夫婦によってだけでなくクランのなかで行われていた（Souder 1992: 47-54; Iyechad 2001: 119）。また、未婚での妊娠・出産への風当たりはけっしてなくなったわけではなく、1990年代のグアムでも世間の目を気にする当事者の声が紹介されている（Iyechad 2001: 119-21）。

　LIが双子の女児を出産したことは口外されず、当時の家族以外知らないこととなった。しかしアメリカ本土に住むその2人の娘は、高校生のとき、実の母親

---

44) 筆者によるLIへのインタビュー。2011年9月22日、LIの自宅にて。LIはのちにカトリックではなくプロテスタントのある教派に改宗した。
45) 未婚での出産の場合には、前述のポクサイという養取慣行も選択肢としてある。たいていは近親者が養親となるが、Iyechad（2001）ではそうではないケースもポクサイとして報告されている。LIもIyechad（2001）も、祖父母が育てる慣習とポクサイという養取慣行とを区別している。

がグアム在住のチャモロ人であることを知り、グアムのLIに会いに来た[46]。それによって、他の子どもたちも自分たちに姉2人がいることを知ることになった。

LIとともに暮らす孫のEは、その双子の片方の息子である。彼はアメリカ本土で生まれ育ち、グアムにやってきたばかりの大学生で、父親はアフリカ系アメリカ人である。グアムのチャモロ人にルーツを持つが、アメリカ本土で生まれ育ち、チャモロ文化にはほとんど馴染みがない。南部の村で暮らしながら、「いまここで文化を学んでいる」、「ここの人はお互いを尊重するところがすごくいい」と語った。Eのように、グアムを含むマリアナ諸島の外、おもにアメリカ本土などで生まれたり、育ったりしたあとで、グアムに移り住み、チャモロ・アイデンティティを持つ者は、程度の差はあれ、けして例外的な存在ではない。Eの存在は、ディアスポラ的でハイブリッドなチャモロ・アイデンティティの一例である。

グアム南部の村の一家族の例からは、現在のチャモロ人のマルチエスニックなルーツ、ハイブリッド性、ディアスポラ性などさまざまな要素が浮かび上がってくる。スペイン、アメリカ、日本の植民地支配のなかで、チャモロ人が生き抜いてきた歴史がそこに表れている。

以上のように、チャモロ人の個々の事例を見ると、彼らのアイデンティティはチャモロ・ナショナリズム／ルネサンスから大きな影響を受けていることが分かる。そうしたグアムの状況は、アメリカ本土や世界各地のエスニック・マイノリティや先住民の社会運動、文化復興運動の展開のなかにあることも間違いない。そして、彼らの多くがマルチエスニックなルーツを自覚していることも興味深い。そうしたルーツや現在のディアスポラ性やハイブリッド性は、チャモロ・アイデンティティとけっして矛盾するわけではなく、本質的な要素とさえいえる。チャモロ人の植民地経験がそうした要素を生みだし、彼らは植民地状況に批判的になりつつチャモロ・アイデンティティを形成していくからである。

46) これは1980年代半ばのことである。アメリカ国内でのエスニック・マイノリティの社会運動の展開によって、人びとの意識も大きく変わり始め、エスニシティやルーツへの関心がすでに高まっていたということが、LIの双子の娘たちの行動の背景にあるのではないだろうか。生みの親との関係を隠すのではなく維持するオープンな養子縁組がアメリカで広がり始めていたということも関係しているのではないか。チャモロのルーツやアイデンティティは、双子の娘たちについては分からないが、後述のように、その子ども（LIの孫息子）には一定程度意識されていることが分かる。

第5章 チャモロ知識人とアメリカ化・軍事化
―チャモロ・アイデンティティの再構築―

1 チャモロ・ナショナリズムにおける政治と研究・教育

　グアムのチャモロ・ナショナリストたちにとっては政治的地位の変革という大きな課題があったが、彼らの活動はそれだけに留まらなかった。彼らはグアムにおける政治や経済、チャモロの歴史や文化、あるいはアメリカのさまざまな問題を批判的に論じ、チャモロを中心としたグアムの人びとによって担われる運動と研究・教育の礎を築いた。1970年代は、米軍基地の社会的影響を意味する軍事化、教育やメディアを通したアメリカ化がいきわたる一方、チャモロ語やチャモロ文化への関心が高まり始めていたときであった。OPI-Rのメンバーたちは、そのような状況に対して鋭い批判を浴びせていった。彼らはポストコロニアルな政治的・経済的・文化的な状況において、チャモロ人の歴史を見つめ直し、彼ら自身の置かれた状況について思考し、新たな道を模索した。それゆえ、コモンウェルスという道は1990年代末に結果的に断ち切られたものの、チャモロ人の運動と研究はグアムを基点として継続された。

　本章では、このようなグアムの政治と研究・教育へのチャモロ人の影響力を拡大させていったOPI-Rの活動について、1980年代を中心に、その主体の性格や思想に着目しながら探っていく。そして、このチャモロ人の運動が世界各地で生じている先住民運動や先住民研究などとどのように関連づけられるかも含めて考察していきたい。

　1970年代から1990年代にかけてのグアム社会については、1970年代以降の新しい世代のチャモロ人の運動に多くの研究者が関心を寄せてきた。例えば、ペネロピ・ボダリオ・ホフシュナイダーは、1982年の時点で、1970年代以降のアメリカとの関係を再検討するOPI-Rなどの草の根の運動について、十分な自治を求

めるという目的において同じであり、それまでの政治運動の継続であるという見方を示している (Hofschneider 2001: Ch.7)。

　ところが、1990年代以降になされた研究では、1970年代という時期区分がより意識されていくこととなる。OPI-R などによる「自己決定」や「先住民」についての主張が、グアムの政治を大きく変容させたと理解されるのである。この点については、ロナルド・ステイドが重要な指摘を行っている。彼によると、グアムという太平洋の島で生じてきたことは、ただローカルな出来事というより、世界文化的な起源をもつ用語を駆使しながらなされる世界文化秩序の文化的媒介であった。グアムでの政治的議論の中心は、アメリカ領となってからしばらくは「民主主義」の適用に関するものであったが、1970年代以降は PARA-PADA や OPI-R が中心となって主張した「自己決定」や「先住権」となった (Stade 1998)。つまり、グアムではローカルな政治運動が展開する一方でより大きな文脈で文化的変容も進行していたのであり、1970年代以降の運動はその現れである。

　ステイドのこの認識は、その後の研究にも共有されていく。マイケル・ペレスは、グアム基本法へと帰結するアメリカ市民権を求める運動から、知事やアメリカ連邦下院代表の公選などの政治改革、先住民としての主権を求める運動へと続く流れをチャモロ人の抵抗の発展として捉える。だが、このようにチャモロ人の植民地主義への抵抗が一貫してなされてきたとする一方で、第2次世界大戦後の住民をアメリカ支持の愛国的チャモロ人とチャモロ人の権利支持の少数派とに分け、1970年代以降に勢いを増していった後者の運動に希望を見出している (M. Perez 2005b: 174)。

　しかし、1970年代以降の OPI-R などの運動が、現実的にどのような可能性を持ちうるのかについてペレスは具体的に言及していない。先住民というアイデンティティが形成されていくとはどういうことなのだろうか。これに対して、ヴィヴィアン・ダマスは、アメリカ領となってからのグアムの歴史をアメリカの植民地主義におけるシティズンシップやアイデンティティに関わる帰属の問題として見るなかで、チャモロ人の先住民運動を捉える。グアムのチャモロ人はシティズンシップという点で巧妙に排除され、それだからこそ OPI-R はチャモロ人の人権を確かなものとするためにチャモロ人としてのナショナル・アイデンティティを必要とし、先住民としてのアイデンティティを獲得し、新たなシティズンシップ

の可能性を示したと評価するのである (Dames 2000: Ch. 5)。

　ダマスはこのような OPI-R の政治活動が教育・研究活動と切り離しがたいものであったということも指摘している。1970 年代にのちの OPI-R の活動家たちはグアムとアメリカの政治的関係を、チャモロ語と英語の関係と関連づけるようになった。当時すでに英語の使用が一般的となり、チャモロ語は使用価値がないとみなされていた。そのようななか、彼らは教育やメディアとイデオロギーの関係について問題意識を高め、チャモロ語の衰退を英語イデオロギーという視点から捉え始めた。つまり、アメリカ人によって支配された教育やメディアを通してそのような言語の状況が作られているというのである。そして、チャモロ語の使用によって英語イデオロギーに対抗するという目的が、バイリンガル教育を促進する原動力となった[1]。だが、ダマスは OPI-R などの活動家の教育やメディアとイデオロギーの関係をめぐる思考の軌跡についてはそれ以上に論じていない。

　このような側面を持つ OPI-R の活動について、異なる視角からもいくつか言及されている。ステイドはグアム社会内部の階層的・地域的な差異に着目しながら、OPI-R などの運動をカシーケ・ナショナリズムの系譜に位置づける。カシーケとはここでは単にネイティヴのリーダーやエリートというだけでなく、「マナクパパ(低位の人びと)」の利害としばしば対立する「マナキロ(高位の人びと)」である(第 2 章参照)。カシーケ・ナショナリズムの担い手 OPI-R は、1990 年代に多くの支持を集めた「非常に土着的な」ナショナリスト集団ナシオン・チャモルとは対照的であった (Stade 1998: 188)。教育者、学者、法律家などから構成される OPI-R は、知識人によって主導される集団とイメージされる一方で、「その率直で議論好きなやり方」のために多くの住民によって反米主義者や共産主義者であると信じられていた[2]。

　OPI-R の活動家たちは自分たち自身がかつてそうであったように、英語イデオロギーを含めたアメリカの文化的影響に気づかない多くのチャモロ人を解放しよ

---

1) ダマスによると、プエルトリコ出身のバイリンガル教育コンサルタントがこれらの活動家の考えに大きな影響を与えた (Dames 2000: 330-3)。
2) 1994 年 5 月のグアム南部のウマタックでの公聴会 (3 月の祝日である「Discovery Day」(マゼラン上陸を記念する) を「Espiriton Chamoru Day (Chamorro Spirit Day)」へ名称・内容ともに変更する法案のために開かれた) と、同年 11 月のグアム北部のバリガダでの正字法改革についての公聴会への参加者の議論に関するステイドの参与観察による考察においても、OPI-R のメンバーを含めた人びとの社会的区分に焦点が当てられている (Stade 1998: Ch. 2 and Ch. 5)。

うと目論んだわけである。しかしそれは救済されるべきとされた当の本人たちからの反発を受けた。このように OPI-R の活動家たちによる表象 = 代弁が暴力的でありうるということもまた認識されなければならない。たとえばヴィセンテ・ディアスは、戦争の記憶との関わりで、アメリカへの愛国的な集合的記憶と同様にチャモロ・ナショナリズムもまた新たな抑圧を生みだす可能性について指摘している。人びとの多様で複雑な戦争の記憶が、チャモロ・ナショナリズムの集合的な意識や記憶によってゆがめられ抑圧されるかもしれないというのである (Diaz 2003)。

以上のように、OPI-R に関わる人びとの階層的な特性がグアム社会内部での立場の相違を生じさせていることと、そのナショナリズムにおける脱植民地化の志向がアメリカとの関係で二項対立的なものとなりかねないということが、入り組んだ形でこれまで論じられてきた。OPI-R のナショナリズムはグアム社会の内と外で二重のジレンマに陥っているのだろうか。

以下、OPI-R の活動の概要を紹介したあと、グアムにおける軍事化やアメリカ化といった状況における OPI-R の活動や思想の展開を、先行研究においてほとんど用いられてこなかった 1980 年代の 2 つの住民投票前後の OPI-R のビラやパンフレットなども用いて具体的に見ていくことにしたい[3]。

2 OPI-R の活動

(1) OPI-R の政治課題と組織的特徴

OPI-R の活動を論じるには、まず 1970 年代のグアムの社会運動とのつながりに触れなければならない。その頃には、PARA などによる文化や政治など多様な問題に取り組むチャモロ人の運動が活発化していた（第 4 章参照）。PARA には、ホープ・クリストバル、ロナルド・リヴェラ、ロバート・アンダーウッド、クリス・ペレス・ハワード、ロナルド（ロン）・ティーハンといったその後のグアムにおける社会運動の中心を担う人物がいた。また、PARA とともにグアム憲法草案に反対した「威厳あるオルタナティヴのための人民同盟」(People's Alliance for Dignified Alternatives: PADA) には、グアム議会のマリリン・マニブサン議員やグア

---

[3] これらの一次資料は、OPI-R のホープ・クリストバル氏所蔵のものと、ハワイ大学マノア校ハミルトン図書館のパシフィック・コレクション所蔵のものである。

ム銀行のアンソニー・レオンゲレロがいた[4]。そして、PARAとPADAは合流してPARA-PADAとして活動した。1970年代には、政治、経済、教育・研究といったさまざまな領域から人びとが集まり、対抗的な運動が形成され始めていたのである。

そして1981年12月、政治的地位や自己決定の問題に引き続き取り組むために、PARA-PADAやグアム土地所有者協会（GLA）のメンバーを中心にOPI-Rが結成された。それゆえ、OPI-Rはそれらから政治課題だけでなく、活動スタイルや思想において多くのものを継承している。

まず、OPI-Rの結成当初の政治課題とはどのようなものだったのだろうか。彼らはチャモロ人の自己決定権が行使されるべきであるということを、非自治地域グアムと先住民チャモロ人という2つの側面から主張した。そして、1982年1月30日に延期された政治的地位に関する住民投票において、その有権者をチャモロ人に限定するというのが彼らの当面の目標であった。彼らはその後のグアムの政治的地位を決定し、アメリカとの関係に大きな影響をおよぼす住民投票のやり方に関して、真正面から異議をとなえたのである（第6章参照）。

1983年にOPI-Rによって出されたそれまでの活動をまとめたパンフレットの自己紹介文には、彼らの強く主張する部分が簡潔に書かれている。おおまかにいうと、①チャモロ人の自己決定によって非自治地域グアムの政治的地位を変更すること、②この方針に賛成するかぎりあらゆる人びとを受け入れる非営利組織（NPO）であること、③自己決定権は正当な権利であることとなる（OPI-R 1983）。

つぎにOPI-Rの組織的な特徴について説明する。OPI-Rにより作られたパンフレットの表紙やビラの上には、人間の形をした絵文字のある古代チャモロ人の土器片の絵や写真が使われていた。この土器片の絵や写真はOPI-Rの公式ロゴであり、チャモロ人の文化活動、つまり知や文明を表象していたという[5]。これはOPI-Rのメンバーのチャモロ人としての強いアイデンティティや誇りとともに、教育・研究に携わるという立場や姿勢を示していたといえる。初期のビラのなかでは、具体的な活動を次の4つに分けている。(a)法的闘争、(b)国際的なキャンペーン、(c)政治的地位の決定プロセスに関する請願運動、(d)この問題についての公衆啓発活動である（OPI-R 1982）。そして、1983年に作成されたパンフレットに

---

4) 2004年12月11日のクリストバル氏とのインタビューによる。
5) 2004年12月11日のクリストバル氏とのインタビューによる。

は役員会の役割分担が記載されている。議長がホープ・クリストバル、通信がロン・ティーハン、記録がマリア・ティーハン、会計がネリッサ・リー、政治行動がロバート・A・アンダーウッド、公衆啓発がロサ・パロモとクリス・ペレス・ハワード、メディア啓発がエド・グールド、資料・芸術・パンフレットがアル・リザマ、コミュニティ関係がデヴィッド・ロザリオ、請願がシェリー・スミスとなっていた (OPI-R 1983)。また、OPI-R のメンバーは 1982 年からは国連の脱植民地化特別委員会に参加し、グアムのチャモロ人の置かれている状況を説明し、チャモロ人による政治的地位の自己決定の必要性を強く訴え続けた。最初の代表団のメンバーは、アンダーウッド、ハワード、ロン・ティーハンであった。この活動は現在も若い世代に受け継がれて続けられている。

これらの活動を行うだけの多彩な顔ぶれがそろっていたのであるが、(b)の国際的なキャンペーンは彼らがもっとも重視したものであった。次章で見るように、OPI-R は国連などでの活動を積極的に行った。

OPI-R がいかなるメンバーによって構成されていたかも言及しておかなければならない。②で明らかにされているように、OPI-R のメンバーには実際にチャモロ人ではないアメリカ人、フィリピン人などもいた。それは「先住民の (of Indigenous People)」ではなく「先住権のための (for Indigenous Rights)」とした彼らのグループ名称のつけ方にも表れている (Dames 2000: 330)。また、OPI-R やその前身である PARA-PADA のメンバーは戦後生まれであり、1970 年代・80 年代に 20 歳代から 30 歳代の若い世代であった。アメリカの大学で教育を受けたチャモロ人が中心となって構成され、1970 年代末以降にグアム大学の教員や学生であったものも何人かいた (Dames 2000: 330; Stade 1998: 184)。そのほとんどが「グアムの歴史、言語、文化、政治的地位について特別な関心を持ち」、何らかの教育活動に携わっていた (Dames 2000: 339)。それゆえに、彼らは一般住民たちから「知識人」、「反アメリカ人」、「共産主義者」とさまざまに見られたが、「農民風」の男たちが集まる GLA のメンバーとも良好な協力関係を築き、OPI-R としてまとまり活動していった (Stade 1998: 187)。OPI-R は以上のような団体として、とくに 1980 年代にグアムの政治や社会問題に積極的に取り組んだのである。

(2) 『チャモロ人の自己決定』というマニフェスト

OPI-R の活動や組織的特徴をさらに把握するために、チャモロ・スタディーズ

協会 (Chamorro Studies Association: CSA) とグアム大学ミクロネシア地域研究所 (Micronesian Area Research Center: MARC) によって 1987 年 7 月に出版された『チャモロ人の自己決定—人民の権利』と題する書にも触れておきたい。同書を執筆した CSA は OPI-R のメンバーによって構成されていた。そのため、OPI-R によって主導されたチャモロ人の自己決定を要求する運動のマニフェストとなっている (Dames 2000: 345)。同書が出版された時期にも大きな意味がある。それはコモンウェルス法案の住民投票が行われる 1 カ月前であり、「同法案に含まれる論点のいくつかに関する議論を明確にし、刺激する」ことが喫緊の課題であった。

同書のまえがきでは、冒頭でまず、「グアムは 1980 年代に *indigenous* という用語の普及を目撃している」として、政治的地位問題におけるチャモロ人の自己決定を先住権 (indigenous rights) と捉える人びとが増加していることを指摘する。そして、1980 年代のグアムにおいて先住民チャモロ人であることは「インスピレーション」と「恐怖」の源であるとする。すなわち、一方で、チャモロ人は自らが過去に成し遂げてきたことや植民地支配、戦争、自然災害などを生き抜いてきたこと、そして現在の文化的な意識の再生などのチャモロ人としてのアイデンティティの探求に誇りを持つことができるという。他方で、チャモロ人は識別可能で特徴的な文化集団として存在できなくなるのではないか、現在の社会経済的な動向によってチャモロ人は自らの故郷で永久的な下層階級となってしまうのではないか、という恐怖があるという。そしてすでにその兆候は、学業不振の人口統計、刑務所入所者の特徴、島外流出の割合に現れているというのである (Souder-Jaffery and Underwood eds. 1987: vii)。

同書によると、非営利組織である CSA は、「グアムの歴史、チャモロ文化、チャモロ語を教える取り組みをコーディネートするために、1976 年に設立され、1987 年に法人組織となった」。

　　チャモロ人の歴史、文化、言語に関する研究の遂行と普及、チャモロ・スタディーズを発展させる手段として先住民チャモロ人の学者による仕事を奨励することを目指す。同協会はまたチャモロ・スタディーズに興味関心のある教育者、専門家、その他の人びとのあいだのコミュニケーション・資源共有ネットワークを創造しようと努める。その意識構築という目標は今日のチャモロ人に影響をおよぼす諸問題に関する情報の広範囲にわたる拡散を通じてもっとも上手く達成されうると認識しているので、CSA は出版プログ

ラムを最近設置した。

そして、執筆者と対象者がチャモロ人である点と、チャモロ人に関するあらゆる問題は自己決定のプロセスを通じてのみ適切に扱われうるというスタンスを表明している点で、先住民によるマニフェストあるいは先住民研究としての側面を持ち合わせていた[6]。

編者は、ローラ・サウダー=ジェファリー（ハワイ大学アメリカン・スタディーズで博士号取得、秋からグアム大学教員）とロバート・アンダーウッド（グアム大学教授、南カリフォルニア大学で教育学博士号取得）である。その他の執筆者は、トニー・アルテロ（アメリカ海軍退役軍人、不動産業）、リサ・カストロ（弁護士、ロサンゼルスのロヨラ法科大学院修了、グアム国民党）、ホープ・クリストバル（**OPI-R 議長、小学校教員、グアム大学で教育行政の修士号取得**）、ベンジャミン・クルス（グアム高等裁判所の少年・家庭裁判所議長、弁護士）、クリス・ペレス・ハワード（作家、グアム議会コンサルタント、自己決定委員会の行政アシスタント）、アンソニー・レオンゲレロ（グアム銀行副頭取、ロンドン・スクール・オブ・エコノミクスで経済学修士号取得）、ロサ・サラス・パロモ（カリフォルニア大学ロサンゼルス校の応用言語学の博士課程院生）、セグンド・アンピンコ（カリフォルニア在住の弁護士）である[7]。チャモロ語で書かれた自己決定権についての見解に続き、アメリカとグアムの関係史、アメリカによるグアムにおける人権侵害、アメリカの太平洋における地政学的関心、アメリカ憲法と属領政策、チャモロ人のみによる住民投票、アメリカ移民政策のグアムへの影響、米軍による土地接収、チャモロ人の自己決定権の正当性、チャモロ人の社会意識などをテーマとした 11 の論考と 2 つの詩から構成されており、個人的体験や法律、経済、政治、社会、文化についてのさまざまな観点からの分析がなされている。

---

6) 同書は CSA による最初の刊行物であり、現在までのところおそらく唯一のものとなっている。しかし、1990 年代には、個々人の活動はもちろんのこと、集団的な取り組みは別の形で継続されたとみることができる。たとえば、1989 年 10 月に成立した公法 20-99 や 92 年 9 月の公法 21-136 によって、グアムの小学校・中学校・高等学校・大学でグアムの政治史を教えるための教材が作成されることとなった。その後、政治的地位教育調整委員会による「ハレタ（Hale'-ta：われわれのルーツ）・シリーズ」として、何冊も出版されている。これらの教材は CSA や OPI-R のメンバーや彼らの仲間たちの多くが執筆している。

7) カッコ内の肩書きは当時のものであり、同書の著者紹介に記載されていたものを簡略化した。

3 チャモロ人の歴史の再構築——歴史記述と歴史認識

このようにグアムの政治的地位の自己決定権を行使する主体は先住民チャモロ人であるとOPI-Rは主張したが、その考えが住民たちに受けいれられていくかどうかはまた別の問題であった。そのことは住民投票といったグアムの未来を左右する具体的な政治状況において、彼らにとって切実な問題であったといえる。そのため、彼らはグアムの住民に対してチャモロ人による政治的地位の自己決定の必要性を説くと同時に、なぜ人びとが自らの民としての自己決定権について認識することが困難なのかという問いから、植民地主義の文化的影響についてことあるごとに論じてきた。なかでもチャモロ人の歴史を書き直し、再構築することは脱植民地化の重要な部分を占めた[8]。

OPI-Rはその活動の初期から、チャモロ人とその文化を死んだもの、過去の遺物とする歴史記述に異議をとなえ、チャモロ人の存在とその生きられた文化を主張し、政治的地位の自己決定を求める運動の正当性とのつながりを示していった。

(1) 「チャモロ人は存在するのか？」

以下では、OPI-Rのメンバーでもあったクリストバル、サウダー（＝ジェファリー）、アンダーウッドの論考に着目する。

サウダーは1970年代にグアムにおける若い世代が抱えるアイデンティティ・クライシスの問題を分かりやすく説明している。サウダーは戦後の文化変容はそれまでのものとは異なるとし、相対するものが並存する状況として変化の要素を3つ挙げている。①家族における伝統的な社会化と学校における社会化、②家族内での伝統的な義務の重視と家族の外部での個人主義と社会経済的な自立の感覚

---

[8] オセアニアの先住民研究などでも先住民の歴史の再構築について議論されている。たとえば、リンダ・トゥヒワイ・スミスは先住民にとって歴史を取り戻すことは脱植民地化の決定的・本質的な側面となり、批判的教授法の一部となっているということを指摘している（L. Smith 1999: 28-37）。また、エペリ・ハウオファは太平洋史がオセアニアの人びとから過去を奪い社会と自然の両方に破壊的影響を与えてきたということとともに、彼らの過去の再構築による自然とのエコロジカルな関係の回復によってオセアニアの独自の発展への道を切り開く可能性まで論じている（Hauo'fa 2000）。アリフ・ダーリクも先住民の歴史主義に早くから注目し、本質主義批判やポストコロニアル批評などとの関連で論じている（Dirlik 1996）。

第5章　チャモロ知識人とアメリカ化・軍事化　169

の増大、③宗教的かつ規定の道徳的な原則に由来する社会統制と世俗的説明を重視した不明確な状況依存的な倫理である。これらの相対するものの狭間にグアムの若者は置かれているというのである。たとえば社会化に関していえば、「学校で彼らは、英語で行われアメリカ的経験に焦点を合わせたカリキュラムを通じて、個人主義、個人的意思決定、自立、『自分で考えよう』的な人生哲学といった理念を浴びせられる」(Souder 1977: 23)。戦後の近代化のなかでチャモロ人であることの困難が語られており、OPI-R結成前の1970年代の時代状況を示している[9]。

　前節で述べたように、1982年にOPI-Rは初めて国連の脱植民地化特別委員会に参加した。7月29日にそこで代表団によって読み上げられた声明は、チャモロ人の存在についてつぎのように言及している[10]。

　　スペイン統治の結果として、チャモロ人は多くの変化に耐え、やがて古代の伝統をローマ・カトリックやスペイン語世界の実践と混ぜ合わせることによって雑種(ハイブリッド)文化を発展させた。しかしながら、チャモロ人のアイデンティティは変わらぬままであるということには疑いはなかった。彼らは言語や風習において特徴的であり、スペインによるそれとは逆方向への労力にもかかわらず、マリアナ諸島民は自らをスペイン人ともスペイン語の一集団だともけっして思わなかった。事実、スペイン統治末期の知事のひとりは、200年以上にわたるスペイン統治にもかかわらず、その原住民(ネイティヴ)たちが帝国の他地域の住民とは非常に異なったままであるという事実を嘆いた。

　　スペイン統治の終結時にも、チャモロ人はヨーロッパ人によって支配されるずっと前の時代に歴史的ルーツを持つ識別可能なエスニック、カルチュラル、ナショナルな集団のままであった。彼らは外国支配の痛みを経験した最

---

9) 初出が1975年のこのサウダーの論考には、まだアメリカ批判や先住民としての主張は明確には見られない。近代化のなかでも若者のアイデンティティを維持するために地元の文化に誇りを持てるようにしなければならないという論調になっている。またこの論考では、ネイティヴの住民を指す言葉として「チャモロ人」ではなく「グアメニアン（グアム人）」をまだ用いている。しかしすでに、二言語・二文化プログラムや異なる政治的代案の検討などのようなチャモロ人の文化的・政治的な運動への期待を表明し、チャモロ・ナショナリズムの要素を胚胎しており、1980年代以降のOPI-Rの活動につながっている。

10) この声明の原稿はクリストバルによって作成されており、その主要部分は前節で言及したCSAによる『チャモロ人の自己決定』(Souder-Jaffery and Underwood eds. 1987)や政治的地位教育調整委員会のテキスト「ハレタ・シリーズ」のひとつ、『インサイト（洞察力）』(PSECC 1993)などに掲載されている。

初の太平洋諸島民であるという事実をものともしなかった。(OPI-R 1983: 8)
17世紀後半のスペイン・チャモロ戦争や病原菌が原因となり、チャモロ人の人口は急激に減少し、フィリピンやメキシコやスペインからやってきた人びとと一緒になり生活を営んできた。その後もスペイン統治下ではカトリック、アメリカや日本の統治下でもさまざまな影響を受けながら現在のチャモロ人とチャモロ文化が生まれてきた(Diaz 1993, 1994)。そしてチャモロ人とチャモロ文化はその後進性を指摘されてきたにもかかわらず、その真正性をもまた常に問われてきた。OPI-Rはその生きられてきたチャモロ文化の上に、自己決定をいまだ行使していない先住民チャモロ人として政治的に歴史を捉えなおそうとしたのである。長い植民地支配のなかで、チャモロ人は「雑種文化」を発展させ、固有性を維持してきたというのである。そして、つぎのように続ける。

　われわれがこの歴史観を示すのは、小さいが誇り高き集団が生き抜いてきた物語であなたがたを感化するためではない。この物語は世界の多くの地域で繰り返され、その筋書きおよび登場人物の配役において珍しいものではない。そうではなく、植民地主義の諸勢力がある人民全体の心理にどのように作用するかをあなたがたに理解させるためである。チャモロ人は、自らが生きる社会制度をコントロールする機会もなしに、たんに外部世界の見方に従属しただけではなかった。彼らは結局それを内面化してしまった。何世代にもわたってチャモロ人が言われたのは、チャモロ人であることは劣等、無知、後進的であるということだった。さらに、疑わしい動機をもった外国の歴史家たちや行政官たちによって、チャモロ人は事実上現存しないと助言された。チャモロ人は地球上から消し去られてしまったとグアムの人びとは言われ、不幸にもわれわれの多くはそれを信じたのである。(OPI-R 1983: 8-9)

「外部世界の見方」を「内面化」することによって、チャモロ人は「劣等、無知、後進的」であり、さらには現存しないと思わされてきたとして、植民地主義に関連した表象や歴史記述の文化的・精神的影響について指摘している。当然のことながら、そのことを認識することがグアムの脱植民地化およびチャモロ人の自己決定を進める上で非常に重要だからである。

　つぎに、サウダーの「島の変容—衝突と適応のグアムの歴史」という論考を見ていく。この論考において、彼女は衝突と適応という観点からグアムの先史時代と西洋との遭遇から現代までの歴史を見渡す。そのなかで、前述のOPI-Rの声明

第5章　チャモロ知識人とアメリカ化・軍事化　171

と同様に、歴史記述の問題を指摘する。彼女が取り上げた事例のひとつが、マゼラン一行による 1521 年のマリアナ諸島の「発見」である。マゼランに同行し、航海を記録していたアントニオ・ピガフェッタはこのときのことを記述している。それによれば、現地住民が船に入り込んできて盗みをはたらいたため、マゼランは立腹し、40 名の武装した男たちとともに上陸し、40 から 50 の家屋といくつかのボートを燃やし、7 名を殺害したあと、島を離れた。「苦痛と誤解がその致命的な影響を持つ瞬間に数多くあった」(Souder-Jaffery 1987: 57)。しかし、この記述はその後の訪問者の見方や歴史に関する説明を方向づけてしまった。そして「不幸にも、グアムの歴史に関する二次資料はそのような見方を補強し、結果的に過去についての現代のチャモロ人の認識に否定的な影響をおよぼしている」(Souder-Jaffery 1987: 57)。マリアナ諸島における植民地主義と歴史記述の問題は、マゼラン上陸に関する記録に端を発した。そして、これはチャモロ人を狡知と結びつける見方を生みだし、それが現在まで続いているというのである。

　スペイン統治時代やアメリカ領となってから現在までについてもアンダーウッドらの議論を用いて見解が示されているが、それは次節で取り上げる。ここでは、サウダーがこうした歴史認識を踏まえて、チャモロ人をいかなるものと捉えているかに最後に触れておきたい。彼女は冒頭で、チャモロ文化についてつぎのように説明する。「チャモロとして知られる文化複合体を構成する一連の信念と行動様式は、古代チャモロの秩序と歴史状況によってもたらされる絶えず変化する現実とのあいだの弁証法的な関係に由来する」(Souder-Jaffery 1987: 55)。そして、論考の末尾ではチャモロ人の定義はそれを議論する人の数だけあると指摘した上で、つぎのように締めくくっている。

　　チャモロ人であることはまず何よりもチャモロ人の血筋であることだ。ある人たちにとってこれは生得権である。多くの懐疑論者は、歴史資料がそのような主張を無効にすると述べる。自らの人種混合によって「純血主義」的な主張が成り立たないということをチャモロ人は否定しない。それゆえ、ハワイ人とは異なり、われわれは実際の血統の割合に関しては話さない。にもかかわらず、歴史資料は人種的な血統が現在まで持続しているということを証明している。ヨーロッパ人との接触以来のジェノサイド政策にもかかわらず、チャモロ人の伝統の実践やチャモロ的価値観の伝達は、この人種的継続の適応性のある形態と一体となって維持されてきた。(Souder-Jaffery 1987: 63)

サウダーは、チャモロ人の「人種混合」が進み、純血のチャモロ人というのはありえないというのを当然のこととしている。そして、血の割合によって「ハワイアン」と「ネイティヴ・ハワイアン」とに区別されるハワイ人とはチャモロ人は異なるという。ヨーロッパ人との接触以前のチャモロ人を基準にした場合、自分にチャモロ人の血が何パーセント入っているかなどだれにも分からない。チャモロ人はそういったことを問題にしようがないのである。要するに、この「人種混合」と OPI-R の声明でいう「雑種文化」は、チャモロ人の存在を否定する材料にはなりえないし、それどころか現在のチャモロ人とその文化の基盤になっているというのである。

　これらのチャモロ人の歴史をめぐる問題は、1980 年代後半から 1990 年代前半にかけて生じたホテル建設などの開発にともなう埋葬地の処遇をめぐって社会的な対立として現れた。1986 年のマタパン海浜公園からグアム政府庁舎を建設中だったアデルップ岬への土砂の運び出しや、1989 年のタモン湾東端の日航ホテル建設で多数の骨が発見された。クリストバルらはこれらの骨が適切に扱われていないことは埋葬地の破壊でありチャモロ人への冒涜であるとして、全島ミサを行うなどの抗議行動を起こし、法的な場でも争った (Arakawa 1990; dé Ishtar 1994: 75-6)。チャモロ人の歴史や文化について自ら語り、維持していくという文化的な自己決定や主権に関する運動が目に見える形で先鋭化したのである。

(2) 「チャモロ人はアメリカに解放されたのか？」

　歴史認識の問題においてはアメリカとの関係をどう捉えるかということが、OPI-R のメンバーらにとっては重要な課題であった。すなわち、太平洋戦争時の日本軍政下の苦難を乗り越えたというチャモロ人の戦争体験が、アメリカという国家への愛国心に絡めとられてしまっている危機感のようなものがあった。そういった危機感の表明の初期のものとして、OPI-R 結成前の 1977 年 7 月に雑誌に掲載されたアンダーウッドによる記事「赤、ホワイトウォッシュ、青―チャモロ人の体験に色を塗る」(Underwood 1977) をまずは見ていく。

　この記事は、南部の村メリッソのサンディマス教会にあるタユユテ・ハム（われわれのために祈る）という慰霊碑の話で始まる。全体の高さ 3 メートル、幅 2 メートルで、真ん中にあるプレートは縦 1.5 メートル、横 75 センチメートルくらいだろうか。日本軍政終結直前の 1944 年 7 月にメリッソのティンタとファハ

第5章　チャモロ知識人とアメリカ化・軍事化　173

で起こった日本軍によるチャモロ人虐殺で亡くなった人びとを慰霊するためのものである。プレートの上部にはマリア像、その下にはティンタで亡くなった16名とファハで亡くなった30名の名前が書かれている。当時のアンダーウッドによると「チャモロ人に捧げられているだけでなく銘文にチャモロ語のみを使用する島で唯一のモニュメントである」という。多くのチャモロ人関連の記念碑・慰霊碑はチャモロ語と英語が併記されており、現在においてもタユユテ・ハムは珍しい存在である。プレートの一番下には1948年とあるが、記事に掲載された写真のキャプションによると慰霊碑自体の除幕式は1950年5月26日に行われたようである。この慰霊碑でもうひとつ特徴的なのは、「全体が〔1976年の〕アメリカ独立200年記念の赤、白、青と星で縁取られている」ことである。アンダーウッドはグアムを訪れていた何人かの友人（社会学者や言語学者）を「お決まり」の周遊ドライブに連れて行き、この慰霊碑に立ち寄った。そこで友人たちはチャモロ人に捧げられている慰霊碑が「アメリカの象徴」をまとっていることに驚きを示し、「それは不調和な状態であり、チャモロ人としての功績を誇るモニュメントを（中略）彼らから奪っていると繰り返し述べた」という。

　実際、チャモロ人の愛国心は強固に見える。アンダーウッドいわく、第2次世界大戦、解放記念日（7月21日）、基本法に関する資料に当たってみると、「チャモロ・アイデンティティの基本的なイメージ、つまり揺るぎないアメリカの愛国者」がそこにはある。また、解放記念日でのメッセージや旗振りなどに見られるような愛国心の誇示、ROTCやJROTCへの高い参加率、軍隊への高い入隊率、朝鮮戦争やヴェトナム戦争での多数のチャモロ人戦死者、それに対する誇り、という現実がある。

　アンダーウッドはこうした状況を生み出してきた背景や要因を探る。「よく吟味してみると、解放記念日についてチャモロ人が述べることと感じることとは必ずしも重なり合わないのは明らかだ」とアンダーウッドはいう。過去30年間の解放記念日に人びとが発するメッセージは、「アメリカへの感謝を律儀に表明したあと、（中略）チャモロ人が耐えた苦難を詳細に語る」。そうして、チャモロ人の戦争体験は「利用可能で容易に理解される象徴、つまり海兵隊や星条旗」で表現されてしまうのだ。当時のグアム大学の学生たちの調査によると、島の記念碑・慰霊碑のたった24パーセントが、個人か集団かを問わず、チャモロ人に捧げられたものであったという。さらに、政治的権利を要求する運動も関係してい

る。アメリカ市民権と民政の要求のなかで、「チャモロ人を忠実なアメリカ人として特徴づけることが決定的である」。そういったことによって、「チャモロ・アイデンティティの本質部分でさえもアメリカへの愛国心と独自にかみ合ってしまったのである」。そして、チャモロ人の戦争体験を踏まえた自尊心とアメリカの象徴とを分けるべきであると主張する。チャモロ人の戦争体験は「独自の言葉」で語られ、「その象徴性はその体験の英雄たちによって理解される言葉で表現される」べきだというのである。

このようにチャモロ人のアイデンティティと愛国心の関係を問い直すなかで、アンダーウッドは「解放記念日」に「再占領日」という別名を与える（Underwood 1977: 6）。1944年の米軍再上陸を安易に「解放」と呼ぶことへの異議申し立ては、その後のOPI-Rの活動でも行われた。1985年の解放記念日に関するビラのなかで、「われわれは本当に自由なのか？」とチャモロ語と英語で問いかけた。「われわれの運命が十分にわれわれの手中にあるとき、真の自由はわれわれのものとなる。（中略）グアハン〔チャモロ語でグアムを意味する〕におけるチャモロ人の自己決定権が承認され行使されないかぎり、完全な自由はないのである」(OPI-R 1985; cf. Diaz 2003)。

サウダーも「囚われし魂—アンクルサム、われわれにしたことを見てごらん」という論考で、歯に衣着せぬアメリカ批判を行なっている。これは1989年3月にグアムで行われたグアム・ソーシャルワーカー協会の年次大会の報告書に含まれている。「チャモロ的互酬という深い行為において、自らの所有物のなかでもっとも価値あるもの——土地と彼ら自身のまさに魂——を、たとえ唯一の所有物であっても、アンクルサムに差し出した。なぜか？」(Souder 1991: 121)。この自問に対し、アンクルサム、つまりアメリカがグアムにもたらしたものをサウダーは列挙する。日本軍からの自由 (freedom)、食料、薬や病院・診療所、衣服、住居、学校、仕事などである。グアムは徹底的に要塞化されたアメリカの前哨となり、それによって現在のようなアメリカン・コミュニティの基礎が築かれた。これらをグアムの人びとはアンクルサムのプレゼンスの産物であるという。その一方で、チャモロ人はアンクルサムに対してありがたく思い、大事なものを差し出した。互酬はいまもチャモロ人の「社会的な世界の中心」にあり、「個人としてかつ集合的なコミュニティとして報いる責任」がそうさせたのである (Souder 1991: 121)。

第5章　チャモロ知識人とアメリカ化・軍事化　175

サウダーは負の側面についても多数列挙しつつ、「気にしないでおこう」と皮肉る。たとえば、1944年の米軍のグアム奪還における主都ハガッニャの爆撃破壊はじつは必要ではなかったこと、米軍に接収されたのがチャモロ人の自給自足生活を可能にしていた肥沃な土地であったこと、にもかかわらず施し物に全面的に依存した怠惰で無気力なやつという評判にチャモロ人が苦しまなければならないこと（原因については考慮されず）、戦後世代が軍のないグアムの暮らしを想像できないこと、英語オンリー政策が祖先伝来の言語と生活様式を脅かしてきたこと、等などである。それに対して、チャモロ人の対応は非常に大きな困難を抱えている。

　　チャモロ人はアンクルサムが自分たちを必要としていると長い間知っている。植民地化のみごとな生存者であるチャモロ人は、そのニーズが自分たちのものであるかのようにみせるのに長けている。おそらくわれわれのもっとも大きな過ちは、この極意をとてもうまく守ってきたことにあるだろう。（Souder 1991: 122）

また、アンクルサムを批判することはグアムにおいては困難である。政治的地位の変更や経済的障害の除去を求めたりする人びとは「非アメリカ的」であると言われる。メディアや軍によっても恩知らずと非難される。アンクルサムは、「偉大な恩人、白いあごひげのサンタクロース」のイメージを与えられているのである。だが、アンクルサムの存在によって朝鮮戦争・ヴェトナム戦争や365の核弾頭がグアムにもたらされてきた。

　　これらすべて防衛の名のもとに？！つぎに戦争が起きたときに確実なターゲットであることが保護行為なのであろうか？この種の論法の意味を理解するのは私には本当に難しい。しかし、「これらすべて」がどういうわけかわれわれの最高の利益に供するということを信じるようにわれわれは期待されている。（Souder 1991: 123）

「〔アンクルサムの〕ニーズが自分たちのものであるかのようにみせる」というチャモロ人の生存戦略は、グアムが軍事的なリスクを背負わされていることを「われわれの最高の利益に供する」信じさせることと表裏の関係である。サウダーは、チャモロ人は「最悪な立場にあるアンクルサムの愛人」となっており、「その沈黙は寛大な家父長制の従順な受容と解釈される」と警告を発する。

　　この思慮のない依存以上に太平洋でのアンクルサムの成功を物語るもの

はない。われわれの魂は囚われている！われわれの先住民としての魂は錠と鍵で閉じ込められている。われわれは概して報復を恐れて声を上げることができない。われわれは正義を求めている！ (Souder 1991: 123)

　サウダーはグアムで生じている問題に勇気を持って取り組まなければならないと主張する。チャモロ人の口をアメで満たし、「酷い虫歯状態」にした責任を、アンクルサムを負わなければならない。アンクルサムに、彼は「オジ」ではなく「王室絨毯の待遇を受けてきた訪問者」にすぎないと認識させなければならないという。日本軍政下にチャモロ人に密かに歌われた歌の一節「サム、サム、敬愛するアンクルサム、どうかグアムに戻ってきてくれませんか」を「サム、サム、よく聞いて、親切にして、あなたがわれわれにしてきたことを見てごらん」と挑戦的に書き換えなければならないというのである（Souder 1991: 124）。

　このときの年次大会のテーマは、「ミクロネシアにおけるアンクルサム―社会的便益と社会的コスト」であり、グアムだけでなくミクロネシア各国やフィリピンにおける米軍の存在に焦点が当てられた。この時期はちょうどフィリピンの米軍基地協定がそのまま期限切れとなる可能性や、グアムやミクロネシアへの兵士や基地の移転の可能性への関心が高まっていたときであった。グアムでは、「観光業、連邦政府の余剰地の返還交渉、軍への経済依存を減少させる取り組みに米軍拡張が与える影響、島のすでに緊迫した物的インフラや社会組織へのこれらの複合的な影響、グアムの政治的自己決定要求への関連」が議論されていた（Dames 1991: vii）。ミクロネシアにおける多くの人びとにとっては、アンクルサムは「家父長制的な恩恵というビロード手袋」と「軍事帝国主義という鉄拳（弾圧、厳格で無慈悲な支配）」という二重性を持っている（Dames 1991: viii）。年次大会のテーマに含まれている「社会的便益と社会的コスト」はこれに対応している。そのなかで、サウダーは切迫した状況において大きな危機感を持ってアンクルサム批判を展開したのである。

4　メディアとアメリカ化・軍事化

(1) 文化的ジェノサイドと文化的ナンセンス

　グアムのマスメディアとそれらにおけるチャモロ人の表象に関しても、「小さな太平洋社会におけるマスメディアの役割―グアムの事例」としてアンダーウッ

ドは考察の対象とした。ここでいうグアムのマスメディアとは、『パシフィック・デイリーニューズ（PDN）』、KUAM のテレビとラジオ、グアム・ケーブルテレビジョンシステムである。

　アンダーウッドはグアムのマスメディアの文化的特徴には「文化的ジェノサイド」と「文化的ナンセンス」の2つがあると指摘する。ただし、それらは相互排他的なものではない。前者はつぎのように説明される。

　　文化的ジェノサイドを、メディアのメッセージがチャモロ文化、つまりグアムの先住民文化からの遊離を促すという意味で筆者は用いる。チャモロ文化は、それが言及されるときには、過去の遺物、マスメディアのメッセージの送り手と受け手の両者にとって全体的に異質に見えるものとなる。チャモロ人の現実を客体化するこの過程は即座にその非人間化へと導く。それはもはや人間社会の変化や革新における人間活動主体ではない。現代の人間としてわれわれが得る情報の範囲外にある静態的な客体である。それに関する諸問題はすべてそれまでに解決されており、われわれに残されたのはそれに言及するかしないかの決定を下すことだけである。（Underwood 1981: 62-3）

チャモロ文化やチャモロ人は「過去の遺物」とされ、主体性を剥奪される。文化的移行ではなく文化的ジェノサイドであるのは、メディアが「正当で、適切で、正常な文化的ふるまいのモデルを提供する」からであり、「文化的遊離」だけでなく完全に外来の「文化的再定式化」を促すからである。

　アンダーウッドは『PDN』紙の記事からその例を挙げる。それはハオレ（白人）記者が書いたクリスマスのチャモロ人老夫婦に関する1978年12月25日の記事である。台風被害のために電気・水道・トイレのない土間床の家で暮らす老夫婦にクリスマスに合わせて寄付や贈り物が届けられているという内容である。アンダーウッドが指摘するのは、老婦人がファーストネームで呼ばれ、英語を話せないことに何度も言及され、完全に外部者の視点でチャモロ人の慣習や価値観が書かれ、あたかも老夫婦が外国人やよそ者であるかのように描かれているということである。「この老夫婦は急速に消えゆく文化の代表」となっている。「われわれがもっとも人間的であると思われる時期（クリスマス）に、カリカチュア（戯画）や物語の客体（主体ではなく）に見えるまでにその人たちは非人間化された」のである（Underwood 1981: 63-4）。アンダーウッドの言う文化的ジェノサイドとは具体的には以上のように捉えられている。

もうひとつの「文化的ナンセンス」とは、文化的な違いによってメディアのメッセージが受け手に伝わらないということを指す。送り手はそれを受け手の問題とする。そして、「地元住民は非常に純朴で、神経質で、愚かなのでマスメディアのメッセージの趣旨を理解できない」と結論づけてしまう。しかしアンダーウッドによると、それは送り手の問題であり、文化的に適性がないからである。

　文化的ナンセンスの例として挙げられているのは 1978 年の『PDN』紙の記事である。これは 1977 年のグアム政府職員の「マン・オブ・ザ・イヤー」にホセ・フランシスコ・カマチョ・パンゲリナン・クルス・サンニコラス・テノリオ・テドパホゴ・マニブサン・キチョチョという 56 歳の男性を『PDN』が選び、彼がどういった人間であるかを紹介する内容である。「正直者のジョー」というあだ名を持ち、真面目な働き者である彼のさまざまな行為が列挙される。たとえば、公費で島外に旅行しない、私用で職場のコピー機を使用しない、もっとも大きな道路であるマリーンドライブを時速 35 マイル（約 56 キロ）以上で運転しない、15 年間も電話回線の導入の順番待ちをしているにもかかわらず電話局の部長であるいとこのフランクに口利きを頼まない、毎月 1500 ドルの電気代を期限内に不平を言わずに支払う、などである。ジョーというグアムでありきたりのファーストネームに、グアムで一般的なファミリーネームをいくつもつなげているところですぐに分かるが、じつは「正直者のジョー」は架空の人物で、この記事はグアム政府職員についてユーモアを交えて批判しようとしたものである。しかし、伝え方の問題によって、読者にはそのようには伝わらず、悪口を言われたと不快にさせる。

　こういったメディアの文化的ナンセンスとは、メディア従事者の異文化間スキルの低さの表れである。彼らの多くはグアムには短期間しか住んでおらず、グアムのことを彼らより少し長く住んでいる他のメディア従事者たちから学ぶ。そして、彼らもまた「新たなメディア従事者を文化変容によって変える文化専門家となる」のである（Underwood 1981: 65-6）。このようにして、チャモロ人やグアムで長年暮らしてきた人びとと、メディア従事者とのあいだで文化的な断絶が維持されるというのである[11]。

11）　メディア従事者がグアムに短期間しかいないにもかかわらず、非常に偏った情報に基づいてグアムの問題を論じているということについては、筆者のフィールドワーク中にもチャモロ人

(2) 「ミニアメリカ」と「チャンネルアイランド」

　グアムのマスメディアが米軍を起源としていること、米兵やその家族に「ホーム」をもたらすことが目的であったことをアンダーウッドは指摘する（第2章参照）。その上で、1981年当時のグアムにおいてそうした状況は基本的に変わっておらず、その「ホーム」とはカリフォルニア郊外であると述べる。そして、メディアがグアムで果たしている機能を2つ挙げる。ひとつは、社会的・エスニック的に多様な集団を接触可能にし、住民に島を想像させるようなコミュニティを作り上げ、大きな影響力を行使することである。もうひとつは、アメリカ本土の情報を中心に接することで、アメリカの白人中産階級の生活を正常なものとみなさせることである。

　　　メディアのこの機能は非常に独自のやり方で文化変容に関係する。一度も訪れたことのない場所へのホームシックをわれわれに感じさせるだけでなく、自分たちの日常経験が異常であるという不安感をわれわれに与える。本当の仕事、正常な世界、模範的な世界は、われわれが読んだり、聞いたり、テレビで思い描くものである。(Underwood 1981: 69)

チャモロ人を含めグアムの人びとは自らを異常な存在と見なす一方で、アメリカの主流、つまり白人中産階級を正常なものと見なし、後者に同一化しようとするのである。またそれと同じように、非主流である島の文化は「エスニック」であり、アメリカの主流の文化は「非エスニック」となる。

　アンダーウッドは続けて、グアムのマスメディアのこうした機能によって、グアムについて2つのイメージが出来上がってきたと述べる。ひとつは「ミニアメリカ」というイメージである。グアムの愛国心に乗じた形で、メディアは「西太平洋の要塞」「太平洋におけるアメリカの前哨」「西太平洋にある民主主義のショープレイス」「アメリカ合衆国グアム (Guam, U.S.A.)」といった言葉を使用する。グアムは西太平洋の一部ではなく、アメリカの拡張部分、つまり「ミニアメリカ」となっているのである。もうひとつは、「チャンネルアイランド」というイメージである。地元のことは報道では当時取り上げられるようになってきたが、エンターテインメントではほとんど取り上げられない。「まるでわれわれがアジア・太平洋地域の真ん中にではなくカリフォルニアの海岸近くにあるチャン

活動家からたびたび耳にした。現在もそうした状況に変化が見られず、チャモロ人活動家に問題視されているのである。

ネルアイランドにいるかのように、グアムのマスメディアはたびたびふるまう」(Underwood 1981: 70)。

このような「植民地の視覚（colonial optic）」は、前述したように、米軍との歴史的に密接な関係、ハオレ（白人）による所有・経営・業務、島外出身のメディア従事者の短期間での転職といった状況によって形成されている。さらに、メディアは近代化や西洋化と関連した進歩という観念に結びついているためにこうした状況を覆すのは困難であるとも述べる。しかしながら、アンダーウッドは最後に3つの方法を提起する。1つ目は、「マスメディアを脱神秘化し、双方向コミュニケーションを開始すること」、2つ目は「メディアが現に行っていることを認識すること」、3つ目は「われわれがメディアをコントロールしうるか、メディアがわれわれをコントロールするかという問題ではなく、誰かがすでにメディアをコントロールしているということを認識すること」である。アンダーウッドはグアムのメディアの起源と性格を明らかにし、その機能と効果を論じ、それらに注意を喚起した。そして、これらの認識は同時代のグアムの活動家や研究者らに共有され、後続世代の人びとに受け継がれていくのである。

(3) OPI-R によるメディア批判

1985年頃のOPI-Rのビラのひとつからは、アンダーウッドに見られたようなメディアへの批判的認識をOPI-Rも表明していたということが分かる。そのビラはメディアにおけるグアムの表象をつぎのように批判した。

メディアを通して見たグアムと先住権は、
・アメリカの最西端の辺境であり、合衆国創設の前にすでに存在し、独自の発展を遂げてきた土地ではない。
・アメリカの1日が始まる場所であり、
　チャモロ人が自らの権利と何世紀にもわたる存在に目覚めている土地ではない。
・それぞれの文化が同じ権利を持つ多文化の島であり、
　チャモロ文化が真に発展しうる世界で唯一の土地ではない。
・先住権が特権と分類される場所であり、
　植民者によって長いあいだ否定された権利の実現とされる場所ではない。
（OPI-R ca. 1985a)

ビラの最後には、「グアムのマスメディアは考えるべきことを言わず、問題をどう見たらいいかやどんな問題を考えたらいいかを言う」とあり、「異なることを恐れるな。間抜け（block head）になるな。勇気を持って自立した思考者になろう！」と締めくくられている。ビラの左下には、頭がテレビになった人間のイラストが描かれている。おそらくメディアの見方を内面化してしまった人間を戯画化しているのであろう。当然のことながら、このビラにはOPI-Rの活動家たちのメディアに対する非常に強い警戒心が示されている。しかしそれだけでなく、彼らがグアムの一般の人びとをどういう存在と捉えていたかをも明確に表しているといえる。

5 従属民から不適応者へ

(1) 軍事基地における従属民

OPI-Rの批判は、メディアだけでなく連邦政府にも向けられていた。別のビラでは、より辛らつに連邦政府とグアムの政治的・軍事的な関係に目を向けた。

連邦政府から見たグアム
- 西太平洋のもっとも大きな土地の塊であり、ハワイとフィリピンのあいだにあるもっとも良質な深い港であり、連邦政府が地代なしで島の3分の1を占有する場所。
- アメリカが、西太平洋で唯一、住民の同意なく絶対的な政治的・経済的・社会的な支配を行う有人島。
- 核弾頭（現在は約370発）の保管場所、原子力艦や原子力潜水艦の寄港地、核搭載機の集結地域として使用される島。
- 出入域が連邦政府の出先機関によって管理されている島。
- 主要メディアが外部者やアメリカの大企業によって所有されている島。
- 相当数の短期滞在の軍や国防総省の関係者たちが、政治的地位に関する住民投票を含む地方選挙において投票することを認められている島。
- 連邦政府当局を受け入れ従うように人びとが強いられてきた島。
- 自己決定権を含む人民としての自らの正当な権利について人びとが知らされないままである島。
- 自らに対する不正義に関して連邦政府に立ち向かうための頼りとなるもの

を何ら持たないほどまでに、人びとが連邦法によって締めつけられている島。
民主主義：直接的にも公選の指導者たちを通じても人びとが統治権を有する政治体制。
われわれは民主主義のなかで生活しているのか、われわれは軍事基地における従属民として生活しているのか？すべての人びとへ平等と正義を与える自治の自由をわれわれは手に入れるときである。(OPI-R ca. 1985b)

連邦政府がグアムをほとんど軍事的な視点からのみ捉えているということや、連邦政府とグアムの政治的な関係が圧倒的に非対称的であるということが指摘されている。「軍事基地における従属民」となっている状況から脱する必要性を説いているのである。そして、最後にチャモロ語で「われわれの権利のために立ち上がろう」と書かれ、その下に監房に閉じ込められた擬人化されたグアムのイラストが描かれている。イラスト上部には「独房棟　連邦制度」、下部には「グアム：政治囚」と書かれている。連邦制度のなかでグアムの身動きがとれなくなっているということを意味していると考えられる。

(2) 不適応者

『チャモロ人の自己決定』のなかでアンダーウッドは「グアムの意識と不適応の人びと」というタイトルの植民地における現実認識の問題を扱った論考を書いている。この論考の前に付された編者の解説には、「結局、いわゆる『不適応者』のヴィジョンとは、本書のなかで示されるオルタナティヴのすべてである」と断言されている (Underwood 1987: 135)。「不適応者」とはいったい何なのか。

アンダーウッドによれば、アメリカとの関係を現状肯定したりチャモロ人の消滅が不可避であると認識したりする特定の見方を、他の見方の選択肢に無自覚なままに、グアムの人びとは身につけるようになっており、「意識狭窄の犠牲者」となっている (Underwood 1987: 135) [12]。しかしそれを問題と認識していないのが「グアムの意識」とされるものである。それはたとえば、「『本土』に行くことについておしゃべりをしたり、『私たち』の宇宙飛行士を誇りに思ったり、『私た

---

12) ここでアンダーウッドは、作家ジョージ・オーウェルの「二重思考」、哲学者ハーバート・マルクーゼの「幸福な意識」、教育者パウロ・フレイレの「マス化」「順応」を、有機体としての人びとが人間でなくなっていく同じような過程を指す概念として挙げている。

ち』の大統領の功績を議論したり」することとして現れる。それを当然のことと考え、矛盾を矛盾と感じない。教育、メディア、公選の「指導者たち」を通じてその意識は広まる（Underwood 1987: 138）。

　不適応者という言葉は、ブラジルの教育者パウロ・フレイレから援用されている。そして、彼はフレイレの議論に依拠して、「統合的人間は不適応な人間となる」と述べる。フレイレいわく、「統合は自らを現実に順応させる能力および選択をしかつその現実を変容させる批判的能力に起因する」、「革命的精神を持った強固な人間はしばしば『不適応者』と呼ばれる」。グアムの意識の側からすれば、彼らは「不満を持ったマイノリティ」「能弁な少数者」「短気なナショナリスト」である（Underwood 1987: 136-7）。すなわち、グアムの意識に取り込まれない人びととして、アンダーウッドは肯定的な意味で不適応者に言及する。チャモロ人の消滅に順応しない不適応者として挙げられているのは、魚釣りをしたり農業をしたりしつつ、グアムの意識を無視する人びとである。たとえば、2つの日系ホテルに挟まれて豚を育てる人びとを、グアムの意識は無自覚で無関心な人びとと捉える。しかしその不適応者は「自らの厳然たる未来を認識しているが、他の者たちとは異なり、自らの過去を捨て去りたくないのである」。他にも、若い会社員、退役軍人、年配者、教養人などのなかにも「適応」するのを避けてきた人びとがいるという（Underwood 1987: 139-40）。過去にこだわり、進歩を単純に受け入れない人びとが不適応者とされる。

　ここでグアムの意識に関するアンダーウッドの指摘をもう少し確認しておく。グアムの意識は不適応者へのある種の攻撃に飽きると、今度は彼らを愛するようになる。それは人間間の愛ではなく、対象の人間性を奪う愛であり、わずかな責任と哀れみから生まれるものである。たとえば、運転の荒い人が飛び出してきた犬をひいてしまったときに持つ哀れみの感情のようなものである。そこには罪の意識はないが、痛みを与えてしまったことの認識はある。しかし犬が運転手の手を見て嚙みつくとき、運転手は「無知なばか者、愚かな生き物だ、お前を助けようとしているのに」と考える（Underwood 1987: 141）。グアムの意識は不適応者に対して同様の関係にあるというのである。

　最後にアンダーウッドは、グアムの意識と不適応者との関連で、過去・現在・未来の認識について論じる。

　　　過去に起こった恐ろしいことは過去においてのみ存在し、それが過ちであ

るが結局終わったことをわれわれはみな認識しているのでそれらはもう起こりえない、と意識は述べる。さらに意識はそれに個人的には何の関係もなかった。過去の罪は現在世代によって償うことはできないとわれわれはいわれる。意識狭窄を今日広める人びとの大変な成功が過去に犯した罪によって可能になったということを指摘するのは無駄である。彼らは諸関連を見ないが、その代わりに不適応な歪んだ心のみに、軍用地接収と連邦政府による多額の援助への経済的依存のあいだの関連、チャモロ語への抑圧と英語メディアの成功のあいだの関連、安い外国人労働者の流入とチャモロ人の流出のあいだの関連が見えると非難する。(Underwood 1987: 141)

過去と現在・未来の関係の認識が意識と不適応者を分ける。意識の側からすればその関係を認識することは「危険行為」となる。換言すれば、現在を理解し未来を展望することを可能にする集合的記憶は人びとから遠ざけられる。だが不適応者は、「不正義があることを認識できるほどリベラルな人びとの偽りの友情」を受け入れない。アンダーウッドは「不適応者であることに感謝」と締めくくっている (Underwood 1987: 142)。不適応者という一般的に否定的な意味で用いられるこの言葉は、ここでは主体性と結びついた肯定的な意味へと転換されている。従属民ではなく不適応者たらんことをグアムのチャモロ人に対してアンダーウッドは訴えたのである。

6 チャモロ人の先住民運動と先住民研究

本章ではOPI-Rがチャモロ人の歴史の再構築や社会分析を非常に積極的に行っていたことに着目した。OPI-Rはグアム社会におけるさまざまな問題に目を向け、メディアや教育といった文化的側面と関わる植民地主義と表象の問題、つまり軍事化やアメリカ化に敏感に反応した。それらはチャモロ人のいわば〈自己〉を再構築するプロセスであり、政治的地位の自己決定というOPI-Rの政治的課題に欠かせないものであった。そして、そのような運動と研究・教育の相互作用は、チャモロ・ナショナリズムを非常にダイナミックなものにした。

チャモロ語やその他のさまざまな伝統、知識、技術は、すでに1980年代にアンダーウッドが指摘していたように、アメリカ化のなかで無意味で無価値なものとして表象された。OPI-Rはこれらを問題視し、チャモロ人の歴史をチャモロ人

自身が語るうねりを生みだした。それは戦前から導入されたアメリカの教育システム、アメリカ人が所有し取材・報道するマスメディアを批判しつつ、チャモロ人の観点を示すことによって、先住民の知的主権を行使しようとしたのであった[13]。たとえば、グアム大学においてチャモロ人がチャモロ文化についての教育・研究活動に従事し、政治を論じるようになったのは大きな変化である。

マイケル・ビバクアは脱植民地化におけるイデオロギーの重要性を強調するなかで、グアム大学の役割に言及している。グアム大学は、「西太平洋におけるもっとも大規模で有名な高等教育機関」を自認する一方で、グアムにおいては財政や教育の質において貧弱であるという悪い評判もある。そしてイデオロギーという観点からは、「グアムにおけるアメリカ合衆国の善意や積極的な進歩性を特権化および保護するもうひとつの決定的な場」でもある。そうしたなかでグアム大学を脱植民地化しようとする多くの試みが、グアム大学教員や同大学での教員を目指す大学院生たちによって行われている。たとえば、アジアに近接し、ミクロネシアに位置するという地域的な特性に関連した意識を鼓舞および維持するようなカリキュラム変更が続けられている (Bevacqua 2007: 56-64)。

またこのような問題に直面したのはグアムのチャモロ人だけではない。他地域の被植民者も、植民地社会が受けた影響を思想的・文化的側面から捉えようとさまざまな側面から取り組んできた。そして、そのような脱植民地化はさまざまな学問領域からなされてきた先住民思想と脱植民地化を関連づける先住民研究と呼ばれる一連の取り組みと密接につながっている[14]。グアムにおける脱植民地化も同様に活動家、政治家、教育者、学者の枠を越えて試みられてきたのであり、そのようなグローバルな運動との関連で展望を導き出す必要があるだろう。

その一方で当然のことながら、そのような脱植民地化が植民者／被植民者の関係以外の抑圧の問題から自由であるわけではない。先住民の伝統を主張すること

---

13) 先住民の知的主権については、バーカーの議論を参照 (Barker 2005: 25)。
14) このような脱植民地化の流れについて、日本の文化人類学者による太田 (2003: Ch.8) では、「人類学的権威の分散」、「歴史的他者」の声への応答といった問題が論じられている。また同様に、オセアニアでフィールドワークを行う人類学者による White and Tengan (2001) では、「内／外、ネイティヴ／その他、表象する者／される者、という境界線を強化・維持する制度的実践」への反省がなされ、カルチュラル・スタディーズやネイティヴ・スタディーズ（先住民研究）との枠を越えた研究の可能性が展望されている。その他に、太平洋の文学・文化的表象と脱植民地主義（ポストコロニアリズム）を考察し、新たな「太平洋世界」を創造しようとする動きを整理したものとして須藤 (2004) がある。

がヒエラルキー的な社会編成の特権化につながり、階級やジェンダーによる不平等の温存・再生産を正当化していくということが、社会的・文化的に多様なオセアニアにおいてもすでに指摘されてきた（Dirlik 2005）[15]。グアムでもそれは独特かつ複雑な形で現れてきた。1990年代にはナシオン・チャモルが土地なし低所得層の利害を代表する形で土地返還運動を行った。それを熱烈に支持した住民たちが、政治的・経済的な支配者層とだけでなく、OPI-Rなどエリートや知識人と目される人びととも階層的な差異があるということは明らかであった。またナシオンのメンバーは、米軍の駐留に多くの問題を見いだす一方で、先住民アイデンティティの分節化において米軍の文化から影響を受けながらマスキュリニティ（男性性）を形成した（Stade 1998: 188-200）[16]。ジェンダーの問題はグアムだけでなく、ミクロネシア、ハワイ、ニュージーランドにおいても脱植民地化の課題のひとつとして認識されている（Teaiwa 1992; Tengan 2002; Walker 2005）[17]。

その他にもさまざまな問題が指摘されているが、実際にはこれらの批判的研究自体もOPI-Rの活動の産物でもある。なぜなら、本章でも触れたディアスやシュワブもまた1980年代、90年代にチャモロ人の運動に関与していたからである。チャモロ人の先住民ナショナリズムは現在へと至るなかで、前述のような批判を受け止めつつ、それらの抑圧の問題に取り組み乗りこえるべく、OPI-Rの活動を批判的に継承してきた。

本章でみてきたように、1980年代のOPI-Rの活動はそれらの困難な試みのための大きな礎（いしずえ）を築いたといってよい。彼らは政治的地位の自己決定を主張することによりコモンウェルス法案の行方に大きな影響を与える一方で、チャモロ人という〈自己〉を再構築することによってグアム社会において重要な地位を占めていった。それは、OPI-Rのメンバーや他のチャモロ・ナショナリストのなかでグアムの政治における公的なポジションに就くものが増えたことにも表れている（第6章参照）。1990年代以降にナシオンが草の根の運動として注目を浴びることにより、チャモロの運動におけるOPI-Rの役割は変化した。しかしながら、

---

15) また、それは先住民運動だけでなく第三世界のサバルタン・ナショナリズムを考察する際に抱えざるをえない問題でもあってきた。

16) また、植民地化やフィリピンやミクロネシアからの移民との関係で、エスニシティや階級といった要素と絡まり合いながら変化するチャモロ人のマスキュリニティについてはSchwab (1998) を参照。

17) しかしながら、先住民の運動におけるマスキュリニティには反植民地主義的な目的による流用という側面もある（Tengan 2002; Walker 2005）。

OPI-Rの脱植民地化の試みは、そのナシオンの活動、チャモロ・ルネサンスと呼ばれる現象、チャモロの新しい世代による運動と研究の下地を作りもしたのである。

第6章 未完の脱植民地化
——チャモロ・ナショナリストによる自己決定と主権の追求——

　本章の目的は、チャモロ・ナショナリズムにおいて、グアムの抱えるさまざまな社会問題が植民地化という歴史的不正義に結びつけられてきたということを明らかにすることである。そのために、その運動において、自己決定や主権という言葉がどのような文脈で、どのような意味で用いられてきたかに着目する。なぜなら、植民地化とは自己決定や主権が失われた、または、不十分な状態にさせられることであり、脱植民地化とはそれらが回復された状態やそこへの過程であると考えるからである。

　以上の目的のために、本書における脱植民地化や自己決定と主権に関する視点についても触れておく。まず、脱植民地化とは捉えがたい概念であるが、独立や何らかの政治的地位の変更によって達成されるものではないということはいうまでもない。ジェイムズ・クリフォードの言葉を借りれば、脱植民地化は「不規則で未完のプロセス」であり、「全か無かの、一度きりの移行ではない」。クリフォードはさらに、太平洋島嶼地域には脱植民地化の波が遅れてやってきたとし、資本主義世界システムの変化にともない、現代の独立・自立(インディペンデンス)という考えには引用符が必要になっていると指摘する。そして、この地域における独立・自立と相互依存との分離不可能な関係に着目している（Clifford 2001: 473-4）。たしかに、アメリカの植民地というグアムの状況が変わらないなか、政治的な独立・自立の意義は薄れることはない。だが、グローバル化のなかでチャモロ・ナショナリストの目指す脱植民地化とは何かを注意深く見る必要がある。

　そして脱植民地化の中身を捉えるためには、自己決定や主権という概念が重要である。先住民研究・ジェンダー研究のジョエン・バーカーは先住民が用いる主権概念を検討した上で、「主権とは歴史的に偶発的なもの」であり、「それに固定的な意味はない」と指摘している。すなわち、主権は「それが用いられたり意味

を与えられたりする特定の社会関係のなかに埋め込まれて」おり、「いかに、いつそれが現れ機能するかは、反対・勧誘・適応といった特定の働きをするために、それを公的討論または政治文書のなかに再分節化する人びとの『特定の立場の』政治的議題や文化的観点によって決定される」という（Barker 2005: 21）[1]。自己決定についても同様のことがいえる[2]。チャモロ・ナショナリズムにおいて、両概念はさまざまな状況に応じて用いられてきた。

　「自己決定」と「主権」の可能性と限界を明らかにするためには、根深いところで進行してきたアメリカの支配についても目を向けなければならない。この点に関して、アメリカの歴史家デイヴィッド・ハンロンによるミクロネシアを対象に行われた研究がある。ミクロネシアについては、アメリカの戦略的な関心がその開発を遅らせてきたという批判が流布してきた。しかし、ハンロンはアメリカの経済開発を支配の戦略とみなし、まさに著書のタイトル通り「ミクロネシアを作り替える」ほどのものであったことを論じている。「表面上はもっと寛容で善意の統治プログラム、つまり経済開発の促進は、ミクロネシアと呼ばれる地域の人民・場所・文化への影響において、他の植民地主義的なイニシアチブと同じくらい分裂的で破壊的な変化のプロセスを引き起こした」（Hanlon 1998: 3）。しかもこのプロセスは戦後のアメリカ・イデオロギーとも関係している。それは、国内だけでなく国外についても平和と安定は経済的繁栄と民主主義に依拠するとし、世界各地においてアメリカの利害関心と諸活動を正当化し促進することになった（Hanlon 1998: 4-5）。グアムの場合、ハンロンが対象とした旧信託統治領の島々と異なり、1898年からのアメリカによる統治で、もっと長く深いアメリカ化を経験してきた。それだけに、グアムにおける「自己決定」と「主権」の追求はより困難なものにならざるをえない。

　そうしたグアムの脱植民地化の困難を分析したマイケル・ビバクアは、前述のバーカーの編著にのちにまとめられた会議に言及し、アメリカの先住民や被植民

---

1) その他に本書と同様の視点に立つものとしてモーリス＝スズキ（2000）を参照。
2) 脱植民地化における self-determination には「（民族）自決」という定訳もあるが、近年は「自己決定」と訳されることも増えている（ただし、autonomy も「自律」だけでなく「自己決定」とも訳されることに注意しなければならない）。政治理論家アイリス・マリオン・ヤングは、2つの self-determination 概念の議論において、従来主流だった独立や不干渉を意味するものに、先住民の政治のなかで現れてきた非支配を重視する関係的なものを対置し、後者をフェミニズム理論やポストコロニアル理論といったより広い文脈に位置づけている（Young 2007）。こうした研究動向を踏まえて、本書では「自己決定」という訳を採用する。

者である参加者たちによって追求される主権は、大文字の主権と小文字の主権に大別できるとする。前者は「フォーマルな意味での主権」であり、「近代的または先住民の国民国家とそれに付随する承認された諸権利すべての達成」である。後者はポストナショナルな枠組みに関連し、「独立、脱植民地化、主権およびナショナリズムのような壮大な観念はすべて、以前の幻滅の亡霊や将来的な裏切りの前触れ」であり、「ある種のローカルな、日常の主権」が重要とする考えである。この2つの主権追求の行き詰まりのなかで道を切り開くことが、先住民や被植民者にとっての課題となっているといえる (Bevacqua 2007: 143-5)[3]。

本章では、グアムにおいて政治的地位がどのようにして問題化されてきたかを確認したあと、1980年代以降のOPI-Rの運動や1990年代以降のナシオン・チャモルの運動において自己決定や主権がどのように用いられてきたかを明らかにし、植民地化の影響が幅広く捉えられてきたことを指摘する。

1 政治的・経済的自立の諸問題

グアムとアメリカの関係を考えるとき、1950年と1962年に起きた2つの出来事は両義的であると同時に、現在までグアム社会のありように深く関わり続けている。

1950年にグアムは軍政から民政へと移行し、住民にアメリカ市民権が付与された。その後も、1970年前後には、グアム知事の公選制や連邦下院への代表の選出などをグアム政府は実現していく。その一方で、1950年の基本法にはグアムはアメリカの非編入領土、つまりアメリカの州にはなりえない領土であるということも明記された。つまり、1950年の政治的変革によって、その後の政治的発展がさらに追求されると同時に、政治的制約が課されたままにもなっている。

さらに、1950年以降の政治状況はアメリカにおける自由・平等・民主主義といった理念によって支えられると同時に、そうした理念がそれらによって作りだされた状況によって支えられるといったことが生じている。歴史的不正義を被ってきたチャモロ人の権利や彼らに対する補償を求める運動が進められる一方で、

---

[3] ビバクア自身は同論文において、2つの主権概念のなかでの二者択一に慎重な姿勢を見せつつも、後者の小文字の主権に明らかに関心を寄せている。ただし、実際のグアムの政治においては、2011年以降のカルボ政権下でのグアム脱植民地化委員会で「独立」タスクフォースの議長を務めているように、ビバクアは政治的地位の問題に積極的に取り組んでいる。

それらの運動はリベラル個人主義的な平等を擁護するバックラッシュに直面してもいるのである。アメリカの理念は、グアムの自治や住民の権利をある程度進展させたが、軍事的・新自由主義的な観点と結びついたり、文化的レイシズムやカラーブラインド・イデオロギーとして現れたりし、それらのさらなる進展を抑制してきた。

もうひとつの出来事は、より経済的なものである。グアムの出入域制限措置を解除する行政命令が1962年8月にケネディ大統領によって出された（第2章参照）。米軍や連邦政府に依存した経済から脱しようと、グアムでは経済的自立に関する議論が戦後しばらく経ってから生じ、出入域制限措置の解除後はとくに活発になっていた。グアムはハワイやマイアミビーチのような観光地になれるのではないか、香港のような金融の中心になれるのではないか、シンガポールのような工業地域になれるのではないか。そういった期待が1960年代・70年代に高まっていった。こうして出入域制限措置の解除は、グアムの人びとの経済偏重の思考を補強する結果になってしまった。

実際のグアム経済は、結果的に米軍と観光業への依存を強める構造となってしまった。たしかに、1960年代からは一時的に製造業、70年代からは観光産業が成長し、経済発展が見られた。出入域制限措置解除から数カ月後の1962年11月にグアムを襲った台風カレンは大規模な被害を与え、それからの復興がグアム経済を後押ししたのも要因である。しかし島の面積の3分の1近くが軍用地のままであり、それは明らかに観光以外の産業が発展するのに障害になってきた。さらに、農地の多くが軍用地となってしまったことは、農業の発展にとっても大きなマイナス要因になってきた。

経済発展の幻想が根強く、政治発展がなおざりにされてしまってもいる。ロバート・アンダーウッドは、チャモロ人が内面化してきた、グアムの政治的な現状維持を正当化する3つの考え方を挙げる。第1に、インフラや保健衛生の発展は政治発展の欠如を十分に埋め合わせるものであり、かつグアム政府は未成熟である。第2に、政治発展するにはグアムは小さすぎる。第3に、経済が優先で政治発展は二の次でよいし、グアム住民は連邦税などにおいて優遇された特権的な人びとである。最後の点に関してアンダーウッドは、「グアムが経済的困難に直面するときに根本的な政治解決を求めないというのも、若干皮肉である」と述べる（Underwood 2001）。植民地主義的な経済偏重の考えが、1世紀にもわたって受

容されてきたというのである。

　また、グアムの人びとは新自由主義的な政策にもさらされてきた。この点については、アメリカにおける地理的・政治的な周縁性は関係ない。今世紀に入ってからは、水道局、電気局、通信局、病院、学校、港湾局、刑務所などのこれまでグアム政府の行ってきた事業の多くで民営化が計画され、いくつかは実行に移されている。こういった政策は、地元の経済界、メディア、米軍の3者が癒着した利権構造のなかで進められている（Aguon 2006）。さらに、グアムにおける失業率と米軍への入隊率の高さについて考えると、この経済構造がいかに機能しているかについて気づかされる。グローバルな軍事的・政治的・経済的な渦に巻き込まれながら、そのなかでグアムは必要不可欠な役割を果たしてきたともいえる。

2　政治的地位をめぐる歴史

(1)　憲法会議と政治的地位委員会

　ここではグアム基本法以後の政治的地位をめぐる動きを概観する[4]。前述のように、基本法は画期的なものではあったが、グアムの政治家や住民を満足させるようなものではなかった。1960年代には自治の希求はさらに大きくなり、知事公選や連邦下院代表選出などにつながるが、それ以外にも現状の政治的地位そのものについて問い直す動きが見られた[5]。1969年にはグアム議会によって憲法会議が設置され、基本法の包括的見直しが検討され、翌年には連邦議会に提言が出された。しかし連邦議会はその提言を受け入れなかった。1973年には政治的地位委員会（Political Status Commission: PSC）がグアム議会によって設置された。翌年にPSCによってまとめられた報告書のなかで、グアム憲法の起草、グアムにおける米軍駐屯に関して調査するアメリカ・グアム委員会の設置、政治的地位の選択肢に関する詳細な研究が提言された。

　じつは連邦政府は、1970年代初頭のニクソン政権下で「グアム研究」を行い、

---

[4]　政治的地位に関する立法や交渉の動きについては、Ada and Bettis（1996）、Rogers（1988a, 1988b）を参照。

[5]　アメリカ国内においてもこうしたグアムの動きは一部で認識されるようになっていた。『ニューヨーク・タイムズ』の1966年4月のグアムに関する記事では、つぎのように書かれている。「米西戦争でアメリカがこの島を獲得した1898年からパターナリスティックな統治に慣らされてきたけれども、グアム人はいまや、熱心かつ見事に取り入れてきた他のアメリカ的制度に加えて、完全な自治を望んでいる」（Trumbull 1966）。

グアムと北マリアナをコモンウェルスとして統一するために、グアムは北マリアナと同じような地位を与えられるべきであると結論づけていた。ニクソン大統領が 1974 年にウォーターゲート事件で辞任したあと、フォード大統領はグアムをコモンウェルスとすることを認め、交渉に着手するよう命じた。しかし内務省の役人たちは、その政策に反対し、グアム研究やフォードの命令について知られないようにした[6]。

一方、1975 年に民主党のボダリオ政権が誕生すると、グアムにおける政治的地位をめぐる動きはさらに活発化する。1975 年 6 月、ジョセフ・アダ議長（共和党）の提案によって公法 13-24 が成立し、第 2 次 PSC が設置された。委員として、グアム議会議長が 4 名の共和党議員と 3 名の民間人、民主党が 3 名の議員、知事が政権から 3 名を選出することとなった。のちに 2 名の行政区長も委員に加わることとなった。PSC の目的は、「『連邦政府との政治的地位の交渉の枠内』で基本的な社会的・経済的・政治的諸問題を解明し、1976 年までに解決策を住民投票にかけること」であった（Ada and Bettis 1996: 141）。すなわち、どういった政治的地位が望ましいか住民投票で問い、政治的地位問題の解決に向けて進むことであった。

しかし、この予定通りには進まなかった。PSC は、州やコモンウェルスといった個々の政治的地位ではなく、政治的地位における諸問題に焦点を当てた。それゆえに各政治的地位に関する住民の理解が十分ではなかった。また、PSC とアントニオ・ウォンパット下院代表とのあいだでの連邦政府との交渉をめぐる主導権争いも妨げとなった。ウォンパット下院代表の要求によって連邦議会調査局が動き、PSC はグアム住民を代表しておらず、政治的地位に関する交渉権はないと結論づけたのである。

住民投票は、1976 年 9 月に実施された。投票率は有権者の 81 パーセントで、そのうち「現状の改善」が 51 パーセント、「州」が 21 パーセント、「現状」が 8 パーセント、「独立」が 5 パーセント、「その他」が 3 パーセントであった。「現状の改善」とは、「経済的・社会的な機会を改善するために、基本法の一部や他の連邦法に変更を加えること」である（Ada and Bettis 1996: 143）。

1970 年代後半は憲法草案が政治的地位問題の中心にあった。PSC は設置直後

---

[6] こうした事実は 30 年後の 2003 年に機密指定を解除され公にされた。Willens and Barllendorf (2004) がこの問題について詳細にまとめている。

からフォード大統領に連邦政府の代表者を指名するよう要求しており、住民投票の1カ月後についに内務省属領局の局長がその地位に指名された。ちょうどその頃、ウォンパット下院代表によって憲法会議実施に向けた立法プロセスが進んでいた。1976年10月、ウォンパット下院代表によって提出された、連邦議会でグアムとヴァージン諸島に憲法の起草と採択を命じる権限賦与法（公法94-584）が可決された。PSCは当初、連邦政府の代表者が任命されたこともあり、憲法制定プロセスへの支持を決めた。憲法制定プロセスを警戒する一方で、同プロセスによって政治的地位問題が解決されることに期待をかけたのである。しかし同年の大統領選挙でフォード大統領が敗れ、連邦政府の代表者も解任された。また、ウォンパット下院代表が政治的地位問題に取り組む姿勢を見せず、連邦政府に追随する一方であるため、PSCは彼や憲法制定プロセスへの批判を強めていくこととなった。

　グアムでは憲法起草の動きが急速に進んだ。1976年12月に第2次憲法会議を設置する公法13-202が成立し、翌1977年4月に同会議のメンバー43名が選出された。12月には同会議が憲法草案を完成させ、1979年8月4日に住民投票が実施された。しかし次節で見るように、憲法草案が政治的地位に関する将来の議論を制約したり、チャモロ人の自己決定権の行使を阻害したりすることを懸念する人びとの運動などにより、草案は否決された。投票率47パーセント、20パーセントが賛成、80パーセントが反対であった。

　その後すぐに、連邦政府の省庁間属領政策調査タスクフォースの「1979年ホワイトハウス報告書」によって、グアムの政治は変化した。グアムでは政治的地位の問題において、「自己決定」アプローチと「連邦政府関係」アプローチとに分かれ、対立する状況が生じていた。前者は自己決定によって脱植民地化を目指すもの、後者は既存の連邦—属領関係のなかでの変革を目指すものといえる。しかし1979年8月にホワイトハウス報告書の素案の内容が漏れ出ると、グアムの政治家たちを中心に報告書に対する批判の声が上がった。そして多くの人びとが「自己決定」アプローチに流れることとなった。素案にはグアムの政治的地位として独立や州は不適切である旨が書かれており、完成版もグアムの人びとの声を聞き取ろうとする意思を感じられないものであった。のちにグアムではつぎのように振り返られている。

　　グアムの立場からは、このホワイトハウス報告書は時間の無駄であった。

属領の政治的な将来に関して行動・決定する権力を再主張する一方で中身のない動きをする連邦政府の能力をたんに露呈しているだけである。「自己決定」のような立派に聞こえる言葉を用いるが、脱植民地化を促進するプロセスを示すことはできなかった。要するに、示された選択肢は「無行動」か、連邦政府の支配かだけであった。(Ada and Bettis 1996: 155)

(2) 北マリアナ諸島との関係

　グアムにおける1960年代以降の政治的地位の変革を求める動きは、国連の太平洋諸島信託統治領 (TTPI)、つまりミクロネシアの脱植民地化の動きに触発されたものでもある (序章参照)。しかしその一方で、アメリカ政府が戦略的重要性からグアムにおける主権をけっして手放そうとはしなかったというのも確かである。

　さて、グアムの政治的地位問題を考える上で、北マリアナ諸島 (以下、北マリアナ) との関係はとりわけ重要である。両者は地理的には同じマリアナ諸島に属し、チャモロ人が先住民として暮らしているが、1898年の米西戦争後のパリ条約で分断されてしまったのである。ただし、北マリアナには先住民としてカロリニアンもいる。

　第2次世界大戦後にTTPIの一部となった北マリアナ (マリアナ地区) では、グアムとの統一を望む声が強かった。1958年から1969年にかけて4度の住民投票が行われ、いずれも大多数がグアムとの統一によってアメリカ領となることを支持した。たとえば、1969年11月の住民投票では、投票総数3233のうち、グアムとの統一が1942、グアムと同様のアメリカ領が107の票を集めた (矢崎1999: 221)。政党の立場も、グアムとの関係によって分かれた。北マリアナでは人民党 (のちの民主党) と属領党 (のちの共和党) という2つの政党が結成されていた。両者とも北マリアナがアメリカ領となることを望んだが、人民党はグアムとの統一によってであり、属領党は直接的にであった。

　だが1969年11月、マリアナ諸島統一がグアムで住民投票にかけられ、不承認となった。32パーセントの投票率で、そのうち58パーセントがマリアナ諸島統一に反対したのである。ロジャーズはこの住民投票でマリアナ諸島統一が否決された理由のいくつかを挙げている (Rogers 2011: 230)。1つ目は、グアムのチャモロ人が第2次世界大戦中の体験を忘れていないということである。グアムが日本

統治下に置かれたとき、サイパンやロタのチャモロ人（サイパニーズやロタニーズ）が、グアムのチャモロ人に対して優位に立ち、抑圧的に振る舞ったことなどが遺恨となっていた。これはアイデンティティの問題と関連するといってよいであろう。「グアメニアン（グアム人）」という呼称が1940年代末から1970年代末まで、グアムのチャモロ人という意味で通用したように、グアムをマリアナ諸島の他の島々から切り離す思考は戦争の体験と記憶を通して歴史的に醸成されてきた（C. T. Perez 1996; Camacho 2011; 本書第3章、第4章参照）。2つ目は、経済格差の問題である。グアムは北マリアナより経済発展をしており、統一がグアムにとって負担になると考えられたということである。3つ目は、1969年11月の選挙は、グアムにおける最初の知事選でもあり、統一問題に関する議論が十分になされなかったということである。

こうしたグアムの反応によって、北マリアナの人民党はグアムとの統一の道をきっぱり諦め、直接的にアメリカ領となる方向へ舵を切った。その一方で、属領党はアメリカへの併合を躊躇するようになった。北マリアナの政治的地位委員会の多数派は人民党であったため、アメリカ領となることを目的としてアメリカ政府と交渉が進められた。

TTPIの政治的地位交渉においてマリアナ地区（北マリアナ）の分離の動きが出始めたのは、第2回会談の行われた1970年5月頃である。これには、マリアナ地区と他地区とのエスニック・文化的な相違や地理的隔たり、マリアナ地区の経済発展への強い願望などが指摘されているが、アメリカの政策にも起因する。軍事的関心に基づいて、マリアナ地区を経済やインフラにおいて特別扱いし、同地区の人びとの意識に影響を与えたことが、同地区の分離につながったというわけである（矢崎 1999: 208-9）。

北マリアナとアメリカ政府の交渉は、グアムの人びとに焦燥感を与えるのに十分であった。1960年代以降にグアムで政治的地位の問題が本格的に議論されるようになる一方で、1970年代にミクロネシアで信託統治終焉に向けた動きが進行し、北マリアナはアメリカのコモンウェルスの地位を手に入れたわけである[7]。

---

7) その後の北マリアナでは、アメリカに頼らずとも経済発展できたという自信や、アメリカから自由連合を選択した地域への多額の経済援助の保証から、コモンウェルスを選択したことを悔いる声が高まったという。国家でなければ、日本のODAも受けられないし、対外関係において低い位置づけしか与えられない（小林 1994: 171-2）。

また、マリアナ諸島統一の可能性がグアムで模索されなくなったわけではない。1975年に知事となったリカルド・ボダリオはマリアナ諸島の統一でアメリカの州になることを望んでいた[8]。1983年に政権に返り咲いたときも、マリアナ諸島の統一をグアムと北マリアナがアメリカの州となるための唯一の道であり、グアムがコモンウェルスとなることがその最初のステップであると考えていた（Rogers 2011: 248-9）。

(3) 自己決定委員会とコモンウェルス法案

　1980年代はいかなる政治的地位を目指すかをグアム政府が住民投票を通して明確にしていく時期であった。「アメリカとの将来の政治的地位に関して、グアム住民の要求を確認するため」、つまり政治的地位の選択肢に関する調査・啓蒙活動と住民投票を行うため、グアム政府内に自己決定委員会（Commission Self-Determination: CSD）が設置された。CSDは当初、11名の委員から成った。議長である知事が5名（のち7名）、グアム議会議長が3名（同5名）、行政区長会議が2名を指名した。選択肢として調査が行われたのは、「州」「独立」「自由連合」「準州」「コモンウェルス」の5つである。

　政治的地位についての住民投票はまず1982年1月に行われた。選択肢は、「州」「独立」「自由連合」「準州」「コモンウェルス」「現状」「その他」という7つである。そして、37パーセントの投票率で、49パーセントがコモンウェルスに投票するという結果となった[9]。どの選択肢も51パーセントを超えなかったため、得票数が上位の「コモンウェルス」と「州」の2つが同年9月に再投票にかけられることとなった。その投票では、83パーセントの投票率で、そのうち73パーセントが「コモンウェルス」を支持した。「コモンウェルス」が望ましい政

---

[8]　ボダリオ知事は1975年1月のグアムの行政区長（村長）たちとの会議においてつぎのように発言したとされる。「われわれの旗（星条旗）にもうひとつ星が追加されるのを想像してください。それはグアムと北マリアナ諸島を含むわれわれの州を表しているのです。近隣の島じまに起こっていることを傍観していてはならないのです」。これに対して、『PDN』編集長ジョー・マーフィーは、時機を逸したとして批判している（Murphy 1975）。

[9]　前年12月に発表された『PDN』の世論調査では、「コモンウェルス」への支持は9.4パーセントしかなかった。支持が高かったのは、「現状」（29.7パーセント）、「州」（22.2パーセント）、「編入領土（準州）」（17.9パーセント）であった。投票率の違いなどからか、実際の投票結果とはかなり異なる。また、住民投票における望ましい有権者を選択する質問では、「すべての登録有権者」（68.3パーセント）、「先住民」（10パーセント）、「10年以上の居住者」（17.7パーセント）となっていた（Simpson 1981）。

治的地位としてもっとも支持を受けたのである。

コモンウェルスはその内容があいまいな政治的地位であるが、この住民投票において支持されたのは、州や独立へのステップになりうる柔軟性のあるものと捉えられたからでもある (Ada and Bettis 1996: 161-2)。それに加えて、コモンウェルスという政治的地位が認知されていたのには TTPI での北マリアナの脱植民地化プロセスの影響があったといえる。北マリアナは1970年代のアメリカとの交渉の末、アメリカのコモンウェルスとして憲法を持ち自治を開始していた。北マリアナ諸島コモンウェルスが移民管理の権限を有していたために、グアムの住民には自治を促進するものとして捉えられていた[10]。

1983年にはリカルド・ボダリオが政権に返り咲き、政治的地位問題の解決にも力を入れた。12月にはニューメキシコ州アルバカーキで、ボダリオを委員長とする CSD は、連邦下院の中心的議員たちと会談し、好感触を得た。そのときの高揚感は、ボダリオがこの会談を「アルバカーキのスピリット」と呼んだことに表れている。

コモンウェルスへの変革を追求するに当たっての大きな課題は、どのようなアプローチをとるかであった。それは交渉路線か立法路線のどちらを選択するかという形で問題化した。交渉路線は、行政部門と合意したあとに議会の批准を受けるというものである。立法路線は、議会での法律制定を直接目指すものである。数カ月にわたる議論の末、CSD は、交渉路線ではなく立法路線で進めることを決定した。その後、コモンウェルス法案は1986年にほぼ完成した。その一方で、CSD は下院の委員会や議員と対話を続けた。

コモンウェルス法案は1987年の住民投票でその内容の是非が問われた。法案の構成は、政治的関係（第1条）、連邦法の適用性（第2条）、外交・防衛（第3条）、司法（第4条）、貿易（第5条）、課税（第6条）、移民・出入国（第7条）、労働（第8条）、運輸・通信（第9条）、土地・天然資源・公共事業（第10条）、合衆国財政補助（第11条）、技術的修正と解釈（第12条）である。8月の住民投票では、投票率は39パーセントと低く、第1条（賛成49.24パーセント、反対50.75パーセント）と第7条（賛成49.44パーセント、反対50.55パーセント）が僅差で否決された。

具体的には、第1条は、「チャモロ人の自己決定権を承認し、投票したり公職

---

[10] 北マリアナ諸島の政治的地位のプロセスについては Willens and Siemer (2002) を参照。

に就いたりするのに5年の居住条件を課すことを提案し、チャモロ土地信託の創設を提案する」ものである。第7条は、「出入国管理を連邦政府からグアム政府へ委譲することを提案し、移民がグアムでアメリカ合衆国市民権を得ることを禁じることを提案する」ものである。

CSDによって両条項は手続き的に微修正され、11月に両条項だけを対象とした、項ごとに賛否を問う住民投票が行われることとなった。第101項ではコモンウェルスや憲法に関して基本的な方向性が示され、第102項ではチャモロ人の自己決定権の承認、チャモロ文化の促進・保護のためのアメリカによる資金の拠出、チャモロ土地信託の創設などが掲げられ、第103項では連邦議会はグアム政府の合意なく同法を変更できないことが確認された。第701項では出入国管理を連邦政府からグアム政府へ委譲すること、第702項ではビジネスや観光で短期間グアムを訪問する人びとのためにグアム・ビザを作ることが書かれていた。

2度目の住民投票の結果、両条項のすべてが認められた。賛成票は第101項で62パーセント、第102項で63パーセント、第103項で63パーセント、第701項で61パーセント、第702項で66パーセントであった。非チャモロ人の多いタムニン、デデド、ジーゴでは賛成票は少なかった（PDN 1987b）。翌年2月、コモンウェルス法案は連邦下院グアム代表であるベン・ブラス議員によって連邦議会に提出された。

しかしコモンウェルス法案に対する連邦政府の反応は、全体として芳しいものではなかった。まずレーガン政権は同法案を研究する連邦省庁間タスクフォースを設置した。同タスクフォースは1989年4月から9月まで何度か集まり、そのうち1回はCSDとのものであった。レーガン政権下では、期間も短かったため、対話の開始といった状況であった。

1989年1月にブッシュ政権が誕生すると、内務省の属領・国際局（Office of Territories and International Affairs: OTIA）の局長とタスクフォースの委員長を新たに任命した。同タスクフォースは、「ブッシュ政権のグアムに関するタスクフォース（Bush Administration Task Force on Guam: BATFOG）」と呼ばれるようになった。ところが、BATFOG側はグアム側が法案の変更などの妥協を前提とすることを了解しないかぎり協議に応じないという姿勢を示し、CSDと対立していく[11]。さ

---

11) Ada and Bettis（1996）は、グアム側の当事者として、ブッシュ政権下での属領政策のパターナリスティックな姿勢について厳しい批判を向けている。

まざまな衝突があったあと、ついに1989年12月11日と12日にコモンウェルス法案に関する連邦議会の公聴会が開催された。このときには、グアムから政治家や活動家や一般市民を含む200名もの人びとが出席したといわれる。しかしこの公聴会でも連邦政府側の姿勢は変わらなかった。その後、自己決定委員会とBATFOGとのあいだでは、1990年2月から1992年8月まで、13回会談が行われ、そのうち2度はグアムで開かれた。そのなかで、コモンウェルス法案に関していくつかの解釈上の合意に達した。しかし1992年の大統領選挙でブッシュが敗れたあとの、翌年1月のBATFOGの最終報告書はそれまでの合意事項をすべて否定するという事態になってしまった。

クリントン政権が発足すると、アンダーウッド下院代表やアダ知事の要求で、1993年11月にグアムと交渉する代表が任命され、BATFOGは解散された。その一方、グアムでは1995年には民主党のカール・ギテレスが知事に就任し、クリントン政権と良好な関係を築こうとした。たとえば、ギテレスは1996年大統領選挙でのクリントンのキャンペーンで高額の資金調達者となっている[12]。

だが、クリントン政権もグアムの脱植民地化に向けた動きに協力的ではなく、交渉はグアム側の思うように進まなかった。1997年10月には、連邦下院資源委員会のコモンウェルス法案に関する公聴会が開かれ、同法案を支持するポール・カルボ元知事、ジョセフ・アダ前知事、ギテレス知事、その他多くの政治家や活動家らが出席し、証言した。しかしクリントン政権の代表は、コモンウェルス法案のなかでのチャモロ・ナショナリストにとっての中心部分（合意原則、移民の管理、チャモロ人の自己決定〈住民投票〉）について連邦政府は同意しないと表明した。これによって、コモンウェルスへの道は絶望視されることとなる（手島 2003: 202-

---

[12] 『ニューヨーク・タイムズ』は、前述のように1966年にグアムにおける政治的地位への関心を取り上げており、1996年11月にもコモンウェルス要求に関する記事を掲載した。そのなかでは、アメリカの植民地としての基本情報、コモンウェルスの要求が行われていること、しかし連邦政府は軍事的観点等から反対していること、植民地であることについてさまざまな見方があることなどが言及されている。「植民地」への懐疑的な意見としては、「わたしは二級市民のようには感じていない」というグアム大学の学生の声とともに、アメリカの援助のもと経済発展を遂げており、植民地とは言えない、というものが紹介されている。その一方で、人びとが求めているのは財政援助ではなく、敬意や政治的・市民的権利（公民権）であるという見方も紹介されている。グアム大学教員で元海軍士官のウィッテンバック＝サントスは、「チャモロ人は〔現状を〕奴隷制度のようだと言います。（中略）あなたの奴隷主は世界でもっとも良い部類であり、彼はあなたの家族を崩壊させるつもりはない。しかし、あなたはいまだに他のだれかによって所有されている、ということです」と述べている（Kristof 1996）。

6 ; Omicinski 1997)[13]。ギテレス知事は、1998年にはクリントンのグアム訪問を実現させた。しかし、クリントン自身のスキャンダル(いわゆるモニカ・ルインスキー事件)があり、グアムの政治的地位の問題は隅へ追いやられてしまう。

CSDは連邦政府と交渉するだけでなく、国連での活動も行った。主要な舞台は脱植民地化特別委員会であった。グアムは1946年に国際連合の非自治地域リストに登録され、自己決定による脱植民地化が必要な地域とされていた(序章参照)。ゆえに、グアムの脱植民地化に向けてアメリカが責任を果たすよう脱植民地化特別委員会で協力を促したのである。また後述のように、CSDだけでなく、グアムのさまざまな住民団体も国連に足を運び、グアムの脱植民地化を訴えた。

結局、コモンウェルスに関する交渉の決裂によって、グアムの政治家たちは脱植民地化に向けたアプローチをグアム脱植民地化委員会の活動へと移行させていった。同委員会のもとで、政治的地位を選択する新たな住民投票が実施されることとなったのである(第8章参照)[14]。

しかし住民投票は、十分な準備が整わない上に住民の関心も高まらず何度も延期されている。2003年から11年1月までのカマチョ政権時には、グアム脱植民地化委員会に予算がつかなくなり、その事務所もなくなってしまうというように、政治的地位の問題はほとんど放置された。

その一方で、2000年代半ばからは米軍増強計画の内容が明確になるにつれ、グアムの人びと、とりわけチャモロ人は、自治や自己決定の重要性を痛感することとなる。それゆえ、脱植民地化委員会のもとでの住民投票実施は議論され続けることとなる。

---

13) ロジャーズは、1990年代半ばにグアムの知事らがチャモロ・ナショナリストたちの直接行動に参加するようになったことが、連邦政府のコモンウェルス法案への態度を硬化させたと指摘している。「米軍は、チャモロ人活動家によるデモンストレーションは予想するようになっていたが、法を遵守することを宣誓している公選のリーダーたちによるものはそうではなかった」(Rogers 2011: 271)。

14) ミクロネシアの自由連合諸国の国民はアメリカにビザなしで容易に入国でき、仕事に就いたり教育を受けたりすることも可能である。それゆえこれらの移民の急増は、グアムやハワイなどの財政を圧迫しているとして、1990年代から問題視されてきた。そうしたことが、グアムにおいては、出入国管理の独自の権限への関心をさらに高め、政治的地位の議論を依然として重要なものとすることにつながったといえる(Marchesseault 1998)。

3 非自治地域における先住民の自己決定の追求

(1) 反植民地主義ナショナリズムへの転回

アメリカ国内での政治発展に向かって進んでいたグアムの政治は、1970年代以降に大きく変容する。その要因のひとつは、グアムの自治の進展が行き詰まるなか、グアムが国連の非自治地域リストに1946年以来登録されているということがチャモロ人のあいだに広く認識され始めたということである。グアムとアメリカの関係についてのチャモロ人の不満の表出は反植民地主義ナショナリズムの様相を呈していく。

そのきっかけとなったのは、1979年の憲法草案の住民投票であった。前章でも触れた住民団体のPARA-PADA（Para' Pada Y Chamorros＝チャモロ人に平手打ちするのをやめろ）は憲法草案への反対運動を展開した。彼らは「選択肢を広げておこう（Keep our options open）」をモットーとし、起草された憲法が将来の政治的地位に関する交渉に悪影響をおよぼすことを懸念した。PARA-PADAの代表者のひとりであるロバート・アンダーウッドは、1979年7月29日に地元紙でつぎのように主張した。

   i.　連邦政府の授権法は条件が多すぎるので、現在提案されているものは憲法ではなく新たな基本法といえる。憲法とは被治者から権限を得るものであり、連邦議会の法律からではない。

   ii.　同憲法はグアム人民の政治的成熟さを否定し、政治的地位に関する将来の議論を害する。連邦・グアム関係に関して現状を維持するものである。

   iii.　同憲法は現在の政治構造や連邦・グアム関係によって妨げられている経済的自立の促進のために何も行わない。

これらの重大な問題に取り組まずその代わりに現状を追認するよう求める文書にわれわれは直面している。これらの連邦政府の規制を変更したいとき、連邦政府に何と言われるであろうか。「ごめんなさい、グアム。憲法とそれに付随する条件をあなたは認めたのですよ」。(Ada and Bettis 1996: 150)

国連脱植民地化特別委員会の視察団の訪問は決定的であった。連邦政府はグアムに憲法を制定させることによって、非自治地域リストからグアムを除外させることをねらい、同視察団を招いたのであった。しかしその思惑とは反対に、憲法

制定を脱植民地化と見なされることによって、将来的な政治的地位の選択肢が狭まることの懸念が政治家や住民のあいだで広まった。実際に過去にプエルトリコや北マリアナ諸島でそれは起こっていた。そうした懸念により、憲法支持者たちも視察団を激しく非難することとなった。グアム議会議員の大多数が反対票を入れることが明らかになったほか、おもに本土出身者によって構成されるグアム弁護士会もチャモロ語やチャモロ人の漁業権を促進する条項への反対を表明した（Ada and Bettis 1996: 150-1）。そして憲法草案は否決された。

結果的に、国連脱植民地化特別委員会の活動と非自治地域人民の自己決定権についての理解がグアムで広まることとなった（Dames 2000: 336-7）。1981年には、この憲法制定論議に直接的に関わった人びとを中心に構成されたOPI-Rが活動を開始し、チャモロ人の自己決定を追求していく[15]。OPI-Rの活動の背景には憲法制定論議以外に、国際的な先住民の権利運動の出現、TTPIの解体をとおしたミクロネシアの脱植民地化、グアム大学での二言語・二文化教育についての議論などがあった（Dames 2000: 316-7）。

植民地主義的だと批判された憲法草案が否決されたあと、グアム政府内にCSDが設置され、政治的地位に関する住民投票が行われることとなった。OPI-Rはこの住民投票の有権者を先住民であるチャモロ人に限定すべきだと主張し、自己決定権についての啓発活動を行った。その自己決定権の根拠とされたのは、国連憲章や国連決議などである。まず国連憲章については、自己決定（人民自決）の原則を宣言する第1条(2)と第55条、非自治地域についてその統治者に自治を支援するよう義務づけた第73条が挙げられた。グアムは1946年から国連の非自治地域リストに入っているため、これらのことが当然適用されるものとされたのである。さらに、すべての人民は自己決定権を有し政治的地位を自由に決めることができるとした国連総会の決議1514（XV）（植民地独立付与宣言）や、グアムについてのその他の決議などもチャモロ人の自己決定を正当化するものとされた（OPI-R 1982, 1983）。チャモロ・ナショナリズムを主導していくOPI-Rのメンバーたちは、人民の自己決定権を人権として捉え、自らのことを人権活動家と見なしたのである。

---

15) OPI-Rはビラやパンフレットを結成時から作成・配布しており、その基本的な考えはホープ・クリストバルによってまとめられていたが、のちにCristobal（1987）として刊行されている。

OPI-Rはこのような国際規範を拠り所とし、チャモロ人の自己決定権を連邦政府に対して主張し始め、国連脱植民地化特別委員会での報告を主要な活動のひとつに位置づけた。このことはグアムの政治状況を一変させた[16]。ステイドによれば、OPI-Rの文化媒介というべき活動により、権利・主権・承認の国際秩序がグアムへもたらされた (Stade 1998: 187)。逆の見方をすると、ダマスが指摘するように、OPI-Rは「国連との重要なつながり、太平洋や世界中での公式・非公式の諸関係、脱植民地化の議論におけるグアムの状況の国際的な可視性を維持」してきたということにもなる (Dames 2000: 338)。

戦後世代であるOPI-Rの活動家たちは、アメリカ本土で学校に通ったり働いたりした経験を持つ者が多く、1960年代以後のさまざまなマイノリティの運動や文化多元主義の考えを目の当たりにしていた。また、OPI-Rは国際的な動向も注視していた。1970年代以降に活発化した国際的な先住民運動は、アメリカ・インディアンの運動が重要な役割を果たしてきたものであり、既存の国民国家中心の国際規範に異議を唱えてきた。OPI-Rの活動家たちは、これらの運動の活動スタイルや思想から多くの影響を受けている。

しかし、OPI-Rが主導するチャモロ人の運動には、それらのマイノリティの社会運動と高い共通性がある一方で、明確な相違がある。それは、非自治地域における政治的地位の自己決定権を追求する反植民地主義ナショナリズムという特徴である。

(2) チャモロ人の先住民アイデンティティの形成

人民の自己決定原則をグアムに適用した場合に非常に大きな問題となるのは、誰が自己決定の「自己」という主体なのかである。実際、CSDが活動を開始し、誰が自己決定の行使の権利があるか、誰がチャモロ人か、などについて議論が白熱した。そして、CSDは自己決定の主体をチャモロ人とするようになり、チャモロ人の定義を「1950年8月1日以前にグアムで生まれたすべての人びととその子孫たち」とした (Ada and Bettis 1996: 158)。

---

16) OPI-Rの国連での活動に対しては冷ややかな見方も当然あった。1986年5月にグアム大学で開かれたセミナーでは、クリストバルが参加しチャモロ人の自己決定権について語ったが、学生からは国連の無力さを指摘したり、アメリカを賞賛したりする声が上がったという。たとえば、「もしアメリカがいなかったら、私はこのTシャツを持っていなかったでしょう。手に槍を持ち、鼻に骨を通し、外を駆け回っていたでしょう」という発言があった (Cates 1986)。

こうした CSD の動きの背後には、OPI-R の活動があった。OPI-R の考えでは、住民投票の有権者は先住民であるチャモロ人でなければならなかった。その一方で、反対者たちはそうした動きをレイシズム的・差別的であるとして非難した。しかし OPI-R は公開討論会への参加を通じて支持を広げ、CSD の説得にも成功した。CSD は 1981 年 11 月にグアム議会にチャモロ人の自己決定権の行使を認めるよう勧告したのである。だがグアム議会は積極的ではなかったため、住民投票日の直前に OPI-R のメンバーであるベンジャミン・クルス弁護士が投票の延期を求めて裁判所に訴状を提出したが、1982 年 1 月 30 日に住民投票は実施された。また投票直前の週に、OPI-R は行政区長に請願書を回し、19 名中 18 名が署名した（Ada and Bettis 1996: 160-1）。要するに、グアム議会の動きは鈍かったが、それ以外のグアム政府関係者の多くがチャモロ人の自己決定への支持を表明していたということである。ただし、その考えを支持する非チャモロ人もいれば、それを拒否するチャモロ人もいれば、立場を明確にしないチャモロ人や非チャモロ人もいた（Ada and Bettis 1996）。チャモロ人と非チャモロ人で単純に分けて考えることができないことにも留意しなければならない。

　OPI-R の考えは、世界各地の先住民による国際的な社会運動の展開によって強められた。OPI-R は国連の脱植民地化特別委員会を主要な国際的活動の場としつつも、世界先住民族評議会（WCIP）や国連の先住民作業部会（WGIP）にも参加する機会を持った。チャモロ人の先住民アイデンティティは、アメリカの先住民たちと自らを重ね合わせるつぎのような記述からも読み取れる。

　　　チャモロ人の置かれている状況はアメリカの政策の年代記において新しいものではない。アメリカ・インディアン、エスキモー、「ネイティヴ」ハワイアンの状況と類似している。その最終的な帰結は不幸にも常に同じものとなっており、従属民は現実に自分たちの故国において立ち退かされ、下層階級、つまり幻滅した人、土地なし人、無学な人、貧民、囚人となる。これが今日のチャモロ人に起こっていることである。知識もなくコントロールもできないなか、のしかかってくる社会的・経済的な変化の圧力のもと、チャモロ人は統合力を失ってしまっているからなのである。（OPI-R 1985b）

　OPI-R のメンバーでグアム大学教授のロバート・アンダーウッドもまた、アメリカ・インディアン、エスキモー、ハワイ人、北マリアナ諸島（CNMI）のチャモロ人についてすでに特別な権利を有していると言及し、グアムのチャモロ人も

エスニック集団のひとつではないとし、彼らの先住民の権利の正当性を主張した (Underwood 1985c)。OPI-R の活動家たちはチャモロ人もまた先住民であると主張し、政治的地位の自己決定権を先住民の権利として要求したのである。

チャモロ人のみが自己決定権を有する根拠として、OPI-R は 1898 年の米西戦争後のパリ条約やその後の海軍政府の文書などを参照している。そこでは「グアムの住民」や「グアムの原住民(ネイティヴ)」に対してアメリカは責任を負うとしばしば言及されていたが、それらは文脈上チャモロ人にほかならないという。たとえば 1898 年パリ条約には、「これによって合衆国に譲渡された諸領土の原住民の市民的権利と政治的地位は合衆国議会によって決められる」という条項が含まれていたという (OPI-R 1983)。第 2 次世界大戦後に連邦政府によって用いられた「グアメニアン(グアム人)」という呼称も同様に一時期はチャモロ人と見なされるものであった。たとえば、1950 年のグアム基本法には当初、グアムの「原住民」であるグアメニアンは特別な諸権利を有するという条項が入れられることになっていた (OPI-R 1983)。

それでは誰がチャモロ人なのか、ということも問われることとなる。OPI-R がそれに該当するとしたのは、合衆国の 1940 年と 1950 年のセンサスと米海軍の 1946 年のセンサスにおいて「チャモロ人」あるいは「グアメニアン」に含まれている人びとと、1950 年の基本法でアメリカ市民権を得た人びととであった。これらの人びとおよびその直接的な子孫は、グアムの正当な政治的自己決定権を有する。ただしグアムに居住していないチャモロ人は、グアムに戻ってこないかぎりその権利を享受することはできないとされた (OPI-R 1983: 5)。グアムがアメリカ領となって以降にアメリカやフィリピンなどからやって来た人びとおよびその子孫は非チャモロ人であるということになり、グアムにおいて自己決定権を持たないとされた。しかもこれはチャモロ人についての人種的な定義ではなく政治的な定義であるとされ (OPI-R 1982, 1983)、のちのコモンウェルス法案などにも影響を与えた。

多文化社会グアムにおいて、チャモロ人を他のエスニック・マイノリティとは異なる権利を有する主体として構築することが、OPI-R にとって根本的であるのみならず喫緊の課題ともなっていた。それゆえに OPI-R は、チャモロ人が先住民でありグアムにおける唯一の自己決定の主体であるという先住民のナショナリズムを展開したのである。

(3) 先住民ナショナリズム

　1982年1月と9月に行われた住民投票によって、グアム政府はコモンウェルスを当面目指すべき政治的地位とすることとなった。OPI-Rはこの住民投票の有権者をチャモロ人に限定するよう運動を展開したが、その要求が受け入れられることはなかった。しかしこの住民投票の結果を受け、OPI-Rはコモンウェルスをチャモロ人の自己決定に向けた第一歩にしようと活動し、CSDの作成するコモンウェルス法案の枠組みに関与していった。

　OPI-Rがコモンウェルス法案においてもっとも重要視した条項は、チャモロ人の自己決定やグアムの自治の問題に直接的に関わる政治的関係、外交・防衛、移民・出入国の3つであった。政治的関係に関しては、コモンウェルスはチャモロ人の自己決定権の行使ではまったくなくそれに向けた暫定的な地位であり、主権はグアムの住民の側にあることを主張した。移民の管理はグアムの経済開発や資源保護の観点からも重要なものであり、グアム移民局の設置を支持した。外交・防衛に関しては、米軍の活動の制限やグアムへの国際的な地位の付与を要求する点を評価した。これにより、グアムは国際社会において活動することが可能となり、アメリカの国外とも国内ともいえない地位を利用できるというのである (OPI-R 1987; Underwood 1985b, 1987a, 1987b, 1987c)。

　その一方で、OPI-Rの中心的メンバーであるアンダーウッド、クリストバル、クリス・ペレス・ハワードは、グアム国民党の立ち上げに参加し、コモンウェルスを過渡的な政治的地位とし、将来的な政治的地位としてアメリカとの自由連合を支持する立場を明確にした。1987年4月2日の結党会見では、新たに考えられる憲法の内容として、チャモロ土地信託を支持し未使用のグアム政府有地や返還された軍用地を含めることや、チャモロ語を話すネイションを単一の主権国家（マリアナ諸島共和国）として統一することなどが語られた (San Nicolas 1987a)。

　前節で見たように、8月の投票では、第1条（政治的関係）と第7条（移民・出入国）が否決された。両条項が否決された要因は、チャモロ人の投票率が低く、フィリピン系の投票率が高かったことにあると、OPI-Rのメンバーなどコモンウェルス法案を支持する人びとは考えた (San Nicolas 1987b)。そして11月の投票まで、OPI-Rは第1条と第7条に賛成票を入れるよう有権者に訴え、「HUNGGAN (YES)」というスローガンのもと「第1条・第7条の友の会」やグアム国民党とともにキャンペーンを展開した。

その一方で、「グアムを州にする会 (The Guam Statehood Organization)」は両条項への反対票を入れるように有権者に訴えた。同会のメンバーは、チャモロ人の自己決定権に関する第1条に触れてつぎのようにも述べた。「純粋なチャモロ人はもはやいない」「みんな混血 (half-breed) だ」「彼らはアメリカ・インディアンとは異なる。居留地に住んでいない」(PDN 1987a)。

この投票の結果、両条項のすべてが認められ、翌1988年にコモンウェルス法案が連邦議会に提出された。このようにして、OPI-Rはチャモロ人の自己決定によりグアムの政治的地位を決めるという基本的立場をコモンウェルス法案に反映させることに成功し、チャモロ・ナショナリズムはグアムの政治において一定の正当性を得ることとなったのである。しかしながらロジャーズがいうように、第1条と第7条はチャモロの数の力を利用したOPI-Rなどによって押し込められたという見方も否めず、コモンウェルス法案はグアム社会においてあつれきを残したままとなった (Rogers 1988: 60-4)。

OPI-Rの立場において注目すべきは、人民の自己決定の原則にこだわる一方で、その最終的な目標を独立などの特定の政治的地位に明確に定めていたわけではないということである。アンダーウッドは、1989年の論考「グアムにおける先住民ナショナリズムと政治的地位の発展」のなかで、先住民ナショナリズムという考えについて、クラン（氏族）などと結びついた原初的な愛着とも近代ヨーロッパ的な国家とも異なる性格のものとした。それは存在を脅かされやすい太平洋の先住民の生存のためのナショナリズムであり、自己決定や新たな政治構造を求めるものである。そのなかで、「政治的地位の議論における一連の人間活動の最終生成物」として特殊な政治的地位の選択肢が現れるとした (Underwood 1989c)。

ダマスがいうように、OPI-R主導のチャモロ・ナショナリズムは、非編入領土に関して、国家主権と連邦・属領関係の両方の主流パラダイムに異議を唱えたのであり、グアムの脱植民地化に青写真はない (Dames 2000: 323-4)。とくに1980年代半ばから1990年代半ばにかけては、コモンウェルスという中身の不明瞭な器にさまざまな発想を入れることができた。アンダーウッドが先住民ナショナリズムを通して既存の政体のありようとは異なるものが現れると想定しているように、グアムの脱植民地化に関する先進的な柔軟性がチャモロ・ナショナリズムの主導するコモンウェルス運動には垣間見えたのである。

4　先住民ネイションにとっての主権

(1)　ナシオン・チャモルの誕生

　1990年代に入りコモンウェルス法案の交渉が続くなか、ナシオン・チャモルという先住民団体の誕生により、チャモロ・ナショナリズムの新たな動きが現れた。チャモロへ土地を貸与するとされたが眠ったままであったチャモロ土地信託法を実行に移させるなど、ナシオンは米軍の土地接収などに起因する土地問題に強い関心を持っていた。それまでも住民たちは連邦政府などに対して戦後補償や土地返還という形での土地問題の解決を要求してきたが、ナシオンはチャモロというネイションの観点からこの問題に取り組んだのである。チャモロ人の文化実践を重視する立場や、この団体のリーダーであるエインジェル・サントスのカリスマ性もこの団体の特徴である。こうした活動により、多くの対立を生みもしたが、OPI-R以上にグアムの社会運動において求心力を得ていった。

　サントスは当初、チェルという団体を結成し、仲間たちと活動していた。「チェル（Chelu）」とはチャモロ語で「兄弟姉妹」を意味する言葉である。主張や活動スタイルは基本的にはのちのナシオンとほぼ違いはない。しかし、グアムの独立を支持する立場を明確にしていたという点で異なる。独立の強調は、団体の正式名称が「独立を求める統一チャモロ・チェルズ協会（United Chamorro Chelus for Independence Association）」であることからも明らかである。

　ナシオンはその名の通り、それまでの運動団体とは異なる組織形態をとった。1991年7月21日、サントスは、主都ハガッニャのラッテストーン公園[17]で、約20人を前に「チャモロ・ネイション」の存在を宣言した。7月21日はグアムが米軍によって日本軍から解放されたとされる「解放記念日」である。そして9月には、サントスらはプロテヒ・イ・タノタ[18]、OPI-R、チェルなど島内のさまざまな先住民団体のメンバーなど32名を集めて、ナシオンの伝統評議会を設立した。サントスによると、「伝統評議会の目標は、チャモロ・ネイションを存在さ

---

[17]　彼の死後、同公園の正式名称はエインジェル・レオンゲレロ・サントス議員ラッテ記念公園となった。

[18]　プロテヒ・イ・タノタ（われわれの土地を守る）は、観光産業の発展などによってグアムで急激な開発が進行するなかで、住民生活を守るために開発問題に積極的に介入を行っていた団体である。OPI-Rのメンバーも参加していた。

せ永続させるわれわれの不可譲の権利を回復させること」や、「非同盟、無党派、非政府のネイションとして、チャモロ人がチャモル・ネイションを統一・永続させるためのフォーラムを確立することである」。また、「伝統評議会の方針 (philosophy) は、人間愛、非暴力、社会正義に基づいている」(Santos 1992a)。その組織形態には NGO ではなくネイションであろうとする彼らの意志が表れており、伝統評議会はアメリカ・インディアンの部族評議会を模したものであった。翌 1992 年 7 月にはすでに 5000 人以上の住民がナシオンに登録していたという (Celes 1991, 1992a; Amesbury 1992a; Santos 1992a)。

ナシオンは、文化実践や活動スタイルによって多くのチャモロ人を魅了したことにおいても特徴的である（第 4 章参照）。

　　今日、若者世代の人びとはアイデンティティ・クライシスを経験している。彼らは異なる文化を真似している。彼らは自分ではないものになりたい。西洋世界に関連した諸問題に悩んでいる。ティーンエイジの妊娠、自殺、薬物乱用、アルコール依存症、高校退学、少年犯罪が、われわれの社会に広がっている。若いチャモロ人世代は失われている。アイデンティティの感覚や帰属の感覚を持っていない。人民・民族意識（peoplehood）や一体感を持っていない。結果的に、人生における方向感覚を持っていない。われわれはここからどこへ向かうのか。(Santos 1991k)

以上のように、サントスは同時代を診断する一方で、「チャモロ・ナショナリズムの著しい高揚」を指摘し、「チャモロ・スピリットは全能」であり、「スピリチュアルな変容という神秘的な力がここで生じている」と述べた。そして、スペイン・チャモロ戦争でチャモロ人の先頭に立って闘ったフラオ首長の演説を引用しており、それは若いチャモロ人たちを奮い立たせようとしているかのようである。

(2) 環境汚染への危機感——米軍基地と観光開発

サントスは本人いわく「グアムの貧しい家庭」に 1959 年に生まれた。その後、カリフォルニア州の高校に進学してすぐに ROTC（予備役士官訓練隊）に加わり、約 13 年間、米空軍に所属することとなる (Santos n.d.: 2-4)。

サントスがチャモロ・ナショナリストとして活動するようになったきっかけには、環境汚染が原因と思われる娘の死がある。グアムの米軍住宅で空軍兵士とし

て暮らしていたとき、娘が2歳でがんを発症し、1987年に亡くなってしまった。そして娘の死から3年後、サントスはある機密扱いの報告書を受け取った。それは連邦政府の依頼によって1978年から1987年にかけて民間企業が行った環境アセスメントの報告書であった。そこには、基地周辺の地下水と飲み水が発がん性の指摘されるTCE（トリクロロエチレン）等の有害化学物質に汚染されているということが書かれていた。サントスはそのような事実が隠されてきたということを知りアメリカに裏切られたと感じ、チャモロ・ナショナリストとしての活動に向かっていく。その一方で、彼は米軍が引き起こす有毒物質PCB（ポリ塩化ビフェニル）等の汚染問題に強い関心を持ち続けた（Santos n.d.: 2-4）。

米軍による環境被害に関しては、グアムに数百もの核弾頭が置かれていることを、「グアムはカチカチ鳴っている時限爆弾だ」と警鐘を鳴らした。マーシャル諸島では核実験によって深刻な被害が生じていた。グアムで核実験が行われるわけではないが、核兵器の事故は世界各地で頻繁に起こっていた。それを踏まえてサントスはつぎのように述べる。「核災害のどんな起こりうる脅威からも子どもたちを守る天与の責任がわれわれにはある！　もし核の事故がグアムで生じれば、2つの超大国のいずれかの盾の後ろに隠れることは絶対にできないのだ」（Santos 1992b）。

1990年前後には、米軍基地だけでなく、観光開発によってもグアムの環境破壊は深刻なものとなっており、サントスはそのことに関心を示していた。観光開発と移民流入によるグアムの環境への被害を危惧していた。たとえば、海藻の汚染によって死者が出ていること、珊瑚礁の死滅が広がっていること、14のビーチの細菌汚染が基準値を超えていることなどを挙げ、地元政治家たちを批判している。「われわれの環境が破壊されてしまうとすぐに、移民外国人や本土出身者は荷物をまとめて自分たちの故郷に帰ってしまうだろう。不幸にも、われわれの子どもたちは島が破壊されてしまうと行き場がない。グアムは唯一のホームなのだ！」（Santos 1991h）。

環境汚染やそれに起因する健康被害を身近に経験することによって、グアムの植民地状況、言い換えると、アメリカの植民地主義やレイシズムについて意識的になっていったといえる。

(3) 植民地主義批判と軍用地の返還要求

アメリカの植民地支配、植民地主義に対するサントスによる批判は激しかった。チャモロ人の権利の指導者であったリカルド・ボダリオ前知事が汚職事件の裁判後に自殺したのもこの時期であった。ステイドがいうように、この裁判はアメリカの植民地主義が継続していることの表れであると一部で認識されており、サントスも少なからずその影響を受けた (Stade 1998: 189)[19]。

ナシオンは OPI-R と同様に、グアムがアメリカにより「解放」されたとする戦中世代の歴史認識を真っ向から否定し、それを「再占領」と呼びかえる歴史認識を持っていた。多くのチャモロ人が戦中・戦後に米軍に土地を奪われ、その返還も補償もまともに受けてこなかったのであり、グアムの土地問題はナシオンにとって「再占領」をもっともよく表していた (Santos 1991a)。

しかし、彼らによる戦争の記憶や歴史認識に関わる一方的・攻撃的な主張は、戦争を実際に体験した年配者たちには受け入れられなかった。戦時の住民への激しい日本化政策、戦局悪化にともなう強制労働の激化、米軍上陸間近での収容所への移動やそこでの虐待・虐殺などは、その体験者にとって米軍による解放を信じるには十分だったのである。そのため、ナシオンは解放記念日でのデモを行うことなどから、文書で声明を出すことなどへと活動スタイルを転換していった (Camacho 2011: 177-83)。

ナシオンの攻撃的なイメージに関連する象徴的な出来事のひとつは、バリガダの海軍飛行場での飛行訓練への抗議活動のなかで生じた。サントスらナシオンのメンバーたちは、人口密集地でのそうした訓練はグアム住民にとって危険であるし、チャモロ人の主権の侵害であるとして、1992年4月頃から抗議をしていた (Hart 1992)。事件は同年8月14日に起きた。サントスを含むナシオンのメンバー6人が飛行訓練に抗議するために基地のフェンスをよじ登ったとき、警備員とのあいだに乱闘が起きた。翌日の『PDN』の記事には、警備員が頭突きを受けて怪我をしたこと、サントスたちが警備員とリポーターたちに唾を吐いたことが書かれている。記事とともに掲載された写真は、サントスが取り押さえられてパトカーに入れられようとしている様子を撮ったものである (Amesbury 1992b; Tainter and Sablan 1992)。ステイドは、この事件が年配のチャモロ人の反感を買ったこと、チャモロ人活動家の急進主義や無礼さの証明とみなされたことを指摘する

---

[19] ボダリオの汚職事件については、Stade (1998) の第3章や Bevacqua (2007) 第2章も参照。

(Stade 1998: 196)。1990年代、ナシオンの活動はグアムのメディアで頻繁に取り上げられており、ナシオンのイメージはその影響を大きく受けていた。

　ナシオンのこのような活動スタイルは、彼らの多くが退役軍人であることとも関係しており、ステイドもそのことを指摘している。

> 意味の水準で、近代的アメリカ「軍隊文化」（もしそのようなものがあるなら）は、それがある価値を促進するなかで、ずっと相同的であるように思われる。とりわけ、強調しているのは、功績、行動的であること、男らしさ、従属関係である。奇妙にも、グアムにおける米軍の駐留に公然と反抗するナシオン・チャモルのメンバーたちは、しばしば彼ら自身がその種の文化の産物である。言い換えると、彼らは敵対者と近代軍隊文化を共有しているのである。(Stade 1998: 197)

彼らは長い年月にわたって米軍に属し、米軍の推し進める価値や思想を身につけてきた。ゆえに、ナシオンと米軍はそれぞれまったくの異文化に属するものと見なすことはできない。

　また、元軍人であるがゆえに、アメリカの植民地主義に対する失望は大きかった。ナシオンの伝統評議会のメンバーであるデヴィッド・サブランはそのひとりであった。1992年3月25日、グアムでCSDと連邦政府の省庁間タスクフォースとのあいだでコモンウェルスに関する会議が開かれた。その会議で参加住民にも時間が与えられ、ナシオンのメンバーも発言した。会議における連邦政府の姿勢に不満を抱いたサブランは、涙を流しながら、チャモロ人を奴隷のように扱う国の市民であることを拒否するとして、アメリカ市民権を放棄すると述べた。さらに、彼がヴェトナム戦争中の行動で得た勲章を返還した。自分たちはいったい何のために、誰のために闘ったのかと、怒りをぶつけたのである (Celes 1992b)。

　ステイドの言葉を借りると、OPI-Rが「カシーケ（族長）・ナショナリズム」としてエリートや知識人のあいだの運動にとどまっていたとすれば、ナシオンは土地問題に積極的に取り組むことにより「極めて土着的な」ナショナリスト集団、つまり貧困層を含むより多くのチャモロ人を直接的に代弁する働きを担っていた (Stade 1998: 188)。実際、サントスは1994年にグアム議会議員に当選し、1998年にグアム知事選の民主党側の予備選挙に出馬するほどまでに活動家・政治家としてのキャリアを積み重ねていった。だが後述のように、1993年の裁判所の命令（サントスが彼の祖父のものであると主張した米空軍基地内の土地への立入禁止）に違反

したために連邦刑務所で6カ月服役し、出所後に再び議員となったものの2003年7月に44歳で病死した。

(4) 本土出身者と彼らの支配するメディアへの警戒

　本土出身者たちの言動はサントスの批判の対象となった。それはじっさいにはメディア批判でもあった。グアムのメディア（テレビ、ラジオ、新聞）は本土出身者によって担われており、それゆえ本土出身者は地元メディアを通じて自分たちの考えを広めようとする（第1章参照）。

　　彼らの態度は彼らの書くニュース記事に反映されている。彼らの欲求不満、不安、反感を表すためにメディアを用いる者もいる。（本土出身者によって支配されている）地元ラジオのトークショーやニュースメディアは、グアムの自己決定への要求を掘り崩そうとする。本土出身者の態度は、初期の米海軍政権に見られる帝国主義的教義を反映した特徴的な行為パターンに分類されうる。(Santos 1991i)

おそらくサントスはここで専制的、権威主義的、パターナリスティックな海軍政府あるいは海軍知事のことを指摘しているのであろう。

　本土出身者たちはグアムにやって来て、グアムについて不満を並べたてる。そして、チャモロ人なぞ存在せず、グアム系アメリカ人がいるだけだと主張する。皆が平等であるべきだと考え、チャモロ人をレイシストと呼ぶ。そして、グアムという船の舵取りを行うのは自分たちだと考えるのである。そうした状況についてサントスはつぎのように述べる。

　　ご乗船ありがとうございます！この船の名称はUSSグアム（米軍艦グアム）であり、この旅のキャプテンはヒラオ首長〔17世紀後半のチャモロ人首長〕です[20]。ルイスとクラーク〔アメリカ西部探検隊〕、クリストファー・コロンブスは、ちょっとどいてください！　われわれの目的地は、チャモロ人の自己決定です。(Santos 1991i)

---

[20] ここでの「ヒラオ首長（Chief Hirao）」は現在では「フラオ首長（Chief Hurao）」と呼ばれている首長のことであろう。「ヒラオ首長」はマタパン首長とともにサンビトレス神父の殺害に関与したことで知られている。しかし、「フラオ首長」はスペイン・チャモロ戦争でチャモロ人を団結させて闘った勇敢な人物として知られており、ここで言及されるのによりふさわしいと考えられるからである。じっさい、サントスは後日のコラムで「フラオ首長」の有名な演説を取り上げている（Santos 1991k）。

グアムは州になるべきだという、本土出身者の多くによってなされる主張もサントスは批判する。サントスによると、グアムの本土出身者の99パーセントはそのような考えを持っているという。なぜならば、本土出身者たちはマイノリティであることに慣れておらず、グアムを州にすることによって「ネイティヴ」よりも優位に立ちたいからである。

ほとんどの本土出身者がなぜチャモロ人の自己決定を支持しないのか、という疑問に対して、サントスはつぎのように答えている。

> おそらく、連邦政府によって奪われたのが彼らの土地（5万エーカー）ではなかったから。おそらく、スペインの兵士によって殺されたのが彼らの祖先（9万5000人）ではなかったから。おそらく、初期の米海軍政権によって残酷で異常な懲罰を受けたのが彼らの祖父母ではなかったから。おそらく、大日本帝国軍によって殺されたり虐待されたりしたのが彼らの両親ではなかったから。おそらく、征服されたのが彼らではなかったから。あるいはもしかすると、彼らがチャモロ人ではないからである。(Santos 1991j)

すなわち、本土出身者は歴史的不正義を経験してきたチャモロ人ではないゆえに、チャモロ人のことをほとんど理解できていない（しようとしていない）から、ということである。

サントスは州になることのさまざまなデメリットを挙げると同時に、そもそもグアムが州になる可能性はほとんどないことを指摘する。プエルトリコでさえ、連邦議会の議員によって「異なる文化」ゆえに州に適していないと考えられているという。そして何よりも、非編入領土であることは州になる可能性を最初から否定されているということなのである。にもかかわらず州を望ましい選択として喧伝する本土出身者と地元メディアを厳しく非難する。

メディアへの批判はほかにもある。「おとぎ話にチャモロ人は飽き飽きしている」というタイトルでサントスはつぎのように批判を展開する。新聞はつねにグアムに関する「悪いニュース」ばかり流す。教育水準の低さ、医師や教師といった人材の欠如、行政機関の運営能力の低さなどが報道されつづける。

> 自分たちは自治ができないと地元メディアは住民に感じさせたいように思われる。さまざまなスタイルのニュース報道を通じて、メディアはわれわれの心に劣等感のコンプレックスを植えつける。われわれが読むものすべてがネガティヴであるとき、自分に自信をほとんどあるいはまったく持てない

のは不思議ではない。アナロジーとして、価値のない子、馬鹿で愚かで役立たずと言われながら育った子どもを用いたい。この子どもは周囲の人びとによって虐待にあっている。同様に、地元ニュースメディアは、われわれはグアムで誤ったことを行っているとあらゆることについて記事を書く。例の子どものように、われわれは地元メディアによって虐待にあっている。結果的に、アメリカがわれわれの問題を処理してくれると心理的に依存するようになる。結局、これがグアムのメディアの目的ではないのか。(Santos 1991l)

地元メディアはグアムやチャモロ人についてネガティヴな報道をする。しかしその一方で、アメリカ自体が政治的・経済的・社会的な諸問題を抱えていることを指摘し、グアムのほうがずっとましであるとサントスは主張する。

(5) アメリカ移民政策への批判

　土地をめぐるチャモロ人の窮状は移民の流入によって拍車をかけられてきたというのが、ナシオンおよびサントスの主張であった。サントスは、アメリカの移民政策によってフィリピンやミクロネシアの島々出身の人びとがグアムで増加してきたことを「侵略」と呼び、さらなる移民の流入に警告を発した。サントスによれば、1991年前後の立法等によって連邦政府の移民帰化局はつぎの4年間で何十万もの移民をグアムへもたらそうとしており、それは環境、天然資源、インフラ、学校、医療、社会福祉プログラム、住宅、法制度、刑務所施設に危機的な影響をおよぼすという (Santos 1991b, 1991m)[21]。ステイドによれば、ミクロネシアの島々からの移民についてサントスが好んだメタファーのひとつは「ボートは満杯だ」であった (Stade 1998: 211)。

　移民大流入の可能性の要因として以下のものが指摘された。①6万5000人から10万人のフィリピン在住の第2次世界大戦のフィリピン人退役軍人にアメリカ市民権を与えること、②ビザを求める外国人労働者に永住権を与えること、③永住外国人が家族を呼び寄せるのが可能になること、④米海軍に所属する外国籍

---

[21] サントスは1991年10月から『グアム・トリビューン』紙上で「Chamoru Issues」というコラムを持っていた。それに先立つ1991年9月にはリーフレットを作成しており、そこには以下のように書かれている。「これは島内で2週間ごとに配布されるシリーズとなっているリーフレットの第1号です。村々の指定地域で、配布される他の号のコピーを手に入れられることになっています。私たちのことを知ってもらえるように、一部を友人ひとりに渡してください」。

の者にアメリカ永住権を与えること、⑤グアムと合衆国で働く外国人看護師にアメリカ永住権を与えること、また以上のような立法やその動きとは別に⑥ミクロネシア連邦とアメリカの自由連合協定の結果としてグアムに移住するミクロネシア人の流れが継続することである。①のフィリピン人退役軍人への市民権付与に関しては、グアム議会のフィリピン出身のエスパルドン議員が決議案を提出し、グアムをその手続き地とすることをアメリカに提案しようとしたが、多くの反発を受けたという。グアムとフィリピンの近接性、グアムにおけるフィリピン系住民の一定程度の存在から、フィリピンからグアムへフィリピン人退役軍人とその家族が移住してくることは避けられないということをサントスは危惧した。また⑥については、グアム在住のミクロネシア連邦出身者が10年後に4倍に増加すると予測した。

　サントスにとって、グアムへの移民の急増における根本的問題は、90年代初めのグアムが抱える自治あるいは主権に関する諸問題、つまり政治的地位の自己決定、連邦政府に接収された土地、水資源の管理、200海里排他的経済水域、移民制限などの課題の解決がますます遠のいてしまうことであった。すなわち、連邦政府が目論んでいるのはチャモロ人がアメリカ・インディアンのように自らの土地でマイノリティになり、政治的な力を失うことである、とサントスは警告した。

　とりわけチャモロ人の土地権については、サントスの不満は大きかった。新聞紙上のコラムの「チャモル・ネイションの誕生」と題した回では、永住外国人にグアム政府の「土地なし住民のための土地」プログラムへの申請資格を与えることについて、「これらの土地はチャモルの子孫に間違いなく属する」と地元政治家たちを非難した（Santos 1991g）。その後、ナシオンは移民の大流入を許す移民法に抗議するためにグアム国際空港でデモを行ったり、土地権運動において非チャモロ人に土地の立ち退きを要請したりした（Amparo 1993c; Loerzel 1995）。

　しかし、このような移民と対立する露骨な言動にもかかわらず、サントスはフィリピン系やミクロネシア系の住民からの支持を集めることができていたという。ステイドによれば、それはサントスが人種問題以上に階級問題を重視していたからであった。またグアムの政治に関しては、非チャモロ人がかなりの割合を占めるようになったにもかかわらず、グアム議会の議員のほとんどはチャモロ人であり、連邦議会の下院代表もチャモロ人とみなされる政治家によって担われて

きた。たとえば、第24期グアム議会 (1997-98年) にはコモンウェルス法案の「チャモロ人」定義に当てはまらない議員は21人中1人のみであった。これはグアムの人口構成の比率と明らかに一致していない。しかし、非チャモロ人の存在が無視されたわけではなかった。「グアムの政党政治のかなりの部分は、近頃では、チャモロ人の政治家が非チャモロ人の選挙民に演説し、彼らを魅了・動員することにある」とステイドは1990年代半ばのフィールドワークにもとづいて指摘している。チャモロ人政治家は、選挙民の前での演説で、チャモロ語だけでなくタガログ語でも挨拶をする (Stade 1998: 160-1)。

(6) チャモロ・ネイションの主権

サントスはグアムがアメリカに主権を譲り渡していることが、諸問題の原因であり、グアムのネイションとしての自立を大きく阻んでいると考えた。そこで、サントスは対抗的にグアムの主権を構想し、その主体としてチャモロ・ネイションを位置づけたのである。

主権はさまざまな意味で重要なものとされた。グアム政府は土地や資源への権限を回復することによってこれまで以上の収入を得ることができ、「貧者・困窮者・ホームレスを支援する地域補助プログラム」や「住民のための社会・医療・福祉のプログラム」を実施することができるとサントスは提案した。サントスによると、連邦政府はグアム政府に年間約5億ドルの地代を払わなければならないところを、わずか約6600万ドルを補助金として与えることで、グアムの政府、土地、水、資源、移民を管理することができている。つまり、グアム政府は6600万ドルで主権を譲り渡しているということになる。そして、その補助金でさえも、移民への社会福祉サービス、米軍兵士家族向けの学校やインフラに多くは費やされる。地代以外にも、グアムが主権を持つことによって得られる収入源をサントスはいくつか挙げた。ミクロネシア連邦が年間約1400万ドル得ている200海里排他的経済水域における漁船の免許料収入、アメリカ領サモアが経済基盤としているような魚の缶詰工場、ナウルが利益を得ているリンのように米軍に接収された土地に埋蔵されているマンガン、沿岸水域に確認されている約12億ドルの価値のある金属塊などである。それにより、「主権を有すネイションとして、グアムは住民のなかにある誇りを回復し始めることができる」という。つまり、アメリカに従属するのではなく対等なパートナーであることを前提として、

「政治的に自立し、経済的にアメリカと相互依存的」になる可能性を見出していた。そしてこのような観点から、サントスは「主権」を「最高の支配」と説明した (Santos 1991c)。

また、ナシオンの要求が「独立」であると考えている人びとは大きな誤解をしている、とサントスは述べた (Celes 1992a)。これには政治的戦略の面もあるだろうが、「独立」という言葉は避けられ、「主権」が重視されたのである。サントスはフィリピンの政治家・ナショナリストによる「われわれのネイションの運命を自由に決定する人民の（外国人のでは少しばかりでもない）権利」という「主権」の定義を引用した上で、つぎのような独自の解釈を示した[22]。

> 主権とは人民が生存し自らの運命をコントロールするための権利である。主権を有するすべてのネイションは6つの要素——土地、水、空気、精神、言語、文化——を人民の生存のために保護しなければならない。これらの要素のうちのどれかが売られたり、破壊されたり、失われたりするなら、そのとき主権は壊れはじめ、私たちの生存する権利は縮小される。グアムへの移民の流入は、チャモルの生存を脅かすほどこれらの要素に影響をおよぼすのである。(Santos 1991g)

連邦政府の土地接収と移民政策のなかで、チャモロ人の生存のために必要とされたのがエコロジカルな主権の回復であった。そして、土地をチャモロ人に取り戻すことがナシオンの運動のなかで最重要課題に位置づけられた。このような考えのもと、彼らは1992年以降、チャモロ土地信託法の実行や連邦政府余剰地の返還といった具体的要求を通じてチャモロ人の土地権を主張していったのである。

その一方でこのようなサントスの主権概念について留意すべきは、「ナシオン・チャモル」というその名称からも明らかなように、その主権の主体がチャモロ人だという点である。サントスはグアムの全住民の生活に配慮した発言・行動もしているが、「グアム・ネイション」は「チャモロ・ネイション」であることが彼の主張から読み取れる。そして、そのチャモロ・ネイションにおいて、非チャモロ人がどのように位置づけられるのかは明確にされなかった。

彼はチャモロ・ネイションについての論考のなかで、神が人間を創造したとい

---

22) フィリピン・ナショナリストのこのような「主権」概念をサントスがあえて引用したのは、グアムのフィリピン系住民を意識してのことであろう。

うことを述べたあとつぎのように続ける[23]。

　　彼〔神〕は彼ら〔人間〕を世界中に散らばらせ、それぞれに彼ら自身の言語を与えた。彼は彼らに土地と生活するのに十分な天然資源を与えた。彼は朝鮮人をつくり、彼らに朝鮮という故郷(ホーム)を与えた。それから彼は日本人をつくり、彼らに日本という故郷を与えた。それから彼はチャモロ人をつくり、彼らにマリアナ諸島という故郷を与えた。(Santos 1991d)

アンダーウッドのいう先住民ナショナリズムとは対照的に、サントスのネイション観は原初主義的・本質主義的であり、彼の排外主義的な言動と関係していたのも確かである。

　また、サントスは1998年にグアム知事選に立候補したとき、「われわれ hita」というスローガンを掲げた。「われわれ we」には、チャモロ語で包括形「hita」(聞き手を含む) と除外形「ham」(聞き手を含まない) がある。しかしこの知事選のときには、「hita」は「他の誰かではなく、われわれチャモロ人」という排他的なものとしてナシオンによって用いられたという (Stade 1998: 353)。サントスを中心とするナシオンの主張は、グアムを含めたマリアナ諸島とチャモロ人の結びつきを本質主義的なものとし、そこから必然的に非チャモロ人を排除する側面がある。

　サントスはチャモロ人の権利を要求する一方で、全住民の利益の観点からグアムのエコロジカルな主権を追求し、貧困層の代表としての立ち位置によってフィリピン系やミクロネシア系の住民と良好な関係を作ろうともした。ただしチャモロ・ネイションの構想は非チャモロ人との関係において大きな課題を抱えてもいる。

　ここまで1980年代・90年代のチャモロ・ナショナリズムの主流派における自己決定と主権という概念を通して、そこで目指された脱植民地化を明らかにしようとしてきた。OPI-Rは、チャモロ人の自己決定の主張はそのままに、コモンウェルス運動のなかでグアムの自治のための新たな政治的地位の可能性を模索した。ナシオンは米軍に起因する環境汚染や土地問題からチャモロ人のエコロジカ

---

[23] サントスのネイション定義が宗教的な色彩を帯びているのには、他の多くのチャモロ人と同様に敬虔なカトリック信者であることや、さらに少年時代には教会でミサの侍者を長らく務めていたことなど、サントスの信仰や生い立ちが関係しているかもしれない (Santos n.d.: 3)。

ルな主権を重視した。ただし、チャモロ・ナショナリズム全体を見れば、その主体や活動内容や主張は多岐にわたり、けっして一括りにできるものではない。言い換えれば、自己決定と主権という概念をそれぞれの置かれた状況に引きつけ流用しながら、脱植民地化を構想してきたのである。あえてまとめるならば、彼らにとっての脱植民地化は、近代国民国家としての完全な独立を直接的に目指す分離主義的なものではなく、アメリカとの関係をもうまく利用した自治に近いものであった。また、チャモロ・ナショナリストたちは移民や非チャモロ人と難しい関係にありながら、エスニックな区分だけでなく階級の問題についても意識的であった。

5　米軍増強計画とチャモロ人の社会運動

(1) 1990年代のチャモロ・ナショナリズムとコモンウェルス

　1980年代末にコモンウェルスに向けた動きが開始されると、チャモロ・ナショナリズムはますます活発化した。1990年代には、OPI-Rやナシオン・チャモルのメンバーが手を携えてコモンウェルス法案の実現に取り組んだ。たとえば、連邦政府や国連との交渉には、グアムの政治家たちのみならず、これらの住民団体のメンバーが参加した。政治への影響力もより直接的なものとなった。チャモロの社会運動のリーダーたちが政界へと進出したのである。1992年の連邦下院代表の選挙では、OPI-Rのアンダーウッドが民主党から立候補し、共和党の現職ベン・ブラスに勝利した。アンダーウッドは2003年1月までの10年間下院代表を務めた一方、2002年と2006年には知事選に立候補し、2回とも共和党候補フィリックス・カマチョに敗れている。1994年のグアム議会議員選挙では、OPI-Rのクリストバルとナシオンのサントスが民主党から立候補し当選した。両者は議員としても協力し合い、そのもっとも重要な功績はグアム脱植民地化委員会の設置といえる。サントスは1996年の選挙でも当選したが、1998年の知事選において民主党の予備選で敗れた。その後、2000年のグアム議会議員選挙で再び当選した。

　1990年代半ばにコモンウェルス実現の雲行きが非常に怪しくなるなかでも、チャモロ・ナショナリストたちは依然として活動的であった。当時の状況を生々しく伝えているのが、チャモロ・ナショナリストたちと地元紙『PDN』とのあ

いだで交わされた議論である。そのひとつに、OPI-R のハワードによる『PDN』の名誉編集者ジョー・マーフィーと歴史家であり CSD の前事務局長であるロバート・ロジャーズに対する批判がある。

マーフィーはすでに当時編集長を辞していたが、名物コラム「パイプ・ドリーム（夢物語）」は続いていた。1996 年 12 月 17 日の同コラムでは、「グアムのコモンウェルスはほぼ昏睡状態」という見出しのもと、ロジャーズがパラオで行ったというスピーチを支持する形をとりながら、コモンウェルス交渉で妥協しない「強硬路線」をとる人びとを批判した。そのなかで槍玉に挙げられたのは前知事のジョセフ・アダである。ロジャーズによれば、グアムとアメリカの目指すべき関係に関して、前任者のリカルド・ボダリオは「連合（union）」とし、妥協も視野に入れていた。それに対し、アダは「提携（partnership）」という言葉を用い、妥協の余地を示さなかったという。

　　ロジャーズが感じているのは、先住民チャモロ人意識の高揚はあまり役に立たない、なぜなら妥協がより困難になるからだ、ということである。現職議員のエインジェル・サントスは〔米軍基地の〕フェンスに登り、ノーバート・ペレスは独立を目指して取り組んでおり、アダ知事でさえ反米軍デモに参加している。それらは、チャモロ人による国連での反米レトリックにすでに腹を立てている軍や連邦議会の関係者との溝を深めるように思われた。／ロジャーズは言う。「800 ポンド〔約 360 キログラム〕のゴリラと交渉しているときに、そのゴリラをののしったら、即座に勝ち目のない状況に陥ってしまう」。(Murphy 1996b)

要するに、植民地の人間に対して立場をわきまえろと言っているのである。マーフィーはロジャーズのそのスピーチが彼の次回の歴史書に所収されるべきだと述べて、コラムを締めくくっている。

こうした立場に対して、『PDN』の読者投稿欄において痛烈に批判したのが、ハワードである。彼によれば、チャモロ人に対してコモンウェルス交渉において妥協せよと主張することはチャモロ人の絶滅を望んでいることと同義だというのである。

ハワードは、ロジャーズが専門家であり、コモンウェルス法案作成に助力したというロジャーズやマーフィーによる説明における事実関係そのものも否定する。

勝者がたいてい自らの歴史を書くということはよく言われることである。われわれはいまやこれが実行されているのを見ている。チャモロ人の身体が死んでいく前でさえである。われわれの検死報告書は明らかに、自己決定委員会の前「事務員」であり、自称・チャモロ人の権利に関する専門家であるボブ・ロジャーズ氏によって書かれることになっている。われわれチャモロ人は彼のいわゆる専門的意見を拒否しており、チャモロ人の自己決定に関する自分たちのもっと正確な専門的意見と見解を持っている。遠慮するよ、ボブ。(Howard 1996)

ハワードによれば、ロジャーズは事務方という立場にもかかわらずコモンウェルス法案の中身に干渉しようとし、それによって辞任させられた。そして今現在も、CSD でのかつての自分の仕事を誇張しているというのである。

しかしながら、ハワードにとってマーフィーやロジャーズのような存在はけっして無視することができない。知の権力性が明白だからである。前述のように、マーフィーはロジャーズに対して、自分たちの考えを次作に入れるよう要望した。じっさい、ロジャーズのグアムに関する通史『運命の上陸（Destiny's Landfall）』が前年の 1995 年（改訂版は 2011 年）に出版されており、現在までとりわけ教育・研究の世界で広く使用され、参照されてきた。ロジャーズが書いたことがそのまま史実となるといっても過言ではない。ハワードが前の引用文で述べていることは、そのことをチャモロ・ナショナリズムに対するロジャーズの否定的評価に関連づけているのである[24]。

1997 年 8 月 1 日の『PDN』の社説「新たな脱植民地化の取り組みでコモンウェルスの未来に暗雲か」(PDN 1997) も、チャモロ・ナショナリストの攻撃の的となった。クリントン政権からコモンウェルス法案への反対を突きつけられ、コモ

---

[24] チャモロ人活動家らがロジャーズの書に対して批判的であることは筆者も感じることがある。たとえば、あるとき筆者がロジャーズの書を手に持っていたら、あるチャモロ人女性から「CIA（中央情報局）の人間が書いたものなんて使うべきではない」という意味のことを言われたことがある（2004 年 12 月の筆者との会話より）。しかしその女性が同書を用いているのを筆者は何度も目撃したことがある。そうしたことから、同書への否定的評価は、内容的な問題からよりは、ロジャーズの経歴やその他の仕事との関連によるともいえる。また、ロジャーズが本当に CIA の人間であるかどうか当然筆者は知る由もないが、その女性は仕事上の関わりからそのことを確信しているようであった。ただし、これはひとりの人間の思い込みではけっしてない。別のある男性も、CIA の人間が自らの素性を明かすことはないと前置きしながらも、ロジャーズが CIA の元職員であることはほぼ間違いないと考えていた（2011 年 9 月の筆者との会話より）。

ンウェルス実現が絶望視される3カ月前のことである。同社説は、グアム政府の「政策転換」を批判したものである。ギテレス知事は、CSDの活動を終結させ、新たに設置された脱植民地化委員会の活動に政治的地位問題への取り組みを移行させることを表明した。事務所や人材も、脱植民地化委員会はCSDのものを引き継ぐこととなった。しかし両者は異なる目的を持っている。CSDはコモンウェルスの実現を目指してきたが、脱植民地化委員会はコモンウェルスを目指しはしない。ここが同社説の批判を浴びる点となった。コモンウェルスを目指す動きは、1980年代に数度行われた住民投票などを通じて、グアム住民の意思によって進められてきたといえる。ゆえに、脱植民地化委員会への移行は、それまでの住民の意思に基づくグアム政府の方針を翻すものとなる、というのである。

　この社説に対して、3日後の8月4日、ナシオン・チャモルとOPI-Rのメンバーらが、PDN社の入っているハガッニャのビルの前で抗議活動を行った（Loerzel 1997b）。記事によると、50人ほどが集まり、メッセージの書かれたサインを掲げたり、歌ったりしたという。彼らが訴えたのは、グアムの脱植民地化やチャモロ人の自己決定権行使の実現に向けた運動に敵対的姿勢を取るのを『PDN』はやめろ、ということである。記事のなかで、参加者のひとりであるナシオンのロナルド・ラグァニャは、「彼らはわれわれを支援していない。48年間、『PDN』はここに居続けている。われわれに反対するな」と述べている。元議員でOPI-Rのクリストバルも、人びとを教育するのではなく、混乱させ、分断させていると『PDN』を批判している。『PDN』の前述の社説の指摘それ自体は論理的に大きな問題があるとは思えないが、植民者ではなく被植民者を批判する傾向のある『PDN』の姿勢への苛立ちが募っていたと考えられる。記事には写真も大きく掲載され、グアムの旗を左手に持って掲げ、マイクと「I♥NY」のキーホルダーを右手に持ち、参加者に語りかけているクリストバルや、「FAN GAI RESPETU gi tano' CHAMORU!（チャモロの大地で敬意を持ってください）」というサインを持った男性が写っている。

(2) 苦境に立たされたチャモロ・ナショナリズム

　しかしその一方で1990年代はチャモロ・ナショナリズムへの逆風が幾重にも降り掛かったときでもある。ロジャーズが著書のなかで1990年代を対象とした章のタイトルを「不景気」としているように、まずグアムの経済状況が悪化しは

じめた (Rogers 2011: 268)。なぜなら、日本のバブル崩壊が観光産業や投資に直接影響し、グアム経済に打撃を与えたからである。1980年代までにグアム財政の歳入における比重は、米軍や連邦政府に関連したものが低下する一方で、観光産業に関連したものが高まっていた。それだけに観光関連の歳入減少の影響は重大だったのである。

もうひとつ要因はある。冷戦終結と湾岸戦争の後に生じた、アメリカ国内外における米軍基地の再編や閉鎖の影響である。これは基地再編・閉鎖委員会 (Base Re-Alignment and Closure Commission: BRAC) の1993年と1995年のラウンドのことを指している。グアムでも、軍事支援機能の民間業者への委託や、基地の閉鎖や軍用地の返還が行われることとなった。それまでの米軍基地への依存度の高さゆえに、急速な基地の再編や閉鎖は、グアム社会にとっては深刻なものであった[25]。

逆風は他にもある。コモンウェルス運動の挫折により、グアムの脱植民地化を真剣に目指してきた人びとのあいだで大きな失望が広がったのは言うまでもない。2000年代に入っても、逆風は続いた。ライス判決は、グアムのチャモロ人にも衝撃を与えた（第1章、第8章、第9章を参照）。さらに2003年1月には、民主党のギテレスから共和党のフィリックス・カマチョへと知事が代わり、グアム政界において政治的地位への関心は大きく低下したといえる。

しかしながら、脱植民地化やチャモロ人の先住権を望む人びとにとって、何よりも精神的なダメージが大きかったのは、チャモロ・ナショナリズムのリーダーたちの死ではないであろうか。2001年9月には、ロナルド・リヴェラが47歳で死去した。リヴェラはOPI-Rのメンバーであり、グアム脱植民地委員会の副委員長を務めていた。チャモロ人の自己決定の必要性を説き、グアム内外、国連などで活動した。彼の死に関して、太平洋各地や国連の役人たちから弔意を伝える電話がグアム政府にあったという。ギテレス知事はつぎのように述べている。「チャ

---

25) 米軍の外部委託によって、1993年以降、連邦政府民間人従業員と軍人の大幅な減少が起こり、それにともない多くの米軍関係者のチャモロ人がアメリカ本土に移住しなければならなかった。軍人の数だけを見ると、1995年の1万1000人以上から2000年には約6500人に減少した。また、米軍縮小はグアム政府の歳入に直接影響した。これはとくに第30節歳入の減少によるものであった。グアムでは、軍人や連邦政府職員などが支払う所得税が、連邦政府ではなくグアム政府に入ることとなっているからである（第2章参照）。ロジャーズが指摘しているように、こうしたことでグアム社会が苦しんでいることから、余剰地返還を要求してきた先住民活動家を皮肉る見方もあった（Rogers 2011: 269-70）。

モロ人の権利に注目させる彼の取り組みが、国際社会においてどれだけ高く評価されているかを説明するのは困難だ」(Tamondong 2001)[26]。

これに続いたのがサントスの死である。リヴェラの死から2年も経たない2003年7月のことであった。チャモロ・ナショナリズムのカリスマ的リーダーの44歳での死は、グアムを大きく揺るがす出来事であったといえる。そのことは、グアム政庁のあるアデルップで行われた国葬や、地元メディアによる連日の報道においても明らかである。

サントスのグアムでの存在感は大きかった。グアムの活動家たちのあいだではサントスの死は容易に納得できるものではなかったということにも表れている。彼はパーキンソン病に罹り、それによって亡くなったとされた。新聞などでもそのように報じられた。しかしその一方で、サントスは殺されたのではないかという陰謀論もささやかれている。彼は亡くなる3年前まで連邦刑務所に収監されていた。軍用地への侵入がきっかけとなり、禁錮6カ月の実刑判決を受けていたのである[27]。2000年7月に刑期を終えグアムへ戻ってきたが、チャモロ人活動家らによれば、サントスの様子はおかしかったという。そうしたことから、刑務所で何かをされたのではないかという疑いが生じたのである[28]。いずれにせよ、グアムの脱植民地化を目指す人びとにとっては、コモンウェルスへの道を閉ざされ、新たな道を切り開く困難に立ち向かうなかにあり、サントスらの死は大きな損失となったといえる。

(3) 米軍増強計画のインパクト

2000年代に入って、グアムを含むマリアナ諸島は再び軍事的な関心を集めることとなる。まず、2001年9月11日の事件とその後の「対テロ戦争」と呼ばれるアフガニスタンとイラクへの攻撃は、グアムの人びとも無関係ではいられな

---

[26] リヴェラの活動や関心については、リヴェラ (2000) にも示されている。

[27] サントスはデデドのモグフォグの土地（空軍基地であるアンダーセン・サウスの南の方の土地）の一部を自分たち家族のものであると主張していた。それに対し裁判所は、1993年にサントスに軍用地に侵入しないように命令を出した。ところが1999年9月にサントスはその土地に侵入し、片付けているところを発見された。そうした経緯から、1999年10月に法廷侮辱罪で逮捕され、翌2000年1月に禁錮6カ月の実刑判決を受けた。1999年10月の審問に出席しなかったことでも法廷侮辱罪で3日の判決を受けた。そしてアメリカ本土の刑務所へと移送され、収監された。

[28] たとえば、サントスと親しかったある活動家は、狂牛病（牛海綿状脳症）に感染させられたのではないかと指摘している。2004年10月の同氏との会話による。

かった。米軍基地のあるグアムでも厳戒態勢がしかれ、戦争が開始されるとグアムや他のミクロネシアの島じまから多くの人びとが米兵として戦場に行き、何十人もの戦死者が出ている。

そして2000年代半ばには、沖縄からの海兵隊移転を含む、グアムと北マリアナ諸島における米軍増強（military buildup）計画の内容が徐々に明らかになっていく[29]。

米軍増強をめぐっては、その経済的恩恵に関心が集まる一方で、反対派や慎重派と呼びうるような人びとも早くから現れていた。そうした動きに関わっているのは、幅広い世代の人びとである。それまでグアムの脱植民地化やチャモロ人の権利を支持してきたOPI-Rやナシオン・チャモルといった既存団体は、新たな若いメンバーの参加によって活性化した。その一方で、長年それらの団体で活動してきた人びととその下の世代の人びとが結集し、新たな団体がいくつか結成されもした。グアハン平和・正義連合（Guahan Coalition for Peace and Justice）は2006年に結成されたアンブレラ組織である。ファモクサイザン（Famoksaiyan）、コンシャス・リビング（Conscious Living）、グアハン先住民集団（Guahan Indigenous Collective）、ナシオン・チャモルによって当初構成された。その後、より多くの団体が参加している。

フエスタン・ファマラオアン（Fuestan Famalao'an）も、女性の立場から米軍増強に異議申し立てするために、2006年に結成された[30]。この団体名はチャモロ語で「強い女性」、「女性の強さ」、「女性の力」などを意味する。チャモロ人社会がもともと母系社会であったこと、そして現在も公的領域と私的領域の両方で女性が一定の力を持っていることへの自負がこの団体名から感じられる。「男性中心で軍事化の議論が進められるなかで少女や女性たちの重要性を主張すること、グアムの米軍基地の歴史的・現代的な暴力性に立ち向かうこと、アメリカの『属領』という島の未解決の政治的地位に取り組むこと」が同団体の目指すことである（Camacho 2012: 701）。「数多くの学術会議、コミュニティ・フォーラム、映画上映会、日本とアメリカの外交官たちとの会談」などを行ってきた（Camacho

---

[29] 吉田（2010）は在沖海兵隊グアム移転をグアムにおける米軍増強計画と関連づけて論じ、普天間基地の辺野古への県内移設の論拠を疑問視している。つまりそれほどグアムでの米軍増強が大規模なものであるということでもある。

[30] フエスタン・ファマラオアンについては、Camacho（2012）が9.11以後のマリアナ諸島における社会運動のひとつとして取り上げている。

2012: 704)。

　フエスタン・ファマラオアンという団体の特徴については、キース・カマチョによるいくつかの指摘にも留意すべきであろう（Camacho 2012: 702）。ひとつは、彼女らが母性や女性性によってつながっているからといって、異性愛的な権力構造を支持しているわけではないということである。グアムの社会運動の中心的なメンバーには、フェミニスト、ゲイやレズビアンといった同性愛者も含まれており、むしろその逆と言ってよいであろう。もうひとつは、一見チャモロ中心的であるが、実態はそうではないということである。そのメンバーにはチャモロ人以外にもフィリピン系の女性が多数いる。グアムにおける女性たちの連帯という側面がある。

　20代や30代の若者を中心とした団体も米軍増強計画に批判的に活動している。そのひとつがファモクサイザンである。「ファモクサイザン」とは、チャモロ語で「育成の場所および時間」と「漕いで前進する時間」の2つを意味する。この団体は、カリフォルニア州のサンディエゴやサンフランシスコなどに在住するチャモロ人らが中心となり、学生、活動家、教育者、専門家らがチャモロ人の抱える諸問題を議論する場として、2006年4月頃に結成された。マリアナ諸島とアメリカ本土に散らばったチャモロ・ディアスポラのネットワークである。

　米軍増強に直接関連して結成された団体に、ウィー・アー・グアハン（We Are Guahan: WAG）がある。2009年11月20日に米海軍施設本部統合グアム計画室によって公表された環境影響評価書の素案は、1万1000頁におよぶ大部であり、しかも住民・関係者が意見を出せるのは90日間である。平和と正義のためのグアハン連合は、そうした困難に立ち向かうために、分担してこの素案を読解し、啓蒙活動を行った。そのなかで、WAGは結成された。具体的には、射爆場の予定地となったパガットを守るためにハイキングや清掃・美化活動などを行ったり、若者のために大学進学を支援する活動を行ったりしている。

　以上のような活動を担う若い世代の多くはアメリカ本土（おもに西海岸）やハワイの大学や大学院に在籍しているか、卒業・修了して弁護士、教育者、研究者などになっている。もちろんそうしたバックグラウンドや職業以外の人びとも多数参加している。しかしながら、知識人ともいうべき人びとが中心的な役割を果たしている背景には、彼らがグアムの植民地として抱える諸問題にもともとそれぞれの専門分野で取り組んでおり、米軍増強計画に直面したことによってそれぞ

れの専門的知見を生かして活動を展開した、ということがある。この世代のもうひとつの特徴としては、1980年代や90年代のOPI-Rやナシオン・チャモルの活動を見て育ったということが指摘できる。

　グアムでは、コモンウェルス運動後もOPI-Rやナシオン・チャモルのメンバーは、より若い世代を巻き込み新たな組織を多数生み出しながら、チャモロ人の自己決定だけでなく、軍用地、戦後補償、米軍増強、観光開発、環境汚染、チャモロ文化再生に関する諸問題に取り組むなかで、トランスナショナルないしトランスローカルなネットワークを築いてきた。とくに、チャモロ・ディアスポラともいうべき、グアム、北マリアナ諸島、アメリカ本土をつなぐチャモロ人のあいだのネットワークはインターネット時代にますます活発化している。国連での活動も衰えていない。チャモロ人の運動はエスニシティ・世代・地域を越えてさまざまな人びととのつながりを生み出してきたのであり、それらによる自己決定と主権の追求も新たな展開の可能性を秘めている。

　たしかに、チャモロ人による住民投票の実施やその結果については依然として不透明である。しかし、これまでのチャモロ人の運動と現在の米軍増強の反対運動から得られる知見では、軍用地、環境破壊、インフラ不足に関する問題が多くの人びとの政治的関心を呼び起こしており、それらが政治的地位や脱植民地化への関心に転化される可能性は小さくない。実際、米軍増強計画は、新たな世代の人びとに自己決定や主権の重要性を認識させ、脱植民地化に向けた取り組みを促すことになってもいる。

第7章　先住民の土地権
―チャモロ土地信託法とグアム先祖伝来地法―

　第2次世界大戦後のグアムにおいて、もっとも社会的な関心の高い問題といえるのが、「土地問題」である。グアムの「土地問題」とは、第2次世界大戦中・戦後に米軍によって住民の土地が接収され、それらの返還や補償がほとんどなされておらず、住民がその解決を要求していることを指す。同じく住民の土地が米軍に接収・収用された沖縄とも似ているが、グアムでは土地所有権そのものが住民から連邦政府へと移ってしまい、住民はほとんど補償も受けないまま自らが所有していた土地との関わりをいっさい失ってしまった。そうした不正義が放置されてきたことへの不満が、その後の賠償請求運動や土地返還運動などへとつながった（第2章、第3章参照）。戦後20、30年が経って、原土地所有者（original landowner：以下、原所有者）の多くが高齢になったり、亡くなったりするなかで、この土地問題は歴史的不正義の様相を帯びてきた[1]。

　またこの土地問題は、失われてしまったチャモロ人の土地権をどのようにして回復するかという先住民の土地権の問題としての側面も有している。グアムでは1975年にチャモロ土地信託法（Chamorro Land Trust Act: CLTA）が成立した。同法は、チャモロ土地信託委員会（Chamorro Land Trust Commission: CLTC）を設置し、グアム政府有地のうちの「チャモロ・ホームランド」を先住民であるチャモロ人に年間1ドルで99年間まで貸与するというものである。折しも1970年代はさまざまな問題をはらみながら、世界各地で先住民の権利に関する立法措置が取られたときでもあった。アメリカでは1971年のアラスカ先住民権益措置法（パイプライン建設のために祖先の土地権原を消滅させる代わりに、先住民に金銭的補償や土地の所有権を与えた）や1975年のインディアン自決・教育援助法、カナダでは1975年

---

[1]　原土地所有者とは、この場合、第2次世界大戦以前にある土地を所有しており、連邦政府・米軍によってその土地を接収された者のことである。

のジェームズ湾協定、ニュージーランドでは1975年のワイタンギ条約法（ワイタンギ条約を再検討し、マオリに土地を返還するワイタンギ審判所を創設）、オーストラリアでは1976年のアボリジニ土地権法（北部準州のアボリジニの土地権を認める州法）などがある。これらのいわゆる入植社会国家の先住民は、自国での先住権獲得の運動と同時に、1970年代に先住権獲得のためのトランスナショナルなネットワークを形成し、国際社会に影響をおよぼし始めていた。グアムのCLTCの設置は、こうした先住民の権利に関する運動の世界的な動向のなかにあった。

　しかしこのような評価には留保すべき点もある。第1に、CLTCはチャモロ人が数的な意味で多数派であるグアムにおいて可能となったものであり、寛容な主流社会と少数派としての先住民との和解に向けた動きではまったくない。チャモロ人は1970年の時点でグアム人口の半数近く、グアム議会議員のほとんどを占めていた。そのため、比較的容易に成立しえたといえる一方で、アメリカ社会あるいは白人との和解の要素は欠如していた。第2に、CLTCはチャモロ人に土地を貸与するものであり、返還するものではなかった。グアム政府有地の一部を原所有者に返還するということに付随するさまざまな問題を考慮すれば、これは現実主義的な選択であったともいえる。だが、不正義を正すという観点からいえば不十分なものでもあり、それゆえに返還を望む人びとからの批判を浴びることにもなった。

　1990年代には冷戦終結などに起因する米軍縮小がグアムでも実施され、基地に使用されている土地の一部が余剰地としてグアム政府に返還された。こうしたグアム政府有地を原所有者やその子孫に返還するために1999年に設置されたのがグアム先祖伝来地委員会（Guam Ancestral Lands Commission: GALC）である。土地接収開始の55年後に返還の手続きが開始されたことになる。当時の所有者のほとんどはすでに亡くなっているが、彼らの子孫たちにも返還されることとなった。GALCは、米軍によって奪われた土地を先住民チャモロ人に返還するというものであり、主流社会またはマジョリティから先住民への土地返還という他の先住民の土地権の回復と同じ構図となっている。しかし、土地返還は過去の土地接収への反省からなされているわけではなく、米軍などを含む連邦政府にとってその土地の必要性が低くなったという消極的理由によってなされている。それゆえに、GALCもCLTCと同じく主流社会から先住民への謝罪や両者の和解という側面をまったく欠いている。

本章では、CLTCとGALCという土地に関する2つの委員会が設置された経緯と背景について整理し、先住民の土地権や歴史的不正義に関連してこれらの委員会がどのような意味を持つかを考察する。

1 チャモロ土地信託法

(1) セジャ湾問題——新たな土地接収計画と反対運動

　CLTAが成立した背景には、グアムにおけるチャモロの土地権への関心の高まりがあった。そのきっかけを作ったのが、セジャ湾問題と呼ばれる1970年代前半の米軍による新たな土地接収に関連した問題である。その反対運動で中心人物であったポール・ボダリオは、セジャ湾問題が終結に向かうなかで、チャモロ人の土地を守る制度の必要性を感じ、CLTAの起草者となった。それゆえ、CLTAの理解のためには、ボダリオがいかなる問題意識によってそれを起草したかをできるかぎり把握する必要があるし、そのためには当時のグアム社会を大きく揺るがしたセジャ湾問題とボダリオのこの問題への関わりについて確認しておくことが重要となるであろう[2]。

　セジャ湾問題の発端は、1969年に米海軍がグアムでの弾薬用港湾の移設先と移設のための新たな土地接収を明らかにしたことである。もともと海軍は1966年1月にグアム中西部のアプラ湾の弾薬用港湾を移設する案を出しており、1969年11月にその移設先を南西部のセジャ湾に決定すると発表したのである。これはセジャ湾とその周辺の私有地を新たに接収することを意味した。その是非が問題となり、グアムの知事、議員、住民、商工会議所、アメリカ本土の環境団体などを巻き込んだ議論へと展開した。

　セジャ湾周辺の土地接収の計画は、戦後25年経って浮上した。しかし、過去に大規模な土地接収が行われ、その解決が図られないままであり、そういったなかでの新たな接収計画は容易なことではなかった。グアム経済開発局（GEDA）や商工会議所など島の経済界は港湾移設計画を歓迎したが、グアム科学教員協会や環境団体などはそれぞれ計画を阻止しようと動いた。

　ボダリオは1970年にグアム議会の議員に当選し、セジャ湾問題に関わること

---

[2] セジャ湾問題とポール・ボダリオの関わりについては、当時の新聞記事と、Clement (2002)、とりわけ付録として掲載されているボダリオのインタビューにおもに依拠する。

になる。グアム議会は移設計画発表後しばらくして反対の立場を鮮明にしていき、彼はそのなかで主導的役割を果たしていく。その一方でカルロス・カマチョ知事は、セジャ湾への移設が発表された当初は反対を表明していたが、アメリカ連邦議会の計画賛成の明確化を受けて、移設受け入れに立場を変えた。そのかわりに、知事は連邦政府との土地交換の交渉を進め、1972年4月にグアム政府・連邦政府間の土地交換協定に署名した。それに対して、ボダリオは、グアム議会の同意なしでの協定締結は公法11-93に反するとしてグアム地裁で知事を提訴したが、敗訴した。しかし彼は、グアム議会の同僚、グアム科学教員協会、地球の友、シエラ・クラブとともに、第9巡回控訴裁判所に控訴し、同裁判所はグアム地裁の判決を破棄し、差し戻した。そして、セジャ湾移設を阻止するための決議をつぎつぎと出すなど、グアム議会も活発に動いた。そういったグアム議会と環境団体を中心とする反対運動の結果、海軍はセジャ湾での建設をあきらめ、最終的に別の軍用地に移設先を決めた。

　なぜポール・ボダリオは海軍の港湾移設計画にこのように粘り強く反対したのであろうか。そして、その移設計画に反対するボダリオの動機は、CLTAの起草といかなる関連性を持っていたのであろうか。ボダリオがセジャ湾問題に関わることになった経緯を知るために、まずは必要な範囲で彼の経歴について簡単に確認しておく。彼は1930年にグアムで生まれた。ボダリオ家はグアムの上流階級に属し、両親ともにアメリカ本土で教育を受けている。父のB・J・ボダリオはカリフォルニアで大学教育を受けたあと、グアムの有力な政治家のひとりとなると同時に、実業家としても成功していた。そのような父の影響を受けたポールは、兄のリカルド・ボダリオとともに、のちに実業家と政治家の二足のわらじをはくことになる。彼は48年に地元のジョージ・ワシントン高校を卒業後、アメリカ本土に渡り、スタンフォード大学に進学した。スタンフォード大学では主専攻として経済学、副専攻として人類学（太平洋の島々をおもなフィールドとする文化人類学者フィリックス・キージングのもとで）を学び、52年に卒業した。さらに54年にハーヴァード大学で経営学修士を取得し、グアムに戻った。グアムではグアム貯蓄貸付組合で働き、56年から2年間は米軍に徴兵され、59年に自らの事業を立ち上げた。61年から議員になるまでの9年間はグアム記念病院の理事を務めた[3]。

　3）　ポールは70年にグアム議会議員に当選し、第11議会、第12議会と2期務めた。実業家と

実業家の顔の一方で、ポールはアメリカ本土の大学で学んだ経験から、グアムとチャモロ人の歴史に大きな関心を抱いていた。そして、そのことが彼をセジャ湾問題へと向かわせたといえる。彼はアメリカの植民地主義に敏感であり、それがチャモロ人の文化やアイデンティティに深刻な影響をおよぼしているという認識を持っていた。彼が危惧していたのは、チャモロ人は絶滅したとしてチャモロ人の存在を否定するアメリカの主張を、チャモロ人自身が内面化していくことであった。そういった状況が、アメリカがチャモロ人から土地を奪うことを容易にすると彼は考えたのである。彼のセジャ湾問題への関わりの根底にあったのは、アメリカの植民地主義が当時のグアムにおいて継続しており、そのなかで米軍の土地接収が生じてきたという歴史認識・現状認識である。

セジャ湾問題におけるポールらの活動はのちのグアム政治・社会に大きな影響をおよぼすことになる。そのひとつは数年後にとくに活発化していくチャモロ人の権利運動、チャモロ・ナショナリズムである。そしてもうひとつ、より直接的にセジャ湾問題がきっかけとなったのが1975年に制定されたCLTAなのである。CLTAの起草者が、セジャ湾問題でチャモロ人の土地の保護を訴えたポールであったことは、それらの強い関連性を示している。すなわち、アメリカの植民地主義によってチャモロ人が土地から切り離されるという不正義が生じてきたのであり、それへの対応策として考え出されたのがCLTAであったといえる。

(2) チャモロ土地信託法の成立

CLTAはポール・ボダリオ議員が起草した。ポール自身は1974年11月の選挙で落選したが、同法案は翌75年に成立した。まず、1月に21人の議員で構成されるグアム議会において、賛成13票、反対1票で、5人が棄権し、2人が欠席するなかで可決された (Hendrick 1975)。グアム議会においてこの法案に対する安定した支持があったわけではないことを物語っている。そして2月に、ポールの兄であるリカルド・ボダリオ知事によって署名され、公法12-226として成立した。同法案は非常に物議を醸していたため、じつは知事も署名したくなかったという (Limtiaco 2007)。地元紙『PDN』の当時の記事からも同法に対する否定的な

しては、マリアナズ・ボート＆モーター、ミクロネシア・ホテル、ファミリー・ファイナンスといった企業を所有していた。また、政界から去ったあとも、グアムの政治・経済に関するさまざまな公的な役職に就いていた。2007年5月に76歳で亡くなり、グアム議会で国葬が執り行われている。

考えがにじみ出ている。知事が署名した翌日の記事は、同法の成立を「新チャモロ地主という特権集団（dynasty）が昨日生みだされた」（McElroy 1975）と表現している。

前述した通り、CLTAは「不正を正す」という目的を持っていた。そして、1960年代から観光産業が発展し始めており、外部の資本による開発が進行し、チャモロ人がますます土地を失ってしまうのではないかという不安感もポールにはあった（McElroy 1975）。またCLTAは、1921年に成立したハワイ人のホームステッドの連邦法、ハワイアン・ホームズ委員会法（HHCA）をモデルにして作成された（第1章参照）。そのことはCLTAの内容（目的、構成、用語）からも分かる。しかしながらHHCAが連邦法である一方で、CLTAはグアムの法律である。どちらも先住民の側から提起されたものであるとはいえ、連邦法か植民地の法律かでその意味合いや成立過程は大きく異なる。

興味深いことに、当時すでにCLTAの合憲性に関して疑念が持たれていた。それに対しては、HHCAの合憲性も研究されているが、これまで法的に問題とされたことはなく、それゆえCLTAも大丈夫だということが主張されていた（McElroy 1975）。

(3) チャモロ土地信託法の概要

さて以上のような経緯で成立したCLTAとはいったいどういった内容の法律であるのかを、1975年の同法とそれに修正が加えられた2010年現在版（グアム基本法のタイトル21第75章「チャモロ土地信託委員会（CLTC）」）を中心に確認していく。CLTAにおいてチャモロ人の土地権はいかなるものとして規定されたのであろうか。

まずCLTAで借地人として対象となっている人びとは「ネイティヴ・チャモロ（native Chamorro）」とされている。1975年に制定された時点では、「『ネイティヴ・チャモロ』という用語は、1898年以前のグアム島に居住した者の血を少なくとも4分の1引いていると委員会が決定する者を意味する」となっている。しかしこの部分は、1980年代初頭の第15議会で現在のものに修正された。現在のものは、「『ネイティヴ・チャモロ』という用語は、グアム基本法によってアメリカ市民となった人びとおよびそのような人びととの子孫を意味する」とされている。ではグアム基本法でアメリカ市民となった人びととは誰か。グアム基本法は

「1899年4月11日以後にグアムで生まれた住民、彼らの子供たち、同日のスペインや他の国籍のグアム住民にアメリカ市民権を付与した」。これから排除されたのは「住民ではないフィリピン人（ほとんどが契約労働者）」である（Rogers 2011: 208）。1899年4月11日という日付は、1899年パリ条約の施行日であり、グアムが正式にスペイン領からアメリカ領となったときである。第2次世界大戦前まではほとんどのグアム住民が何世代にもわたってグアムで生活してきた人びとであったことから、「ネイティヴ・チャモロ」にこの規定が採用されたと思われる。1975年CLTAの「ネイティヴ・チャモロ」定義は明らかにHHCAの「ネイティヴ・ハワイアン」定義を参考にして考えられているが、前者のほうが後者よりも、さかのぼる時間と血の割合の点で、適用の基準が緩い。さらに、前者の修正された定義からは、血の割合の基準が取り除かれている。「ネイティヴ・ハワイアン」の血の割合による定義が同化主義的であるとして批判を受けてきたことを考えると、この「ネイティヴ・チャモロ」定義の修正は、チャモロ人の権利の観点からは前進といえる（第1章参照）。

　第75102節「委員会」によれば、借地人のみならず、CLTCの5名の委員のうち少なくとも3名は「ネイティヴ・チャモロ」でなければならない。そして委員全員が任命前に少なくとも3年居住のグアム住民でなければならない。またCLTCの行政局長も「ネイティヴ・チャモロ」でなければならない。

　つぎにいかなる土地が貸与されることになったのか確認しておきたい。CLTAは「ネイティヴ・チャモロ」に「チャモロ・ホームランド」を貸与するとしている。「チャモロ・ホームランド」とは、グアム政府有地のうちグアム政府に他の目的で使用されていない「利用可能な土地」からなるが、他の土地制度などとの関連でいくつか例外がある。

　ではいかなる制約・条件でチャモロ人に土地が貸与されるのであろうか。1975年法では、農業用には1〜20エーカー、放牧用には1〜50エーカー、住宅用には1エーカー以内が貸与されるとされている。現行法では、自給的農業・養殖業用には0.25〜0.5エーカー、商業的農業・養殖業用には0.5〜20エーカー、放牧用には1〜20エーカー、住宅用には1エーカー以内と少し細かくなっている。賃借料は年間1ドル、貸与期間は99年間という点は変わっていない。

　「チャモロ・ホームランド」として貸与されている土地の継承（相続）についても見ておきたい。結論からいえば、借地人が死亡した場合、借地人の親戚でか

つ「ネイティヴ・チャモロ」であれば、土地の利害（借地権）を継承することができる。この場合の親戚は、夫、妻、子供、兄弟・姉妹の男女やもめ、姪、甥である。継承者はあらかじめ借地人が指名し、CLTCに承認されていなければならない。借地人が死亡したときにそのような継承者がいない場合は、CLTCが借地人の親戚でかつ有資格者のなかから継承者を選出することになっている。しかしそういった親戚のいない場合は、その借地は未賃借地の地位に変更され、新たに他の「ネイティヴ・チャモロ」に賃貸されることになる。そして耕作や建物の建設・増設といった土地の改良箇所や植えられた作物の価値が評価され、死亡した借地人の法的代理人に支払いがなされる。

さらにCLTAは当初6つの基金を創設し、チャモロ人が低コストのローンを受けられるようにしたり、CLTCが運営に利用できるようにしたりした。創設されたのは、チャモロ住宅ローン基金、チャモロ商業ローン基金、チャモロ住宅修理基金、チャモロ住宅開発基金、チャモロ教育支援基金、チャモロ・ローン保証基金である。土地の貸与に加えて、こうした基金によるローンも可能にしたことが、非チャモロ人の不満に拍車をかけた。2005年には新たにチャモロ土地信託運営基金も創設された。

CLTAの根底には、米軍による土地接収という過去の不正義を正すことと、資本主義的近代化の波のなかでのチャモロ人のさらなる土地喪失を防ぐことという2つの側面がある。「チャモロ・ホームランド」はその名の通り、もともとはチャモロ人たちの土地であった。植民地支配のなかでの土地政策によって人びとの土地との関係性が大きく変容し、また人びとが生活を営んできた土地が政府（米軍）によって接収されるなかで、自らの土地を取り戻すというのがCLTAであった。この「チャモロ人」という主体・対象は、一見するとエスニック・人種的なカテゴリーであるが、実際には歴史的・政治的な規定によって資格を有する人びとである。「ネイティヴ・チャモロ」の定義にはエスニック・人種的な要素は含まれていない。CLTAでは、エスニック・人種的カテゴリーにはおさまらない、先住民としてのチャモロ人の土地権が定められているといえる。また、「チャモロ・ホームランド」は実際にはグアム政府の土地であり、ただ「ネイティヴ・チャモロ」のみが借地権を有するということにすぎない。しかし、一定程度の土地の返還が見込めない状況では、ごく一部の土地をごく一部の原所有者に返還することはチャモロ人のあいだで大きな不公平感を生む。共同所有とまではいえな

いが、一定の土地を使用する権利を共同で保持できるようにしたのは、現実的な策ではある。土地や土地制度をめぐる政治的な過程をCLTAに見ることもできる。

(4) チャモロ土地信託法実行の圧力

CLTAは1975年に制定されたが、その論議を呼ぶ内容ゆえに、長い間実行に移されなかった。1990年代前半に知事を相手取って住民によって起こされた訴訟の結果、ようやく実行に移されたのである。そのときの原告の弁護士マイケル・フィリップスによれば、制定時のリカルド・ボダリオ知事がCLTCの委員を指名したが、グアム議会によって承認されなかったという (Phillips 1996)。しかしながら、グアム議会がなぜ承認しなかったかについて、フィリップスは詳細に触れていない。当時指名された委員たちの回顧をまとめると、グアム議会が予算をCLTCに配分せず、そのため委員長は会議を開くことができなかったということになる (Amparo 1993b)。では、なぜグアム議会は予算をCLTCに配分せずにきたのか。CLTA制定時のある議員によると、非チャモロ人からの票を失うのが、議員たちは怖いからだという (Santos 1991f)。CLTは政治家にとって非常に扱いづらいものと認識されてきたといえそうである。

1990年代になってCLTAの実行が強く要求された背景には、当然のことながら、チャモロ人のあいだでの土地への高い関心があった。1970年代以降にチャモロ・ナショナリズムが形成され、1980年代には政治的地位の問題とその成り行きに大きな関心が集まっていた（第4章、第5章、第6章参照）。そういったチャモロ人の権利を要求する運動や文化的アイデンティティの高揚の背景には、アジア（フィリピン、韓国、中国、日本など）やミクロネシアなどからの移民の増加とおもに観光産業による経済発展があった（第2章参照）。第2次世界大戦中・戦後において、米軍によって土地を接収され、労働市場に放り込まれたチャモロ人にとっては、移民の急激な流入は脅威であった。そういった脅威は、チャモロ人のあいだでの土地への関心を高めていた。

そんななか1990年代に現れたナシオン・チャモルというチャモロ・ナショナリストの集団は、グアムにおけるチャモロ人の主権を主張し、土地問題に積極的に取り組み始めたのである。そして、ナシオン・チャモルのメンバーらはCLTAの実行を強く要求することとなった。

第 7 章　先住民の土地権　239

　実行要求の中心に立っていたのは、ナシオン・チャモル（以下、ナシオン）のマガラヒ（首長、指導者）であるエインジェル・サントスであった。1975 年の CLTA 制定時のポール・ボダリオらと同様に、米軍による土地接収という過去の不正義が正されておらず、その上アメリカの植民地主義が現在まで継続し人びとを抑圧しているという認識を彼は持っていた。そして、彼は米軍の退役軍人であり、移民の流入や土地の問題に強い関心を持っていた（第 6 章参照）。まず、彼はジョセフ・アダ知事に CLTA の実行、つまり CLTC の委員の任命等を行うように要求し、知事相手に訴訟を起こした。1992 年 3 月にグアム上位裁判所のベンジャミン・クルス判事は、アダ知事に対し、60 日以内に CLTA を実行するか、しない場合はその理由を説明するように命じた。4 月 27 日には、ナシオンのメンバーが、知事に圧力をかけるために、アデルップの政庁前で抗議活動を開始した。そして、5 月 1 日からは、サントスが計 38 日間におよぶハンストを開始した。5 日以降は、ナシオンの他のメンバーや支持者らが、政庁前の庭でテントを張って加わり、CLTA の実行を要求する運動は大きなうねりとなった。

　この間、CLTA の合憲性をめぐって賛成側と反対側のあいだで若干の議論のやり取りがあった（第 9 章参照）。そして、6 月 9 日の口頭での判決で、クルス判事は、CLTA はグアム基本法にもアメリカ合衆国憲法にも反しておらず、実行されるべきものであると結論づけた。アダ知事側は CLTC の委員を任命すると約束したが、その消極的な姿勢は変わらず、クルス判事による文書での判決を待ってから正式な決定をするとした。CLTA の反対派から合憲性を問う訴訟を起こされる可能性があるというのが、その理由であった。その後、ナシオンはなおもアダ知事に圧力をかけた。翌 1993 年 1 月、サントスは 30 日以内に CLTA の実行等をしないなら、「観光客帰れ（Tourists-Go Home）」の抗議活動をタモンで行うと、アダ知事宛てに書簡を送った。そして 2 月 10 日、クルス判事は文書で判決を出し、ようやく行政府が動き出すこととなった。その判決は、具体的には、絶対的職務執行令状（peremptory writ）の発行から 60 日以内に CLTC の 5 名の委員を指名することや、90 日以内にどのグアム政府有地が CLT における利用可能な土地であるかを明示することなどを、アダ知事に命じた。2 月 12 日、フランク・ブラス知事代理によって CLTC の 5 名の委員が任命され、3 月には CLTC の第 1 回会議が開催された[4]。

　4）CLTC の委員にはサントスも名乗りを上げていたが選ばれなかった。5 名の委員の肩書き

しかし、チャモロ人への土地貸与はなかなか開始されなかった。1995年7月、不満を募らせたナシオンのメンバーは、土地貸与の早期実現を求めて、政庁前で抗議活動を再び開始した。そして、12月にようやくCLTCへの土地貸与の申請が開始され、何千人ものチャモロ人が手続きを行った。翌1996年1月には、ナシオンは7月21日にCLTの土地を占拠することを明らかにし、CLTCにさらに圧力をかけた。だが、CLTCは発表通りに土地貸与を行わず、ナシオンは7月21日にマンギラオのパガット地区の政府有地を占拠し、タロフォフォの住民たちも11月27日に政府有地を開墾し始めた。12月の時点で、1万件以上（そのうち約2000件が農業用、残りは住宅用）の申請があり、合計35万ドルの手数料が集められていた（Loerzel 1996a）。ナシオンは抗議活動を継続し、12月1日の抗議集会では、議員となったサントスやナシオンの指導者エド・ベナベンテが、グアム政府有地の占拠（「再占領」）を最終手段として正当化した（Loerzel 1996b）。そうした圧力もあり、その数日後にはCLTCは600の地番を抽選で配布し、面接を開始した。

初めてのCLTCの土地貸与の成立は、翌1997年1月16日、タロフォフォの4家族に対してであった。そのうちの1家族は、すでに何年間かその土地に住んでおり、それまでは木材とブリキでできた家であったが、やっと台風に耐えられる堅固な家を建てられると喜びを表した（Loerzel 1997a）。その後も土地貸与の成立は続いた。2002年時点で、1万人以上が申請し、8875人が申請費用を支払い、そのうち1600人が土地貸与を受けている。

2　グアム先祖伝来地法

(1)　グアム先祖伝来地法の成立

連邦制府有地の返還には3つのプロセスが存在してきた。連邦制府有地・管理サービス法のもとでの調達局（General Services Administration: GSA）によって監督されるプロセス、「特別」連邦議会処分プロセス、基地再編・閉鎖委員会（BRAC）によって監督される基地閉鎖プロセスである（Team Guam 1994: 24）。

GSAプロセスでは、1977年に海軍省が空軍とともに報告書『グアム土地利用計画』を発表し、国防総省にもはや作戦上必要ではない土地が5180エーカーあ

は、元グアム教育局・元教員、元グアム教育局・元チャモロ語講師、農家、米空軍の退役軍人・空軍の売店の元店長、弁護士である（Amparo 1993a）。

るとした。報告書では、これらの土地は、私有地やグアム政府有地のなかで軍が必要とする土地と交換する目的で利用されるという意味で、「余剰地」ではなく「放出可能地（releasable）」となった。だが1979年に出された軍の土地利用計画の最新版『グアム土地利用計画の実施計画』では、新たな土地取得への批判を受けて計画を修正した。それ以後、連邦政府有地のグアム政府への返還が開始された。1986年に国防長官による委託で提出された『アーミー・レポート』は、3548エーカーの段階的条件付き放出と、501エーカーの保留を勧告した。第1段階では1654エーカーが即時返還され、第2段階では1892エーカーが条件付きで返還されるとした。条件とは、海軍飛行場とグアム国際空港の周辺の私有地を管理するために、グアム政府と交渉し協定を結ぶということであった。しかし、この計画はGSAによって真剣に取り組まれることはなかった。それゆえ、連邦議会の立法によって土地の返還を実現するという道も模索された（Team Guam 1994: 26-7）。

1990年代には、グアム政府によって土地問題へのさまざまな取り組みが行われた。これにはナシオンなどのチャモロ・ナショナリストたちや住民団体の活動が重要な役割を果たしたということは間違いない。しかしその背景としては、1990年代のグアムにおける大きな米軍縮小があった。これは冷戦終結やソ連崩壊によって生じた国内外の米軍基地の縮小の一部である。1990年11月にジョージ・ブッシュ大統領が公法101-510に署名して設置されたBRACのもとで、基地返還は1993年と1995年の2段階で行われた。これらによってグアムで行われた基地再編・閉鎖は、おもに、アプラ湾のミサイル搭載原子力潜水艦と補給艦の撤退、アプラ湾の船舶修繕施設と乾ドックの民間への譲渡、ティザンの海軍飛行場の閉鎖、アンダーセン空軍基地における空軍の縮小、アンダーセン・サウスの広大な住宅エリアの閉鎖、フィネガザンの海軍コンピューター・通信施設（Naval Computer and Telecommunications Station: NCTS）の国家安全保障局と軍事情報施設との統合などである。

こうしたBRACにおける米軍縮小計画を受け、1994年10月6日、クリントン大統領が署名し、グアム余剰地法（公法103-339）が成立した。連邦政府の余剰地3200エーカーがグアム政府へと譲渡されたのである。同法によると、譲渡の目的は「公益に資する利用のため」である。ここでいう公益に資する利用とは、「住宅、学校、病院、図書館、保育所、公園・レクリエイション、自然保護、経

済開発、公衆衛生、公共の安全のことであるが、それらに限定されない」という。そして、これらの土地が譲渡の対象となるのは、グアム政府がそれらの公共の利益に資する詳細な計画を定める法律を制定し、連邦議会のあらかじめ定められた諸委員会に提出したあとである。

一方グアムでは、連邦政府の動きを受けて、余剰地として返還された土地を原則として原所有者に返還するという土地使用計画を示した法律（公法22-145）が同年12月29日に成立した。しかしながら、アダ知事は同法案に署名したものの、余剰地は原所有者に返還すべきではないという考えを明らかにした。これは「公益に資する利用」についての考えの違いによるものであった。アダ知事は、連邦議会の委員会の審議では「公益に資する利用」に原所有者への返還は含まれないとされたことを挙げたり、余剰地は広くチャモロ人全体の利益となるように利用されるべきという考えを示したりした。法案への署名時にグアム議会議長に送付した文書にはつぎのようにある。

> 議会のように、わたしも合衆国公法103-339で認定される土地の大部分はチャモロ人の役に立つべきであると思う。第2次世界大戦後にチャモロ人家族から合衆国政府が土地を取得したのは、不当な方法によってであった。このことは合衆国政府でさえ認識してきた。われわれの前にある問題は、過去の連邦政府の行為によってつくられた難局を、役人としてのわれわれがどのように衡平に解決するかである。われわれがしうることは、すべての前土地保持者や集合的な意味でのチャモロ人の最大限に役に立つために、合衆国政府によって返還された土地の収益から集合的な衡平性をつくることである。
> （Ada 1994）

アダ知事は原所有者の個々人への土地返還を行うのではなく、「集合的な意味でのチャモロ人」に役立つように土地を利用することが、「集合的な衡平性」に適うと主張している。その後の部分でそうした土地利用方法として挙げられているのは、「学校、公共の安全、地役権などで必要とされない土地を、もうひとつの公的機関であるチャモロ土地信託に譲渡すること」である。そしてその文書には、チャモロ土地信託委員会を介して余剰地として返還された土地を利用するための、修正された法案が添付されている。

その後、1995年10月にはホープ・クリストバル議員によって提出されたグアム土地補償法（公法23-23）が成立した。同法は、前年のグアム余剰地法による連

邦政府からグアム政府への土地返還の決定を踏まえて、グアム政府の働きかけ次第で連邦政府からのさらなる土地返還が可能になるという考えのもと、その働きかけの主体として土地補償委員会を設置するものである。

1995年4月には国防総省によって『1994年グアム土地利用計画（GLUP '94）』が発表された。これは1993年から海軍と空軍が設置した作業部会が作成したもので、海軍と空軍が有する土地のうち8000エーカーがもはや必要ではなく、放出可能とされた。1995年BRACは『GLUP '94』のもとで土地を放出するよう海軍に勧告し、クリントン大統領に承認され、連邦議会も承諾した。そして1997年1月2日、グアムでは公法23-141が成立し、『GLUP '94』で放出可能とされた土地を土地管理局に調査させ、原所有者とその子孫たちに返還するという方針が定まった。

余剰地の原所有者への返還に向けた動きは、1997年3月17日にカール・ギテレス知事の行政命令によって、グアム先祖伝来地委員会（GALC）が設置されたことによって加速する。このGALCの活動目的は、原所有者への土地返還の公式プロセスを作り上げることである。そしてついに、1999年6月9日に公法25-45、グアム先祖伝来地法（Guam Ancestral Lands Act: GALA）が成立した。GALCは実際に土地返還を実施するものへと作り替えられた。同法の背景説明は、同法が第2次世界大戦後のグアム海軍政府や合衆国政府による土地接収の問題に取り組むものであることを明言している。「〔土地接収によって〕私的土地所有者やグアム全体に加えられた危害を補償する適切な救済方法を、彼ら〔私的土地所有者〕が実行する必要性」をグアム議会はこれまでのさまざまな法案の可決によって認識してきたという。しかしそれらが十分なものとはいえないため、さらなる取り組みが必要というのである。要するに、米軍による土地接収とその後の対応という「歴史的不正義」の解決が十分に取り組まれてこなかったため、「先住のグアム人（indigenous Guamanian）」の「先祖伝来権原」を承認するというアプローチを同法はとったのである。

(2) グアム先祖伝来地法の概要

GALAによると、GALCは、「先祖伝来財産権」を認め、人びとがその権利を行使できるようにするために設置された。GALCは、グアム議会によって任命された、4年任期の7名のメンバーによって構成される。彼らはグアム住民や、先

祖伝来地の所有者・資格要求者の子孫・相続人とされる。

「先祖伝来財産権」とは、祖先が所有していた相続した土地との関連で私的財産所有者が有する権利（right and interest）のことである。その権利を主張する申請者は、一連の手続きを経て、土地回復（land recovery）や土地交換などの「正当な補償（just compensation）」を受けられる。

GALAにおける「先祖伝来地」とは「1930年1月1日以後にグアム住民によって私的に所有された土地」のことを指す。そして、実際に土地回復や土地交換の対象となるのは、連邦政府によって余剰と宣言され、グアム政府に譲渡された土地である。この余剰地はGALCの余剰地登録簿に記載されている。

つぎにGALCの活動を具体的に見ていく。GALCは先祖伝来地の資格要求者による救済の依頼に対して業務を行う。GALAによると、GALCがおもに担うのは、資格要求の消滅、正当な補償の裁定、先祖伝来地権原の登録である。それは4段階のプロセスによって進められる。

①先祖伝来の資格要求の提出：申請者が委員会に申請書を提出する。その先祖伝来権原の資格要求が正当なものであれば、それは資格要求登録簿に入れられる。

②先祖伝来権原と補償の申請：申請者はさらに先祖伝来権原の決定や正当な補償のための申請を行う。補償には、元の先祖伝来地の返還と、正当な補償という2つの形がある。後者の場合は、政府と申請者が満足いくまで交渉を行う。

③正当な補償の条件付き裁定：委員会は先祖伝来権原と正当な補償の裁定を行う。そして、「先祖伝来権原資格要求の消滅の条件に関する正当な補償の裁定の証明書」を発行する。この裁定に関する情報は条件付き裁定登録簿に入れられる。

④先祖伝来地資格要求の消滅：先祖伝来地資格要求者は土地交換か土地回復のどちらかによって土地権原を付与される。しかしその代わり、先祖伝来権原保持者となる者は、先祖伝来地資格要求に関連したすべての権利を放棄することになる。これによって、先祖伝来権原保持者の名前は、条件付き裁定登録簿から先祖伝来地権原登録簿に移される。

以上のようなプロセスを経て、原所有者は「先祖伝来権原」を認められ、土地回復や土地交換が可能となるのである。

(3) 土地返還の現状

　2000年10月、グアム政府は連邦政府から返還された余剰地の一部をGALCに初めて移譲した。ニミッツヒル、アプラ湾地区、アンダーセン・サウスなどの土地である。そしてGALCのもとでの原所有者への土地返還は、翌2002年6月から開始された。6名の原所有者または相続人が、バリガダ、アサン、デデド、ジョニャの土地を返還された。しかしこの土地返還は、GALCに返還可能な土地が移譲されなければ当然実施することはできない。GALCは2002年から2003年にかけて数回に分けて原所有者への土地返還を実施したが、それ以降はしばらく活動休止状態になった。

　その後2011年に、ベン・パンゲリナン議員提出の公法31-134によって、グアム・コミュニティカレッジの未使用の土地がGALCに移譲された。これによって、2012年以降、GALCはこれらの土地を原所有者に返還し始めた。

　ここではGALCによる土地返還について、もう少し具体的なイメージを得られるように2つの事例をごく簡単に見ていく。1つ目は2003年5月に行われた3回目の返還である。これを返還式の様子に関する『PDN』の記事から確認する(Worth 2003)。GALCの事務所で行われた返還式（譲渡証書署名式）には何十人もの原所有者家族が参加した。第2次世界大戦後に米軍に接収された土地を返還するため、フィリックス・カマチョ知事が29の譲渡証書に署名した。ひとりの75歳の男性は、米軍による接収時に19歳だったという。つまり1947年頃に土地が接収されたということである。彼はつぎのように述べている。「父や母がその土地でとても一生懸命に働いたことを知っているので、それを取り戻せるのはとても喜ばしいことだと感じています」「とても喜ばしいですし、とても感動的なものです。私が育った場所なのですから」。別の81歳の女性は、夫の両親の土地51エーカーが返還され、それを家族で分配することになっている。彼女は結婚後、夫方の農場（ランチ）で暮らしていたが、戦時中に日本軍によって立ち退かされた。その土地は米軍上陸後にそのまま接収されてしまったというわけである。彼女はつぎのように当時を思い出した。「わたしはずっと泣いていたのを覚えています。とても具合の悪い2人の子どもがいて、彼らをジョニャまで運ばなければならなかったのです」。彼女の孫である26歳の女性は、これで家族の苦しみが和らぐと述べた。「わたしたちは長い間、この土地のために闘ってきました」「とても喜ばしいことです。いまや私たちはこの島の一部を保有していてい

るわけですし、帰る場所がいつもあるわけですから」。この記事では、返還式で原所有者たちが涙を流すのを写真つきで伝えている。

　前述したように、2012年からグアム・コミュニティカレッジの土地の返還が開始された。筆者は土地管理局スタッフの許可を得て、2012年9月にGALCの月例ヒアリングを見学することができた。このヒアリングは返還手続きの最終段階で、これを経て翌月などに返還式が開かれる。このときは、GALCの委員7名、スタッフ7名、2組の返還申請者（先祖伝来権原保持者）やその家族ら約20名が出席していた。

　会の開始時に、議長の女性がチャモロ語で会場にいる申請者とその家族たちに語りかけた。そしてグアム公式の歌「ファノギ・チャモル（Fanohge Chamoru）」がチャモロ語で歌われ、つづいてチャモロ語で宣誓が行われた。

　1組目は、4名の高齢の男性が前に出てテーブルに着席した。彼らは兄弟やいとこ同士である。それぞれが宣誓し、名を名乗り、出生証明を読み上げた。そして対象となっている土地について、戦前の記録などをもとに、委員や申請者のあいだで約30分間議論された。途中、測量士が土地について説明した。最後に7名の委員が土地返還を承認し、申請者に「おめでとう」と言葉をかけ、拍手に包まれた。申請者のなかにはチャモロ語で何かを語りながら涙を流す者もいた。感動的な雰囲気が流れ、1組目のヒアリングは終了し、休憩時間となった。

　休憩時間には、申請者家族や委員たちがコーヒーを飲み、クッキーを食べながら、談笑していた。そして休憩が終わり、2組目が始まった。3人の申請者と測量士が前に出た。申請者は高齢の男性2人と女性1人である。この3人の母方の祖父が原所有者である。測量士が地図を掲げながら、委員に区画の説明をした。委員から質問があったり、委員のあいだで議論が交わされたりし、1組目よりもスムーズには進まなかった。そして最終的に返還が決定され、1組目と同じく、感動的な雰囲気に包まれた。このヒアリングで返還が決定された2組の返還式は、約1カ月後の10月8日に行われた。

　1940年代に米軍に土地を接収されたケースであれば、原所有者が存命であることは現在ではほとんどないと考えられる。孫たちでさえ、すでに60歳代、70歳代となっている。原所有者の子孫・相続人である子どもや孫たちは何人も、あるいは何十人もいるわけで、返還された土地は大人数に分けられることになる。

3 チャモロ人による先住民の土地権の構築

　CLTA や GALA が成立し、実施されてきた根底には、チャモロ人はグアムの先住民である、つまりグアムの土地に特別な権利があるという考えがある。そしてそうした考えが影響力を持つのにはそれなりの背景があったということが分かる。グアム経済・社会の変化により、それまで以上にチャモロ人が土地を失い、土地を取り戻すこともできなくなってしまい、底辺集団となってしまうのではないかという危機感が、ポール・ボダリオに CLTA の起草を促した。

　しかしそれだけではない。土地賠償請求運動はもちろんのこと、CLTA と GALA にも、歴史的不正義を正すという目的がある。米軍による大規模な土地接収は、法によって正当化されたのであり、その意味では基本的に合法的なものであるが、そのプロセスやその後の状況を見るかぎり、公正なものとは言いがたい。土地賠償請求運動の開始と CLTA の成立は戦後 30 年くらい経った時期のことである。土地を失ったときにすでに大人だった人びとの多くは、高齢となったり、亡くなったりしていた。だが土地接収は忘れられていなかった。そして、1960 年代、70 年代以降のマイノリティや先住民をめぐる状況の変化のなか、およびアメリカの安全保障政策の変化のなか、チャモロ人は歴史的不正義を正そうとし、先住民の土地権と言いうるものが構築されてきたのである。

　ただし、目的をある程度共有しつつも、それを達成する手段は異なる。土地賠償請求運動は、損害を金銭によって解決する。CLTA は、政府有地の一部をチャモロ・ホームランドとし、それをチャモロ人に貸与する。GALA は、原所有者またはその子孫・相続人に土地を返還する。つまり、賠償（金銭）、貸与、返還という 3 つの手段に分かれていることになる。

　その 3 つは、それぞれの時代背景のなかで有効で妥当であると考えられ生まれた。賠償と貸与は、連邦政府・米軍からの土地の返還の可能性が低いと感じられていたときに、返還されずとも何らかの対応はなされるべきとして生まれたものである。また 3 つは補い合う部分と対立する部分がある。土地は元の持ち主に返還されるべきだと考える者にとっては、貸与は不十分なものである。しかし、すべての土地が返還されないのであれば、どの土地が返還対象となるかによって、リドレスが可能な者とそうでない者に大きな分断が生まれてしまう。また、戦前

の土地をどの程度所有していたか、地主階級であるか否かによって、返還される土地の規模も異なる。つまり、古い階級社会を蘇らせることになる。貸与は、所有していた土地の規模、返還対象などとは関係なく、土地を失った人びとを処遇する。貸与と返還の2つが確立されている現在では、それらは補い合う関係にある。

　しかしこうした土地問題への取り組みは、さまざまな困難を抱えている。まずは土地の境界線の問題である。土地返還にはどこからどこまでが誰の土地であるかを把握する必要があるが、それは戦争による荒廃で十分な資料がないことや戦後何十年も経過していることなどから容易なことではない。予算や人材に関わる問題もある。その他にも軍用地として必要でなくなっても、連邦政府の魚類野生生物局によって野生生物保護区や絶滅危惧種生息地に指定されるということもある。チャモロ人に土地を貸与したり返還したりするのは、特定の人種・エスニック集団を優遇するものであり、レイシズム・人種差別であるという先住民運動に対するバックラッシュもある。最後の問題については次章以降で論じる。

第8章 チャモロ人の自己決定権の合憲性問題
―「チャモロ人のみの住民投票」をめぐって―

　グアムにおいて、カラーブラインド・イデオロギーの展開は早くから見られてきた。1970年代のチャモロ土地信託法の制定をめぐる議論のときにはすでに確認できる。その後も先住民として脱植民地化や自己決定を求めるチャモロ人による運動と、カラーブラインド・イデオロギーとの衝突が見られてきた。そしてこうした衝突が鮮明になったのが、1997年以降に具体化していくグアム脱植民地化委員会による通称「チャモロ人のみの住民投票」の計画をめぐる議論であった[1]。本章では、2000年のライス判決前後になされたこの住民投票に対する批判を取り上げ、グアムにおけるアメリカの植民地化と普遍主義がいかなる関係にあるのかを考察する。

1　住民投票における「チャモロ人」定義の問題

(1) グアム脱植民地化委員会の活動

　1990年代半ばにコモンウェルス運動が本格的に行き詰まっていくなか、「チャモロ人のみの住民投票」と呼ばれるものが計画されていた。OPI-Rの中心的メンバーでもあるホープ・クリストバル議員らにより、チャモロ人の自己決定権の行使に向けた枠組みづくりが進んでいたのである[2]。グアム議会は、1997年の公法23-147により、「チャモロ人の自己決定の実行・行使のための脱植民地化委員会

---

[1]　英語では「Chamorro-only plebiscite」や「Chamorro-only-vote」と呼ばれるものを、本書では一括して「チャモロ人のみの住民投票」とする。ただし、後者の「vote」を使用する論者の説明の際には「チャモロ人のみの投票」とする。後述のように、「チャモロ人のみ」という通称自体への住民投票推進派からの批判が生じるようになることから、カギカッコで括る。

[2]　第5章と第6章で確認したように、OPI-Rは1981年の結成時から、チャモロ人の自己決定権という考えから、政治的地位の住民投票の有権者をチャモロ人に限定するよう強く要求していた。

（グアム脱植民地化委員会）」を設置した。同委員会はグアムが国連の非自治地域リストに登録されているということを根拠に、グアムの最終的な政治的地位を決定するために、チャモロ人による住民投票を実施することを目的とした。その住民投票における選択肢は、「独立」「自由連合」「州」の３つである。そして、選択肢となった３つの政治的地位について調査するタスクフォースがそれぞれつくられた。３つのタスクフォースは、調査に基づいて、住民投票の有資格者が政治的地位の選択肢について理解を深めることができるように公衆教育キャンペーンを行うとされた（COD 2001: 10）。

　また当然のことながら、チャモロ人による住民投票の実施が、そのままグアムの脱植民地化の達成を意味するわけではない。非自治地域における植民地支配が終了し、新たな政府が樹立されなければならず、それゆえ施政国からの権力の委譲とそのための非自治地域側の準備が必要となる。すなわち、グアム政府が憲法を制定し、アメリカが自治権限をグアムに委譲して初めて、グアムは自治を行うことになる（COD 2001: 11）。

　ここで確認しておきたいのは、チャモロ人のみが自己決定の主体とされている理由である。グアム脱植民地化委員会によれば、自己決定をする非自治地域の住民とは植民地化された人びとであり、植民地支配によってもたらされた入植者や移住者は含まれない。植民地権力による移民政策は植民地支配の伝統的なやり方であるということが国連でも認められており、このような区別は正当であるという主張がなされた（COD 2001: 6-8）。

(2)　「チャモロ人」定義の問題

　住民投票の有権者登録資格を持つ「チャモロ人」も法律によって定義された。1996年12月に住民投票のために成立した公法23-130は、チャモロ人登録簿諮問委員会を設置し、1950年グアム基本法に倣って「チャモロ人」を定義し、1899年４月11日にグアムに居住していた者またはその日に一時的に島にいなかった者の子孫であり、18歳以上のアメリカ市民であるとした（第７章参照）。

　しかし、その定義にはさまざまな異論や問題点が提起され、グアム議会やチャモロ人登録簿諮問委員会で議論がなされた。あるチャモロ人活動家にとっては、その定義はチャモロの言語や文化と関わるエスニックな定義ではないために、チャモロ人ではない人びとを含んでしまう不満のあるものであった。その一方

で、その定義に含まれないがチャモロ・アイデンティティを持つさまざまな背景を持つ人びとを排除してしまうことや、その定義に当てはまることを証明する登録手続きが困難であることが問題とされた (Loerzel 2000a, 2000b)。そして、そのような議論が行われているさなかにチャモロ人の定義をめぐる新たな問題が加わることになる。それが2000年の連邦最高裁におけるライス判決である（第1章参照）。

　この判決はハワイのみならず、チャモロ人のみの住民投票を同年7月に予定していたグアムにおいても物議を醸した。2月25日の『PDN』は1面に「ハワイの投票権判決がグアムを混乱させる」という見出しの記事を掲載したほか、4面や5面も使って、判決における多数意見と反対意見、グアム議会や役人の反応を紹介している (Loerzel 2000c)。非チャモロ人を中心とした反対派の住民には住民投票批判の新たな根拠を与える一方で、住民投票の推進派には彼ら自身の主張の正当化を迫ることとなった。そのことはライス判決後の『PDN』紙面に反映されている。通常の記事やコラムにおいて政治家、役人、ジャーナリスト、専門家、活動家の声が伝えられるだけでなく、読者投稿欄（VOICE of the people）でも多くの市民の意見が掲載された[3]。

　推進派の政治家や役人や活動家らは、判決それ自体に疑問を呈したり、グアムの事例に当てはめることの妥当性の問題を指摘したりしたが、できるかぎり憲法上の議論を避けたかったと考えられる。そのことは、チャモロ人の定義をめぐる議論から明らかである (Jojola 2000; Loerzel 2000c, 2000d, 2000f)。たとえば、自己決定委員会のレランド・ベティス事務局長は、住民投票における「チャモロ人」の定義はエスニックないし人種的なものではなく、政治的なものであるということを強調した。

> エスニックには中国人であっても、この定義のもとで「チャモロ人」とみなされることは、法的に可能です。（中略）それ〔法的な意味でのチャモロ人〕は人種に基づいた集団とはまったく異なるものです。（中略）われわれは始めからずっと、人種差別問題を（自己決定と脱植民地化から）除けて、政治的区別を行おうとしてきたのです。(Loerzel 2000c)

---

[3] 「チャモロ人のみの住民投票」をめぐる推進派と反対派の対立は、チャモロ人と非チャモロ人の二項対立ではかならずしも捉えきれない。チャモロ人の反対派も非チャモロ人の推進派もいることに留意しなければならない。

チャモロ人登録簿諮問委員会のジョー・ボルハ委員長も、こうしたチャモロ人定義はもとはといえば連邦議会によって作られたものであり、差別的なものではないと主張した（Loerzel 2000c）。すなわち、1950年のグアム基本法により市民権を付与された人びとを「チャモロ人」としているだけだというのである。

それゆえ、「チャモロ人のみ」という呼び方が誤解を与えるという批判もある。脱植民地化委員会の独立支持タスクフォース委員長で活動家としても知られるアントニオ・サブランは、「〔住民投票の有権者登録資格者は〕政治的な定義であり、『チャモロ人のみ（Chamorro-only）』ではない。それは無責任な短絡である。『自己決定（self-determination）』、とくに『基本法によって市民になった人びとの自己決定（Self-determination for Organic Act citizens）』があまりにも長過ぎるということを示してきたのである」（Sablan 2000）。

脱植民地化委員会を含む政府機関の法律顧問である弁護士のチャールズ・トルーマンも、ベティスやボルハと同様の主張をした。その上で、歴史家によると、1860年代頃からスペイン人の用法では、「チャモロ人」とはエスニックなバックグラウンドと関係なくスペイン人以外のすべてのグアム住民を意味していたということを指摘する（Loerzel 2000e; 第2章も参照）。すなわち、「チャモロ人」とは「血」や「文化」とは無関係に歴史的な観点からのみでも定義しうるものだというのである。

ベティスらがこのようにチャモロ人定義の問題にもともと慎重であったのは、アメリカにおいてマイノリティや先住民の権利や運動に対するバックラッシュが続いてきたということに自覚的であったからである。「合衆国の司法制度のなかには、『カラーブラインド』の見方（view）と呼ばれるものがあります」とベティスは述べ、AAに否定的な判決について言及している。そして、政府機関が過去に行った差別に対して補償を行うことが困難な状況に陥っているということを指摘している（Loerzel 2000c）。バックラッシュの動きがカラーブラインド・イデオロギーの広がりによって支えられているということが認識されているのである。

その一方で、ライス判決を受けて住民投票の有権者登録資格の文言を変更する動きに批判的な人びともいた。脱植民地化委員会のクリス・ペレス・ハワード委員は、アメリカ的な基準でチャモロ人、つまり住民投票の有権者を定義しなければならないことを、アメリカという宗主国がグアムを支配していることの実例と見なした（Loerzel 2000e）[4]。

第 8 章　チャモロ人の自己決定権の合憲性問題　253

ホープ・クリストバルも読者投稿欄で、ライス判決を植民地主義的なものとして糾弾し、住民投票の正当性を訴えた。クリストバルは、ライス判決をハワイ先住民への襲撃の始まりであるとし、その最終目的はこれまでと同様に「残された原住民の土地（native land）を原住民の手から奪い、それを開発業者や大事業家たちに手渡すこと」であると主張する。そしてつぎのように述べる。

　　グアムの他のすべての諸人民（peoples）は自らの政治的運命に関して自ら決定をした。彼らの祖先たちによる独立宣言を通じてにしろ、グアムと呼ばれるこの非編入領土への移民を許可する合衆国の法律によってにしろ。この投票は平等に関するものではない。衡平（equity）に関するものである。
（Cristobal 2000）〔強調は引用者〕

「チャモロ人のみの住民投票」が差別的であると批判されるなか、これは衡平の問題であると反論しているのである。

そのような議論を経て成立した公法 25-106 によって、グアム脱植民地化登録簿が作られ、住民投票の有権者登録資格は、「1950 年グアム基本法の権限と制定によってアメリカ市民となった人びとおよびその子孫」で 18 歳以上の者と、より簡潔になった。しかも、有権者登録資格のある者の呼称は「チャモロ人」から「グアムのネイティヴ住民（native inhabitant）」へと変更されたのである（手島 2003: 209-10）。

ライス判決後のグアムの住民投票に関する議論は、脱植民地化を目指すチャモロ人へのアメリカの法的支配の状況を明らかにした。「チャモロ人のみの住民投票」は、国連の脱植民地化プロセスに基づいて行われることになっているにもかかわらず、合衆国憲法の土俵へと引きずり込まれてしまったのである。なおこの

4）　マニッグは、本書とやや異なるが重なる観点から、住民投票におけるチャモロ人定義の問題を指摘している。チャモロ人は白人中産階級アメリカ人とは異なる家族・親族の関係や意識を持っており、それは土着的な養取慣行であるポクサイにも見られるように生物学的なつながりと社会的なつながりの両方を含んだものとなっている（本書第 4 章参照）。住民投票に関する公聴会で、あるグアム議会議員が「ポクサイは血縁関係だ」と発言したという。これはチャモロ人のポクサイに関する認識を示しているのである。実際にはポクサイなどによって、チャモロ人はさまざまなルーツをもつハイブリッドな集団ともなっている。だが、2000 年 1 月末の公聴会に参加したマニッグによると、住民投票におけるチャモロ人定義はそうしたチャモロ人の実態を反映したものとはなっていなかった。「チャモロ人定義は、包摂的なチャモロ的親族観念（ポクサイを含む）ではなく、血縁のある子孫を通じて想像されるアメリカ的親族観念によって決められるので、グアム政府は法的な人種観念によっても制約されてしまう」（Monnig 2008: 200）。

住民投票は、1999年12月に最初に予定されていたのであるが、予算や準備不足などが原因で、2000年7月、11月、2002年と計画されるごとに延期され、現在まで実施されていない[5]。

2 非自治地域人民と先住民——2つの自己決定

グアムは植民地のままでいいではないかとあからさまに述べる者は多くはない。「チャモロ人のみの住民投票」の批判者にとっても、グアムの脱植民地化の意義や可能性を面と向かって否定することははばかれることである。そのなかで、非自治地域であるグアムの政治的地位の自己決定は、先住民だけにではなく、グアム人民に認められるべきだという主張が展開された[6]。問題とされたのは、グアムの脱植民地化に向けた取り組みを認めたとして、そのプロセスにおける自己決定の主体が誰なのかということである。すなわち、「非自治地域人民」に誰が含まれるのか、全住民なのか先住民なのか、という国際規範の解釈をめぐる問題である。

このような議論に関連するものとして、法学者ジョン・ヴァンダイクらによる非自治地域における先住民の自己決定と非自治地域人民の自己決定の区別をみておく。ヴァンダイクらは非自治地域の人民の自己決定権が認められるべきとしたが、非自治地域の先住民の自己決定権を否定したわけではない。グアムの場合、グアム人民はグアムの政治的地位についての自己決定権を有し、先住民であるチャモロ人はそれとは異なる先住民の自己決定権を有するというのである。それゆえ、たとえばグアムのコモンウェルス法案は、それ自体がグアム人民による投

---

5) チャモロ人の運動と反対派の対立における「チャモロ人のみの住民投票」問題への拘泥が続き、チャモロ人を含めたグアム住民に直接的に関わる基地問題や土地問題などのさまざまな社会問題が置き去りにされてしまうという可能性も否定できない。しかしそうしたことは当事者たちの活動を見れば杞憂であるようにも思われる。

6) これとは異なる理由でチャモロ人の自己決定の要求に批判的な見解もあった。グアム自己決定委員会の元事務局長で元グアム大学教授のロバート・ロジャーズは、コモンウェルス法案における連邦政府との交渉においてグアム政府は妥協すべきだと主張していた。チャモロ人の活動家たちが要求する先住民の自己決定、米軍の土地についての合意、移民の管理は連邦政府によっては認められない。それならばチャモロ人の自己決定に関わる事項をコモンウェルス法案に入れることを諦めたほうがよい。これらの事項を除いてもコモンウェルスは価値のあるものであり、コモンウェルスが確立されたあとにチャモロ人の自己決定は追求されればよい、とした（Rogers 1997）。

票を経たものであるゆえに非自治地域人民の自己決定の産物であると同時に、そのなかにチャモロ人の自己決定の規定を持つゆえに先住民の自己決定を認めるものとして位置づけられる（Van Dyke et al. 1996: 641-2）。

ヴァンダイクらの議論は、グアムの政治的地位を決める「チャモロ人のみの住民投票」への言及はないが、住民投票を推進するチャモロ・ナショナリストたちの主張とは対立してしまうだろう[7]。チャモロ・ナショナリストからすれば、ヴァンダイクらの議論は人民の自己決定を優位に置き、先住民の自己決定を軽視していることになる。その反対にヴァンダイクらの立場をとれば、グアムの政治的地位についてのチャモロ人の自己決定は、非自治地域人民の自己決定を尊重していないものと映るであろう。

その一方で、ヴァンダイクらはチャモロ人に先住民としての自己決定権を認めており、チャモロ・ナショナリストたちを部分的には支持しているといえる。ヴァンダイクらのいう先住民の自己決定権とは、「分離する権利や完全に独立する権利」ではかならずしもないけれども、「特徴ある文化的共同体として存続することができ、彼ら自身のために根本的に重要な決定をすることができることを保障するほどの自律と主権への権利」である（Van Dyke et al. 1996: 644）。ヴァンダイクらは国際的な議論の展開を踏まえて、先住民の権利を重要なものであると認識し、支持するのである。

3 「チャモロ人の自己決定」批判

グアム脱植民地化委員会が実施する予定の「チャモロ人のみの住民投票」は、植民地人民の自己決定権という脱植民地化に関する国際規範におもに依拠した。しかしそのグアムの住民投票は、人種・エスニシティ間の平等や差別といった問題との関連で数多くの批判を浴びることとなった。先住民のみにこのような権利を認めることはたしかに非先住民を排除することにもなりうるし、その権利の根拠や正当性についてはより慎重な議論が必要とされる。本節では住民投票への批判を大きく2つに分けて説明する。1つ目が国際規範に関わるもの、2つ目がア

---

7) ヴァンダイクらによる2つの自己決定権の区別やそれに類するものへのチャモロ・ナショナリスト側からの批判は管見のかぎりないが、手島武雅が同様の問題を指摘している（手島 2003: 214）。

メリカ国内の規範に関わるものである。

(1)「先住民の自己決定」批判

さて、自己決定権の観点からの「チャモロ人のみの住民投票」への批判はたいてい、非自治地域人民の自己決定権についてはしぶしぶ受け入れるが、先住民の自己決定権については完全に拒絶するという議論の形をとった。『PDN』紙に投稿した、写真と名前から白人の年配男性と思われるグアム在住のシステム・エンジニアもそのひとりであった。それはちょうど、コモンウェルスへの道が危機的状況に陥りグアム脱植民地化委員会のもとで住民投票が具体化していく時期であった。彼は、非自治地域における自己決定の主体についての見解を示し、「チャモロ人のみの投票」が有する問題を指摘する。

彼の主張の一部を要約すると、つぎのようになる。国連憲章には「先住民」がある非自治地域の将来を決定する排他的権利を与えられているとは書かれてない。「先住民」ではなく「住民 (inhabitants)」がそのような権利を有する[8]。そして、「チャモロ人のみの投票」は非チャモロ人を政治的地位の自己決定から排除し、投票において差別するものだという。この住民は、非自治地域人民の自己決定を積極的に支持しているわけではないが、非チャモロ人の「市民的・政治的権利」に言及しつつ、「チャモロ人のみの投票」を批判するのである (McCann 1997)。

チャモロ人の被ってきた不正義などの権利要求のコンテクストについてはまったく考慮されず、「チャモロ人のみの投票」だけに焦点が当てられ、チャモロ人の主張は民主主義に適合しないものとしてただ退けられるのである。

グアム大学の政治学教授であったアブダルガファー・ピンメスも、『PDN』紙上で「チャモロ人のみの投票」批判を行った。カンボジア出身のピンメスはアメリカにやってくる前に、「カンボジアのナショナルな自己決定と救済の闘争に参加し、カンボジアのジャングルで9年間暮らし、1970年代初めから1980年代初めにかけて多くの国連総会の会合や国連の委員会への代表であった」という

---

[8] その一方でこの住民は、自己決定による脱植民地化のプロセスをつぎのような意味で制約のあるものと考えている。「問題なのはどの選択肢が投票用紙にあるべきかではない。グアム住民によって投票されたものであればどれでも連邦政府が同意するという想定である。これはけっして正確ではない。有権者の最終的な決定はワシントンで容認できないかもしれない」(McCann 1997)。

(Peang-Meth 2000b)。それゆえ彼は、国際政治、とくに自己決定問題の専門家であると同時に自己決定を追求する人びとの擁護者であるという立場に自らを置く。彼は台湾、東ティモール、チェチェンの運動を例として挙げ、民主主義や自由市場を採用し権威主義体制や侵略に立ち向かう人びとへの支持を表明する。

そして、国連憲章の第11条「非自治地域に関する宣言」、植民地独立付与宣言、国際人権規約の第1部第1条と第3条といった国連の脱植民地化に関する規範にも言及する (Peang-Meth 2000a, 2000b)。

だが、こうして彼は国際社会における自己決定の重要性を指摘しつつも、チャモロ人の自己決定の要求は国連の基準から逸脱していると主張する。

> その住民投票は拘束力がない。管轄する施政権力、つまり連邦議会と合衆国憲法の認可を受けていない。国連憲章の「人間の尊厳と価値」に対する「信念」と「人種、性別、言語および宗教に関する区別なく、すべての人びとの人権と基本的自由の普遍的尊重と遵守」に反して、その住民投票は島民の43パーセントを占めるチャモロ人に制限されているので、拘束力はない。他の57パーセントはグアム住民全体の運命に影響する決定から排除されてしまう。(Peang-Meth 2000a)

国連憲章以外にも、世界人権宣言と国際人権規約の第1条「すべての人間は、生まれながらにして自由であり、かつ、尊厳と権利とについて平等である」、第2条「すべて人は、人種、皮膚の色、性、言語、宗教、政治上その他の意見、国民的もしくは社会的出身、財産、門地その他の地位又はこれに類するいかなる自由による差別をも受けることなく、この宣言に掲げるすべての権利と自由とを享有することができる」、国際人権規約の自由権規約第25条「すべての市民は、(中略) 投票しおよび選挙される (中略) 権利および機会を有する」などが参照される (Peang-Meth 2000b, 2002: 108)。ピンメスの議論では、国際規範を参照しつつ、カラーブラインド・イデオロギーが展開しているといえる。

また、国際規範や多くの論者と同様に、ピンメスは下位集団の自己決定による既存国家の分裂や割譲を (人権状況の改善につながる場合以外は) 認めておらず、自己決定に領土保全の制約を課す (Peang-Meth 2000b, 2002: 109-10)。結局、チャモロ人の自己決定だけでなく、グアム人民 (住民) の自己決定も認められないというわけである。そして、先住民に認められているのは、自己決定権ではなく、より柔軟な政治的・経済的・社会的・文化的権利だという (Peang-Meth 2002: 112) [9]。

しかし、ピンメスも前述の白人系グアム住民と同様に、チャモロ人の被ってきた不正義などグアム独自のコンテクストにはまったく目を向けていない。

(2) アメリカ立憲主義の立場

アメリカ国内の規範としても、特定の人びとに他の人びとにはない権利等を付与することは容易に認められない。それはAAに対する批判、とりわけカラーブラインド・イデオロギーに基づいたバックラッシュからも明らかである。

ジョー・マーフィーはそうしたバックラッシュを支持しているように思われる（Murphy 2000d）。彼は「チャモロ人のみの住民投票」を直接的に批判しない。しかし道路脇に置かれた独立派か自由連合派の看板を批判する。その看板には「州？ハワイ人、アラスカ先住民、アメリカ・インディアンに尋ねてみよう！」というようなことが、州となることを支持する考えを批判するために書かれていたという。だがマーフィーは、ハワイ人もアラスカ先住民もアメリカ・インディアンもアメリカの十全な市民であり、何の法的差別も受けていないと反論する。そして、AAをめぐって国民のあいだで議論が生じており、1999年11月にはフロリダ州でAAを禁じる行政命令が知事によって出されたことに言及し、つぎのように述べる。「いつの日かハワイ、アラスカ、グアムで、土地や教育の配分をめぐって平等の要求が起こるだろう。まさに現在、フロリダやカリフォルニアで起こっているように」（Murphy 2000d）。マーフィーの議論には、いかなるコンテクストも関係なくカラーブラインドな社会の広がりを自明の理とする、カラーブラインド・イデオロギーの浸透を見ることができる[10]。

「チャモロ人のみの投票」批判者たちのもうひとつの根拠は、合衆国憲法であった。前述のライス判決は、このなかで中心的な役割を担うことになる。ピンメスは、先住民の自己決定権についての論文のなかで、ライス判決について言及

---

9) ピンメスは、グアムが政治的・外交的な承認を得られるかどうかといった観点からも、「チャモロ人のみの投票」批判をする（Peang-Meth 2000c）。

10) マーフィーは同コラムで、アラスカ先住民は平等であるどころか、アラスカ州民であることによって石油収入をもとにしたアラスカ恒久基金から毎年多額の現金を得ることができるなど、恵まれすぎていると批判的に紹介している（Murphy 2000d）。それに対し、カナダの社会文化人類学者ジョー・ソーチャックが『PDN』に投稿し、そうした見方を批判している。すべての人が平等に扱われるべきだという考えは、言語や文化を守ることを軽視してしまうというのである（Sawchuk 2000）。これはウィル・キムリッカらの多文化主義論の観点からカラーブラインド・イデオロギーの問題を指摘しているといえる。Kymlicka（1995, 2001）を参照。

したあと、「チャモロ人のみの投票」は合衆国憲法に反すると述べる。それどころか、グアムがスペインからアメリカに割譲されることとなった1899年のパリ条約の規定に言及して、脱植民地化や自己決定に関する国際規範を否定するかのような指摘をする。パリ条約の第9条には「アメリカ合衆国に割譲された領土の現地住民の市民的・政治的地位は連邦議会によって決定される」とあり、ピンメスは「政治活動家ではなく、連邦議会が、合衆国憲法制度の枠組みでグアムの今後の根本的な方向性（ultimate future）を決定するのである」という（Peang-Meth 2002: 107）。

　グアム大学の政治学准教授のロバート・ステイサム・ジュニアも、ライス判決はグアムの政治的地位や自己決定に関する重要な問題を提起しているとして、「チャモロ人のみの住民投票」批判を展開する。ステイサムは非自治地域グアムにおける自己決定の必要性を認めるが、前述した「非自治地域人民の自己決定」と「先住民の自己決定」に対応するような、「アメリカ人の自己決定」と「先住民チャモロ人の自己決定」を区別し、ライス判決で示されたように修正第15条違反であるとして後者を否定する。

> ライス対カエタノ事件はグアムの自己決定要求に影響を与えており、島の最終的な政治的地位を決定する住民投票はすべての住民に開かれていなければならなくなっている。先住民チャモロ人の自己決定は、憲法とその活気ある原理のもとでは許されていない。その根底には、人種、エスニシティ、家系に基づいて他のすべての人びとを排除した島民の下位集団による自治要求があるからだ。（Statham 2000）

またステイサムは、トマス・ジェファソンの言葉「すべての人間は生まれながらにして平等である」を引用した上で、すべての人間がこの真理を認めるわけではないし、指針とするわけでもないとし、その例として、合衆国憲法が完全に適用されない海外領土を保持していることを挙げる。しかし、「アメリカ人の自己決定」は人権に基づき、「先住民チャモロ人の自己決定」はチャモロ人のみの権利に基づくとすることによって、批判の矛先は最終的にチャモロ・ナショナリストたちに向けられる（Statham 2000）。ステイサムはグアムがアメリカの非自治地域であることを認め、その自治の進展を支持しているが、国連の脱植民地化プロセスや先住民の権利よりも、アメリカ国内の問題、つまり立憲主義の問題と関連づけて考える傾向がある。後述するように、ステイサムの論文のタイトル通り、

「エスニック・ナショナリズム対アメリカ立憲主義」が彼の議論の根幹にある(Statham 2000, 2002a, 2002b)[11]。

　連邦議会が制定したグアム基本法も合衆国憲法に依拠しているため、「チャモロ人のみの投票」批判の根拠となりうる。事実、前述した『PDN』紙に投稿した白人男性は、国連憲章とともに、グアム基本法において差別禁止を謳う1421b項の(m)と(n)にも言及した。

　「チャモロ人のみの投票」批判者たちは、国際規範や合衆国憲法という国内規範を根拠に、チャモロ人の自己決定それ自体が他の人びとを差別するものであると論じる。だがすでに明らかなように、その議論のなかでは、現在に至るまでの経緯や背景、つまりアメリカの植民地化のなかでチャモロ人の被ってきた不正義についてはほとんど考慮されていない。

4　アメリカの「普遍性」

(1) 「反植民地主義」批判

　アメリカによるグアムの植民地化という事実が、「チャモロ人のみの投票」批判者たちに省みられないのはいったいどういうことなのであろうか。そこにはアメリカの拡大(アメリカ化)、アメリカであること/になることに対する楽観的な見方が横たわっており、それを受け入れない者を排除しようとする力が働いている。

　そういった見方のうちのひとつに、「反植民地主義」批判というべきものがある。それはグアムがアメリカの植民地であるという認識に、社会経済的な側面から反論するものである。その「反植民地主義」批判のひとつとして、ここでは1965年からグアムにジャーナリスト/コラムニストとして在住し、グアム、チャモロ人、ミクロネシアについてもっとも多くを論じてきた白人ともいえる、『PDN』紙の元論説委員ジョー・マーフィーの論考を見ていこう。

　マーフィーは、連邦政府を「植民地支配者(colonial master)」とする認識に批判を加える。

---

11)　ステイサムによると、「立憲主義は、(a)多くの諸人民からひとつの人民を作ること(「多からなる一」)と、(b)自由を保障する成文法による政府の樹立とを要求する」。それに対し、エスニック・ナショナリズムが促進する多文化政策は、他者を差別し、自由と平等という価値とは合わないとする (Statham 2002: 138)。

第8章　チャモロ人の自己決定権の合憲性問題　261

　　アメリカはいまや世界で唯一の超大国である。今日の世界でもっとも巨大な軍事力を持ち、世界の他の人びとにとっては驚異的な経済力を兼ね備えている。私たちはまた自由、正義、平等を信じているし、信じてきた。／（中略）たしかに、アメリカはグアムや太平洋の領土において多くの過ちを犯してきたが、その意図は立派なものであったと信じているし、信じてきた。／人びとがワシントンにいるわれわれの「植民地支配者たち」について書くとき、彼らはコインのもう一方の側を見ていない。これらの植民地支配者がグアムに6000もの職（多くはグアム政府）のために給与を支払っているとあなたは信じるだろうか。／どんな植民地支配者が2億ドルかそれ以上を島の経済につぎ込むだろうか。彼らは場所の提供（location）以外には何ら見返りを期待していない。(Murphy 1999b)

続けてマーフィーは多くの例を挙げて、連邦政府がグアムにじつに多くの財政的援助や直接的な支援を行っていると述べる。つまり、アメリカはグアムに対して経済的搾取を行っているわけではなく、その反対に自らの身を削っているのであり、「植民地支配者」という認識は失礼千万であると言いたいのである。

　そして、グアムにアメリカ領であることの恩恵を認識していない人びとがいるということを嘆く。アメリカ領でなくなれば、グアムは第三世界または発展途上国となり、人びとは不幸になってしまうということをほのめかす。

　　別の人びと、おそらくお金に無知な人びとは、グアムの相対的に高い生活水準と私たちのアメリカとのつながりとの因果関係を認識していない。これらの人びとに、ボルネオ、ソロモン諸島、キリバス、あるいは何百もの異なる島々のどれか、つまりアメリカとは何の関係もない島々を旅行することを私は提案する。(Murphy 1999b)

　マーフィーの主張にはさまざまな異論を差し挟むことが可能である。たとえば、「場所の提供」によって、グアムの人びと、とくにチャモロ人がどれだけの損害を被ってきたかについて、彼はまったく言及しない。しかしここで指摘すべきは、非編入領土という現在の政治的地位であってもアメリカが一定の財政的援助を行っているかぎり植民地なぞではまったくない、アメリカはグアムを救ってあげている、という経済中心的なパターナリズムである。

　こうした「反植民地主義」批判は歴史認識あるいは戦争の記憶とも関わっている。グアムの植民地性をめぐる議論からは、米山リサのいう「解放とリハビリの

帝国神話」(米山 2003) の浸透を読み取ることができる。以下で『PDN』紙の読者投稿欄で繰り広げられた議論を見ていく。

グアム北部のデデド在住のある住民（おそらく非チャモロ人）は、1週間ほど前のチャモロ人活動家ヴィセンテ・ガリドの投稿を読んで目を疑ったという。ガリドの投稿は、グアムは500年にわたり植民地化され続けているとし、チャモロ人による自己決定権の行使を呼びかけるものであった (Garrido 2000)。それに対し、その住民はマーフィーと同様に、グアムが連邦政府から多大な恩恵を受けているとし、つぎのように述べる。

> どのように考えたら、アメリカ合衆国が彼〔ガリド〕の権利を奪ったということになるのか。日本人やさらにさかのぼってスペイン人に虐待されたり殺されたりしていたときに、グアム住民はどんな権利を持っていたというのか。／グアム住民と同様に、本土からやってきた人びともグアム住民を守るために命を落とした。彼らがガリド氏の権利とアイデンティティとを奪ったということしか氏は述べていない。(Domingue 2000)

そしてグアムはいまや多文化社会であり、ひとつの人種のことを考えるだけでなく、グアム全体をより良くしていくことを考えなければならないと訴える。

それから2週間後の、ジーゴのある住民（おそらく非チャモロ人）による投稿は、第2次世界大戦におけるアメリカの役割をより普遍的なものとして捉え、アメリカの世界正義を主張しているといえる。その住民は、「グアムを解放するために命を捧げた米軍兵士に、チャモロ人は恩義を感じ感謝すべきだ」という認識は誤っているとする。

> グアムでの戦闘は、日本の圧政からチャモロ人を解放するためだけでなく、全世界の自由のためでもあったのだ。／チャモロ人が当時の日本の圧政から解放されたという事実は、その大きな計画の副産物である。グアムが無人だとしても、日本が拠点としているかぎり、そこでの戦闘は生じていただろう。(Baker 2000)

ここで彼が強調しているのは、世界中の抑圧されている人びとを解放するのがアメリカのみならず自由世界全体の義務であり、チャモロ人もそれに協力すべきだということである。「解放とリハビリの帝国神話」のなかでチャモロ人は「解放」という負債を負わされ、アメリカの植民地主義を問うことを難しくされるのである。

(2) 多文化社会の称揚

　反植民地主義、あるいはグアムの脱植民地化やチャモロ人の自己決定の要求は、グアム社会の多様性を損なうものとして、反多文化主義のレッテルを貼られることにもつながっている。

　マーフィーは「チャモロ人のみの投票」について、「政治的な問題だけでなく感情的な問題でもある」とし、グアムをチャモロ人とその他の人びと（フィリピン人、ミクロネシア人、本土出身者）とで政治的立場が分裂した状況（エスニック・キャンプ）にしてしまうのではないかと憂慮する。そして、グアムの政治的地位については現状維持を求める（Murphy 1999a）。

　またマーフィーによれば、多文化社会グアムでは人種の混合が進み、十人十色の状況であり、人種をはっきりさせるのは厄介なことになっている。すなわち、人種を問うことは現在においては社会的な重要性が低下しているというのである（Murphy 2000c）。

　マーフィーの議論は、人種のるつぼ論とリベラル多文化主義の中間にあるように思われる。人種とは「血」のことであり、世界中での人種間の対立は自然で遅れたことと受け止められている。それゆえ、チャモロ人の自己決定などの要求は、多文化社会をぶち壊してしまうものとして、否定的に捉えられている。

　また、経済中心的な観点から多文化社会が称揚され、チャモロ人の自己決定が批判されもする。フィリピン出身のアラブ系シリア人で1951年からグアム在住の著名な実業家は、「家族や友人の助言に逆らって、私は『チャモロ人登録者』によってのみ決定される『自己決定』の問題にコメントさせていただきたい」として『PDN』紙に投稿し、グアムとアメリカとの関係の社会経済的側面について論じる。この住民は、「チャモロ人のみの投票」やチャモロ人の自己決定によって、グアムが多様性や多文化主義という特徴を失い、グローバル経済のなかで魅力的でなくなり、繁栄できなくなると主張する。少し長いが引用する。

> 　われわれは植民地化されているのだと人びとが主張するとき、グアムの信用は大きく低下する。私たちが植民地であることについてべらべらしゃべり始めるごとに、聡明な人びとからの敬意を失うのである。（中略）われわれは植民地だと述べることによって、私たちは自らの評判を悪くしている。私たちがそう述べるとき、現代世界に不満を持ち反抗するすべての部族やエスニック集団と自らを同列に扱っている。この地域や地球上において、私たち

がアメリカの地でアメリカ市民として享受しているとてつもない機会を持つ人びとは他にいない。／（中略）改善された地位を望むなら、私たちはこの「植民地」や「服従」の話をすべてやめるべきだ。これらは何の価値もない耳障りで不愉快な言葉である。このやり方は私たちすべてを傷つけている。世界のその他の人びとは、アメリカの「植民地」としての立場に身を置きたいのだ。アメリカの地でアメリカ市民であることを祝おうではないか。アメリカにロビー活動をする一方で、アメリカ市民であることを自慢することができるのだ。／（中略）多様性と戦うのではなく、それを祝ってはどうか。植民地化されてきたようにふるまうのではなく、合衆国それ自体よりも私たちがアメリカ的であるということをはっきりと示したらどうか。私たちが団結してアメリカ市民としての自尊心を持てば、投資と繁栄は後からついてくるだろう。(Ysrael 2000)

投資家の視点から多様性が評価されており、企業的あるいはネオリベラルな多文化主義のようなものが見てとれる。そしてマーフィーの「反植民地主義」批判と驚くほど同じ言いまわしで、チャモロ人の自己決定が「グアムがアメリカでなくなる危機」として論じられ、アメリカへの批判が不可解なものとされるのである。

5 エスニック・ナショナリズム批判における「文化」

アメリカであること／になることの社会経済的な側面だけでなく、政治的な側面についても多くが論じられてきた。それらはおもに政治学者によるものであり、そこには人種やエスニシティに関する興味深い考えが見られる。つぎの文章はそれを端的に表している。

　　先住権は、植民地化以前の諸人民の子孫が持つ特権や優先権ではない。先住権は人権である。先住民と彼らに対する権力を持つ政府は、平等な権利、平等な機会、平等な処遇を保障するためにともに働く必要がある。その土地のすべての諸人民（先住民も非先住民も同様に）の市民的・政治的・経済的な権利に取り組むための措置を講じるのは、国の支配的な人民の責務である。皆の人権が尊重されるとき、社会成員間の政治的・経済的・社会的・文化的な差異は減少し、エスニック集団による不平は最小化され、調和が可能にな

る。(Peang-Meth 2002: 112)

　ピンメスは「先住権」という言葉を用いつつも、それを集団の権利ではなく、個人主義的な人権とみなす。先住民にもそのような人権が保障されれば、先住民の差異は減少し、集団の権利を主張する必要がなくなるというのである。先住民の個別の経験や状況はそこでは特別な考慮の対象とはなっていない。なぜなら、彼にとって「先住民」とは、「時の凍結」によって作られる集団[12]、つまりある恣意的に決められた時点を基準にして特別な権利を持つことになる人びとに過ぎないからである。先住民が「混合した背景を持つ (blended heritage)」にもかかわらず、「系譜的定義」を重視し、集団のアイデンティティを主張するということが、人種概念にこだわるピンメスには奇妙に映るのである (Peang-Meth 2002: 107-8)。

　ステイサムも「チャモロ人のみの住民投票」はその主体を「時の凍結」によって決めたもので正当性はまったくないと述べる (Statham 2002b: 138-9)。ここで彼は「エスニック・ナショナリズム対アメリカ立憲主義」という図式を提示する。

> 先住民・エスニック集団 (indigenous-ethnic) の自己決定は、反統合的、反同化的、文化多元的・多文化的である。それゆえ、法の前での自由と平等を基礎にした目的感覚を共有する多様な諸個人のコミュニティという観念とまさに対照的である。それは反アメリカ的である。(中略)／アメリカ立憲主義とエスニック・ナショナリズムおよび分離主義との原理間には基本的な矛盾がある。この矛盾の原因は「エスニシティ」と「人種」という2つの用語間の直接的な関係にある。事実、最高裁はライス判決において、エスニック・ナショナリズムは人種・慣習・伝統の結合体に基づく傾向があるので、「家系」は「人種」の代用品であると考えた。こうしたなかでは文化は、人種特有で、特殊主義的で、排他的であり、独立宣言やそれが生気を与える憲法のなかで「自明な」普遍的真実に反するものである。エスニック・ナショナリズムとアメリカ立憲主義とのあいだの矛盾は、根本的であり、融和できるものではない。(Statham 2002b: 138)

　ここからステイサムは、エスニック・ナショナリズムを「普遍」や「理性」の対極にある「文化」として性格づけしていく。

> 文化、つまり人種、慣習、伝統といった用語で形作られるものへの訴え

---

[12] この考えはニュージーランドを専門とする政治学者リチャード・マルガン (Richard Mulgan) から借用されたものである。

は、正当化されないように思われる。何かが正しいのは、たんにそれが古いから、あるいは非常に長い間あるやり方をとってきたからであるということを述べるのは、時間だけでは正義への指針や正義の証明としては不十分であるということを忘れることになってしまう。カニバリズム（食人）の実践は、長い時代にわたってある擬似「文化」のなかにしっかりと存在してきただろうが、そのことはその実践を正当化することにはならない。さらに、「文化」という用語は、何かを育むこと（cultivation of something）——とくに理性——を含意するのに、人種、伝統、慣習に不適切に結びつけられている。単刀直入に言うと、「文化」という用語は、人間的卓越さへの個人・集団の努力にすべての点で関連づけられており、この意味ではそれは文明に関係する。文明の成果は、「生まれの偶然」とは無関係である。(Statham 2002b: 139)

ここでは、エスニック・ナショナリズムは「文化」の問題に矮小化されてしまう。また、「チャモロ人のみの住民投票」については、そのチャモロ人登録簿という人種・家系に基づいたやり方が、ナチス・ドイツの登録制度と類似していると指摘される（Statham 2002b: 143）。

　また、ステイサムは人文社会科学における著名な議論を参照しつつ、エスニック・ナショナリズムを特徴づけていく。エスニック・ナショナリズムはカール・シュミットのいう「政治的なもの」、友敵理論によって捉えられるとし、であるがゆえにサミュエル・ハンチントンのいう「文明の衝突」が起きるのだと説明する。そして、エスニック・ナショナリズムの主張は、「他人の悪事を引き合いに出して自分の悪事を正当化する」という考えに基づいているとする。「(a)連邦政府が過去にマイノリティへの差別によって平等原理を実践できなかったので、(b)同じ政府が同じ原理を今度は逆方向に犯すということ（マジョリティを差別し、マイノリティを優遇する）」になるというのである（Statham 2002b: 140）。

　さらに、アーサー・シュレジンガー・ジュニアが多文化主義による「アメリカの分裂」を憂慮しているとし、そういった状況の説明として、ジョナサン・フリードマンのいう「近代的個人主義への原初的・部族的反応」、エーリッヒ・フロムのいう「自由からの逃走」や、エリック・ホッファーのいう「狂信者」といった考えを列挙する（Statham 2002b: 140-1）。このようにしてステイサムの議論においては、先住民とアメリカのあいだの歴史や権力関係は重要視されないので

ある。

6 部族的地位と保留地の提案

　チャモロ・ナショナリズムは、前節で見たような否定的な性格を与えられたエスニック・ナショナリズムのひとつとされる。しかしそれでもなお、チャモロ人が自己決定権を主張し、「チャモロ人のみの住民投票」を実施しようとする場合はいったいどうなるのであろうか。

　ピンメスは「グアムのチャモロ人はネイションになる本質的特徴を備えて」おり、「チャモロ人のネイションがチャモロ人国家を望むのは非論理的ではない」とするにもかかわらず、国際的な理解や政治的・外交的な承認はなかなか得られないと述べる（Peang-Meth 2000c）。

　ピンメスが国際社会における排除について指摘する一方で、ステイサムの議論は国内に関するものである。アメリカ立憲主義の擁護者であるステイサムにとって、チャモロ人にはアメリカ化の道しか残されていないかといえばそうではない。アメリカにおけるエスニック・ナショナリズムには2つの選択肢が与えられているとされる。「(a)理性の力の育成による合衆国という国家（the larger body politic）への同化を通じて、集団の選好や帰属を乗り越えること（理念、言葉、法がアメリカ人をつなぎ合わせるので）」と、「(b)準主権的または部分主権的な『部族的』地位の形態での分離」である。つまり、アメリカ化以外に、部族的地位になることを選択することもできるという。ただし後者についてステイサムは、「集団が合衆国という国家の一部のままであると同時に、彼ら自身の優位性や『特別な権利』を維持しようとすることは、不誠実であり、憲法上好ましくない」とする（Statham 2002b: 142）。

　この考えはグアムの事例にも適用され、具体的な提言がなされている。チャモロ人はグアムが州になることによってアメリカ市民権を完全なものとするか、アメリカ市民権を放棄し先住民としての地位を得るかしなければならない。後者の「アメリカ人とは別の先住民集団への第一で唯一の忠義・忠誠を維持したい諸個人」には、グアムの一部が先住民の保留地として与えられる。チャモロ人の保留地の設立は、自由と平等の原理を満たすための策である（Statham 2002a: 79）。そして、自己決定のプロセスとして、前述の2つの自己決定に対応するような2つ

の住民投票が行われることになる。ひとつは部族的地位を望むチャモロ人によるもの、もうひとつはグアム人民（住民）に開かれたものである。だが、1人の人間は両方の投票に参加してはならないし、前者はグアム政府による資金提供は受けられないため自前で行われなければならない（Statham 2000, 2002a: 81）。

　チャモロ人に保留地を与えるという考えはそれ以前にもあった。前述のマーフィーは、コモンウェルス法案に暗雲が立ちこめ始めた頃、チャモロ人をアメリカの先住民部族とすることをひとつの案として取り上げている。

　マーフィーの案がステイサムのものと異なるのは、チャモロ人がアメリカ市民のまま「ホームランド」または保留地のなかでの主権を認められるという点と、外交・防衛や対外的経済的権利を連邦政府が維持するということが明確にされている点である。「南アフリカ政府によってアパルトヘイト時代に作られた『ホームランド』」とは異なり、チャモロ人は「いつでも保留地を出ることができ、アメリカ国内の好きなところに居住することができ、十全な市民的権利を保持することができる」のである（Murphy 1995）。チャモロ人の部族的地位に関して、ステイサムはアメリカ市民権を認めない一方で、マーフィーはアメリカ国内のインディアン部族と同様の地位を想定している。

　ライス判決直後にもマーフィーは同様の考えを明らかにしているが、彼が先住民の自己決定について十分に理解しているとは思われない（Murphy 2000a）。チャモロ人のみの住民投票に関連して、チャモロ人定義にさまざまな問題が挙げられていることを指摘したあと、マーフィーは論点のすり替えを行う。まず、ライス判決におけるスティーヴンス判事らによる反対意見が、アメリカ政府は先住民（aboriginal people）に対しては許容範囲を広くすべきだと主張しているということに言及する。そして、アメリカの先住民であるアメリカ・インディアンは特別な地位を与えられており、ハワイやグアムの先住民も同様の待遇を与えられてもいいのではないかと述べている[13]。言うまでもなく、グアムの場合、チャモロ人の自己決定が求められているのであり、アメリカ・インディアンのような地位ではかならずしもない[14]。そもそも、マーフィーによるコラムでの一連の発言を全体

---

13)　さらに、マーフィーは経済界の人たちとのランチでの会話を持ち出し、経済的な観点から、グアムは独立すると危うくなるのではないか、アメリカ領に留まったほうがいいのではないかという見解をほのめかしている（Murphy 2000a）。パターナリズムが露骨に示されているといえる。

14)　別の日のコラムでは、チャモロ人に自己決定権を行使させるのは問題ないかのような発言を

的に捉えると、先住民の保留地や先住民としての権利を真面目に支持しているわけではないのは明らかである。おそらく冗談半分で述べているにすぎないのであろう。

7 カラーブラインド・イデオロギーのなかの「人種差別的」な先住民運動

これまで見てきたように、「チャモロ人のみの住民投票」の計画に対しては、国際人権規約等の国際規範と、合衆国憲法という国内規範とに則った、普遍主義的立場からの批判が展開されてきた。そして、「人種、エスニシティ、家系に基づいて差別を行ってはならない」という当たり前のその主張は、カラーブラインド・イデオロギーとして作用してきた。とくにライス判決以降、それは後者のアメリカ立憲主義の立場からの批判との関連性が強まったといってよい。

こうしたカラーブラインド・イデオロギーは、エスニック・ナショナリズムを展開する人びとの文化を「人種特有で、特殊主義的で、排他的」であるとする一方で、アメリカ文化を理性や文明に結びつける。これは、生物学的遺伝ではなく文化的差異に基づいたいわゆる新しいレイシズムを思わせる。まさにそこにあるのは、エティエンヌ・バリバールが指摘する、「異なった」諸文化（les cultures）と文化（la culture）の区別と、後者の個人主義的モデルの優位である。その「暗黙のうちに優越している文化」とは、「個人主義を増加させ促進するような文化」、「『共同体精神』がまさに個人主義によって構成されているような文化」である（Balibar 1993＝1997: 44-5）。

だが、グアムにおけるカラーブラインド・イデオロギーから、レイシズムの問題だけを取り出すのは明らかに不十分である。当然、チャモロ・ナショナリストたちが気づいているように、グアムにおける既得権益を保持しようとする「植民地支配者」としての性格がそれにはある。それはまた、植民地主義的なアメリカ・ナショナリズムともいえるかもしれない。グアムがアメリカのナショナルな空間の一部と見なされ、合衆国憲法のグアムへの適用が自明視されているからである。グアムとアメリカの関係には植民地主義とナショナリズムのどちらか一方

している。そして、「裁判所を通じてこの投票を妨げようとするのは、わたしにとっては少し近視眼的に思われる」とも述べている（Murphy 2000b）。

に還元できないものがある。

　ガッサン・ハージは、白人オーストラリア人のレイシストによる非白人への暴力が、空間的権力を内在しており、じつはナショナリストの排除の実践であるということを明らかにしている（Hage 1998＝2003: 74-81）。このハージの分析を先住民との関係に引きつけて考察するならば、新しいレイシズムは植民地主義的ナショナリズムの様相を帯びるということが分かる。

　このようなグアムにおけるアメリカ植民地主義とアメリカ・ナショナリズム（アメリカニズム）の共存は、一見矛盾している。つまり、アメリカ立憲主義に基づくアメリカ・ナショナリズムには普遍主義的な要素があり、それが植民地主義といかなる関係にあるのかという問題がある。アメリカ・ナショナリズムは、チャモロ・ナショナリストたちが共有するアメリカの植民地化とそれに伴う歴史的不正義の問題認識に覆い被さるかのようである。

　このことを考えるとき、マイケル・ハートとアントニオ・ネグリの〈帝国〉論はひとつの有益な視座を提供してくれる。彼らは〈帝国〉的主権の基盤としてアメリカの主権の概念を把握し、その特徴として超越的主権の拡大主義（帝国主義）とは異なる民主主義的共和政体の拡大的傾向を指摘する。「この〈帝国〉的拡大は帝国主義とは何らの関係ももたず、征服や略奪、ジェノサイド、植民地化、奴隷制のために考案された国家組織とも無関係である」（Hardt and Negri 2000＝2003: 217）。アメリカによるグアムの植民地化の自然化も、この〈帝国〉的拡大という視座からさらに考察される必要があるだろう。

　また、〈帝国〉論のなかではグアムにおける部族的地位や保留地の議論はいかなるものとして把握可能であろうか。新しいレイシズムにおいては、個人主義的モデルを受け入れない人びとは異なる文化を持つ人びととして差異化され分離される。アメリカ市民権を付与されてもなお先住民としての自己決定を追求し続けるチャモロ人には、部族として保留地に居住することの提案が一部の非チャモロ人住民からなされた。しかしこれは排除ではなく包摂を前提としている。ネグリとハートは、〈帝国〉のレイシズムを示差的包摂（differential inclusion）の枠組みで把握する。「白人の至上性は、まず他者性を引き入れておいてから、白人性からの逸脱の度合いに応じて諸処の差異を従属させることによって機能している」（Hardt and Negri 2000＝2003: 251-2）。グアムにおいて想像される政治的分離のプロセスは、示差的包摂のなかで社会的分離が極度に進んだ事例（人種の排除）とい

えるであろう。

　要するに、グアムにおけるカラーブラインド・イデオロギーは、アメリカのレイシズム、植民地主義、ナショナリズムの混合体のようなものとして作用し、歴史的不正義の問題を不可視化させる。それはアメリカの主権の〈帝国〉的な拡大的傾向という特徴からも説明されうるものである。グアムはアメリカの海外領土＝植民地であり、100年以上ものあいだ文字通り「フロンティア」または「境界地(ボーダーランド)」であり続けている。それゆえに、アメリカであること／になることについて重要な問いを発しているといえる。

第9章　先住民の土地権の合憲性問題
――チャモロ人のみへの土地貸与をめぐって――

　チャモロ土地信託法（CLTA）は18年間も実行されないままであった。1990年代にエインジェル・サントスらナシオン・チャモルのメンバーによってその実行が要求されたときも、多くの抵抗があった。そして2000年のライス判決以降も同様に多くの批判が向けられている。また、連邦政府からグアム政府や原所有者への返還もごく一部でしか進んでいない。
　これはいったいなぜなのか、というのが本章の問いである。軍用地などの連邦政府有地の返還が進まないのは、米軍の利害が絡んでいるからであろう。しかし、チャモロ土地信託委員会（CLTC）は、グアム政府有地の土地をチャモロ人に貸与するものであり、グアム政府の意思で進めることができる。また、非チャモロ人には不利益を被ると感じられ、許容しがたいのではないかとも考えられる。だが、土地を失ったチャモロ人とその子孫に対して、CLTCによって土地を貸与したり、GALCによって返還したりすることは、それなりに正当性があるように思われる。にもかかわらず、チャモロ人の土地権に対する風当たりが強く、グアムの人びとがその影響を強く受けているのはなぜだろうか。
　CLTAをめぐってこれまで展開されてきた議論は、アメリカによるグアムの植民地化に関する人びとのあいだの認識のずれを露呈させるものであり、考察すべき重要な対象である。チャモロ人が土地権を主張する根拠には、チャモロ人とグアムの土地との歴史的・文化的な関係性だけでなく、第2次世界大戦中・戦後の米軍による土地接収という歴史的不正義もある。チャモロ人の先住民運動は歴史的不正義を根拠とし、アメリカの植民地主義やレイシズムに抗いつつ、自らの土地権を主張してきた。しかしそのようなチャモロ人の運動は、グアムにおいて戸惑いをもたらし、ときに大きな反発を招いてきた。
　チャモロ人の運動や権利に対するバックラッシュは、政治的地位の自己決定権

第9章　先住民の土地権の合憲性問題　273

に関してのみ起きているのではない。チャモロ人の土地権も、レイシズムや逆差別との非難を浴びてきた。結論を先取りすれば、土地権に対するバックラッシュもカラーブラインド・イデオロギーと関連する。

　本章は、グアム住民のあいだでの認識のずれに着目し、とりわけチャモロ人の土地権の合憲性に疑問を投げかける人びとの主張を分析する。そのなかで、カラーブラインド・イデオロギーとの関連性について考察していく。

1　チャモロ土地信託法実行要求のなかの非チャモロ人

　ナシオン・チャモルは、移民問題や土地問題に強い関心を持ち、連邦政府や米軍に対してだけでなく、グアム政府や非チャモロ系住民に対しても批判的であった（第6章参照）。それはCLTAとCLTCに関連した抗議活動においても表れている。

　サントスはグアムには2人の土地泥棒がいるとし、連邦政府とグアム政府を槍玉に挙げた。連邦政府は当然、これまでの土地政策や土地接収の経緯がある。グアム政府については、これまで連邦政府から返還された土地を原所有者に返還してこなかったことを批判した。「適法手続きやこれらの土地所有者への正しい補償がなければ、グアム政府はひとりの泥棒からもうひとりの泥棒へと移された盗まれた財産を所有することになるだろう」(Santos 1991d)。

　非チャモロ人への土地の売却や貸与についても、サントスは批判を展開した。グアム政府には「土地なし住民のための土地（Land for the Landless）」プログラムというものがある。このプログラムは、土地を持たない住民にグアム政府有地を売却するというものである。1991年成立の公法21-60で、同プログラムの対象者が永住外国人にまで拡大されたとき、サントスは地元新聞における自身のコラムで憤りを露わにした。彼は同プログラムの抜け穴やチャモロ人が土地を奪われてきた歴史に言及し、最後に次のように述べた。「われわれの土地をよそ者にくれてやることや、この島で生き抜く基本的権利をわれわれの子供たちに与えないことは、神意なのか。われわれの気前の良さのために、子供たちにどの土地が残されるのだろうか」(Santos 1991e)。

　サントスは「土地なし住民のための土地」プログラムに代表されるような、これまでのグアム政府の土地政策に批判的であったがゆえに、CLTAの実行を要求

する運動を展開したのである。そのため、同プログラムのようなチャモロ人と非チャモロ人に区別を設けないものとCLTAは相容れないものであった。同様に、アレンドゥ（Arrendu：チャモロ語で「賃貸借」や「借地」を意味する）と呼ばれる住民に農地を貸与するプログラムも、その対象者はアメリカ市民と永住外国人であった。そのため、CLTAが実行されれば、アレンドゥで土地を貸与されている非チャモロ人たちの処遇はどうなるのかという問題があった。

CLTCの活動開始後、地元紙はこの問題を取り上げ、土地貸与を受けている非チャモロ人の声を紹介した。1982年からアレンドゥで土地を貸与されているというあるフィリピン出身の男性は、1964年にグアムに移住し、家族と暮らしている。彼はCLTAの実行について不安を感じていた。「私たちは困っています。（中略）それは私たちの問題でして、私たちは他に行くところがないのです」（Runquist 1993）。あるフィリピン出身の女性は、1985年から土地貸与を受けていた。彼女は1972年頃にグアムに移住し、アメリカ市民であるという。「彼ら〔CLTC〕がわたしたちを追い出そうとするなら、（中略）それは差別ですよ」（Runquist 1994）。その記事によると、アレンドゥでグアム政府と契約している賃借人は1700人以上いるという。

1993年2月の文書での判決後の記事には、CLTAについてのグアム住民のさまざまな声が紹介されている。そのなかで、アメリカ本土出身の白人と思われる50歳の建築家は、「どうやったらチャモロ人になれるんですか」と不満を漏らしている。それ以外の2人のチャモロ人と1人のエスニシティ不明者の反応はさまざまある。ひとりは18歳のチャモロ人の女性である。そろそろ先住民としてのチャモロ人（the indigenous people）が承認されてもよいころだと言い、次のように述べた。「これからわたしたちは、他人に依存する代わりに、自分たちの運命を決めるより良い機会を持つでしょう。いまや、わたしたちは未来を築きあげることができるんです」。もうひとりは46歳の自営業者で、おそらくチャモロ人かフィリピン人である。彼はCLTAに批判的である。「どうしてチャモロ人だけが土地を得られるのですか。もしこれが第2次世界大戦中に自分たちの土地が米軍のものになってしまった人びとのためだったら、話は違います。でもそうではないので、みんなに共有させたらいいのでは」。3人目の25歳の主婦のコメントは、CLTAに批判的な人びとに配慮しつつも、本音らしきものが含まれている。「わたしはチャモロ人だけど、他の多くの文化の人びとが長いあいだここで生活

してきました。彼らも機会を得るべきです。(中略) だけど、土地を賃借できたらいいですね。以前申請書を提出したことがありますが、これからもっと多くの機会を得ることになるのですね」(Gonzales 1993)。

　ナシオン・チャモルは、直接的に非チャモロ人に対して退去を求めたこともあった。ナシオンのメンバーはCLTA実行の速度が遅いことに抗議して、1995年7月7日以降、グアム政庁前で再びテントを張っていた。そして、カール・ギテレス知事は彼らに9月1日の朝8時までに退去するように伝えていた。しかし、彼らはその前日、マンギラオ在住のパラオ出身の住民に退去通知を手渡しに行った。住民たちが政府有地に不法に居住しているため、その土地をCLTのために利用できなくなっていたからであった。その退去通知には次のように書かれてあった。「これはあなたへの『退去通知』です。『バッグに荷物を詰め』、『私物を持って』、『仮住まいを移動させるか取り壊すかし』、CLTの土地から出て行きなさい」。また、ナシオンのメンバーは、それらの住民が2週間以内に退去しないなら、彼らの住宅への道路を封鎖すると警告した(Loerzel 1995)。

　このように、CLTAの実行は、チャモロ人にとってはこれまでの不正義の是正という意味合いを帯びていたが、非チャモロ人にとっては現在の生活を脅かされるか、あるいはより良い生活を得る機会を失うことであった。そのため、チャモロ人と非チャモロ人のあいだで利害関心がぶつかり、対立感情が生み出されたのである。

2　合憲性問題の争点化

　前述のように、アダ知事がCLTAの実行に躊躇していたのは、CLTAの合憲性などに関連した問題があったからである (第7章参照)。アダ知事はCLTAの基本的な考えについては支持していたが、その合憲性を気にかけていた。それにはいくつか理由があった。

　ひとつは1950年の話にさかのぼり、グアム基本法においてチャモロ人の権利保護が盛り込まれなかった経緯に関するものであった。当時、連邦政府の内務省小委員会のメンバーたちは、グアムの政治家アントニオ・ウォンパットに、「グアメニアン」を祖先に有する者の土地や事業の保護をうたう基本法の条項に苦言を呈していた。ウォンパットはその小委員会のメンバーらに従い、基本法の先住

民保護の条項を削除させたという。こういった経緯から、アダ知事はチャモロ人の土地権を認める CLTA についても、連邦政府や住民からの否定的な反応を懸念していたといえる（M. Santos 1992; Austin 1992b）。

もうひとつは同時代的な問題であった。グアムでは中絶（堕胎）を厳しく制限する 1990 年の法律の合憲性が問題となり、1990 年 8 月に連邦地裁、1992 年 4 月に第 9 巡回控訴裁判所がプライバシー権を根拠に違憲判決を出していた[1]。そのため、CLTA についても、人種に基づいて差別するものであり違憲であるという訴訟を起こされることを、アダ知事は心配していたのである（Austin 1992a）。

さらに、合憲性問題に直接関係しないが、CLTA の正当性に関係することとして、チャモロ人がグアムにおける住宅・土地の保有の点で実際にどれだけ不利益を被っているのかという論点があった。知事側の主張は、チャモロ人は非チャモロ人に比べて恵まれており、不利益を被っているわけではないというものであった。たとえば、チャモロ人は持ち家率等が高く、家賃も相対的に低い。そうであれば、CLTA に正当性はないのではないか、と知事側は主張したのである（Austin 1992b）。

この合憲性の問題について、CLTA 実行要求の原告側弁護士のマイケル・フィリップスは、「憲法は人種やエスニシティに基づいて差別することを禁じているので CLTA は違憲である」という知事側の主張は、AA に関連した法律の存在を考えれば極論であると反論した。また、住宅事情に関して、1950 年にはグアムの住宅のほぼすべてをチャモロ人が所有していたのであり、非チャモロ人との比較の問題ではないというようなことを主張した（Austin 1992b）。

グアム上位裁判所のクルス判事らによる判決によって、この合憲性問題は収束したかに見えた。しかし、その後もこの問題は連邦裁判所等で取り上げられることとなる。1999 年 6 月には、第 9 巡回控訴裁判所は、グアム政府が連邦政府にグアムの土地の返還を要求した訴訟において、CLTA に間接的に関わる見解を示した。

> 基本法が問題の財産に関する権限を委託しているのは、連邦政府の行政部門に対してであり、グアム属領政府にではない。（中略）グアム政府は部族でも部族メンバーでもない。それゆえ、グアム政府は政府として部族の土地を使用・占有するいかなる先住権（aboriginal right）を主張することもできな

---

1) グアムの中絶論争に関する文化研究的考察として Diaz（1993）を参照。

い。

そしてその翌月、連邦グアム地裁のジョン・アンピンコ裁判官は、「CLTAは政府権力を不適切に行使し、人種基準の分類を行っている。そのため、CLTAは政府の目的を正当に遂行しているのではない」とし、CLTAそれ自体への批判を行った。

さらにはライス判決も、CLTAの合憲性への疑念に追い打ちをかけた。グアムの非チャモロ系住民らによって、CLTAの合憲性を問う訴訟の計画も持ち上がることとなったのである。

そういった動きのなか、CLTCがCLTAの合憲性を明らかにすることが喫緊の課題であるとし、グアム法務局に調査を依頼し、2005年7月にチャールズ・トルーマン副局長はCLTCの議長宛てに「チャモロ土地信託法の合憲性」という覚書を送った。

> CLTAは無効であり違憲であるということを、連邦裁判所は明々白々にしてきた。それらは十分に語ってきたし、この問題においてさらなる法的議論を提供するのは、あまりに時機を逸している。もっとも重要なことは、CLTAは違憲であるので、同法から権限を得るCLTCは、同法によって付与される権力や職務を行使する権限を持たないのである。(Troutman 2005)

このように、副局長は1999年の第9巡回控訴裁と連邦地裁での裁判官の発言を引き合いに出し、CLTAが違憲であると明言した。さらに、この覚書はカマチョ知事と土地管理局長にもカーボンコピーで送付されており、行政命令の草案が添付されていた。その行政命令は、上記の見解に基づいて、CLTCを解体し、土地管理局がその後始末をするという内容のものであった。しかし、この覚書はすぐに撤回されている。また、この覚書が明るみになったのは2009年2月であり、後に詳しく紹介するCLTAに批判的な白人住民が情報公開請求を行ったからである。

連邦の第9巡回控訴裁と連邦グアム地裁での見解、ライス判決、グアム法務局の副局長の覚書など、司法においてはCLTAの合憲性を疑問視するような動きが続いた。CLTAとそれに基づいて活動するCLTCの正当性は、非常に危ういものとなったのである。

3 住民によるチャモロ土地信託法への批判

(1) チャモロ人による批判

　CLTそのものに対しては、非チャモロ人だけでなくチャモロ人からも批判の声が上がってきた。その批判の理由は、非チャモロ人に対する差別になることや、私的所有権を侵害することなどであった。私的所有権の侵害とは、土地を原所有者に返還せず、チャモロ人申請者に貸与するということを指している。

　私的所有権の保障の観点からCLTを激しく批判したのが、米海軍退役軍人であるトニー・アルテロである。彼は1970年代後半からGLAの中心的なメンバーのひとりとして、土地賠償請求運動に取り組んだ。アルテロ家はスペイン統治時代から続く大地主のひとつであり、米軍の土地接収によって大きな損害を被った。そのため、土地問題にかなりの利害関係を持ち、その解決に並々ならぬ情熱を燃やしていた（Stade 1998）。

　彼はアンダーウッドとサウダー＝ジェファリーが編者となった『チャモロ人の自己決定』（第5章参照）の論考のなかで、グアム政府と連邦政府の「抑圧的で不正な土地所有」について次のように述べ、土地問題を経済開発への障害とし、アメリカ的価値からそれを批判した。

　　経済的な発展や進展を妨げるだけでなく、反自由企業的であり、チャモロ人やグアム全体の経済にとって逆効果を招くものである。（中略）アメリカ的制度において、不動産を保有する権利は、非アメリカ国民にでさえ、合衆国憲法によって保護される。この私有・個人所有の制度は、アメリカ人がやってくる前でさえ何世代にもわたってグアムで歴史的に確立・実践されていた。（Artero 1987: 91-3）

アルテロはアメリカの基準をグアムに適用することを主張し、土地問題をなおざりにしてきたグアム政府を批判した。それは明らかに多くのチャモロ・ナショナリストとは異なり、「アメリカのなかのグアム」を自明なものとすると同時に、チャモロ人のなかの「アメリカ」を批判的に容認するものであった。

　このような立場からアルテロは、CLTに対しても、私的所有権の侵害、「選民」階級の創造として批判するようになった（Artero 1995）。チャモロ人の集団の権利をめぐる問題は、チャモロ人と非チャモロ人の二項対立のみでは捉えきれな

いのである。

(2) 白人による批判

ちょうどCLTCが土地貸与の業務を開始していたとき、ジョー・マーフィーは『PDN』でCLTCの存在をAAと関連づけて論じている（Murphy 1996a）。彼はカリフォルニア州の住民提案209の可決などのようにAAに対するバックラッシュがアメリカ国内で生じていることに言及するが、彼自身は「AAという考えを好む」と立場を表明する。

グアムにおけるチャモロ人の権利についても一定の理解を示す。グアムではすべてのエスニック集団がマイノリティ、つまり過半数ではない。しいていうなら、政治においてはチャモロ人がマジョリティといえる。にもかかわらず、「チャモロ人はとてつもなく有利な立場にある」。グアム基本法の第9条があるからである。

> 知事は、この法律やグアムの諸法の規定がないかぎり、議会の助言と同意によって、行政機関の長を任命する。任命と昇進の実施においては、グアメニアンの出自（Guamanian ancestry）を持つ適任者が優先される。グアム政府におけるグアメニアンの最大限の参加を確実にするため、高等教育や実務訓練施設の機会がグアメニアン出自の適任者に与えられる。(The Organic Act of Guam, 1950: Section 9 (a))

マーフィーはこれをAAと断定する。そして、こうした「差別」の形態には全面的には賛成しないとしつつも、その正当性や必要性は理解できるとしている。そのうえで、CLTCもAAのひとつと見なし、理に適っているとする。マーフィーは、前章で見たようにチャモロ人の自己決定権には批判的だが、土地権に関してはAAとしてある程度許容する姿勢を見せる、ということになる。

1990年代末からCLTAの合憲性をめぐる司法の否定的見解が続出する一方で、グアム住民のなかでも合憲性を理由にCLTAに対する批判を展開する目立った動きが現れ始めた。新聞報道によると、2003年10月に、何人かのグアム住民が、CLTAの合憲性を疑問視する書簡を送った。そのなかではライス判決が言及されていた。そして2004年2月に、そのうちの2人、トマス・シェルダンとアーノルド・「デイヴ」・デイヴィス・ジュニア（デイヴ・デイヴィス）が、CLTは人種に基づいた排他的集団に公的資金を注ぐものであるため違憲であるとして、訴訟を

起こすつもりであると表明したという。

　これに対して、CLTA 実行要求の原告弁護士であったフィリップスは、その訴訟での議論を出して反論した。当時のクルス判事は、CLTA が適用されるのは「人種的基準の排他的集団」ではなく、「政治的基準の排他的集団」であると述べていたという。つまり、チャモロ人という「人種」を一律に対象にしたものではなく、1950 年グアム基本法でアメリカ市民となった人びとを対象にしているという意味である。また、ナシオン・チャモルのメンバーであるジョー・ガリドは、「彼らはわれわれの文化を保護する制度を破壊するために憲法を用いているが、同時に、その憲法はわれわれに完全には適用されないのだ」と述べ、違憲であると主張する人びとが「島の政治的地位の歴史的コンテクスト」に鈍感であることを非難した（Worth 2004a）。

　2月7日には、訴訟計画に抗議する住民らのデモが、ハガッニャのパセオ地区で行われた。島の歴史的・政治的な現実に敏感ではない偏見である、というデモ参加者の声が『PDN』で紹介されている。それに対し、訴訟を検討中のシェルダンは、デモに参加した人びとは「非常に小さな、チャモロ人の先住権を主張する諸グループ」を代表しているにすぎず、彼らの主張は「感情的であり、法律上のものではない」と批判した。

　　　これが決められるのは裁判所においてであり、新聞、ラジオ、日曜朝のパセオにおいてではありません。（中略）もし彼らが連邦裁判官たちの面前で感情的な主張をしたいなら、勝手にしたらいいのです。これは法的問題であるので、CLT は生き残ることはできないということを私は強く確信しています。（Worth 2004b）

訴訟計画のもうひとりの住民、デイヴ・デイヴィスは、1936 年にアメリカ北東部のメイン州に生まれ、1977 年頃にグアムに移住してきた白人であり、北部のジーゴ在住である（Davis 2009d; Limtiaco 2009）。また、元空軍少佐の退役軍人でもある。『マリアナズ・ヴァライアティ・グアム版（以下、ヴァライアティ）』紙上で「部外者の視点（The Outsider perspective）」という名のコラムを執筆していることで知られている。

　シェルダンとデイヴィスらはたびたびチャモロ人の権利の合憲性に関する訴訟の計画を表明してきたが、ほとんど実行には移されなかった。しかし、訴訟計画の表明はそれなりの効力を発揮してきた。

第9章　先住民の土地権の合憲性問題　281

　それは、観光客向けホテルが立ち並ぶタモン地区の南端にあるイパオ岬における開発計画の顛末からも明らかである。CLTC は、チャモロ人への居住・農業用の土地貸与とは別に、活動の収入源として企業に商業目的の土地貸与も行っている。2003 年頃から、イパオ岬の 48 エーカー（約 19 万 5000 平方メートル）という広大な土地を、商業目的で貸与するという計画が進められ、2004 年 1 月から台湾系の YTT 社との交渉が開始され、2005 年 2 月頃には合意に至ろうとしていた。YTT 社の開発計画は、12 階建てのホテルと最上階にレストランのある 40 階建てのタワーを建設し、文化センターや博物館などがそのなかに入り、400 人の雇用が見込まれるという、非常に大規模なものであった（Limtiaco 2005; Dei 2005a）。しかし、その一方で、シェルダンが、もしその計画の契約が結ばれるなら、CLTC と YTT 社を相手に訴訟を起こすということを表明していた。CLT は人種基準の排他的集団を利するものであり、YTT 社もそれに加担しているという理由であった。こういったシェルダンの牽制は功を奏し、訴訟の可能性という「あまりに多くのリスク」のために、YTT 社はこのプロジェクトから撤退することを決定した（Dei 2005a; Worth 2005）。前述した CLTC の依頼によってグアム法務局が行った CLTA の合憲性の調査には、この開発計画が関係していたのである（Dei 2005b）。

　また報道されたかぎりでは、2005 年 9 月にも訴訟の動きを確認できる。シェルダンとデイヴィスの 2 人は、人種的基準によるプログラムを実施しているとして、連邦農業省を相手に訴訟を起こしたとされる。そのプログラムとは、低所得世帯と CLTC 申請者を対象とした連邦農業省による住宅ローンであった（S. Artero 2005）。だが彼らの訴えは、本格的な法的議論に発展しなかったようである[2]。

　その後、2009 年初め頃から、デイヴィスは自身のコラムで、CLTA と CLTC への批判を繰り返し行い、訴訟に向けた準備を始めた。まず 3 月 4 日、彼は CLTC に土地貸与の申請書を提出した。しかし 5 月 27 日、彼の申請は却下された。ちなみに、規定によると、申請が受け付けられてから 30 日以内に、申請資格があるか否かの通知が送付されることになっている。彼はさらに CLTC に再審査を申請し、それを CLTC に却下させてから、裁判に持ち込むという考えであった。彼をこうした行動に踏み切らせたのは、CLTA の合憲性がそれまで一度

---

2) その後の報道もなく、裁判所の記録でも確認できなかったため、その後の事実関係については不明である。

も法の裁きを受けていないことに対する不満があったからである（Davis 2009d: Limtiaco 2009）。CLTC は手続きに則ってデイヴィスが「ネイティヴ・チャモロ」ではないことを再度確認し、彼の望みどおり、7月にデイヴィスの再審査申請を却下した（CLTC 2009）。しかしそれからしばらく、デイヴィスは目立った動きを見せなかった。

4 合憲性問題とレイシズム批判の関係

(1) 繰り返し言及される合憲性の根拠

　デイヴィスは、それまで司法関係者によって示されてきた CLTA の合憲性の否定に繰り返し言及する。すなわち、第9巡回控訴裁判所、連邦グアム地裁、グアム法務局の見解である。これらの見解によって CLTA が違憲であるということは自明であるという論理は、自身のコラム「部外者の視点」では 2009年2月17日、25日、3月4日、4月15日、『PDN』の「オピニオン」では 2010年5月29日に現れている。ただし、それらの司法関係者の見解を紹介し、ほぼそのまま自説としているだけのような内容のものばかりである。

　「部外者の視点」では、「チャモロ土地信託と合衆国憲法」という題で、CLTA の合憲性問題を3回にわたって取り上げた。第1回では、連邦グアム地裁のジョン・アンピンコ裁判官と第9巡回控訴裁の見解、2005年のイパオ岬での開発計画の中止への言及で文章の3分の2を占め、残りの3分の1で代替案を示す。

> 　CLTA を破棄し、CLTC を解散し、チャモロ土地信託を解消しなければならない。その代わりに実現されるべきは、人種または祖先のつながりとは無関係に、土地や家を入手するのに政府の援助をもっとも必要とする人びとを益するように設計された、所得を基にしたプログラムである。／何年か前に、グアムの「土地なし住民のための土地」プログラムがその類の政府支援の援助を提供し、多くの低所得・土地なし住民が購入しやすい土地を手に入れるのを助けた。当時はうまくいっており、再びやってもうまくいくだろう。うまくいくのは、全住民による選挙で選出された人びとが、人種差別のマントを脱ぐための品位の高さと政治的決意の強さを示し、全住民の利益のために働くことを約束するときである。（Davis 2009a）

　第2回では、まず、CLT は少なくとも部分的には公的資金によって実施され

る人種基準の排他的プログラムであると主張される。そして、1993年にサントスがアダ知事を相手にCLTAの実行を要求した訴訟、すなわちサントス対アダ事件の問題が指摘される。その訴訟では、裁判所は原告の主張をそのまま受け入れており、CLTの合憲性に関する法的議論が不十分であったという。つぎに、CLTAのモデルとなったハワイアン・ホームズ委員会法（HHCA）との比較がなされる。HHCAは連邦政府によって制定されたものであるが、CLTAはそうではなくグアム議会が一方的に制定しただけであるとされる。しかも、ハワイ先住民局（OHA）の理事選挙に関するライス判決のように、ハワイ人の権利は実際に「異議を唱えられ、連邦裁判所によって覆されたり、修正されたりしている」のである。

> CLTはただ法的挑戦を受けないことによって生き長らえている。グアム公法12-226〔CLTA〕は特定の人種を優遇する（race-specific）条項に満ちており、連邦法に直接違反しており、合衆国憲法の修正第14条やグアム基本法の人種中立的な（race-neutral）平等保護条項と一見しただけで矛盾している。（Davis 2009b）

第3回では、本章第2節で見た、デイヴィスが情報公開請求によって入手した、グアム法務局副局長トルーマンからCLTCに送られた覚書「チャモロ土地信託法の合憲性」を紹介し、これが隠蔽されてきたということを批判し、CLTを解体すべきであると主張する（Davis 2009c）。

デイヴィスは、第9巡回控訴裁、連邦グアム地裁、グアム法務局の見解に繰り返し言及することによって、自らのCLT批判の正当化あるいは権威づけを行おうとしている。そして、そういったアメリカの規範を理解する自分と、それを理解しない、あるいは遵守しようとしないチャモロ人とを対比させている。

(2) 「チャモロ・レイシズム」への批判

これまで見てきたデイヴィスの主張は、CLTAが人種基準に基づいた排他的集団を利するものであるということ、すなわちCLTAが人種差別的だというものである。しかしながら、CLTAに対するデイヴィスの批判は、たんに彼の法的議論への関心に基づいているわけではない。彼を含むグアムにおける白人の経験や境遇についての認識、つまり自らをチャモロ人による差別の被害者として捉えることが、チャモロ人中心的なグアム社会のあり方や、その代表的な制度である

CLTAへの批判的認識につながっているといえる。彼はCLTAに再申請を行ったあと、CLTCの会議に参加し、「私は排除されているのです。ここに住み始めて……32年近くになるのですが」と、CLTAのようにチャモロ人を対象とするプログラムが行われることへの不満を述べている（Limtiaco 2009）。

「チャモロ人による差別」への批判は、CLTAに関することに留まらない。たとえば、彼はコラムでとある交通事故のことを取り上げる。チャモロ人と思われる17歳の女性と白人と思われる男性の交通事故で、女性は亡くなり、男性は当初軽傷とされたが、3年後にその事故に関係する足の手術をしたという。女性は無免許であったが、親に遣いを頼まれ、親の無登録・無保険の車を運転していた。男性の車はその事故と警察の押収中の不注意によって破損しており、1万5000ドル以上の修理費用が必要となった。そこで男性は相手方の家族に修理費用を負担するように訴訟を起こそうとしたができなかった。弁護士たちは、扱う金額が低いことや相手方家族に金銭的余裕がないこと以外に、「その家族はローカルであるが、あなたは違う。あなたは支払い受けるのに問題を抱えている」という理由を述べたという。また、事故当時、選挙の候補者2名の看板が運転手の視界を遮るように不法に立てられていたが、そのことは問題とされなかったという。

　　両親の不注意と若い少年（ママ）の死（けっして起こってはならないこと）に関係するこの最近の悲劇の帰結を注意深く見よう。町のお巡りさんから属領の上層部まで全司法組織におよぶ、人種偏見を持ちかつ腐敗した刑事司法制度を私たちが持っているというのは、秘密でも何でもない。それが変わる見込みはほとんどない。／人種分裂（racially polarized）コミュニティにおける生活の否定的側面と不利益にもかかわらず、「部外者」の地位を私はむしろ楽しんでいる。私は自尊心を維持し、自分の請求書の支払いをし、意義のあると自分が考える方法で社会に貢献し、たんに自分の血統のために特別な権利・特権を要求しない。(Davis 2010c)

チャモロ人による差別は、CLTAなど法制的なものとしてだけでなく、グアム社会の日常において非チャモロ人が直面する問題として、デイヴィスによって捉えられている。

では、そのような差別はいかにして維持されてきたというのであろうか。「チャモロ人による差別」批判は、CLTAのようなプログラムを許容しているグアム政

府への批判につながる。デイヴィスは前述のグアム法務局の覚書に触れ、つぎのように述べる。

> 責任があり敏感な指導者たちであれば、島の住民の憲法上の保証を回復するために、2005年に果断に行動していただろう。しかし現実には、法務局の法的見解はけっして日の目を見ることはなかった。明らかに政治的理由のために最初からそれは握りつぶされてしまった。グアムの政治家たち、すなわち知事、法務局長、グアム議会のメンバーなどは、2005年までで12年間もこの地の法律である人種差別的なプログラムについての暴露に関わり合いたくなかったのである。(Davis 2009c)。

さらに、訴訟に向けた動きを加速させた2009年4月15日のコラムでも、地元政治家たちへの批判を展開する。

> ご注意を。あなたがたはいま中間帯 (twilight zone) に入るところだ！公民権・憲法上の権利がグアムにおいてどのように適用されるか、あるいはより正確には適用されないかを決定する法的闘争を要求する私の計画を、夕方のニュースの映像がある程度まで説明している。／私の長らくの主張は、地元政治屋が有権者のあいだでの評判を高めようと企み、しばしば公民権やその他の権利とはほとんど無関係に、その企みがしっかりとうまくいくと期待できる法律を通過させている、というものだ。(Davis 2009d)

2010年5月29日の『PDN』への投稿「グアムは狭量な妨害をやめよ」では、先祖伝来地委員会 (GALC) の活動を取り上げ、グアム政府批判を展開する。デイヴィスの見解では、第9巡回控訴裁やグアム地裁がグアム政府は先住民の土地に関する権限を持たないと述べており、それゆえCLTと同様にGALCも違憲である。彼はこのコラムの出だしで、GALCが連邦政府による土地調査の依頼を拒否したことに触れる。

> これは非常に大きな戦術的誤りであり、影響が広範におよぶ不愉快な帰結にいたるかもしれない。それは、敵対的で執念深い態度で弱々しい官僚的な筋肉を曲げることであり（いずれ逆向きに曲げられる運命にある）、おそらくグアムの機能不全で永続的破産状態の政府にさらなる問題を積み重ねることになる。(Davis 2010b)

以上のように、デイヴィスは地元新聞への投稿や自身のコラムのなかで、さまざまな問題を取り上げつつ、チャモロ人に対する批判を繰り広げる。端的に言う

と、チャモロ人やグアム政府の怠慢や誤った考えによって、グアムでたくさんのおかしな常識がまかり通っている、という内容である。そして、そういったグアムの状況が、チャモロ人による差別を支えているというのである。彼のコラム名「部外者の視点」の「部外者」とは本土出身者またはハオレのことであり、その「視点」にはパターナリズムが明確に表れている（第1章第3節参照）。

デイヴィスのいう「チャモロ人による差別」は「チャモロ・レイシズム」と言い換えてもよいであろう。彼にとっては、グアムはチャモロ・レイシズムの充満する社会である。ただし、それが逆レイシズム、逆差別として捉えられているかは疑問が残る。それ以前からのアメリカの植民地主義や白人のレイシズムが前提とされておらず、チャモロ人による非チャモロ人に対する一方的な差別と捉えられているように思われるからである。

5 チャモロの真正性問題

(1) チャモロ人の「混血」

デイヴィスによるチャモロ・レイシズム批判は、チャモロ人やチャモロ文化の存在そのものの否定、あるいはそれらのいかがわしさの指摘にまでおよぶ。デイヴィスにとって、チャモロ人やチャモロ文化とはいったいいかなるものなのか。

まずは『ヴァライアティ』紙に投稿された「誰がチャモロ人なのか」という文章を見てみる。ちょうどこの時期、グアムでの海洋生物保護のために漁業を制限しようとする動きに対して、チャモロ人漁師や活動家らがチャモロ人に沖合での先住民としての特別な漁業権を認めるように求めていた[3]。

「ホセ」〔チャモロ人に多い名前〕のような人たちには一理あり、先住民の子孫のために何らかの施しがあるべきだという主張には、正当な根拠がある。しかし不幸なことに、誰が何の受給資格があるのかという問題をとりまくかなり多くの想定、仮定、不確実なことのもとで、その議論は失敗しやすい。チャモロ人は無制限の漁業権を持つことができるべきだと「ホセ」は言う。

---

3) その1、2カ月後の10月頃には、グアムや北マリアナ諸島では、別の方向から漁業に関する議論が浮上した。連邦政府が提案していた「マリアナ海溝ナショナル・モニュメント」の是非をめぐるものである。マリアナ海溝の周辺海域を保護するために自然遺産に指定しようとする連邦政府の動きに対して、グアム漁業組合などが漁業活動を大きく制約されるとして反対の立場を表明した（Cagurangan 2008b）。

彼は自分がチャモロ人だと言う。「証明してみろ」と言う人がいるかもしれない。ハワイ人はそのやり方を知っている。ネイティヴ・アメリカンはそのやり方を知っている。チャモロ人はどうか？（Davis 2008）

すなわち、一般的に先住権には正当性があるが、チャモロ人は自分がチャモロ人であることを証明することができないため、先住権が認められないというのである。

その理由はつぎのように説明される。

 チャモロ・エスニシティを主張する人びとのほとんどは、血統（bloodline）をたどってそれを証明するのはおそらく困難だろう。真に土着のチャモロ人（truly indigenous Chamorros）が1600年代にスペイン人によって事実上絶滅させられたあと、最初の血統を持った者の痕跡は、スペイン人、フィリピン人、メキシコ人（そのほとんどはエスニックにはネイティヴ・アメリカン）、中国人、日本人、数種類のヨーロッパ系白人（コーケイジャン）（イギリス人、ポルトガル人、イタリア人、スコットランド人など）、その他の人びとと、その後400年間にわたる異人種間結婚や他の公式的でない家族関係によって薄められ、それは今日も継続している。現代のチャモロ人はその迷宮のなかで部分的に血統をたどられそうなだけであり、そのためそれはおそらくもっとも信頼できる出自証明というわけではないのである。地元の法律でさえ血統資格を「もっとも遠戚まで」とほのめかすことによってその不確実性を認識しており、1898年より前の血統基準に取り組む試みをしていない。かなり浅薄である。(Davis 2008)

チャモロ人であると主張する人びとはいるが、「真に土着のチャモロ人」というのはもはや存在しない、というのである。

デイヴィスにとって、チャモロ人とは17世紀までマリアナ諸島で生活をしていた人びとと、その直接的な子孫（存在するとすれば）ということになる。「混血」が進んでしまったからには、チャモロ人であることの証明は困難になる。誰がチャモロ人かを決定するのは、チャモロ人自身ではない。すなわち、彼にとってエスニシティ（または人種）を決定するのは、血（血統・血縁）であり、アイデンティティや文化ではないようである。

(2) 「借り物」としてのチャモロ文化

チャモロ人という存在についての同様の認識を表しているものとして、2010年2月の『PDN』へのデイヴィスの投稿「『借り物 (borrowed)』文化はやめよう」がある。これはグアムにおけるチャモロ文化の現状を憂いているものである。彼は最初につぎのように問題提起を行う。

> 文化とはいかなる社会においても、過去から現在にかけての人間の経験全体から構成されるものである。現在の主流に代わる真正なものとして文化観光 (cultural tourism) を促進するために、われわれは客観的に、何が現在利用可能かを検討し、どの本当に真正な構成要素が促進する価値があるものなのかを決定し、真のグアム文化を表すふりをしている偽物で作り物のガラクタを捨てるべきだ。／文化観光とは本来は土着的要素を重点的に取り扱うべきだとすれば、現在のグアムが真正な文化的経験という点ではほとんど何も提供していないというのは一目瞭然である。いま提供されているもののほとんどは、現代の作り話とプロパガンダに由来している。(Davis 2010a)

デイヴィスの主張のひとつは、チャモロ文化が「借り物」文化であり、本当のチャモロ文化はもはや存在しない、ということである。まず彼は、チャモロ文化と現在されているものが、実際にはどこに由来しているかを挙げていく。カラバオ（水牛）や牛車はフィリピン、闘鶏とフィエスタ（カトリックの祝祭）はスペイン、ドレスやダンスもスペイン、「チャモロ」料理（調理法、材料）のほとんどはメキシコやフィリピン、というふうにである。デイヴィスは、料理に関しては、「グアメニアン」料理として広められるべきだと提唱している。話はグアムでチャモロ音楽として受け入れられているものにもおよぶ。キューバからアメリカ経由で来たチャチャ、カントリーミュージックや西洋風の音楽にチャモロ語の歌詞を付けたもの、「再創造」された似非ポリネシアンダンス、である。

コラムの後半部分では、つぎのようにも述べる。「要するに、文化的に土着だとされているものほとんどすべてが、その起源をどこか他の場所に持ち、観光産業を強化するために近年になって現れたのである」。そして、「チャモロ文化」とされるものはすべて「借り物」だとされる。フラはハワイやタヒチといったポリネシア人からの、男性ダンサーの攻撃的態度、フェイス・ペイント、しかめ面はニュージーランド・マオリからの、スティックダンスはカロリニアン（カロリン諸島人）からの、「借り物」だという。すなわち、現在のグアムにおいて「チャモ

ロ文化」とされているものは、他の地域・国から移入されたものであり、本当のチャモロ文化ではないというのである。チャモロ文化とは、17世紀までのマリアナ諸島に存在したものか、それらにルーツを持つものでしかありえないというわけであろう。これは前述した、本当のチャモロ人はもはや存在しないという認識と同じ類いのものである[4]。

 チャモロ文化がいったいどういうものであったか把握することはできない、ともデイヴィスは主張する。これも、誰がチャモロ人であるのかを証明することができないという主張と同様である。たとえば、彼はチャモロ人文化的実践者によって取り組まれてきたチャモロチャント（詠唱）の再創造について疑問視する。昔の史料にはチャモロチャントへの言及はなく、現在のチャモロチャントと昔のものとのつながりを立証できないというのである[5]。

 デイヴィスのいう「本当のチャモロ文化」でさえ、他の諸文化と比較して劣ったもの、遅れたものとして位置づけられる。「先住民チャモロ人は、草葺小屋を建て、（中略）利用可能な材料から物を精巧に作り、（中略）巨石人工物〔ラッテのこと〕を立てたが、文字を持たなかった」。その後もこの調子は続く。古典的な社会進化論的な認識が根底にあるのは確かだが、それ以上に古代チャモロ社会・文化それ自体の未熟さや未発達さの認識・感覚が彼のなかに見られる。以下の記述は、そのことを明瞭に表している。

> 彼らは相対的に粗野（crude）で興味深い土器を作ったが、土着芸術の形跡

---

[4] これまでの章で見てきた通り、このようなチャモロ文化の見方は特別なものではない。『ウォール・ストリート・ジャーナル』のロバート・フランク記者は、数カ月後の2000年7月に住民投票が予定されていたグアムを取材し、チャモロ文化への関心の高まりを指摘したあと、「問題なのは、それらの〔スペイン、アメリカ、日本などの〕侵略の結果、チャモロ文化がどういったものか誰も確信を持っていないということである」と述べる。たとえば、ハガッニャのチャモロビレッジでは、売られている商品や料理が「チャモロからかけ離れている」ことや、チャモロ工芸品店での人気商品が店のロゴが入った野球帽であることなどを紹介する。また、グアムの料理は実際にはスペインやフィリピンやアメリカ由来のものであり土着的なものではない、ということを強調する。そして、グアムにおけるスパム（ランチョンミートの缶詰）の一人当たり消費量は世界のどの国よりも多いことや、チャモロ人の多くは何がチャモロ料理かをうまく答えられない、といったことが言及される（Frank 2000）。「混血」や外部からの影響によって、チャモロ人やチャモロ文化には真正性がないと冷笑しているのである。

[5] 第4章で見たように、チャモロダンスやチャモロチャントの再創造や復興は大きなひとつの動きとして捉えられるが、そのなかには異なる（ときに相反する）考えややり方が混在している。さまざまな追求の仕方があるのは当然だが、チャモロ文化に関するデイヴィスに見られるような言説を踏まえると、また違った見方ができる。チャモロの文化的実践者は、このような言説から自由ではないのである。

については、チャモロ人のものか否か分からないわずかな粗野な象形文字以外にはほとんど残っていない。ヨーロッパ、オーストラリア、アメリカ大陸には壮大な先史時代の洞窟壁画があり、いくつかのずっと古い諸文化では精緻な土器が見られるが、それらと同等の土着のものはない。(Davis 2010a)

そして、言語はインドネシアやマレーシアとおおまかにいって同種であり、遺伝学的にはチャモロ人を含む太平洋諸島民や東南アジア人の起源は中国や台湾にある、ということまで持ち出してくる。人間・文化・言語の土着性や独自性が相対的なものであるということは、当たり前のことではあるが、あえてここでチャモロ人との関連で指摘される。「真に土着」のチャモロ語やチャモロ人の真正性さえ疑問だと言いたいのであろう。

デイヴィスは最後の部分でつぎのように結論づける。

>こうしたことのもっとも不安視される長期的影響は、他の諸社会から盗まれ、チャモロ起源だと偽った物事に好意的であるなかで、本当に真正な土着文化を徐々に希釈し、退廃させてしまうことである。後世の人びとは、真実を知らないので、そのうちそれを真正なものとして受け入れるだろう。／観光客は馬鹿ではない。彼らは真正なものと作りものの違いを知っている。フラはポリネシアのものであり、チャチャはカリブのリズムであるということを知っている。おそらく無理だろうが、われわれは偽りの「借り物」文化をすべて捨て、実在しなかった古代文化のいわゆる再創造者たちをクビにし、実際にそうであったように物事を表す観光名所や名物を提供することに集中すべきだ。(Davis 2010a)

チャモロ文化がいかなるものであるか明らかにすることは困難であるとし、チャモロ文化とはすべて他の場所からやってきたものであるとまで述べておきながら、「本当に真正なチャモロ文化」を探求すべきだとデイヴィスは主張する。これ自体は非常に矛盾した論理であるが、真意は「本当に真正なチャモロ文化」などないというところにあるのであろう。

要するに、デイヴィスはチャモロ人とチャモロ文化の真正性に疑問を投げかけ、それらの存在を否定する。単にそれらを劣ったものや遅れたものとし、自らの進歩性を示すことによって優位に立とうとするのではなくである。言い換えれば、真正か否かという真正性をめぐる二項対立に陥り、チャモロ人の生活世界にも想像がおよんでいない。このことは、チャモロ人の権利に関するデイヴィスの

主張にも共通しており、カラーブラインド・イデオロギーの特徴とも関連づけられる。

6 カラーブラインド・イデオロギーのなかのチャモロ人の土地権

　チャモロ人の土地権への批判でもっとも問題とされるのが合憲性である。ここでの合憲性とは、人種やエスニシティで差別してはならないという合衆国憲法の規定、つまり修正第14条等に反するか否かということである。これがとくに争点となったのは、まず1970年代前半のCLTAの成立時である（第7章参照）。CLTAは連邦法のハワイアン・ホームズ委員会法（HHCA）をモデルにしているため、問題視されないのではないかということになった。だがCLTAは18年間実行されなかった。なぜなら、多くの政治家がエスニックな対立を煽ることになってしまうと恐れたからである。

　つぎは1990年代前半のCLTAの実行時である。チャモロ・ナショナリズムの高まりのなか、エインジェル・サントスをリーダーとするナシオン・チャモルの運動によって、1993年にCLTAは実行に移された。しかしこのときも、当時のアダ知事は、合憲性が保証されていないとして実行に後ろ向きであった。アダ知事がCLTAの実行を躊躇したのには、アメリカ国内でマイノリティの集団の権利を「逆差別」とする批判の声が高まっていたという背景がある。実際、1970年代後半以降に連邦最高裁でAAに関する消極的な判決が出されはじめるなど、特定のマイノリティやエスニック集団を「優遇」する制度・政策はアメリカ社会において物議を醸してきた。アダ知事だけでなく、グアムにおける多くの人びとが、そうした状況にすでに敏感になっていたといえる。

　そして2000年に連邦最高裁でライス判決が出されてからは、グアムでもチャモロ人の権利に対するバックラッシュが勢いづき、チャモロ人の自己決定権のみならず、チャモロ人の土地権に関連するCLTAの合憲性も俎上に載せられるようになった。

　以上のような土地権をめぐる歴史的展開を踏まえると、なぜ土地権に対する躊躇や自制が生じたのかという本章の問いにどのように答えられるであろうか。グアムにおけるある社会観の浸透が鍵となる。

　グアムの状況において合憲性への徹底した言及は、カラーブラインド・イデオ

ロギーと見なしてもよいであろう。すなわち、カラーブラインドな社会を理想として掲げることによって、チャモロ人が連邦政府や米軍から受けた土地をめぐる歴史的不正義と呼びうるものに有効な解決策を打ち出すことができず、結果として不公正・不平等な現状の維持につながるというレイシズム・植民地主義のありようである。これがグアムにおいて一定程度広がったと考えられる。

デイヴィスらの事例においては、米軍による土地接収などの事実はまったく言及されないため、それがどのように認識されているかは不明であり、忘却、いや記憶喪失といってもよいくらいである。その記憶喪失は、チャモロ人の土地権が「逆レイシズム」や「逆差別」ではなく、単に「レイシズム」や「差別」のように捉えられているということにも表れている。カラーブラインド・イデオロギーが歴史認識とも関わっているということでもある。

またチャモロ人の漁業権や文化観光に関連した話題においてであるが、「チャモロ」というカテゴリーそのものへも、デイヴィスは疑問を投げかける。混血や外部からの影響によって、チャモロ人であることを証明することは誰にとっても困難であるし、チャモロ文化がいかなるものであるか誰も確かめられない、というのである。これをデイヴィスのチャモロ人批判というさらに広いコンテクストに置き直してみれば、土地権の資格を有する「チャモロ人」という主体の存在自体を否定するような見解であるということが分かる。人種的またはエスニックなカテゴリーを政治的・歴史的な要素をまったく介さず相対化し、それを正常とする（ネオ）リベラルな多文化社会のイメージが、そこから垣間見える。

終章

　本書では、1970年代から2000年代にかけての、グアムにおけるチャモロ人の社会運動、とりわけチャモロ人の集団の権利の確立に向けた動きと、それに対するバックラッシュ、つまり合衆国憲法や国際規範に基づいた普遍主義的な言説とが展開する状況について、カラーブラインド・イデオロギーの展開という観点から考察してきた。最後に本書における議論を整理すると同時に、グアムの今後の可能性について検討したい。

1　チャモロ人の権利主張のなかの歴史的不正義

　グアムはアメリカの非編入領土であり、それゆえその住民の市民権(シティズンシップ)には州に住むアメリカ市民のそれと比べて制約がある。大統領選や連邦議会との関わりに示されるように、アメリカの国政への参加が十分に保障されていない。かといって、州とは異なる独自の存在として自治を享受しているわけでもない。それどころか、グアムとアメリカは非対称的な関係にあり、グアムにとって重要な問題を連邦政府によって一方的に決定されることがある。それゆえ、グアムの人びとが長い間求めてきたことであるが、非編入領土からの脱却や二級市民的地位の変革は必要である。だが、誰が脱植民地化のための自己決定の主体であるのかという問題が、その前に大きく立ちはだかっている。

　第2次世界大戦後、「解放とリハビリの帝国神話」(米山 2003)とも呼びうる戦争の記憶のもと、アメリカ化ナラティヴ、つまりチャモロ人のアメリカ愛国主義的なナラティヴは増殖し、チャモロ人の政治的要求も愛国主義的な枠組みで行われた。しかしそのなかで、植民地化ナラティヴ、つまりチャモロ・ナショナリズムも現れてきた。それは愛国主義的なナラティヴがアメリカ植民地主義を延命さ

せてきたという矛盾が意識されることによって生じたものである。チャモロ人のアイデンティティは、アメリカ愛国主義（アメリカ化ナラティヴ）とチャモロ・ナショナリズム（植民地化ナラティヴ）という両極のあいだに置かれることとなった。

　チャモロ・ルネサンスはそうした状況のなか起こった文化復興運動であった。これは文化多元主義（リベラル多文化主義）の枠に収まるだけの可能性もある一方で、チャモロ・ナショナリズムとも重なり合った。

　1970年代に現れたチャモロ・ナショナリズムは、政治的地位の変更、つまり脱植民地化と、そこにおけるチャモロ人の自己決定とを主張してきた一方で、歴史認識に関しても、反植民地主義や脱植民地化の立場から、異議を申し立てていった。これらのなかでのチャモロ人としての誇りを取り戻そうとする活動が、グアムにおいて一定程度受容され、チャモロ・ルネサンスともつながった。

　1950年グアム基本法後も自治の程度を高めるような制度的な変革が強く求められ、そのなかでもよりアメリカに批判的な人びとが、グアムの脱植民地化においてチャモロ人の自己決定は不可欠であると主張するようになる。この主張がチャモロ・ナショナリズムの根幹となる。1980年代には住民団体のOPI-Rがその中心的な存在となった。OPI-Rが具体的に主張したのは、政治的地位に関係する住民投票では、チャモロ人のみが有権者となるべきだということである。グアム政府によって新たな政治的地位として追求されたコモンウェルスに関する法案（「コモンウェルス法案」）でも、「チャモロ人の自己決定」を定めた条項は妥協できないものとされた。

　1990年代には、エインジェル・サントスを中心とするナシオン・チャモルが、チャモロ・ナショナリズムにおいて重要な役割を果たすようになる。彼らはアメリカ植民地主義への批判を展開し、グアムの脱植民地化やチャモロ人の自己決定を要求する動きに加わった。土地問題に積極的に取り組んだナシオンの活躍により、チャモロ・ナショナリズムの裾野が広がったといってよいであろう。コモンウェルスの要求は、グアム政府役人だけでなく、多くの政治家、活動家、一般市民らが手を取り合って行われた。

　ナシオンの土地問題への初期の取り組みのひとつは、チャモロ土地信託法（CLTA）を実行させることであった。CLTAは1975年に成立していたが、長い間実行されないままでいた。チャモロ人にグアム政府の土地を貸与するための法律

であり、特定のエスニック集団を利するという点で、政治家たちはその実施を躊躇してしまったのである。90年代初頭にナシオンはジョセフ・アダ知事を提訴したり、グアム政庁前での抗議活動を積極的に行ったりすることによって、CLTA実行を要求する運動で成功を収めた。彼らの行った他のおもな活動には、軍用地の返還要求がある。米軍への直接的な批判も辞さなかったのである。こうした動きはやがて、連邦政府から返還された余剰地を原所有者や相続人に返還するグアム先祖伝来地委員会（GALC）の設置（1999年）につながる。全体からすればごくわずかな土地であるが、少しずつ原所有者への返還は行われている。

コモンウェルスの要求が失敗に終わる一方で、グアムでは1997年1月にグアム脱植民地化委員会が設置されていた。同委員会は改めて住民投票を実施し、望ましい政治的地位として支持が多いものを実現していくというものである。その住民投票の有権者は「チャモロ人」（のちに、「グアムのネイティヴ住民」）に限定するとされた。住民投票はいまのところ実施されていないが、10年以上経ってもなお懸案事項となっている。

以上のように、40年近くにわたってチャモロ人の先住民としての権利が要求されてきたわけである。そして、本書が明らかにしたかったことのひとつは、チャモロ人の権利の主張において何が根拠とされてきたかということである。

自己決定の主体がチャモロ人とされるのは、彼らが被ってきた歴史的不正義ゆえである。アメリカの植民地主義によって、チャモロ人が自己決定や主権を奪われてきたからにほかならない。それゆえ、グアムが正式にアメリカ領となったパリ条約の施行時（1899年4月1日）が基準となりつづけているのである。住民投票の有権者資格を有する者の名称が、「チャモロ人」から「グアムのネイティヴ住民」へと変更されることとなったことも、結果的に歴史的不正義を強調することにつながっている。たんにエスニック・文化的な理由によるのではなく、歴史的不正義に基づいているということが明確化されるからである。また、チャモロ人の土地権が主張されるのも、米軍による土地接収という歴史的不正義の感覚が強くあるからである。

これには、グアムでのフィリピン系住民の増加によって、チャモロ人が先住民アイデンティティを形成させたということも関係している。また、以下に見るように、アメリカ国内外の公共圏や規範の動向が、グアムのチャモロ人の権利の主張を後押ししたということもある。

第 1 に、植民地の独立、非自治地域の脱植民地化をめぐる動きである。アジア・アフリカでは第 2 次世界大戦後に、反植民地主義ナショナリズムが高まり、つぎつぎと植民地の独立が達成された。その一方で、1946 年の非自治地域リストや 1960 年の植民地独立付与宣言のように、国連の脱植民地化に関する規範にも変化が見られ、人民の自己決定の原則が明確にされた。アメリカもこれらの動きと無関係ではいられなかった。ハワイは 1959 年の立州化にともないリストから外されたが、ハワイ人活動家のあいだではハワイ人の自己決定権は消滅していないという声もある。プエルトリコもリストから削除されたが、いまだに国連脱植民地化委員会で議論の対象となっている。ミクロネシアでも国連の信託統治領からの脱植民地化が一応行われた。グアムはリストに登録されたままであるが、アメリカは 1970 年代にグアムでの憲法制定によるリストからの削除を画策していた。また、1980 年代初頭から、チャモロ人活動家は国連脱植民地化特別委員会において積極的に行動し続けている。国連では、「国際植民地主義撤廃の 10 年」(1991～2000 年) に続き、第 2 次 (2001～2010 年)、第 3 次 (2011～2020 年) も定められてきた。たしかに、国連のこれらの活動の実効性には批判があるし、アメリカにおける軍事的な位置づけゆえにグアムの今後についても楽観視できない。だが、国連の脱植民地化の規範は、グアムの人びとの活動に正当性を与えてきたし、アメリカを一定程度縛ってきたといえる。

　第 2 に、先住民をめぐる国際的な動向である。1970 年代以降、先住民運動のトランスナショナルなネットワークが顕在化し始めた。アジア・アフリカにおける反植民地主義ナショナリズムと、アメリカの公民権運動に代表される世界各国のマイノリティの社会運動の交錯点において、先住民運動が高揚し始めたのである。戦後の第三世界における植民地独立の波から取り残された、あるいは新たに生まれたものとして、先住民または第四世界の脱植民地化という課題は提起されてきた。ただし、先住民運動はかならずしも政治的独立を目標に掲げるわけではなく、個々の事例の状況に応じてさまざまな交渉が繰り広げられている (Barkan 2000)。国連では、「先住民の権利に関する国際連合宣言」草案が議論され続け、当事者たちの粘り強い取り組みの結果、2007 年に国連総会で採択された。その間、「国際先住民年」(1993 年)、「世界の先住民の国際 10 年」(1995～2004 年)、第 2 次 (2005～2014 年) などが定められてきた (Anaya 2004; Niezen 2003; 上村・木村・塩原編 2013)。国際的な運動において、ハワイ人活動家たちが積極的な参加を行い、

主導的役割を果たしていることはよく知られている (Trask 1999)。グアムのチャモロ人も、国連の先住民作業部会に参加していたし、国際的な先住民運動から大きな影響を受けている。また、このような動きは、世界的な歴史的不正義を問う動き、新啓蒙主義的道義性とも関連している (Barkan 2000)。

本書がおもな対象とした時期は 2010 年まで、つまりフィリックス・カマチョ知事の在任期間までであるが、その後の状況についても触れておきたい。11 年 1 月に就任したエディ・カルボ知事は、4 年で政治的地位に関する住民投票を行いたいと明言し、6 月にニューヨークで開かれた国連脱植民地化特別委員会の会議に代理を送り、「長過ぎる 500 年」という題の演説を行わせている。グアム議会はカルボ政権に呼応し、政治的地位に関する公衆教育と住民投票の実施を促す法案を 9 月に可決した。新たにメンバーが任命されたグアム脱植民地化委員会も、その数日後に 8 年ぶりの会議を開き、活動を再開させた。この会議を踏まえて知事はバラク・オバマ大統領に書簡を送り、グアム脱植民地化委員会による自己決定追求の計画を伝えた。また、その少し前の 2010 年 10 月には、グアム、アメリカ領サモア、アメリカ領ヴァージン諸島における政治的地位の教育を推進する法案にオバマ大統領が署名していた。

だが、2014 年 10 月現在、住民投票実施のめどは立っていない。規定では、有資格者の 70 パーセントが脱植民地化登録簿に登録しなければ、住民投票は実施できない。同年 4 月のグアム選挙委員会の発表によれば、登録者はこの数年で急増して 6569 名であり、基準となる数は示されていないが、70 パーセントには遠くおよんでいないのである (Stole 2014)。政治的地位の選択のための教育・啓発活動に予算が割り当てられず、脱植民地化委員会が十分に機能していないということも背景にある。

2　グアムのカラーブラインド・イデオロギー

しかしこうした歴史的不正義を訴える主張は、カラーブラインド・イデオロギーによって大きく揺さぶられてきた。アメリカにおけるカラーブラインドの考えの広がりは、カラーブラインド・レイシズムといいうる状況を生み出している。ハワイやグアムの先住民の権利に対するバックラッシュにも同様の論理が見られるが、植民地主義的な影響を考えると「レイシズム」では不十分なため、そ

れらの場合はカラーブラインド・「イデオロギー」と呼んだほうが適切であろう。既存の人種秩序のみならず、アメリカの植民地支配をも正当化してしまう。

　グアムにおいては、チャモロ人の権利（自己決定権や土地権）の主張や要求に関連して、カラーブラインド・イデオロギーの展開を見ることができる。法的にチャモロ人に非チャモロ人とは異なる位置づけを与えるということには、さまざまな批判が見られるが、それらはカラーブラインド・イデオロギーとして把握できる。チャモロ人の自己決定権については、とくに「チャモロ人のみの住民投票」として問題化された。チャモロ人の自己決定権へのカラーブラインド・イデオロギー的批判は、自己決定権の主張と同じくらい早くから見られるが、なかでもコモンウェルス法案の「チャモロ人の自己決定」条項が議論された1980年代後半や、グアム脱植民地化委員会のもとでの「チャモロ人のみの住民投票」が計画された90年代後半から2000年のライス判決を経て現在にいたるまで顕著である。チャモロ人の土地権に関しては、チャモロ土地信託法の成立をめぐる1970年代前半、ナシオン・チャモルのメンバーらによる同法の実行要求があった90年代前半、デイヴ・デイヴィスらがライス判決の影響を受けて訴訟に関心を示した2000年代後半にカラーブラインド・イデオロギー的な主張が強くなされている。

　本書では政治や新聞などのメディアといった公共圏に現れるカラーブラインド・イデオロギーに注目したため、そうしたものの支持層に関する分析は十分にできない。そうした限定された対象においては、少なくともチャモロ人やフィリピン系の人びとよりは、本土出身者やハオレと呼ばれるアメリカ本土出身の白人が中心的な役割を果たしていることが分かる。彼らはグアムがアメリカと異なることに不満を抱き、それを問題視し、その責任をグアムの人びと、つまりチャモロ人に帰していく。彼らの言論はネオコンやネオリベラルの人びとのものである。しかも、彼らは植民者の側に属し、アメリカ全体でいえばマジョリティであるが、グアムでは数的にマイノリティになる。第2次世界大戦後に急増した白人は、その後は徐々にフィリピン系などに数的に押されていき、1990年代には人口の1割を切った。そうした境遇が彼らのパターナリスティックな言動を促しているといえる。彼らは自分たちだけで動くのでなく、訴訟などで見られるように、本土からの援軍も得ることができる。

　ただし、チャモロ人に対する不正義の問題に拘泥するあまり一般的な貧困や不

平等の問題が軽んじられてはならず、低所得層に対する社会保障政策も行われなければならないということは、本書でも強調してきたつもりである。人権の観点からだけでなく、カラーブラインド・イデオロギーの温床が広がるのを防ぐためにも、これは重要である。

　また、どういった人びとがバックラッシュの主体となっているかという問題とは別に、カラーブラインド・イデオロギーの影響について本書では注目した。政治的地位に関しては、いわゆる「チャモロ人のみの住民投票」に対するカラーブラインド的な批判が展開されたことによって、住民投票実施の壁が高くなっただけでなく、有権者資格を有する者の名称が「チャモロ人」から「グアムのネイティヴ住民」へと変更されることとなった。土地権についても、CLTAが長い間実施されなかったこと、ナシオンのメンバーらによる実施要求に対しアダ知事がためらわざるをえなかったこと、ライス判決以降の訴訟問題によってつねに脅かされてきたことなどを見れば、カラーブラインド・イデオロギーの影響や効果は明白である。

　その後の状況についても簡単に触れておく必要がある。グアム脱植民地化委員会が活動を再開し、住民投票実施の可能性が高まったために、チャモロ人の運動だけでなく、バックラッシュも積極的な展開を見せはじめた。

　2011年11月、デイヴ・デイヴィスは、自身のグアム脱植民地化登録簿への登録が承認されないのは人種差別であり投票権の侵害であるとして、グアム政府、グアム選挙委員会、同委員会のメンバー6名、グアム法務局長を相手取り連邦グアム地裁にクラスアクションで提訴した。デイヴィスは2009年から連邦司法省にこの問題について情報を伝えていたが、司法省が動かなかったため、提訴に踏み切ったのである。デイヴィスにはグアムの韓国系と見られる弁護士が付き、バージニア州アレクサンドリアの選挙法律センターPLLCとワシントンDCの個人の権利センターといったアメリカ本土の法律事務所の法律の専門家らが全面的に支援した。結果的に、2012年9月にトライアル（事実審理）に入り、翌2013年1月に訴訟は却下された。住民投票は近いうちに実施されそうもなく、損害や脅威が存在することを示すことができないため、原告は請求権を有していないとされたのである。その数週間後には、デイヴィスは第9巡回控訴裁に控訴し、2014年10月現在、訴訟は継続中である。

　また、司法省とは異なり、連邦政府の公民権委員会は動きを見せた。2012年8

月には、同委員会のメンバー3名が、オバマ大統領と連邦上下院の司法委員会のメンバーに書簡を送り、憲法修正第15条や1965年の投票権法に違反している可能性があるとし、この件について調査を行うよう要望したのである。

住民投票賛成派の人びとは、住民投票の有権者登録資格は、その定義のために、さまざまな人種的・エスニック集団に属する人びとが有しており、デイヴィスらの前提がそもそも誤っているとも主張している。

CLTAとCLTCについても、依然として合憲性問題がつきまとう。デイヴィスは、CLTCへの土地貸与の申請が却下されたあと、公正住宅法に反するのではないかと連邦政府の住宅都市開発省にこの問題を持ち込んだ。同省はこのような訴えがあったときには司法省に判断を仰ぐことになっており、報告を受けた司法省はこの件について調査を開始した。2012年8月6日、同省はグアム法務局長に対して、「グアムの土地利用の政策や実行が、公正住宅法に違反して、人種や出身国に基づいて差別しているかどうかの調査」を行っていることを通知した。そして、「過去5年間で、ネイティヴ・チャモロとしての資格がなかったためであろうとなかろうと、CLTAの土地貸与の申請が却下された者に関する情報や関連資料を提供する」よう依頼した (Rosenbaum 2012)。それに対し、カルボ知事は「グアム住民に対する侮辱」であると強く非難した (Temkar 2012)。

バックラッシュの動きが加速していることは、本書での主題が時宜にかなったものであるというだけでなく、カラーブラインドの考えとアメリカ植民地主義との親和性を示してもいる。その意味で、本書の分析は今後の状況を考察するうえでも資する部分が多いであろう。

3　多文化主義と歴史的不正義

本書では、カラーブラインド・イデオロギーの展開によって、歴史的不正義が不可視化されてしまうという問題を明らかにしてきた。では、そうした流れに抗して、歴史的不正義を正すにはいかなる方途があるのだろうか。この点について本書ではほとんど論じることはできず、今後の課題として残っている。

第1章で論じたように、批判的多文化主義は、リベラル多文化主義などのカラーブラインド性を批判するものである。米山のいうように、新旧植民地主義やレイシズムなどによって生み出された「現実に存在する格差、不平等、暴力、抑

圧」が、「国民」「公共性」「市民性(シティズンシップ)」といった概念において覆い隠されてきたこと、それを問題化するものといえる（米山 2003）。

　これは本書で論じたカラーブラインドによる植民地主義、つまりカラーブラインド・イデオロギーについても有用な議論であることは間違いない。だが、それをさらに歴史的不正義の問題や脱植民地化の議論につなげる必要がある。

　アメリカはいまのところ「国内の従属国家」としてのインディアン部族のような形でしか被植民者の法的地位を明確には認めていない。清水昭俊のいうように、「先住アメリカ人はいまなお原住民であり、彼らを国民から排除し続けるとともに、原住民に対する道徳的傷はタブーとして意識の下に封じ込められている」。そういう意味では、アメリカは「マニフェスト・デスティニー」のイデオロギーからいまだに脱していない（清水 2008：371-3）。要するに、アメリカの被植民者への対応は、一級市民として個人主義的に同化させるか、インディアン部族のような形で内に取り込むか、非編入領土の住民として外に押し出すかの3つが基本にあり、そのなかでさまざまな経緯によって市民権(シティズンシップ)の諸段階が生じることになっている。

　アメリカ先住民研究でも指摘されるように、（リベラル）多文化主義は植民地主義の問題を十分に捉えることはできず、逆に抑圧的に作用してしまう。脱植民地化が先に取り組まれることによって、多文化主義は植民地主義の問題を扱うことができるのである（Jaimes Guerrero 1996）。

　脱植民地化とは、植民者にとっては、自己決定や主権を被植民者に認めることである。道のりは険しいが、当事者間で討議を重ねながら進めていくしかない。そしてその先に、独立から既存国家への編入までのあいだのさまざまな政治的地位があるのであり、段階的に長期にわたって脱植民地化が進められる場合もあるだろう。さらにその先に、あるいはその途上に、多文化主義を位置づけることができるのである。

　歴史的不正義や脱植民地化の観点から批判的多文化主義を捉えることは、被植民者を抱える国における植民地主義やレイシズムを分析するうえで、欠かすことのできない理論的視座を提供してくれるのではないか。たとえば、アメリカにおける他の非編入領土や先住民、日本におけるアイヌや沖縄・琉球の人びとについて考察するうえでも、多くの手がかりを与えてくれるであろう。

4 グアムの将来——マリアナ諸島、ミクロネシアのなかで

　今後のグアムの政治的地位やチャモロ人の権利の可能性について、マリアナ諸島やミクロネシアという地域的背景との関連で考察することは重要である。だが、これも本書の議論の範囲を超えており、今後の課題である。

　当然のことだが、ミクロネシアの諸地域・諸国の政治的地位の変革、あるいは政治的・経済的自立は、もう一方の当事者であるアメリカの意向次第のところがある。両者の関係は非対称的であり、アメリカはこの地域に強い軍事的関心を持っているため、ミクロネシア側が何らかの形で異議を申し立てたとしてもそう簡単には変わらない。すなわち、両者の関係の問題はアメリカの政策の失敗ではなく、意図的な部分が大きい。もちろん、アメリカとの関係が変わっていった先の問題・課題もあるが、いずれにせよアメリカの政策転換が重要であるのは間違いない。

　アメリカがグアムを含めたミクロネシアとの植民地主義的な関係の改善に動くには、どのようなことが必要になるであろうか。グアムのチャモロ人活動家や政治家らは、国連などの国際組織や国際会議を介して、アメリカに働きかけてきた。おそらく今後もこうした活動は必要であるし、続けられるであろう。太平洋やミクロネシアのリージョナルな組織や協力関係もますます重要になってくるであろう。以下、今後の研究課題とも絡ませながら、若干の展望を示したい。

(1) 脱軍事化ナショナリズム／ネットワーク

　軍事的な関心を最優先にした関係を構築し、かつそれによる被害や抑圧を相殺しようとするかのように莫大な財政援助等を提供するといったアメリカのミクロネシア政策は変わらなければならない。これはミクロネシアの社会を他律的で不安定なものとし、人びとの尊厳を踏みにじるものである。この地域の脱軍事化、あるいはアメリカの関心の脱軍事化が行われなければならない。そのような立場に立つなら、この地域で生じている現象は興味深い。

　2000年代半ば以降には沖縄からの海兵隊移転などの米軍増強計画が具体化し、それに関する住民運動が活発化し、それとともにグアムの脱植民地化を求める声が高まっている。とりわけ、若手の活動家、弁護士、研究者、教育者などによる

チャモロ人の自己決定擁護論は活発である。彼らは自らの調査・研究に基づき論陣を張り、新たな風を吹き込んでいる。たとえば、弁護士であるジュリアン・アゴンは、グアムを含めたミクロネシアをフィールドに人権活動家として働き、アメリカ国内のさまざまな大学で国際法、とりわけ先住民の権利について教えたり、講演したりしている。マイケル・ビバクアも、グアム大学で歴史の教員としてチャモロ・スタディーズのカリキュラム作成に携わり、大学の外では一般向けのチャモロ語レッスンを開くなど、文化復興や教育に積極的に関与しながら、グアム脱植民地化委員会の独立を支持するタスクフォースの長として政治的地位問題にも積極的に関与している（Aguon 2011; Bevacqua 2011）。

　2000年代半ば以降の国連での脱植民地化や先住民に関する会議でのグアム代表団の訴えは、軍事化への批判が中心である。非対称な関係において軍事化が進められるなか、脱植民地化がますます強く求められるようになっている。グアムからも多くの人びとが参加した2008年5月にニューヨークで開かれた「先住民問題に関する常設フォーラム」の第7セッションでは、アゴンは「合衆国による軍事化の嵐」という題のついた演説で、アメリカの軍事化をさまざまな点から批判したあと、国連に対して厳しい言葉を向けている。「われわれチャモロ人は毎年毎年ニューヨークにやって来て、国連脱植民地化委員会に自らの任務を最後までやり通すようにと請願する。じっさい、国連はほぼ30年間のわれわれの証言を収集しているが、それに対する反応を何も示さない」。そして、アメリカや国連の対応の問題を指摘してつぎのように述べる。「これらすべてはグアムにおける人権状況を脱植民地化の問題としてだけでなく、エスニック・クレンジング（民族浄化）の問題にまで高めようと一緒になっている。じっさい、将来世代が現在を見るとき、彼らはグアムに単にアメリカの植民地でなく国連の植民地と分類するだろう」（Aguon 2008b）。

　このような運動の展開は、脱軍事化と脱植民地化を同時に目指すという意味で、脱軍事化ナショナリズムとして捉えることができる。マリアナ諸島全体を対象地とする米軍増強計画や訓練計画は、グアムや北マリアナといった行政単位を越えて抵抗の動きを結びつけている。しかも、マリアナ諸島のみならず、ハワイやアメリカ本土のチャモロ・ディアスポラによっても担われている。さらに、沖縄を含めた米軍基地を抱えるさまざまな地域の人びととのネットワークが構築されている。これはチャモロ・ナショナリズムに置き換えられるものではない。グ

アムにも北マリアナにも多くの非チャモロ人住民がおり、エスニシティの別を越えて米軍基地や政治的地位の問題に取り組んでいる。また、土地や海といった自然環境やそれに根ざした先住民の文化を重視するエコロジカルな要素も含まれる。現在マリアナ諸島をめぐって展開されている脱軍事化ナショナリズム／ネットワークにはこのような特徴が見られる。たしかに、軍事によって引き起こされる問題に取り組む人びとがみな脱軍事化ということを意識しているわけではないが、広義の脱軍事化に携わっていると考えることができる。

このような脱軍事化ナショナリズム／ネットワークは、国際関係論を専門とするロニー・アレキサンダーが非核・独立太平洋運動を論じるなかで提起した非核化ナショナリズムを想起させる（アレキサンダー1992）。

(2) マリアナ諸島、ミクロネシア

いかなる経済的・社会的な発展の展望を見出すかということも重要である。まず、1990年代末にコモンウェルスの交渉が暗礁に乗り上げてしまって以降、政治的未来像を示すことが非常に困難になっている。経済的には観光産業が中心であり、日本以外からの観光客を増加させるための努力がなされているが、現在の外資や本土企業が中心の観光産業に依存することはやはり危うい。それ以外には、アジア諸国からの投資、連邦政府からの財政援助、米軍基地の機能強化による経済効果を期待するという状態が続いている。それは植民地主義、軍事主義、資本主義が一体となって浸透していったグアムにおける帰結であり、多くの人びとがアメリカ的な経済的価値のもとでグアムの経済発展や進歩を夢見ることに表れている。植民地化の歴史を振り返りながら、このような開発言説を解きほぐす作業を行うことが、グアムの脱植民地化のプロセスにおいて依然として課題である。

カルボ政権下でも経済界はチャモロ人の自己決定や政治的地位の変更に批判的であり、それらをテーマにしたシンポジウム開催などの活動も行っている。たとえば、商工会議所のグアム若手専門家というグループが、「グアムの経済安定の探求――われわれの政治的地位は経済にいかなる影響をおよぼすか」という公開の「教育的」な円卓会議を2011年9月に開催した。パネリストにはエコノミスト、弁護士、税の専門家が並び、税、貿易、移民に関することがいかなる影響を受けるかが議論されたという（Temkar 2011）。

では、そうした状況を打開するような政治的展望にはどういったものがあるだろうか。グアム脱植民地化委員会のもとで行われる住民投票では、政治的地位の選択肢として「州」「自由連合」「独立」の3つがある。これらにこだわらずもう少し柔軟に将来的な政治的地位を考えてもよいであろうが、非編入領土としての「現状維持」は問題を先延ばしするだけである。「コモンウェルス」は内容的にはさまざまに交渉の余地があり興味深いが、これまでの経緯から、現実的ではないかもしれない。
　アメリカの州になるか、ハワイ州などに組み込まれることは、住民がアメリカの一級市民になることである。もし、グアムあるいは統一したマリアナ諸島が州になれば、太平洋諸島系とアジア系の人びとが中心の州が誕生することになり、アメリカ史上画期的なことである。ハワイ州の一部になりたいのであれば、ハワイ州民の同意が必要になるであろう。いずれにせよ、ハードルが高い。独立は、アメリカの主権がまったくおよばなくなるということである。グアムの人びとが基本的にもっとも自由に統治できる、つまり自己決定を行える。だが、アメリカとマリアナ諸島の歴史的関係、今現在のアメリカの軍事的関心、とりわけアンダーセン空軍基地やグアム海軍基地の存在を考えると、容易ではない。自由連合は、それらの中間であるが、アメリカにとっては軍事的な権限が認められなければあまり意味のないものになるため、脱植民地化との兼ね合いが難しい。だが、すでに周辺のミクロネシア諸国が採用しており、アメリカも認めやすいと思われる。3つの選択肢のいずれにしても、グアムと北マリアナ諸島の統一、周辺のミクロネシアの自由連合国との協力関係といった条件のなかで考えることが鍵となるのではなかろうか。グアムの人びとは非常に難しい選択を迫られることになるが、住民投票を通じた脱植民地化を目指すとともに、これまでと同様に自治をより高めていくことを追求していくなかで、議論が深まっていくであろう。
　太平洋の島嶼国・地域は、世界システム論的に見れば、もっとも周辺に位置づけられる。アレキサンダーは、中心、準周辺、周辺のさらに外側の「外周辺」に位置づけ、他の第三世界諸地域とは異なり、経済的よりは戦略的な役割を重視されているとする（アレキサンダー 1992: Ch.2, 3）。佐藤幸男も最底辺にあるそれらの諸国・地域の経済状況の特徴として、①世界システムによって経済的自立の困難さを負わされていること、②出稼ぎや移民による現金収入と送金という手段によって世界システムに接近せざるをえないこと、③旧宗主国を中心とした財政援

助によって世界システムにとどまっていること、を挙げている（佐藤 1998: 24）。だが、変化の兆しも以前から論じられている。20世紀末以降、その「外周辺」の島嶼国は、担わされている戦略的な役割を逆手に取った動きを見せているという指摘もある（アレキサンダー 1992: Ch.2, 3）。

　ミクロネシアの島嶼国・地域も例外ではないであろう。ミクロネシアにはアメリカが密接に関わった分断の歴史がある。その分断によって、ミクロネシアの地域内の横のつながりは弱まる一方で、アメリカとそれぞれの地域・国との縦の関係が強化された。政治的・経済的なつながりを再構築する意義はけっして小さくない。

　マリアナ諸島内では 2000 年代に入ってもさまざまな動きが見られる。グアムと北マリアナ諸島の住民によるマリアナ諸島の歴史・文化・政治を論じるいくつかの会合が開催され、チャモロ人やカロリニアン（カロリン人）の文化的実践者・活動家・研究者・教育者の交流が積極的に行われており、そのなかでマリアナ諸島の統合・統一による脱植民地化についても再び議論されている。

　ミクロネシアの自由連合諸国には自由連合協定によるアメリカの援助への依存という深刻な問題がある（小林 1994: 128-9）。また、自由連合協定によって多くのミクロネシア人（自由連合諸国民）がアメリカに移住しており、そのためにアメリカとミクロネシアとのあいだの人間的・社会的結合関係が深まり、政治的自立が困難になるのではないかという問題も指摘されている（矢崎 1999: 324）。グアム、北マリアナ、ハワイなどにおいては、社会保障などを含むミクロネシア人移住者の受け入れコストを負担せざるをえず、「コンパクト・インパクト（協定の影響）」として否定的に捉えられているのも確かである。ミクロネシア人を対象としたレイシズムや、エスニック集団間の対立なども生じている。

　だが、こうした課題にともに取り組むことが新たな展開につながる可能性もある。また、むしろミクロネシア人が急増したグアムや北マリアナとミクロネシア諸国とのあいだのほうが人間的・社会的結合関係が深まっているともいえる。そうしたなかで形成されるミクロネシアのリージョナル・アイデンティティにも注目すべきである。多くの問題を共有可能なミクロネシアの地域内の連携は、大きな可能性を秘めている。

文献

公文書

Ada, Joseph F., 1994, Letter to Joe T. San Agustin, December 29. (P.L. 22-145)
Blaz, Ben, U.S. House of Representatives, 1990a, Letter to Joe T. San Agustin, Speaker, Twentieth Guam Legislature, June 20. [D (3)]
――, 1990b, Letter to Joe T. San Agustin, Speaker, 20th Guam Legislature, December 6. [D (3)]
Chamorro Land Trust Commission, 2009, Resolution No. 2009-02, Resolution Denying the Application of Arnold Davis for Residential Lease, July 16.
Guam War Reparations Commission, 1990, Position of the Guam War Reparations Commission on "Inouye Amendment" to Guam War Reparations Act, July 9. [D (3)]
Inouye, Daniel K., United States Senate, 1990, Letter to Joe T. San Agustin, Speaker, 20th Guam Legislature, April 25. [D (3)]
――, n.d., Letter to Joseph F. Ada, Chairman, Guam War Reparations Commission, Governor of Guam. [D (3)]
Lagomarsino, Robert J., U.S. House of Representatives, 1990, Letter to Ben Blaz, U.S. House of Representatives, July 17. [D (3)]
Lagomarsino, Robert J. and Ron de Lugo, Committee on Interior and Insular Affairs, 1990, Letter to Joe T. San Agustin, Speaker of the Legislature of Guam, April 23. [D (3)]
Rosenbaum, Steven H., Chief, Housing and Civil Enforcement, Civil Rights Division, U.S. Department of Justice, 2012, Letter to Lenny Rapadas, Attorney General of Guam, RE: Chamorro Land Trust Act, August 6.
Troutman, Charles H., Deputy Attorney General, Office of the Attorney General, 2005, Memorandum (Opinion) to Chairman, Chamorro Land Trust Commission, Subject: Constitutionality of the Chamorro Land Trust Act, July 27.
Twenty-First Guam Legislature, 1991, Resolution No. 1, January 23. [D (4)]

政府刊行物等

防衛庁防衛研修所戦史室, 1967, 『戦史叢書 中部太平洋陸軍作戦〈1〉マリアナ玉砕まで』朝雲新聞社.
Chamorro Heritage Institute Planning Group (CHIPG), 1998, *Guam's Commonwealth Congressional Hearing Testimonies, October 29, 1997*, Washington, D.C., Hagatna: CHIPG.
Commission on Decolonization (COD), 2001, *Decolonization: Through the Self-Determination of a People: An Overview of Guam's Status and Options*, Hagatna: Government of Guam.
Commission on Self-Determination (CSD), 1988, Guam's Quest for Commonwealth: A Background Paper.
Coote, Robert K., 1950, *A Report on the Land-Use Conditions and Land Problems on Guam*, Bureau of Land Management, U. S. Department of the Interior.
Government of Guam, Governor's Centennial Task Force, 1998, *American Citizenship: A Centennial Commemoration*.
Guam War Claims Review Commission (GWCRC), 2004, *Report on the Implementation of the Guam Meritorious Claims Act of 1945*.
国際連合統計局, 2013, 『平成 25 年日本語版 国際連合 世界統計年鑑 2011 (VOL.56)』原書房.
Self-Determination for the People of Guam: A Legal Analysis Guam Commonwealth, Presented in Conjunction with the Statement of the Honorable Pilar C. Lujan, Member of the 22nd Guam Legisla-

ture & The Territory of Guam's Commission on Self-Determination, Before the Subcommittee on Insular and International Affairs Committee of Natural Resources U.S. House of Representatives, Regarding House Concurrent Resolution 94, August 3, 1993.

Sison, Cesar M., 1980, Survey Report & Findings on the Public Opinion Poll of Feb.-Mar. 1980, Commissioned by the 15th Guam Legislature under the Auspices of the Sub-Committee on Federal Political Reassessment / Committee on Territorial/Federal Affairs-Chairman Senator Antonio M. Palomo.

Team Guam, 1994, *The Next Liberation: The Return of Guam's Land, A Team Guam Report*.

U.S. Bureau of Economic Analysis, 2012, "Gross Domestic Product (GDP) for the U.S. territories, (http://www.bea.gov/nation/gdp_territory.htm).

U.S. Bureau of the Census, 1941, *Sixteenth Census of the United States 1940, Guam: Population; Agriculture*, Washington, D.C.: United States Government Printing Office.

―, 1953, *U.S. Census of Population: 1950, Vol. II, Characteristics of the Population, Parts 51-54, Territories and Possession*, Washington, D.C.: U.S. Government Printing Office.

―, 1963, *U.S. Census of Population: 1960, Vol. I, Characteristics of the Population, Part 54-57, Outlying Areas*, Washington, D.C.: U.S. Government Printing Office.

―, 1972, *Census of Population: 1970, General Population Characteristics, Guam, PC(1)-B54*, Washington, D.C.: U.S. Government Printing Office.

―, 1984, *1980 Census of Population, Vol. 1, Characteristics of the Population, Guam, PC80-1-C/D54*, Washington, D.C.: U.S. Government Printing Office.

―, 1992, *1990 Census of Population and Housing, Social, Economic, and Housing Characteristics, Guam, CPH-6-G*, Washington, D.C.: U.S. Government Printing Office.

U.S. Census Bureau, 2003, *2000 Census of Population and Housing, Social, Economic, and Housing Characteristics, PHC-4-Guam, Guam*, Washington, D.C.: U.S. Government Printing Office.

―, 2012, *2010 Census of Population and Housing: Guam Demographic Profile Summary File*.

U.S. Department of the Navy (USDN), 1951a, *U.S. Navy Report on Guam, 1899-1950*, Washington, D.C.: U.S. Government Printing Office.

―, 1951b, *Guam: Information on Guam transmitted by the United States to the Secretary-General of the United Nations Pursuant to Article 73(e) of the Charter*, Washington, D. C.: U.S. Government Printing Office (OpNav-P22-100K).

その他の文献

阿部小涼, 2002,「ポストコロニアル・プエルトリコ――1998年住民投票をめぐる考察」遠藤泰生・木村秀雄編『クレオールのかたち』東京大学出版会, 65-89.

Ada, Joseph, 1993, "Statement of Government Joseph Ada, Guam Commission on Self-Determination, December 11, 1989," *Hinaso': Tinge' Put Chamorro (Insights: The Chamorro Identity)*, Agana: Political Status Education Coordinating Commission, 162-80.

Ada, Joseph and Leland Bettis, 1996, "The Quest for Commonwealth, The Quest for Change," *Kinalamten Pulitikåt: Siñeneten i Chamorro (Issues in Guam's Political Development: The Chamorro Perspective)*, Agana: Political Status Education Coordinating Commission, 125-203.

Aguon, Julian, 2006, *The Fire This Time: Essays on Life under US Occupation*, Tokyo: blue ocean press.

―, 2008a, Memorandum to Speaker Judith T. Won Pat, RE: Reservations Relating to Resolution No. 191 (LS), September 29.

―, 2008b, "Storm of U.S. Militarization," HITA GUAHAN, Chamoru Testimonies to the United Na-

tions, New York, NY-2008.
―, 2011, "A Legal Appraisal of Self-Determination," *Marianas Variety, Guam Edition*, June 27, 28, 29.
アレキサンダー，ロニー，1992,『大きな夢と小さな島々――太平洋島嶼国の非核化にみる新しい安全保障観』国際書院.
Amesbury, Richard, 1992a, "Chamoru Nation Marks First Year," *Pacific Daily News*, July 22, 3.
―, 1992b, "Scuffle Leads to Arrests," *Pacific Daily News*, August 15.
Amparo, Geri, 1993a, "Confirmation Hearing for New Members Set," *Pacific Daily News*, February 23.
―, 1993b, "Original Members of Land Trust Commission Appointed in 1975," *Pacific Daily News*, February 23.
―, 1993c, "Chamoru Nation Protests Immigration Laws," *Pacific Daily News*, March 22, 5.
Anderson, Benedict, 1991, *Imagined Communities: Reflections on the Origin and Spread of Nationalism*, Revised Edition, London and New York: Verso. (=1997, 白石さや・白石隆訳『増補 想像の共同体――ナショナリズムの起源と流行』NTT出版.)
Anaya, S. James, 2000, "The Unites States Supreme Court and Indigenous Peoples: Still a Long Way to Go Toward a Therapeutic Role," *Seattle University Law Review*, 24: 229-235.
―, 2004, *Indigenous Peoples in International Law*, Second Edition, Oxford: Oxford University Press.
Arakawa, Shynji, 1990, "Building Reports on the Bones of Chamorro Ancestors," *AMPO: Japan-Asia Quarterly Review*, 22(4): 17-20.
荒川俊児，1995,「ミクロネシアと日本 終わらない戦後――行われていない戦時賠償」『季刊戦争責任研究』10: 22-5, 30.
Artero, Sonya, 2005, "Governor OK's USDA Loans for Low-Income/Chamorro Land Trust Residents," KUAM News, September 20, (Retrieved June 13, 2009, http://www.kuam.com/modules/article-printable.aspx?headline=15095).
Artero, Tony, 1987, "A Chamorro Family Tragedy: Land and the U.S. Military," Laura Souder-Jaffery and Robert A. Underwood eds., *Chamorro Self-Determination: The Right of a People (I Derechon I Taotao)*, Mangilao: Chamorro Studies Association and MARC, University of Guam, 91-2.
―, 1995, "Land Trust Act Creates Class of 'Chosen People,'" *Pacific Daily News*, December 2.
Austin, Linda, 1992a, "Another Land Protester on Hunger Strike," *Pacific Daily News*, May 6.
―, 1992b, "Chamorro Land Act Heads to Trial," *Pacific Daily News*, May 25.
Baker, Charles R., 2000, "Chamorros Aren't Indebted to Liberators," *Pacific Daily News*, March 23.
Balibar, Étienne, 1991, "Is There a 'Neo-Racism'?" Étienne Balibar and Immanuel Wallerstein, *Race, Nation, Class*, London: Verso, 17-28. (=1997,「『新人種主義』は存在するか?」若森章孝・岡田光正・須田文明・奥西達也訳『人種・国民・階級〔新装版〕――揺らぐアイデンティティ』大村書店, 31-51.)
Barkan, Elazar, 2000, *The Guilt of Nations: Restitution and Negotiating Historical Injustices*, New York: Norton.
Barkan, Elazar and Alexander Karn eds., 2006, *Taking Wrongs Seriously: Apologies and Reconciliation*, Stanford, CA: Stanford University Press.
Barker, Joanne, 2005, "For Whom Sovereignty Matters?" Joanne Barker ed., *Sovereignty Matters: Locations of Contestation and Possibility in Indigenous Struggles for Self-Determination*, Lincoln: University of Nebraska Press, 1-31.
Barker, Joanne ed., 2005, *Sovereignty Matters: Locations of Contestation and Possibility in Indigenous Struggles for Self-Determination*, Lincoln: University of Nebraska Press.
Bast, Benjamin F. ed., 1974, *The Political Future of Guam and Micronesia*, Proceedings of the All Uni-

versity Seminar on Political Status Held at the University of Guam February 1 and 22, 1974, University of Guam Press.

Bettis, Leland, 1996, "Colonial Immigration in Guam," *Kinalamten Pulitikåt: Siñeneten i Chamorro (Issues in Guam's Political Development: The Chamorro Perspective)*, Agana: Political Status Education Coordinating Commission, 102-18.

Bevacqua, Michael Lujan, 2007, "Everything You Wanted to Know about Guam, but Were Afraid to Ask Zizek," M.A. Thesis, University of California, San Diego.

――, 2009, "Joint Testimony in Support of H.R. 3940," November 11.

――, 2011, "Dispel Myths, Fear of Decolonization," *Pacific Daily News*, July 11, A15.

Bonilla-Silva, Eduardo, 2001, *White Supremacy and Racism in the Post-Civil Rights Era*, Boulder: Lynne Rienner.

――, 2010, *Racism without Racists: Color-Blind Racism and the Persistence of Racial Inequality in the United States*, Third Edition, Lanham: Rowman & Littlefield.

Briscoe, John, 2003, "The Aboriginal Land Title of the Native People of Guam," *University of Hawai'i Law Review*, 26: 1-19.

Brooks, Alicia, 1991, "Congress Tells Guam Legislature to Get Serious about War Reparations, Stop 'Playing Politics,'" *States News Service*, August 7.

Brown, Wendy, 2006, *Regulating Aversion: Tolerance in the Age of Identity and Empire*, Princeton: Princeton University Press.（＝2010，向山恭一訳『寛容の帝国――現代リベラリズム批判』法政大学出版局．）

Buruma, Ian, 1985, "The Chamorros Prosper, Even in Guam, USA," *Far Eastern Economic Review*, October 6,

Cagurangan, Mar-Vic, 2008a, "Special Report: Guam – On the Way to Self-Determination?" *Marianas Variety, Guam Edition*, July 22.

――, 2008b, "'Federalization' of Pacific Waters," *Marianas Variety, Guam Edition*, October 24.

Camacho, Keith L., 2010, "Fuetsan Famalao'an: Chamorro Women's Activism in the Wake of 9/11," *CSW Update*, June 10.

――, 2011, *Cultures of Commemoration: The Politics of War, Memory, and History in the Mariana Islands*, Honolulu: University of Hawai'i.

――, 2012, "After 9/11: Militarized Borders and Social Movements in the Mariana Islands," *American Quarterly*, 64(4): 685-713.

Campbell, Bruce L., 1987, "The Filipino Community of Guam, 1945-1975," M.A. Thesis, University of Hawai'i.

Carano Paul and Pedro C. Sanchez, 1964, *A Complete History of Guam*, Rutland, VT: Charles E. Tuttle.

Castro, Fanai, 2006a, "Coming into Consciousness," *GU*, 3: 16-8.

――, 2006b, "A Fire in Our Pacific," *GU*, July/August, 20-1.

Cates, Karl, 1986, "Kuentos Politiku: Advice Heard on Best Way to Gain Self-Determination," *Pacific Daily News*, May 8.

Celes, Rindraty, 1991, "Group Declares Chamorro Nation," *Pacific Daily News*, July 22.

――, 1992a, "Sovereignty behind Group's Formation," *Pacific Daily News*, January 21, 5.

――, 1992b, "Residents Address Delegation," *Pacific Daily News*, March 26, 5.

中條献，2009，「ポスト公民権運動期における人種と秩序――アファーマティブ・アクションと『カラーブラインドな多様性』批判」『アメリカ史研究』32: 69-86．

Clement Jr., Michael R., 2002, "The Sella Bay Ammunition Wharf Controversy 1969-1975: Economic Development, Indigenous Rights and Colonialism in Guam," M.A. Thesis, University of Guam.

Clifford, James, 2001, "Indigenous Articulations," *The Contemporary Pacific*, 13(2): 468-90.
Cristobal, Hope Alvarez, 1987, "The Organization of People for Indigenous Rights: A Commitment towards Self-Determination," Laura Souder-Jaffery and Robert A. Underwood eds., *Chamorro Self-Determination: The Right of a People (I Derechon I Taotao)*, Mangilao: Chamorro Studies Association and MARC, University of Guam, 103-24.
——, 2000, "Chamorro-Only Status Vote is about Equity," *Pacific Daily News*, March 8.
——, 2006, Statement before the United Nation Special Committee on Decolonization (C-24), 2006 Pacific Regional Seminar "Implementation of the Second International Decade for the Eradication of Colonialism: Priorities for Action," Yanuca, Fiji, November 28-30.
——, 2007, Testimony, August 13, University of Guam Lecture Hall.
Cristobal, Hope Antoinette, 2010, US Social Forum 2010: A Commentary on the Challenges Facing Our Movement toward Social Justice, July 6.
Cruz, Benjamin, 1993, "Human Rights: 'The Dreams Vs. Reality,'" *Hinaso': Tinge' Put Chamorro (Insights: The Chamorro Identity)*, Agana: Political Status Education Coordinating Commission, 124-30.
——, 1996, "Chamorro Voting Rights," *Kinalamten Pulitikåt: Siñeneten i Chamorro (Issues in Guam's Political Development: The Chamorro Perspective)*, Agana: Political Status Education Coordinating Commission, 78-82.
Cunningham, Lawrence J., 1992, *Ancient Chamorro Society*, Honolulu: Bess Press.
Dames, Vivian L., 1991, "Preface," Donald H. Rubinstein and Vivian L. Dames eds., *Uncle Sam in Micronesia: Social Benefits, Social Costs*, Papers from the Ninth Annual Social Work Conference 1989, Mangilao: MARC, University of Guam, vii-ix.
——, 2000, "Rethinking the Circle of Belonging: American Citizenship and the Chamorros of Guam," Ph.D. Dissertation, University of Michigan.
Davis, Dave, 2008, "Who's Chamorro?" *Marianas Variety, Guam Edition*, July 30.
——, 2009a, "The Chamorro Land Trust and the Constitution," *Marianas Variety, Guam Edition*, February 17.
——, 2009b, "The Chamorro Land Trust and the Constitution Part II," *Marianas Variety, Guam Edition*, February 25.
——, 2009c, "The Chamorro Land Trust and the Constitution Part III," *Marianas Variety, Guam Edition*, March 4.
——, 2009d, "A Lawsuit in the Making," *Marianas Variety, Guam Edition*, April 15.
——, 2010a, "Stop with the 'Borrowed' Culture," *Pacific Daily News*, February 7.
——, 2010b, "Guam Must Stop Petty Obstructionism," *Pacific Daily News*, May 29.
——, 2010c, "How Things Work on Guam," *Marianas Variety, Guam Edition*, June 23.
Dei, Ryota, 2005a, "Firms Pulls Out of Ypao Deal," *Pacific Daily News*, August 13.
——, 2005b, "Land Trust Panel Seeks Constitutionality," *Pacific Daily News*, August 25.
dé Ishtar, Zohl, 1994, *Daughters of the Pacific*, North Melbourne: Spinifex Press.
del Valle, Teresa, 1979, *Social and Cultural Change in the Community of Umatac, Southern Guam*, Mangilao: MARC, University of Guam.
Diaz, Jonathan Blass, 2010, *Towards A Theology of the CHamoru: Struggle and Liberation in Oceania*, Quezon: Claretian Publications.
Diaz, Vicente M., 1993, "Pious Sites: Chamorro Culture between Spanish Catholicism and American Liberal Individualism," Amy Kaplan and Donald E. Peace eds., *Cultures of United States Imperialism*, Durham: Duke University Press.

――, 1994, "Simply Chamorro: Telling Tales of Demise and Survival in Guam," *The Contemporary Pacific*, 6(1): 29-58.
――, 1995, "Bye Bye Ms. American Pie: The Historical Relations between Chamorros and Filipinos and the American Dream," *ISLA: A Journal of Micronesian Studies*, 3(1): 147-60.
――, 2003, "Deliberating 'Liberation Day': Identity, History, Memory, and War in Guam," T. Fujitani, Geoffrey M. White and Lisa Yoneyama eds., *Perilous Memories: The Asia-Pacific War(s)*, Durham: Duke University Press, 155-80.
――, 2004, "Review Essay: Political Rights on the Island of Guam," *Micronesian: Journal of the Humanities and Social Sciences*, 3(1-2): 94-100.
――, 2010, *Repositioning the Missionary: Rewriting the Histories of Colonialism, Native Catholicism, and Indigeneity in Guam*, Honolulu: University of Hawai'i Press.
Dirlik, Arif, 1996, "The Past as Legacy and Project: Postcolonial Criticism in the Perspective of Indigenous Historicism," *American Indian Culture and Research Journal*, 20(2): 1-31.
――, 2005, "Asian Pacific Studies in an Age of Global Modernity," *Inter-Asia Cultural Studies*, 6(2): 162-4, 167.
Domingue, Shannon, 2000, "U.S. Gave Guamanians Their Rights, Freedom," *Pacific Daily News*, March 7.
Driver, Marjorie G. and Omaira Brunal-Perry eds., 1995, *Carolinians in the Mariana Islands in the 1800s: Selected documents from the holdings of the Spanish Documents Collection at the Micronesian Area Research Center*, English-Spanish Edition, Mangilao: MARC, University of Guam.
遠藤央, 2002, 『政治空間としてのパラオ――島嶼の近代への社会人類学的アプローチ』世界思想社.
Fernandez, Carmen F., 1994, *The Evolution and Status of HR 1521: The Guam Commonwealth Act*, MARC Working Papers #63, Mangilao: MARC, University of Guam.
Flores, Judy, 1996, "Reinventing Artistic Traditions: The Chamorro Search for Identity," M.A. Thesis, University of Guam.
――, 1999, "Art and Identity in the Mariana Islands: The Reconstruction of 'Ancient' Chamorro Dance," A Paper Prepared for the 1999 Festschrift in Honor of Philip Dark Field Museum, Chicago, October 20-24.
――, 2001, "Introduction," Francisco B. Rabon, *Pa'a Taotao Tano' (A Way of Life, People of the Land: Chamorro Chants & Dances of Guam)*, Hagatna: Irensia Publishing, 1.
Frank, Robert, 2000, "Guam Struggles to Find Its Roots beneath Growing Piles of Spam," *The Wall Street Journal*, March 28.
Fredrickson, George M., 2002, Racism: A Short History, Princeton University Press. (= 2009, 李孝徳訳『人種主義の歴史』みすず書房.)
Fujikane, Candace and Jonathan Y. Okamura eds., 2008, *Asian Settler Colonialism: From Local Governance to the Habits of Everyday Life in Hawai'i*, Honolulu: University of Hawai'i Press.
古矢旬, 2002, 『アメリカニズム――「普遍国家」のナショナリズム』東京大学出版会.
――, 2004, 『アメリカ 過去と現在の間』岩波書店.
Garrido, Vicente U., 2000, "Be Proud: Protect Your Chamorro Rights," *Pacific Daily News*, March 1.
Go, Julian, 2004, "'Racism' and Colonialism: Meanings of Difference and Ruling Practices in America's Pacific Empire," *Qualitative Sociology*, 27(1): 35-58.
Gonzales, David, 1993, "News Brings Mixed Reaction," *Pacific Daily News*, February 11.
Gordon, Avery F., 1995, "The Work of Corporate Culture: Diversity Management," *Social Text*, 13(3): 3-30.
Gordon, Avery F. and Christopher Newfield, 1996, "Multiculturalism's Unfinished Business," Avery F.

Gordon and Christopher Newfield eds., *Mapping Multiculturalism*, Minneapolis: University of Minnesota Press, 76-115.

Gotanda, Neil, 1991, "A Critique of 'Our Constitution Is Color-Blind': Racial Categories and White Supremacy," *Stanford Law Review*, 44: 1-68.

Gould, Lee, 1988, "House Passes Bill Compensating Japanese-American Internees," *Associated Press*, August 4.

GovTrack.us, (https://www.govtrack.us).

Gutierrez, Carl T.C., 1997, "Guam Ancestral Lands: A History of Rights, Takings, and Entitlement," Lee D. Carter and William L. Wuerch and Rosa Roberto Carter eds., *Guam History: Perspectives*, Mangilao: MARC, University of Guam, 303-28.

Haas, Michael, 1992, *Institutional Racism: The Case of Hawaii*, Westport, CT: Praeger.

Hage, Ghassan, 2000, *White Nation: Fantasies of White Supremacy in Multicultural Society*, New York: Routledge. (=2003, 保苅実・塩原良和訳『ホワイト・ネイション——ネオ・ナショナリズム批判』平凡社.)

——, 2003, *Against Paranoid Nationalism: Searching for Hope in a Shrinking Society*, Sydney: Pluto Press and London: Merlin Press. (= 2008, 塩原良和訳『希望の分配メカニズム——パラノイア・ナショナリズム批判』御茶の水書房.)

Hanlon, David, 1998, *Remaking Micronesia: Discourses over Development in a Pacific Territory, 1944-1982*, Honolulu: University of Hawai'i Press.

Hardt, Michael and Antonio Negri, 2001, *Empire*, Cambridge, MA: Harvard University Press. (= 2003, 水嶋一憲ほか訳『〈帝国〉——グローバル化の世界秩序とマルチチュードの可能性』以文社.)

Hart, Therese, 1992, "Chamoru Nation Delivers Statement to Navy," *The Guam Tribune*, April 24.

Hauo'fa, Epeli, 2000, "Past to Remember," Robert Borofsky ed., *Remembrance of Pacific Pasts: An Invitation to Remake History*, Honolulu: University of Hawai'i Press, 453-71.

Hattori, Anne Perez, 1995, "Righting Civil Wrongs: The Guam Congress Walkout of 1949," *ISLA: A Journal of Micronesian Studies*, 3(1): 1-27.

——, 2001, "Guardians of Our Soil: Indigenous Responses to Post-World War II Military Land Appropriation on Guam," L. Eve Armentrout Ma ed., *Farms, Firms, and Runways: Perspectives on U.S. Military Bases in the Western Pacific*, Chicago: Imprint Publications, 186-202.

——, 2004, *Colonial Dis-Ease: US Navy Health Policies and the Chamorros of Guam, 1898-1941*, Honolulu: University of Hawai'i Press.

林博史, 2003,「グアムにおける米海軍の戦犯裁判——『強制売春』事件を中心に（上）（下）」『季刊戦争責任研究』40: 22-8, 41: 65-72, 87.

Hendrick, Dave, 1975, "Nine Bills Win Approval," *Pacific Daily News*, January 9, 3.

Hereniko, Vilsoni, 2000, "Indigenous Knowledge and Academic Imperialism," Robert Borofsky ed., *Remembrance of Pacific Pasts: An Invitation to Remake History*, Honolulu: University of Hawai'i Press.

Hezel, Francis X. and Michael J. Levin, 1996, "New Trends in Micronesian Migration: FSM Migration to Guam and the Marianas, 1990-1993," *Pacific Studies*, 19(1): 91-114.

樋口映美, 2012,「20世紀米国の『カラーブラインド』という遺産——『暴力』の忘却と秩序形成」『専修史学』53: 120-49.

樋口和佳子, 2002,「デュエナス神父の処刑事件（グアム）」秦郁彦・佐瀬昌盛・常石敬一編『世界戦争犯罪事典』文藝春秋, 177-8.

Higuchi, Wakako, 1995, "Japan and War Reparations in Micronesia," *The Journal of Pacific History*,

30(1): 87-98.
—, 1997, "A History of Pre-War Japanese Residents of Guam," Lee D. Carter and William L. Wuerch and Rosa Roberto Carter eds., *Guam History: Perspectives*, Mangilao: MARC, University of Guam, 141-80.
—, 2001, "Japanisation Policy for the Chamorros of Guam, 1941-1944," *The Journal of Pacific History*, 36(1): 19-35.
—, 2008, "Japan's Industrial Development of a U.S. Territory: Guam, 1941-1944," *Pacific Studies*, 31(1): 55-104.
—, 2013, *The Japanese Administration of Guam, 1941-1944: A Study of Occupation and Integration Policies, with Japanese Oral Histories*, Jefferson, NC: Mcfarland.
Hofschneider, Penelope Bordallo, 2001, *A Campaign for Political Rights on the Island of Guam, 1899-1950*, Saipan: CNMI Division of Historic Preservation.
Hollinger, David A., 2000, *Postethnic America: Beyond Multiculturalism*, Revised and Updated Edition, Basic Books.（= 2002, 藤田文子訳『ポストエスニック・アメリカ——多文化主義を超えて』明石書店.）
Howard, Chris Perez, [1982] 2000, *Mariquita: A Tragedy of Guam*, Hagatna: Cyfred.（= 1984, 伊藤成彦訳『マリキータ——グアムのひとつの物語』ほるぷ出版.）
—, 1993, "Thoughts and Confession of a Chamorro Advocate," *Hinaso': Tinge' Put Chamorro (Insights: The Chamorro Identity)*, Agana: Political Status Education Coordinating Commission, 154-61.
—, 1996, "There Is No Compromise in Self-Determination," *Pacific Daily News*, December 30, 21.
Ige, Ron, 1986a, "Land Owners Unhappy over Delays," *Pacific Daily News*, October 20.
—, 1986b, "Some Landowners Lack Stake in Claim," *Pacific Daily News*, November 12.
—, 1986c, "Two Major Landowners Opt Out of Settlement," *Pacific Daily News*, November 12.
池田佳代, 2001, 「非自治地域から見たアメリカの人権政策——グアム組織法を事例に」『広島大学欧米文化研究』8: 57-71.
—, 2010, 「グアム島における米軍再編計画の政治学——ワン・グアム言説を中心に」『文明科学研究』5: 35-52.
池田佳代・川野徳幸, 2011, 「グアム統合軍事開発計画の人種政治的側面に関する考察——グアム島公共水道システムを事例に」『広島平和科学』33: 93-117.
池上大祐, 2013, 『アメリカの太平洋戦略と国際信託統治——米国務省の戦後構想1942-1947』法律文化社.
飯高伸五, 2009, 「経済開発をめぐる『島民』と『日本人』の関係——日本統治下パラオにおける鉱山採掘の現場から」吉岡政徳監修／遠藤央ほか編『オセアニア学』京都大学学術出版会, 345-59.
今泉裕美子, 1992, 「〈日本軍による支配の実態と民衆の抵抗〉ミクロネシア」『歴史評論』508: 43-51.
—, 1993, 「南洋群島委任統治政策の形成」『岩波講座 近代日本と植民地4 統合と支配の論理』岩波書店, 51-81.
—, 1996, 「ミクロネシアの地域概念形成に関する覚書——日本統治下の南洋群島を中心に」『沖縄関係学研究論集』2: 90-110.
印東道子, 2009, 「島嶼部への拡散と居住」吉岡政徳監修／遠藤央ほか編『オセアニア学』京都大学学術出版会.
石原俊, 2013, 『〈群島〉の歴史社会学——小笠原諸島・硫黄島、日本・アメリカ、そして太平洋世界』弘文堂.

文献　315

Iyechad, Lilli Perez, 2001, *An Historical Perspective of Helping Practices Associated with Birth, Marriage and Death among Chamorros in Guam*, Lewiston: Edwin Mellen Press.

―, 2003, "Helping Practices among the Chamorro of Guam: Modernity, Merchandise and Money," Lan-Hung Nora Chiang, John Lidstone and Rebecca A. Stephenson eds., *Global Processes, Local Impacts: The Effects of Globalization in the Pacific-Asia Region*, University of Guam & Pacific Science Association, 25-9.

伊従直子，2000，「グアム島の『慰安婦』問題」西野瑠美子・林博史責任編集『「慰安婦」・戦時性暴力の実態Ⅱ 中国・東南アジア・太平洋編』緑風出版，336-41．

Jaimes Guerrero, M. Annette, 1996, "Academic Apartheid: American Indian Studies and 'Multiculturalism'," Avery F. Gordon and Christopher Newfield eds., *Mapping Multiculturalism*, Minneapolis: University of Minnesota Press, 49-63.

Jojola, Lloyd, 2000, "Senators Continue Work on Status-Vote Measure," *Pacific Daily News*, March 3.

Kaplan, Amy, 2002, *The Anarchy of Empire in the Making of U.S. Culture*, Cambridge, MA: Harvard University Press. (=2009, 増田久美子・鈴木俊弘訳『帝国というアナーキー――アメリカ文化の起源』青土社．)

春日直樹, 1999,「オセアニア・オリエンタリズム」春日直樹編『オセアニア・オリエンタリズム』世界思想社．

Kauanui, J. Kēhaulani, 1999, "'For Get' Hawaiian Entitlement: Configurations of Land, 'Blood', and Americanization in the Hawaiian Homes Commission Act of 1921," *Social Text*, 17(2): 123-44.

―, [2002] 2005, "The Politics of Hawaiian Blood and Sovereignty in *Rice v. Cayetano*," Joanne Barker ed., *Sovereignty Matters: Locations of Contestation and Possibility in Indigenous Struggles for Self-Determination*, Lincoln: University of Nebraska Press, 87-108.

―, 2008, *Hawaiian Blood: Colonialism and the Politics of Sovereignty and Indigeneity*, Durham: Duke University Press.

Kiste, Robert C., 1994, "United States," K. R. Howe, Robert C. Kiste and Brij V. Lal eds., *Tides of History: The Pacific Islands in the Twentieth Century*, Honolulu: University of Hawaii Press, 227-57.

Kiste, Robert C. and Mac Marshall eds., 1999, *American Anthropology in Micronesia: An Assessment*, Honolulu: University of Hawai'i Press.

小林泉，1994，『アメリカ極秘文書と信託統治の終焉――ソロモン報告・ミクロネシアの独立』東信堂．

―，2000，「ミクロネシアの現代――2極分化への道」『国立民族学博物館研究報告 別冊』21: 307-27．

小森陽一，2006，『レイシズム』岩波書店．

上坂昇，[1987] 1992，『増補 アメリカ黒人のジレンマ――「逆差別」という新しい人種関係』明石書店．

Kramer, Gene, 1989, "Guam Wants U.S. Reparations for Japanese Damage in WWII," *Associated Press*, August 26.

Kristof, Nicholas D., 1996, "Guam, A Spoil of War, Seeks More Autonomy: Pacific Island Is Crucial to U.S. Military," *The New York Times*, November 10.

窪田幸子・野林厚志編，2009，『「先住民」とはだれか』世界思想社．

黒崎岳大，2013，『マーシャル諸島の政治史――米軍基地・ビキニ環礁核実験・自由連合協定』明石書店．

Kymlicka, Will, 1995, *Multicultural Citizenship: A Liberal Theory of Minority Rights*, Oxford: Oxford University Press. (=1998, 角田猛之・石山文彦・山﨑康仕監訳『多文化時代の市民権――マイノリティの権利と自由主義』晃洋書房．)

―, 1998, "American Multiculturalism in the International Arena," *Dissent*, 45: 73-9.
―, 2001, *Politics in the Vernacular: Nationalism, Multiculturalism and Citizenship*, Oxford: Oxford University Press.（=2012，岡﨑晴輝・施光恒・竹島博之監訳『土着語の政治―――ナショナリズム・多文化主義・シティズンシップ』法政大学出版局.）
Kymlicka, Will and Bashir Bashir eds., 2008, *The Politics of Reconciliation in Multicultural Societies*, Oxford: Oxford University Press.
Leibowitz, Arnold H., 1989, *Defining Status: A Comprehensive Analysis of United States Territorial Relations*, Dordrecht: Martinus Nijhoff Publishers.
―, 1994, "United States and the Territories: The Times Are Changing," George Boughton and Paul Leary eds., *Conference Papers Presented: A Time of Change: Relations between the United States and American Samoa, Guam, the Northern Marianas, Puerto Rico and the United States Virgin Islands, February 8-11, 1993*, University of Guam and University of the Virgin Islands, 171-82.
Leon Guerrero, Anthony A., 1994, "Remarks," George Boughton and Paul Leary eds., *Conference Papers Presented: A Time of Change: Relations between the United States and American Samoa, Guam, the Northern Marianas, Puerto Rico and the United States Virgin Islands, February 8-11, 1993*, University of Guam and University of the Virgin Islands, 183-9.
Leon Guerrero, Jesus Sablan, 1998, *Jesus in Little America: An Autobiographical Account of the Founding of the Bank of Guam and History in the Making*, Yona: JLG Publishing.
Leon Guerrero, Wilfred P. and John C. Salas, 1995, "Issues for the United States Pacific Insular Areas: The Case of Guam," *ISLA: A Journal of Micronesian Studies*, 3(1): 139-45.
Limtiaco, Steve, 2005, "Land Trust Finalizing Deal," *Pacific Daily News*, February 15.
―, 2007, "Bordallo Remembered: Island Looks Back at Lawmaker's Accomplishments," *Pacific Daily News*, May 15, 1, 4.
―, 2009, "Yigo Man Challenges Chamorro Land Trust," *Pacific Daily News*, June 19.
Loerzel, Adrienne, 1995, "'Outsiders' Given Notices: Protesters Tell Non-Chamorro Families to 'Pack Up Your Bags,'" *Pacific Daily News*, September 1, 1.
―, 1996a, "One Year, No Leases: Land Trust Director Says Commission is Swamped," *Pacific Daily News*, December 2.
―, 1996b, "Unleased, But Not Always Unoccupied," *Pacific Daily News*, December 2.
―, 1997a, "First Land Trust Leases: For 4 Talofofo Families, Long Wait Is Over," *Pacific Daily News*, January 17.
―, 1997b, "Groups Protest PDN Editorial," *Pacific Daily News*, August 5.
―, 2000a, "Status Vote Signup, Eligibility Debated," *Pacific Daily News*, January 29.
―, 2000b, "Who is Chamorro?" *Pacific Daily News*, February 23.
―, 2000c, "Hawaii Vote Ruling Rattles Guam: Plebiscite Hangs on High Court," *Pacific Daily News*, February 25.
―, 2000d, "Hawaii Case Takes over Session," *Pacific Daily News*, February 25.
―, 2000e, "Is Guam Ready to Vote?: Commissioners Question Task Forces on Plebiscite," *Pacific Daily News*, March 3.
―, 2000f, "Officials Seek to Define 'Chamorro' as Political Group," *Pacific Daily News*, March 4.
Lujan, Pilar C., 1996, "The Role of Education in the Preservation of the Indigenous Language of Guam," *Kinalamten Pulitikåt: Siñeneten i Chamorro (Issues in Guam's Political Development: The Chamorro Perspective)*, Agana: Political Status Education Coordinating Commission, 17-25.
前田哲男，1991，『非核太平洋 被曝太平洋―――新編 棄民の群島』筑摩書房.
前川啓治，2004，『グローカリゼーションの人類学―――国際文化・開発・移民』新曜社.

――, 2005, 「チャモロはミクロネシア人か, アメリカ人か」綾部恒雄監修／前川啓治・棚橋訓編『講座 世界の先住民族 ファースト・ピープルズの現在 09 オセアニア』明石書店, 235-53.
Marchesseault, Jeff, 1998, "Identity Struggle of an American Pacific Island," *Christian Science Monitor*, 90(251): 7.
松島泰勝, 2007, 『ミクロネシア――小さな島々の自立への挑戦』早稲田大学出版部.
松下冽, 1992, 「新植民地主義と〈南北問題〉」土生長穂・徳永俊明・松下冽『新版 第三世界への視点』大月書店, 89-130.
Mayo, Larry W., 1987, "Urbanization in the Pacific and Guam," *City & Society*, 1(2): 99-121.
――, 1991, "Chamorros: An Ethnic Minority?" Mario D. Zamora and Bjorn B. Erring eds., *Fieldwork in Cultural Anthropology*, New Delhi: Reliance Publishing House, 111-21.
――, 1992, "The Militarization of Guamanian Society," Albert B. Robillard ed., *Social Change in the Pacific Islands*, Social Science Research Institute, University of Hawai'i, London: Kegan Paul International, 220-40.
McCann, James T., 1997, "Chamorro-Only Vote OK, but Protect Our Rights," *Pacific Daily News*, September 14.
McElroy, Pat, 1975, "Local Land Law to 'Right A Wrong,'" *Pacific Daily News*, February 7, 1, 5.
南川文里, 2007, 『「日系アメリカ人」の歴史社会学――エスニシティ, 人種, ナショナリズム』彩流社.
宮島喬, 2013, 「グローバル化と多文化市民権の可能性――日本と西欧を視野に」舩橋晴敏・壽福眞美編『公共圏と熟議民主主義』法政大学出版局, 41-63.
水野由美子, 2007, 『〈インディアン〉と〈市民〉のはざまで』名古屋大学出版会.
Monnig, Laurel A., 2008, "Adoption Is Blood: Understanding Chamorro Poksai as Chamorro Authenticity within Racialized Decolonization Politics on Guam," *Pacific Studies*, 31(3/4): 182-210.
モーリス=スズキ (鈴木), テッサ, 2000, 『辺境から眺める――アイヌが経験する近代』みすず書房 (大川正彦訳).
Murphy, Joe, 1975, "Editorial: State of Marianas...........," *Pacific Daily News*, January 22, 19.
――, 1995, "Guam Has Reservations about Tribehood," *Pacific Daily News*, November 21.
――, 1996a, "Affirmative Action Is Important for Guam," *Pacific Daily News*, December 4, 25.
――, 1996b, "Commonwealth for Guam nearly Comatose," *Pacific Daily News*, December 17, 31.
――, 1999a, "Chamorro Vote May Split Guam into Ethnic Camps," *Pacific Daily News*, May 13.
――, 1999b, "Critics Wrong to Call the U.S. a Colonial Master," *Pacific Daily News*, July 21.
――, 2000a, "Chamorro Definition A Major Hurdle," *Pacific Daily News*, March 1, 23.
――, 2000b, "Ignorance Has Often Paired with Pride," *Pacific Daily News*, March 3, 33.
――, 2000c, "Defining Race Tricky in A Multicultural Society," *Pacific Daily News*, March 14, 23.
――, 2000d, "Indigenous Groups Have Same Rights," *Pacific Daily News*, March 15, 21.
永原陽子編, 2009, 『「植民地責任」論――脱植民地化の比較史』青木書店.
永原陽子, 2009, 『「植民地責任」論とは何か」永原陽子編『「植民地責任」論――脱植民地化の比較史』青木書店, 9-37.
長島怜央, 2011, 「対テロ戦争と米軍再編のなかのグアム」『オルタ』2012年1・2月号, 26-31.
長嶋俊介, 1987, 『水半球の小さな大地――太平洋諸島民の生活経済』同文館.
中原聖乃・竹峰誠一郎, [2007] 2013, 『核時代のマーシャル諸島――社会・文化・歴史, そしてヒバクシャ』凱風社.
中野聡, 2009, 「「植民地責任」論と米国社会――抗議・承認・生存戦略」永原陽子編『「植民地責任」論――脱植民地化の比較史』青木書店, 366-92.
中山京子, 2012, 『先住民学習とポストコロニアル人類学』御茶の水書房.

中山京子／ロナルド・ラグァニャ, 2010, 『入門 グアム・チャモロの歴史と文化』明石書店.
Natividad, LisaLinda and Victoria-Lola Leon Guerrero, 2010, "The Explosive Growth of U.S. Military Power on Guam Confronts People Power: Experience of an Island People under Spanish, Japanese and America Colonial Rule," *The Asia-Pacific Journal*, 49-3-10.
Niezen, Ronald, 2003, *The Origins of Indigenism: Human Rights and the Politics of Identity*, Berkeley: University of California Press.
西佳代, 2012, 「アメリカのアジア太平洋地域に対する軍事的関与の構造——海軍によるグアム島統治史を中心に」『広島平和科学』34: 117-43.
西野照太郎, 1970, 「サイパン, グアムの苦悩——その現状と将来の政治的地位（上）（下）」『レファレンス』235: 2-43, 236: 31-63.
岡野内 正, 2009, 「〈民族〉を超える〈部族〉——『暴力の文化』を克服する公共圏の創出」佐藤成基編『ナショナリズムとトランスナショナリズム——変容する公共圏』法政大学出版局, 313-33.
大久保由理, 2010, 「断裂する日本占領下の記憶——グアムのひとびとと旧日本軍」今井昭夫・岩崎稔編『記憶の地層を掘る——アジアの植民地支配と戦争の語り方』御茶の水書房, 203-30.
Omi, Michael and Howard Winant, 1994, *Racial Formation in the United States: From the 1960s to the 1990s*, Second Edition, New York: Routledge.
Omicinski, John, 1997, "No Commonwealth," *Pacific Daily News*, October 31.
OPI-R, 1982, Opi(R).
——, 1983, Self-Determination: A People's Right. Typescript
——, 1985a, Liberation Day 1985, NGAI'AN NA TA FAN LIBRE?
——, 1985b, OPPE (To Respond).
——, ca. 1985a, OPPE: Guam and Indigenous Rights as Viewed Through the Media.
——, ca. 1985b, OPPE: Guam in the Eyes of the Federal Government.
——, 1987, Organization of People for Indigenous Rights, July.
——, 1988, Statement with Regard to H.R. 3191 Relative to War Reparations for Guam. [C]
太田弘毅, 1992, 「グアム民政部について——日本海軍民政機関研究の一齣」『政治経済史学』314, 315.
太田好信, 2003, 『人類学と脱植民地化』岩波書店.
Pacific Daily News, 1987a, "Statehood Fan: 'No Pure Chamorros'," *Pacific Daily News*, November 4.
——, 1987b, "Tabulated Breakdown of Village Vote," *Pacific Daily News*, November 9, 4.
——, 1997, "OPINION: Commonwealth Future Looks Murky with New Decolonization Efforts," *Pacific Daily News*, August 1.
Palomo, Tony, 1984, *An Island in Agony*.
Patacsil, Peter E., 2005, "Brief History of the Chamorros and Filipinos in Guam," *Silliman Journal*, 46(1): 68-88.
Peang-Meth, Abdulgaffar, 2000a, "Chamorro-only Vote Limits Right of Self-Determination to Minority," *Pacific Daily News*, April 26.
——, 2000b, "Right to Self-Determination Should Uphold Rights of Individuals," *Pacific Daily News*, May 17.
——, 2000c, "People of Guam Must Consider Political Diplomatic Recognition," *Pacific Daily News*, May 31.
——, 2002, "The Rights of Indigenous Peoples and Their Fight for Self-Determination," *World Affairs*, 164(3): 101-14.
Pear, Robert, 1980, "Nearly 700 on Guam Sue U.S. for Claims on Wartime Land Takeover," *New York*

Times, June 23.

ビーティ,マーク・R(大塚健洋訳),1998,「ミクロネシアにおける日本の同化政策」ピーター・ドウス/小林英夫編『帝国という幻想――「大東亜共栄圏」の思想と現実』青木書店,121-53.

Perez, Cecilia T., 1996, "A Chamorro Re-Telling of 'Liberation'," *Kinalamten Pulitikât: Siñeneten i Chamorro (Issues in Guam's Political Development: The Chamorro Perspective)*, Agana: Political Status Education Coordinating Committee, 70–7.

Perez, Michael Peter, 1997, "The Dialectic of Indigenous Identity in the Wake of Colonialism: The Case of Chamorros of Guam," Ph.D. Dissertation, University of California.

――, 2002, "Pacific Identities beyond US Racial Formations: The Case of Chamorro Ambivalence and Flux," *Social Identities*, 8(3): 457–79.

――, 2005a, "Colonialism, Americanization, and Indigenous Identity: A Research Note on Chamorro Identity in Guam," *Sociological Spectrum*, 25: 571–91.

――, 2005b, "Chamorro Resistance and Prospects for Sovereignty in Guam," Joanne Barker ed., *Sovereignty Matters: Locations of Contestation and Possibility in Indigenous Struggles for Self-Determination*, Lincoln: University of Nebraska Press, 169–89.

Perez, Rob, 1977, "Land: Group Seeks Compensation For Land Takings," *Pacific Daily News*, June 21.

Perry, Jac, 2006, "Fire and Fervor," *GU*, 4: 20–3.

Phillips, Michael F., 1996, "Land," *Kinalamten Pulitikât: Siñeneten i Chamorro (Issues in Guam's Political Development: The Chamorro Perspective)*, Agana: Political Status Education Coordinating Commission, 2–16.

Pier, Patricia Taimanglo, 1998, "An Exploratory Study of Community Trauma and Culturally Responsive Counseling with Chamorro Clients," Ph.D. Dissertation, University of Massachusetts, Amherst.

Quan, Anthony F., 2002, "'Respeta I Taotao Tano': The Recognition and Establishment of the Self-Determination and Sovereign Rights of the Indigenous Chamorros of Guam Under International, Federal, and Local Law," *Asian-Pacific Law & Policy Journal*, 3(1): 56–119.

Rabon, Francisco B., 2001, *Pa'a Taotao Tano' (A Way of Life, People of the Land: Chamorro Chants & Dances of Guam)*, Hagatna: Irensia Publishing.

リヴェラ,ロナルド・F,2000,「地域の不安定と植民地グアムの苦境」『プライム』明治学院大学国際平和研究所,12: 21-33.

Rogers, Robert F., 1988a, *Guam's Commonwealth Effort, 1987–1988*, Mangilao: MARC, University of Guam.

――, 1988b, "Guam's Quest for Political Identity," *Pacific Studies*, 12(1): 49–70.

――, 1997, "Guam Should Compromise, Moderate on Commonwealth," *Pacific Daily News*, October 5.

――, [1995] 2011, *Destiny's Landfall: A History of Guam*, Revised Edition, Honolulu: University of Hawai'i Press.

Rohrer, Judy, 2006, "'Got Race?' The Production of Haole and the Distortion of Indigeneity in the Rice Decision," *The Contemporary Pacific*, 18(1): 1–31.

――, 2008a, "Disrupting the 'Melting Pot': Racial Discourse in Hawaii and the Naturalization of Haole," *Ethnic and Racial Studies*, 31(6): 1110–25.

――, 2008b, *Haoles in Hawai'i*, Honolulu: University of Hawai'i Press.

――, 2010, "Attacking Trust: Hawaii as a Crossroads and Kamehameha schools in the Crosshairs," *American Quarterly*, 62(3): 437–455.

Rosaldo, Renato, [1989] 1993, *Culture and Truth: The Remaking of Social Analysis*, With a new Introduction, Boston: Beacon Press.(=1998,椎名美智訳『文化と真実――社会分析の再構築』日本

エディタースクール出版部.)
Rubin, James H., 1980, "World War II Guam Residents Getting Day In Court," *Associated Press*, June 12.
Ruffatto, Peter, 1993, "U.S. Action in Micronesia as a Norm of Customary International Law: The Effectuation of the Right to Self-Determination for Guam and Other Non-Self-Governing Territories," *Pacific Rim Law & Policy Journal*, 2(2): 377-409.
Runquist, Pam, 1993, "Land Trust Locks Others Out," *Pacific Daily News*, July 9.
———, 1994, "Arrendu Headaches: Some Lessees Face Difficult Hurdles," *Pacific Sunday News*, January 30.
Sablan, Antonio, 2000, "Vote Is the Right of the People," *Pacific Daily News*, March 26, 14.
Sacks, Oliver, 1996, *The Island of the Colorblind*, New York: Knopf. (=1999, 大庭紀雄監訳・春日井晶子訳『色のない島へ——脳神経科医のミクロネシア探訪記』早川書房.)
San Agustin, Joe T., "The Quest for Commonwealth 'New Chapter in Guam's History,'" *Kinalamten Pulitikåt: Siñeneten i Chamorro (Issues in Guam's Political Development: The Chamorro Perspective)*, Agana: Political Status Education Coordinating Commission, 119-24.
Sanchez, Pedro C., 1979, *Uncle Sam, Please Come Back to Guam*, Tamuning: Pacific Island Publishing.
———, 1989, *Guahan: Guam: The History of Our Island*, Agana: Sanchez Publishing House.
San Nicolas, Claudine, 1987a, "Inception Announced by New Party," *Pacific Daily News*, April 3, 3.
———, 1987b, "Key Indigenous Rights Articles Lose," *The Sunday News*, August 9.
Santos, Angel L. G., 1991a, "U.S. Return Was Reoccupation, Not Liberation," *Pacific Sunday News*, July 21.
———, 1991b, "The Invasion of Guam in the 1990s: U.S. Immigration Policies," September 17.
———, 1991c, "Guam: A Self-Sustaining Nation," September 17.
———, 1991d, "Transfer of Chamoru Land from 1 Thief to Another," *The Guam Tribune*, October 2.
———, 1991e, "Land Programs Give Away Chamoru Land," *The Guam Tribune*, October 19.
———, 1991f, "What Happened to Chamorro Land Trust Act?" *The Guam Tribune*, October 26.
———, 1991g, "The Birth of the Chamoru Nation," *The Guam Tribune*, November 2.
———, 1991h, "While Planners Meet, Guam's Environment Dies," *The Guam Tribune*, November 16, 14.
———, 1991i, "Statesiders Want to Be Captains of Chamoru Destiny," *The Guam Tribune*, November 23, 14.
———, 1991j, "Guam: Statehood for Statesiders," *The Guam Tribune*, December 7, 14.
———, 1991k, "Chamoru Spirit on Guam Is Alive Today," *The Guam Tribune*, December 14, 14.
———, 1991l, "Chamorus Are Sick and Tired of Fairytales," *The Guam Tribune*, December 21, 14.
———, 1991m, "Filipino WWII Veterans Invade Guam," *The Guam Tribune*, December 28.
———, 1992a, "Traditional Council Will Serve as Forum," *The Guam Tribune*, January 11, 12.
———, 1992b, "Guam Is a Ticking Time Bomb," *The Guam Tribune*, February 8, 12.
———, n.d., Brochure distributed at the University of Guam 25th Annual CLASS Conference, March 8, 2004.
Santos, Marshall, 1992, "Governor Declares Land Act Inorganic," *Pacific Daily News*, May 16.
佐藤幸男, 1998,「近代世界システムと太平洋——島嶼国家の世界政治学序説」佐藤幸男編『世界史のなかの太平洋』国際書院, 13-68.
———, 2003,「〈海の世界〉の国際関係——太平洋島嶼世界における政治的言説の貧困を超えて」佐藤幸男編『太平洋アイデンティティ』国際書院, 235-65.
Sawchuk, Joe, 2000, "Alaska's Indigenous Issues Worth A Look," *Pacific Daily News*, March 22.
Schwab, Gerhard Johann, 1998, "Ethnicities and Masculinities in the Making: A Challenge for Social

Work in Guam," Ph. D. Dissertation, University of Michigan.
関根政美, 2000, 『多文化主義の到来』朝日新聞出版.
Semprini, Andrea, [1997] 2000, *Le multiculturalisme*, Paris: P.U.F. (= 2003, 三浦信孝・長谷川秀樹訳『多文化主義とは何か』白水社.)
Sheldon, Thomas E., 1999, "Constitutional and Legal Issues Related to Guam's Proposed Chamorro-Only Status Election," 1999 UOG College of Arts & Sciences Research Conference, April 26.
Shell, Richard J., 2001, "Notes and Documents: The Ladrones Population," *The Journal of Pacific History*, 36(2): 225-36.
Shigematsu, Setsu and Keith L. Camacho eds., 2010, *Militarized Currents: Toward a Decolonized Future in Asia and the Pacific*, Minneapolis: University of Minnesota Press.
清水昭俊, 2008a,「先住民,植民地支配,脱植民地化——国際連合先住民権利宣言と国際法」『国立民族学博物館研究報告』32(3): 307-503.
——, 2008b,「先住民の権利と国家および国民の条件」『文化人類学』73(3): 363-79.
——, 2012,「国際法から『先住の民,先住民』への呼びかけ」太田好信編『政治的アイデンティティの人類学——21世紀の権力変容と民主化にむけて』昭和堂, 188-214.
清水正義, 2009,「戦争責任と植民地責任もしくは戦争犯罪と植民地犯罪」永原陽子編『「植民地責任」論——脱植民地化の比較史』青木書店, 40-65.
塩原良和, 2005, 『ネオ・リベラリズムの時代の多文化主義——オーストラリアン・マルチカルチュラリズムの変容』三元社.
Simpson, John, M., 1981, "PDN Survey Reveals Status Quo Favored," *Pacific Daily News*, December 14, 3.
Smith, Linda Tuhiwai, 1999, *Decolonizing Methodologies: Research and Indigenous Peoples*, London: Zed Books.
Smith, Rogers M., 1997, *Civic Ideals: Conflicting Visions of Citizenship in U.S. History*, New Heaven: Yale University Press.
Souder, Laura, [1975] 1977, "Search for Identity," *Guam Recorder*, 7: 22-4.
Souder, Laura Marie Torres, 1987, "Island Metamorphosis: Guam's History of Conflict and Adaptation," *Asian Culture Quarterly*, 15(2): 55-64.
——, 1991, "Psyche under Siege: Uncle Sam, Look What You've Done to Us," Donald H. Rubinstein and Vivian L. Dames eds., *Uncle Sam in Micronesia: Social Benefits, Social Costs*, Papers from the Ninth Annual Social Work Conference 1989, Mangilao: MARC, University of Guam, 120-4.
——, 1992, *Daughters of the Island: Contemporary Chamorro Women Organizers on Guam*, Second Edition, Lanham: University Press of America and MARC, University of Guam.
——, 1993, "A Not So Perfect Union: Federal-Territorial Relations between the United States and Guam," *Hinaso': Tinge' Put Chamorro (Insights: The Chamorro Identity)*, Political Status Education Coordinating Commission, 108-23.
Souder, Paul B., 1987, "Guam: Land Tenure in a Fortress," Ron Crocombe ed., *Land Tenure in the Pacific*, Third Edition, Suva: University of the South Pacific, 211-25.
Souder-Jaffery, Laura and Robert A. Underwood eds., 1987, *Chamorro Self-Determination: The Right of a People, I Derechon I Taotao*, Mangilao: Chamorro Studies Association and MARC.
Stade, Ronald, 1998, *Pacific Passages: World Culture and Local Politics in Guam*, Stockholm: Stockholm Studies in Social Anthropology.
Statham Jr., E. Robert, 1997, "Reformation of the Guam Legislature: The Politics of Style over Substance," *The Journal of Legislative Studies*, 3(4): 126-38.
——, 2000, "Chamorro-Only Plebiscite Skews True, Full Representation of Inhabitants' Desires," *Pacif-*

―, 2002a, *Colonial Constitutionalism: The Tyranny of United States' Offshore Territorial Policy and Relations*, Lanham: Lexington Books.
―, 2002b, "Ethnic Nationalism Versus American Constitutionalism: The Impact of *Rice v. Cayetano*," *World Affairs*, 164(3): 135-44.
Stole, Jasmine, 2014, "Guam Decolonization Registry Grows Sevenfold since 2011," *Marianas Variety, Guam Edition*, May 23.
須藤直人, 2004, 「太平洋と脱植民地主義――『南洋オリエンタリズム』への抵抗から新しい『太平洋世界』の創造へ」遠藤泰生・油井大三郎『太平洋世界の中のアメリカ――対立から共生へ』彩流社, 47-64.
戴エイカ, 1999, 『多文化主義とディアスポラ――Voices from San Francisco』明石書店.
Tainter, Joyce and Laura Jean Sablan, 1992, "Chamoru Nation Storms NAS," *The Guam Tribune*, August 15.
Taitano, Carlos, 1983, "Guam: The Struggle for Civil and Political Rights," *Politics in Micronesia*, Suva: University of the South Pacific, 145-63.
―, 1996, "Political Development," *Kinalamten Pulitikåt: Siñeneten i Chamorro (Issues in Guam's Political Development: The Chamorro Perspective)*, Agana: Political Status Education Coordinating Commission, 45-56.
―, 1997, "Status Tensions between Guam and the United States: Participant-Observer Accounts," Lee D. Carter and William L. Wuerch and Rosa Roberto Carter eds., *Guam History: Perspectives*, Mangilao: MARC, University of Guam, 247-82.
高橋章, 1999, 『アメリカ帝国主義成立史の研究』名古屋大学出版会.
髙佐智美, 2003, 『アメリカにおける市民権――歴史に揺らぐ「国籍」概念』勁草書房.
高山勝, 2002, 「マリアナ諸島の先住民チャモロに対するスペインによる初期カトリック宣教」『基督教研究』64(2): 75-100.
―, 2004, 「キリスト教とインカルチュレーション――グアムにおける先住民チャモロの伝統的信仰」『基督教研究』66(1): 10-32.
武井寛, 2012, 「『ポスト人種社会』論の課題――2008年大統領選挙とバラク・オバマ」『アメリカ史研究』35: 8-96.
Tamondong, Dionesis, 2001, "Island Activist Passes Away," *Pacific Daily News*, September 29.
Teaiwa, Teresia K., 1992, "Microwomen: U.S. Colonialism and Micronesian Women Activists," Donald H. Rubinstein ed., *Pacific History: Papers from the 8th Pacific History Association Conference*, Mangilao: University of Guam Press and MARC, 125-41.
Temkar, Arvin, 2011, "Experts Discuss Status Options," *Pacific Daily News*, September 21, 2011, A8.
―, 2012, "Guam Governor Slams Chamorro Land Trust Lease Inquiry," *Pacific Daily News*, August 8.
Tengan, Ty Kāwika, 2002, "(En)gendering Colonialism: Masculinities in Hawai'i and Aotearoa," *Cultural Values*, 6(3): 239-56.
Teodosio, Robert, 1988, "Land Claims Appeal Ended," *Pacific Daily News*, May 12.
手島武雅, 2003, 「小さな島の大きなチャレンジ――序論:グアム島チャモロ人の脱植民地化要求の論理」片山隆裕編『民族共生への道――アジア太平洋地域のエスニシティ』九州大学出版会, 195-217.
The Library of Congress, THOMAS, (http://thomas.loc.gov/home/thomas.php).
Thompson, Lanny, 2002, "The Imperial Republic: A Comparison of the Insular Territories under U.S. Dominion After 1898," *Pacific Historical Review*, 71(4): 535-74.

―――, 2010, *Imperial Archipelago: Representation and Rule in the Insular Territories under U.S. Dominion after 1898*, Honolulu: University of Hawai'i Press.

Thompson, Laura, 1941, *Guam and Its People: A Study of Culture Change and Colonial Education*, San Francisco: American Council Institute of Pacific Relations.

―――, 1944, "Guam: Study in Military Government," *Far Eastern Survey*, 13(16): 149-53.

―――, 1945, "How to Rule Our Islands," *Asia and the Americas*, April, 177-9.

―――, 1946, "Crisis on Guam," *The Far Eastern Quarterly*, 6(1): 5-11.

―――, 1969, *The Secret of Culture: Nine Community Studies*, New York: Random House.

―――, 1991, *Beyond the Dream: A Search for Meaning*, Mangilao: MARC, University of Guam.

冨山一郎, 2006, 『増補 戦場の記憶』日本経済評論社.

Torres, Nicole Manglona, 2012, "Self-Determination Challenges to Voter Classifications in the Marianas after Rice v. Cayetano: A Call for a Congressional Declaration of Territorial Principles," *Asian-Pacific Law & Policy Journal*, 14(1): 152-202.

Trask, Haunani-Kay, 1999, *From a Native Daughter: Colonialism and Sovereignty in Hawai'i*, Revised Edition, Honolulu: University of Hawai'i Press. (=2002, 松原好次訳『大地にしがみつけ――ハワイ先住民女性の訴え』春風社.)

Trask, Mililani B., 2002, "*Rice v. Cayetano*: Reaffirming the Racism of Hawaii's Colonial Past," *Asia-Pacific Law & Policy Journal*, 3(2): 352-8.

Trumbull, Robert, 1966, "Guam, Isolated but Increasingly Americanized, Seeks Political Home Rule," *New York Times*, April 3, 6.

辻内鏡人, 2001, 『現代アメリカの政治文化――多文化主義とポストコロニアリズムの交錯』ミネルヴァ書房.

上村英明・木村真希子・塩原良和編／市民外交センター監修, 2013, 『市民の外交――先住民族と歩んだ30年』法政大学出版局.

内田綾子, 2008, 『アメリカ先住民の現代史――歴史的記憶と文化継承』名古屋大学出版会.

Underwood, Jane, H., [1976] 1977, "The Native Origins of the Neo-Chamorros," *Guam Recorder*, 7: 25-9.

Underwood, Robert A., 1977, "Red, Whitewash and Blue: Painting over the Chamorro Experience," *Islander Magazine*, July 17, 6-8.

―――, 1981, "Role of Mass Media in Small Pacific Societies: The Case of Guam," *Pacific Island Communication Journal*, 10(3): 60-72.

―――, 1984, "Language Survival, The Ideology of English and Education in Guam," Mary L. Spencer ed., *Chamorro Language Issues and Research on Guam: A Book of Readings*, Mangilao: University of Guam, 3-18.

―――, 1985a, "Excursions into Inauthenticity: The Chamorros of Guam," Murray Chapman and Philip S. Morrison eds., *Mobility and Identity in the Island Pacific*, A Special Issue of *Pacific Viewpoint*, 26(1): 160-84.

―――, 1985b, Testimony of the Organization of People for Indigenous Rights, July 15.

―――, 1985c, Statement of OPI-R, October 23.

―――, 1987a, OPI-R Statement to the PDN on the Draft Act, June 5.

―――, 1987b, Organization of People for Indigenous Rights, July.

―――, 1987c, Statement on the August 8, 1987 Election, August.

―――, 1987d, "The Consciousness of Guam and the Maladjusted People," Laura Souder-Jaffery and Robert A. Underwood eds., *Chamorro Self-Determination: The Right of a People (I Derechon I Taotao)*, Mangilao: Chamorro Studies Association and MARC, 135-42.

―, 1989a, "English and Chamorro on Guam," *World Englishes*, 8(1): 73-82.
―, 1989b, "Education and Chamorro Identity in Guam," *Ethnies*, 4(8/9/10).
―, 1989c, "Indigenous Nationalism and Political Status Development in Guam," Pacific Islands Political Studies Association Conference, December 16-18.
―, 1993, "Immigration and Guam's Future," *Hinaso': Tinge' Put Chamorro (Insights: The Chamorro Identity)*, Agana: Political Status Education Coordinating Commission, 131-6.
―, 2001, "Afterword," Penelope Bordallo Hofschneider, *A Campaign for Political Rights on the Island of Guam, 1899 to 1950*, Saipan: CNMI Division of Historic Preservation, 201-13.
Van Dyke, Jon M., Carmen Di Amore-Siah and Gerald W. Berkley-Coats, 1996, "Self-Determination for Nonself-Governing Peoples and for Indigenous Peoples: The Case of Guam and Hawai'i," *University of Hawai'i Law Review*, 18: 623-43.
Walker, Isaiah Helekunihi, 2005, "Terrorism or Native Protest? The Hui 'O He'e Nalu and Hawaiian Resistance to Colonialism," *Pacific Historical Review*, 74(4): 575-601.
Wesley-Smith, Terence, 2007, "Self-Determination in Oceania," *Race & Class*, 48(39): 29-46.
White, Geoffrey M and Ty Kāwika Tengan, 2001, "Disappearing Worlds: Anthropology and Cultural Studies in Hawai'i and the Pacific," *The Contemporary Pacific*, 13(2): 381-416.
Wieviorka, Michel, 1998, *Le Racisme, une introduction*, La Decouverte. (＝2007, 森千香子訳『レイシズムの変貌：グローバル化がまねいた社会の人種化，文化の断片化』明石書店.)
―, [2001] 2005, *La difference. Identites culturelles: enjeux, debats et politiques*, Editions de l'Aube. (＝2009, 宮島喬・森千香子訳『差異――アイデンティティと文化の政治学』法政大学出版局.)
Willens, Howard P. and Dirk A. Ballendorf, 2004, *The Secret Guam Study: How President Ford's 1975 Approval of Commonwealth Was Blocked by Federal Officials*, Micronesian Area Research Center and NMI Division of Historic Preservation.
Willens, Howard P. and Deanne C. Siemer, 2002, *An Honorable Accord: The Covenant between the Northern Mariana Islands and the United States*, Honolulu: University of Hawai'i Press.
Wilmer, Franke, 1993, *The Indigenous Voice in World Politics: Since Time Immemorial*, Newburry Park: Sage.
Wise, Tim, 2010, *Colorblind: The Rise of Post-Racial Politics and the Retreat from Racial Equity*, California: City Lights Books. (＝2011, 脇浜義明訳『アメリカ人種問題のジレンマ――オバマのカラー・ブラインド戦略のゆくえ』明石書店.)
Workman, Ann Pobutsky and Debbie Kamminga Quinata, 1996, "Epidemiology as Labeling: Neurological Diseases and Stigma on Guam," *ISLA: A Journal of Micronesian Studies*, 4(1): 47-69.
Worth, Katie, 2003, "Ancestral Lands Back in Hands of Families," *Pacific Daily News*, May 21, 3.
―, 2004a, "Activists Support Land Trust," *Pacific Daily News*, February 6.
―, 2004b, "Rights Activists Protest Plan to Sue," *Pacific Daily News*, February 9.
―, 2005, "Land Trust May Be Sued over Ypao Deal," *Pacific Daily News*, May 14.
Woytowich, Bill, 1992, "Virus Attacking Guam," *Guam Tribune*, January 15.
山口誠, 2007, 『グアムと日本人――戦争を埋め立てた楽園』岩波書店.
山岡永知, 2001, 「アメリカ合衆国グアム領の司法制度」『日本法学』67(1): 61-110.
Yamamoto, Eric and Chris Iijima, 2000, "The Colonizer's Story: The Supreme Court Violates Native Hawaiian Sovereignty - Again," Colorlines.com, (Retrieved June 18, 2012, http://colorlines.com/archives/2000/08/the_colonizers_story_the_supreme_court_violates_native_hawaiian_sovereigntyagain.html).
山本真鳥, 2000, 「ポリネシア史」山本真鳥編『オセアニア史』山川出版社, 263-313.
―, 2007, 「大国の先住民と弱小国民との分岐点――ハワイとサモア」綾部恒雄監修・編『講座 世

界の先住民族―ファースト・ピープルズの現在― 10 失われる文化・失われるアイデンティティ』明石書店, 356-70.

――, 2012, 「オセアニア世界の植民地化と土地制度」小谷汪之・山本真鳥・藤田進『土地と人間――現代土地問題への歴史的接近』有志舎.

Yamamoto, Matori ed., 2006, *Art and Identity in the Pacific: Festival of Pacific Arts*, Osaka: The Japan Center for Area Studies, National Museum of Ethnology.

矢内原忠雄, [1935] 1963, 「南洋群島の研究」『矢内原忠雄全集 第三巻 植民政策研究Ⅲ』岩波書店.

Yasui, Manami, 2006, "Expressing Pacific Identities through Performance: The Participation of Nations and Territories of Western Micronesia in the Eighth Festival of Pacific Arts," Matori Yamamoto ed., *Art and Identity in the Pacific: Festival of Pacific Arts*, Osaka: The Japan Center for Area Studies, National Museum of Ethnology, 51-77.

矢崎幸生, 1999, 『ミクロネシア信託統治の研究』御茶の水書房.

米山リサ, 2003, 『暴力・戦争・リドレス――多文化主義のポリティクス』岩波書店.

吉田健正, 2010, 『米軍のグアム統合計画――沖縄の海兵隊はグアムへ行く』高文研.

吉村真子, 2012, 「多数派（マジョリティ）のためのアファーマティヴ・アクション――マレーシア，南アフリカ，フィジー」宮島喬・吉村真子編『移民・マイノリティと変容する世界』法政大学出版局.

Young, Iris Marion, 1990, *Justice and the Politics of Difference*, Princeton, NJ: Princeton University Press.

――, 2007, *Global Challenges: War, Self-Determination and Responsibility for Justice*, Cambridge: Polity.

Ysrael, Alfred C., 2000, "Status Vote Will Drive Away Investors," *Pacific Daily News*, April 27.

油井大三郎・遠藤泰生編, 2003, 『浸透するアメリカ，拒まれるアメリカ』東京大学出版会.

Ziehmn, Michael V., 1979, "Federal Land Ownership on Guam," *Guam Recorder*, 9: 42-50.

あとがき

　本書は、法政大学大学院社会学研究科に提出した博士論文を改稿したものである。また本書の大部分は、すでに発表された論文や学会・研究会での報告がもとになっているが、大幅に加筆・修正されている。初出というより、各章と関連するもののなかで最近発表されたものは以下の通りである。

序　章：「海洋帝国アメリカにおける国民統合——ハワイとグアムを中心に」宮島喬・吉村真子編『移民・マイノリティと変容する世界』法政大学出版局，2012年，199-227頁．

第1章：「レイシストなき植民地主義——ハワイにおけるカラーブラインド・イデオロギー論の考察」国家論研究会，2012年6月．；「アメリカ領グアムの戦後補償問題と先住民チャモロの記憶」『社会研究』法政大学大学院社会学研究科，第40号，2010年，33-44頁．

第2章：ほぼ書き下ろし

第3章：「グアムにおけるアメリカ政府への戦後補償要求——1970年代～1990年代初頭のパトリオティズムとの関わりを中心に」『季刊戦争責任研究』第67号，2010年，54-63頁．；「戦争の記憶とナショナル・アイデンティティ——アメリカ領グアムの戦後補償要求」関東社会学会，第58回大会，2010年6月．

第4章：ほぼ書き下ろし

第5章：「グアム・チャモロの先住民ナショナリズム——脱植民地化における〈自己〉の再構築」『アジア・アフリカ研究』第47巻4号，2007年，50-71頁．

第6章：「アメリカ領グアムにおける未完の脱植民地化——チャモロ・ナショナリストによる自己決定と主権の追求」藤田和子・松下冽編『新自由主義に揺れるグローバル・サウス——いま世界をどう見るか』ミネルヴァ書房，2012年，284-300頁．

第7章：「グアムのチャモロ土地信託法とその経緯・背景——先住民の土地権についての一考察」『大学院紀要』法政大学大学院，第65号，2010年，77-88頁．

第8章：「『先住民の自己決定』批判としてのアメリカ立憲主義——グアムにおけるレイシ

ズム、植民地主義、ナショナリズム」『社会志林』第 57 巻 4 号，2011 年，237-52 頁.
第 9 章：「先住民の土地権と『カラー・ブラインド』の対立——アメリカ領グアムを事例として」日本文化人類学会，第 44 回研究大会，2010 年 6 月.
終　章：書き下ろし

　本書はタイトル通り、アメリカとグアムの関係を中心に据えている。しかしながら、グアムを含めたミクロネシアは日本とも歴史的に深い関係があり、研究を進めるなかで常にそのことは意識せざるをえなかった。これは、たとえば、人びとのアイデンティティに関わる問題だけを述べているのではない。グアムでは、日本軍占領中に自分や家族が被害を受けたというお話を直接伺う機会は幾度もあった。私自身の研究テーマに話題がおよび、日本の戦争責任・植民地責任はどうなっているのか、と厳しく問われることもあった。米軍増強の費用の一部を日本が負担するということが決まると、そうした責任を問う声はますます高まったように思われる。住民に謝罪や補償をするのが先決ではないか、というのである。ミクロネシアにおけるアメリカと日本の植民地主義のある種の歴史的な共犯関係については、2000 年代半ば以降の米軍再編の議論のなかでもたびたび指摘されている。そうしたなか、昨年の 2014 年にグアムは「解放 70 年」、日本は今年「戦後 70 年」を迎えた。本書がグアムのアメリカとの関係だけでなく、日本との関係、あるいは日本を含めたミクロネシアやアジア・太平洋における諸関係についての理解や議論に微力ながら寄与できることを切に願っている。

　本研究は数多くの方々のご指導やご協力によって行うことができた。すべての方々のお名前を挙げることはできないが、心から感謝申し上げる。
　なかでも、ホープ・クリストバル氏とアンディ・クリストバル氏ご夫妻とご家族（Hope and Andy Cristobal, and their family）にはたいへんお世話になった。2003 年 9 月、ハガッニャの大聖堂に附属する展示室の室長をされていたホープさんを訪ね、マリアナ諸島の歴史や現状について講義していただいたのがお付き合いの始まりである。以来、ホープさんの社会的弱者に目を向けたさまざまな活動から多くのことを学んできた。教育者・活動家・政治家としての豊富な経験と実績から、彼女への人びとの信頼は厚く、社会的評価は高いと感じる。そのことは、彼女が、ミクロネシアにおける人権と社会正義を促進してきたことを称えられ、全

米ソーシャルワーカー教会（NASW）グアム支部による 2011 年の「パブリック・シティズン・オブ・ザ・イヤー（年間最優秀公共的市民賞）」を受賞したことにも表れている。

　グアム大学の名誉教授でミクロネシア地域研究所（MARC）元所長の倉品博易先生（Hiro Kurashina）には、研究の相談に乗っていただいたり、多くの方々を紹介していただいたりした。とりわけ、2006 年と 2007 年にグアム大学人文社会科学部に客員研究員として所属した際には、さまざまな便宜を図っていただいた。MARC の考古学研究室やグアムのあちこちで議論にお付き合いいただき、さまざまなことを教えていただいたことが懐かしく感じられる。

　グアムでは以下の方々からも多大なご協力を賜った。グアム大学のジェイムズ・セルマン（James D. Sellmann）、レベッカ・スティーブンソン（Rebecca A. Stephenson）、リサ・ナティヴィダット（LisaLinda Natividad）、マイケル・ビバクア（Michael Lujan Bevacqua）、MARC のオマイラ・ブルーナル＝ペリー（Omaira Brunal-Perry）、MARC 資料室のモニーク・ストーリー（Monique Carriveau Storie）、ルー・ネデドグ（Lourdes T. Nededog）、ペリー・パンゲリナン（Perry J. Pangelinan）、グアム政府土地管理局のモンテ・マフナス（Monte Mafnas）の各氏、グアム大学の寮で出会ったミクロネシア各地やアメリカ本土やアジア各地からの留学生たち。

　ハワイでは 2007 年に東西センター（East-West Center）に客員研究員として所属し、スタッフの方々やハワイ大学の所属院生にたいへんお世話になった。また、ハワイへの留学では法政大学経済学部の山本真鳥先生にご相談に乗っていただき、助けていただいた。

　法政大学大学院社会学研究科の先生方には、長年にわたってご指導いただいた。とりわけ、博士論文の審査にあたってくださった岡野内正、田嶋淳子、吉村真子、宮島喬の各先生方に深く御礼申し上げる。同研究科に院生として所属していた方々とも刺激的で楽しい時間を過ごさせていただいた。博士課程の後半では、法政大学の旧サステイナビリティ研究教育機構にリサーチ・アシスタントとして所属し、さまざまな経験をさせていただいた。舩橋晴敏、石坂悦男、金慶南の各先生方をはじめ、同機構のスタッフや関係者の方々にはたいへんお世話になり、博士論文の執筆についてもご配慮いただいた。また、本書のもとになった論考を学術雑誌や学会・研究会で発表した際にも、多くの方々から貴重なコメントをいただいた。

本書の出版は、幸運にも、宮島喬先生のご推薦をいただき、有信堂高文社にお引き受けいただくことができた。丁寧かつ迅速に編集を進めてくださった代表取締役・髙橋明義氏と出版にあたって改めてご助言をくださった宮島先生に心から御礼申し上げる。また、法政大学大学院博士後期課程の吉田公記氏からは、本書の原稿に対して多くの有益なコメントをいただいた。なお、本書は法政大学大学院の博士論文出版助成を受けたものである。ここに記して謝意を表する。

　家族や親戚や友人にも、さまざまな形で支えていただいた。とりわけ、大学院在学中には、長島淳子、長島賢二、長島翔に心配や迷惑をかけたが、温かく見守ってもらった。博士論文執筆や改稿のときには、長島たえ子に励ましてもらい、助けてもらった。それぞれに対して気持ちを表す適切な言葉が見つからないが、この場をお借りして感謝したい。
　2015年2月

長島　怜央

索 引

ア 行

愛国主義／愛国心　51, 68, 70, 93, 104, 105, 115, 117, 119-121, 124, 126, 128, 130-132, 135, 161, 163, 172-174, 179, 293, 294
アイデンティティ・クライシス　149, 168, 210
アイデンティティ政治　23, 34, 142
アジア　57
アジア系　44, 80, 87, 88, 138, 149, 238, 305
アダ、ジョセフ　124, 200, 222, 239, 242, 275, 276, 283, 291, 295, 299
新しいレイシズム　28, 29, 269, 270
アファーマティヴ・アクション（積極的差別是正措置：AA）　21-23, 25, 27, 36, 40, 52, 252, 258, 276, 279, 291
アメリカ・イデオロギー　60, 155, 189
アメリカ・インディアン／アメリカ先住民　4, 10, 36, 39, 67, 69, 70, 93, 146, 149, 204, 205, 208, 210, 217, 230, 258, 268, 301
アメリカ・インディアン研究／アメリカ先住民研究　36, 301
アメリカ化　68, 94-97, 101, 103, 110, 176, 184, 189
アメリカ化ナラティヴ　46, 293, 294
アメリカ市民権　7, 8, 16, 69, 70, 72, 93, 100, 115, 147, 213, 267, 268
アメリカ領ヴァージン諸島　3, 10, 11, 297
アメリカ領サモア　3, 8-11, 114, 218, 297
アラスカ　3, 8, 10, 104, 258
アラスカ先住民　230, 258
アンクルサム　174-176
アンダーセン空軍基地　75, 89, 93, 241, 305
移民政策　216, 250
ヴェトナム戦争　77, 78, 93, 94, 173, 175, 213
ウォンパット、アントニオ　73, 100, 118, 121, 122, 193, 194, 275
英語イデオロギー　99, 138, 153, 155, 162
英語オンリー政策　95-97, 155, 175
エスニック・ナショナリズム　23, 265-267, 269
オバマ、バラク　297, 300

カ 行

階級　48, 186, 217, 221, 248
階層　24, 35, 65, 72, 74, 77, 84, 109, 162, 186
海兵隊　20, 104, 173, 227, 302
解放記念日　72, 104, 173, 174, 209, 212
「解放とリハビリの帝国神話」　33, 261, 262, 293
核（核実験／核弾頭）　13, 175, 181, 211
カシーケ／カシーケ・ナショナリズム　73, 74, 162, 213
合衆国憲法　6, 17, 23, 26, 42, 43, 239, 253, 258, 269, 282
合衆国憲法修正第14条　40, 283, 291
合衆国憲法修正第15条　40, 300
カトリック教会　48, 63-65, 67, 112, 158, 169, 220
カナカ　108
カナカ・マオリ　43
カマチョ、フィリックス　201, 221, 225, 297
カマチョ、カルロス　233
グアム海軍基地　75, 89
カラーブラインド　22, 24, 25, 34, 35, 40, 252, 258
カラーブラインド・イデオロギー　18, 29, 30, 36, 39, 42, 45, 46, 58, 191, 257, 258, 269, 271, 291, 292, 297-299
カラーブラインド立憲主義　26, 27
カラーブラインド・レイシズム　27-29, 297
カルボ、ポール　200
カルボ、エディ　190, 297, 300, 304
ガレオン船／ガレオン貿易　63, 64
カロリニアン（カロリン人）　67, 288, 306
カロリン諸島　67, 107, 108
環境汚染／環境破壊　94, 210, 211, 220, 229
観光／観光開発／観光産業　75, 77, 85, 88, 91, 105, 115, 136, 156, 191, 209, 211, 225, 235, 238, 239, 288, 304
記憶　25, 26, 32, 33, 46
企業的多文化主義　34, 35
北マリアナ系（NMD）　9
北マリアナ諸島／北マリアナ諸島コモンウェ

ルス（CNMI）　　4, 9, 11, 14, 15, 78, 94, 134,
　　　　193, 195-198, 203, 205, 229, 303-306
基地再編・閉鎖委員会（Base Re-Alignment
　and Closure Commission: BRAC）　225, 240,
　　　　　　　　　　　　　　　　241, 243
ギテレス、カール　　　　　200, 201, 224, 225
基本法　　　　　　　　　　　　　　　　7, 8
逆差別／逆レイシズム　　　17, 28, 36, 286, 292
漁業権　　　　　　　　　　　　203, 286, 292
グアム海軍基地　　　　　　　　　　　　305
グアム基本法　　16, 50, 60, 72, 93, 136, 147, 173,
　　　　　　　190, 206, 235, 260, 275, 279, 283
グアム勲功賠償請求法　　　113-116, 128, 130
グアム経済開発局（GEDA）　　　　　　232
グアム憲法会議　　　　　　　　　　　　192
グアム憲法草案　　　　　163, 193, 194, 202, 203
グアム商工会議所　　　　　　　92, 232, 304
グアム大学　　　52, 53, 94, 165, 185, 203, 303
グアム脱植民地化委員会　　201, 221, 224, 249,
　　　　　　　　　250, 255, 256, 295, 297, 305
グアム脱植民地化登録簿　　　　253, 297, 299
グアム土地所有者協会（Guam Landowners
　Association: GLA）　　118-120, 164, 165, 278
「グアムのネイティヴ住民」　　253, 295, 299
グアム法務局　　　　　　277, 282, 283, 285, 299
グアム余剰地法　　　　　　　　　　241, 242
グアメニアン（グアム人）　　110, 122, 134, 135,
　　　　　　　　153, 169, 196, 206, 243, 288, 289
グアメニアン（グアム人）社会　　　　48, 90
クリントン、ビル　　　　200, 201, 223, 241, 243
グローバル化　　　　　48, 55, 185, 188, 192, 263
軍事化　　　　　48, 50, 89, 90, 101, 176, 227, 303
軍事主義　　　　　　　　　　　　　　　304
ケネディ、ジョン・F　　　　13, 14, 21, 91, 191
原土地所有者　　　　　　　　　119, 120, 230
公共圏／公共性　　　27, 35, 55, 78, 295, 298, 301
衡平　　　　　　　　　　　　　34, 242, 253
公民権（市民的権利）　　　　　82, 200, 285
公民権委員会　　　　　　　　　　　　　299
公民権運動　　　　　　　　21, 24, 25, 28, 296
コーポレイト多文化主義　　　　　　　　35
国際連合脱植民地化特別委員会　　10, 201-204,
　　　　　　　　　　　　　　　　297, 303
黒人／アフリカ系アメリカ人　21, 25-28, 48, 52,
　　　　　　　　　　　　　　　　　67, 159

国務省　　　　　　　　　　　　　　　4, 71
個人主義　　　　　　　28, 168, 169, 265, 269, 301
古代チャモロ人／古代チャモロ社会　　63, 65,
　　　　　　　　　　　　　　164, 171, 289
コモンウェルス　　8, 14, 193, 196-198, 201, 221,
　　　　　　　　　　　　　　222, 294, 305
コモンウェルス法案　　　198-200, 207, 208, 223
コンパクト・インパクト　　　　　　　　306

　　　　　　　　　　サ　行

差異の政治　　　　　　　　　　　　　　34
サイパニーズ（サイパン人）　　110, 134, 196
サイパン　3, 11, 13, 14, 62, 67, 102, 109, 110, 137,
　　　　　　　　　　　　　　　　　　196
サンビトレス、ディエゴ・ルイス・デ　63, 64,
　　　　　　　　　　　　　　　　　　214
サンフランシスコ平和条約　　　　　121, 126
シヴィック・ナショナリズム　　　　　23, 26
シヴィック・ネイション　　　　　　　　24
ジェファソン、トマス　　　　　　　　5, 259
ジェンダー　　　　　　　　　　48, 94, 186
自己決定／自己決定権　　10, 39, 58, 140, 161, 188,
　　　　　　　　189, 208, 221, 229, 294, 301, 303
自己決定委員会（Commission Self-Determi-
　nation: CSD）　　　　　197, 198, 201, 205, 223
シティズンシップ（市民権／市民性）　32,-34, 47,
　　　　　　　　　　　　　　　73, 161, 293, 301
司法省　　　　　　　　　　　　　　299, 300
ジムクロウ・レイシズム　　　　　　　28, 29
社会構成文化　　　　　　　　　　　　29, 30
集団の権利　　17, 18, 22, 23, 26, 31, 265, 278, 291,
　　　　　　　　　　　　　　　　　　293
自由連合　　　　　　14, 196, 197, 207, 250, 305
自由連合協定　　　　　　　4, 12, 15, 78, 306
自由連合国　　　　　　　　　　　　　4, 201
主権　　46, 47, 58, 73, 188, 189, 195, 204, 207, 212,
　　　　　　　　218-221, 229, 267, 270, 271, 301
出入域制限措置　　　　　　　　　79, 91, 191
準州　　　　　　　　　　　　　　6, 16, 197
植民地化ナラティヴ　　　　　　46, 293, 294
植民地責任　　　　　　　　　　　　　31, 32
植民地独立付与宣言　　　　　203, 257, 296
ジョンソン、リンドン　　　　　　　　　21
新啓蒙主義的道義性　　　　　　　　31, 297
新自由主義（ネオリベラリズム）　34, 57, 191,

索引 333

新植民地主義 14, 41, 77
真正／真正性 142, 146, 170, 288-290
スペイン 50, 63-66, 169, 215, 288, 289
スペイン人 65, 79, 252, 262, 287
スペイン・チャモロ戦争 64, 108, 145, 170, 214
政治的地位委員会（Political Status Commission: PSC） 192, 193
世界システム 188, 305, 306
1988年市民自由法 32, 122, 124
先住権（先住民の権利） 31, 161, 165, 166, 180, 206, 230, 231, 255, 259, 264, 265, 276, 287, 296, 297
先住民研究 31, 167, 168, 185
先住民ナショナリズム 207, 208, 220
戦争の記憶 104, 105, 115, 116, 130, 131, 163
戦略地区／戦略的信託統治領 13
ソロモン・レポート 14

タ 行

退役軍人／帰還兵 49, 93, 115, 123, 131, 167, 183, 213, 216, 217, 239, 278, 280
タイタノ、カルロス 136
対テロ戦争 93, 226
台風カレン 79, 191
太平洋芸術祭 136, 146
太平洋諸島信託統治領（Trust Territory of the Pacific Islands: TTPI） 4, 12-14, 116, 195, 203
タガログ語／フィリピノ語 139, 218
脱軍事化 302-304
脱植民地化 9-11, 13, 36, 48, 53, 168, 170, 185, 186, 188-190, 208, 221, 229, 296, 301, 303
多文化主義 25, 34, 36, 58, 266, 301
チャモロ人登録簿 250, 252, 266
チャモロ・ディアスポラ 49, 82, 145, 146, 228, 229, 303
チャモロ土地信託委員会（Chamorro Land Trust Commission: CLTC） 230, 273, 274, 277, 279, 281, 283, 300
チャモロ土地信託法（Chamorro Land Trust Act: CLTA） 230, 232, 234-239, 247, 272-277, 279-284, 291, 294, 300
チャモロビレッジ 149, 150, 152, 289
チャモロ・ルネサンス 48, 101, 133-135, 137, 192, 264, 298
ディアスポラ 34, 79, 83, 142, 159
テニアン 3, 9, 13, 62, 67, 109, 137, 154
デュエナス神父 111, 112
トゥイード、ジョージ 111, 112
「島嶼事件」 6, 16
独立 12, 140, 188, 189, 194, 197, 198, 208, 209, 219, 221, 250, 252, 268, 301, 303, 305
「土地なし住民のための土地」プログラム 217, 273, 282
トルーマン、ハリー 71

ナ 行

内務省 3, 4, 13, 14, 16, 71, 121, 122, 128, 129, 193, 275
内務省インディアン局 4, 71
内務省属領局 194
内務省属領・国際局 199
内務省島嶼局 4
ナシオン・チャモル 140, 141, 162, 186, 187, 209, 210, 212, 213, 216, 217, 219-221, 224, 227, 229, 238-241, 272, 273, 275, 280, 291, 294
ナショナル・ヒストリー 25, 33, 104
南洋群島 12, 106-110, 112
二級市民 8, 32, 69, 93, 104, 200, 293
ニクソン、リチャード 21, 192, 193
ニクソン・ドクトリン（グアム・ドクトリン） 14
二言語・二文化教育／バイリンガル教育 58, 162, 169, 203
日系／日本人 84, 91, 105, 106, 108, 109, 111, 115, 156, 157, 262, 287
日系アメリカ人 30, 32, 104, 116, 124, 132
日系ミクロネシア人 109
日本化政策 107-110, 112
入植者／入植者植民地主義 44, 46
ネイション形成 24, 29
ネオチャモロ社会 65, 90

ハ 行

「ハーフ」 147
ハイブリッド（雑種）／ハイブリッド性 34, 49, 79, 147, 159, 169, 253
ハオレ 39, 42-44, 54, 55, 57, 78, 158, 180, 286, 298

白人　　22, 26-29, 34, 37-40, 42-46, 49, 53-55, 59,
　　　78, 80, 82, 84-87, 147, 149, 180, 231, 279, 283,
　　　286, 298
白人性　　44, 270
白人中産階級　　142, 179, 253
『パシフィック・デイリーニューズ（Pacific
　　Daily News: PDN）』　56, 92, 101-103, 139,
　　　177, 178, 212, 223, 224
パターナリズム（温情主義／家父長主義）　53,
　　　55, 192, 214, 261, 268, 286, 298
パラオ　　14-16, 83, 109, 275
パラオ共和国　　4, 12, 15, 49, 78
パラオ人　　84
パリ条約　　6, 11, 206, 236, 259, 295
ハワイ　　11, 181
ハワイアン・ホームズ委員会法（Hawaiian
　　Homes Commission Act: HHCA）　37, 38,
　　　42, 235, 236, 283, 291
ハワイ人の主権運動　　36, 39, 41
ハワイ先住民局（Office of Hawaiian Affairs:
　　OHA）　39-41, 46, 283
ハワイ大学　　42
反植民地主義ナショナリズム　　105, 202, 204, 296
非核化ナショナリズム　　304
非自治地域　　10, 58, 164, 202, 203, 250, 254-256,
　　　259, 296
批判的多文化主義　　35, 36, 300, 301
非編入領土　　3, 4, 6-9, 14, 16, 32, 58, 72, 190,
　　　215, 253, 261, 293, 301, 305
ファノギ・チャモル　　140, 246
フィエスタ　　67, 74, 93, 141, 288
フィリピン　　3, 7-9, 32, 53, 62-64, 69, 70, 76, 77,
　　　83, 143, 156, 170, 176, 181, 206, 216, 288, 289,
　　　295
フィリピン系／フィリピン人　　47, 49, 50, 64-66,
　　　75-77, 79-81, 83-85, 87, 88, 93, 138, 149, 165,
　　　207, 217, 219, 228, 236, 263, 274, 287, 298
プエルトリコ　　3, 6-11, 162, 203, 215, 296
プエルトリコ人　　4
フォード、ジェラルド　　193
ブッシュ、ジョージ・H・W　　199, 200, 241
フラオ首長　　210, 214
ブラス、ベン　　122, 124-126, 199, 221
フロンティア　　3, 271
文化多元主義　　58-60, 99, 138, 204, 294

文化的レイシズム　　28, 51, 53, 54, 57, 191
文明／文明化　　7, 8, 108, 164, 266, 269
米軍増強　　20, 74, 130, 201, 227-229, 302, 303
米西戦争　　3, 6, 66, 67
編入領土　　6, 7
境界地（ボーダーランド）　　30, 271
ボクサイ　　142, 158, 253
母系社会　　65, 227
ポスト公民権時代　　22, 24, 28
ボダリオ、リカルド　　74, 129, 193, 197, 198, 212,
　　　222, 233, 234, 238
ホプキンス委員会　　71, 114
保留地　　36, 70, 71, 267-269
本土出身者　　49, 52, 53, 55, 78, 83, 91, 102, 158,
　　　203, 211, 214, 215, 263, 286, 298

マ 行

マーシャル諸島　　13-15, 107, 108
マーシャル諸島共和国　　4, 12, 15, 78
マイノリティの権利　　24, 30
マスキュリニティ　　49, 186
マゼラン、フェルディナンド　　56, 63, 171
マナキロ（高位の人びと）　　65, 66, 73, 162
マナクパパ（低位の人びと）　　65, 73, 162
マニフェスト・デスティニー（明白な宿命）　5,
　　　301
マリアナ諸島の統一（グアムと北マリアナ諸
　　島の統一）　　193, 195-197, 207, 305, 306
『マリキータ』　111
マリンコードライブ（海兵隊道路）　　75
ミクロネシア　　4, 12, 14, 15, 32, 49, 57, 62, 63,
　　　93, 102, 117, 120, 132, 136, 176, 186, 189, 195,
　　　201, 227, 296, 302, 303, 305, 306
ミクロネシア協定　　116
ミクロネシア系／ミクロネシア人　　14, 49, 53,
　　　78, 80, 81, 83-85, 87, 109, 138, 216, 217, 220,
　　　238, 263, 306
ミクロネシア賠償請求法　　116, 124
ミクロネシア連邦　　4, 12, 15, 49, 78, 83, 217, 218
民営化　　53, 57, 192
民主主義　　24, 59, 60, 68, 102, 110, 161, 179, 182,
　　　189, 190, 256, 257, 270
メキシカン／メキシコ人　　28, 79, 287
メキシコ　　63, 64, 170, 288
メスティース　　143

メディア／マスメディア	54-57, 77, 101, 103, 162, 175-181, 183, 184, 185, 192, 213-216, 298	ロタ	3, 13, 62, 63, 65, 110, 196
		ロタニーズ（ロタ人）	110, 196

ヤ 行

養取慣行	142, 158, 253
横井庄一	112
余剰地	176, 219, 225, 231, 241-245
予備役士官訓練隊（Reserve Officers' Training Corps: ROTC）	93, 94, 173, 210

ラ 行

ライス判決	39-41, 44-47, 61, 225, 251-253, 258, 259, 265, 268, 269, 272, 277, 279, 291, 298, 299
ラッテ	140, 289
ラッテストーン公園	139, 140, 143, 209
立憲主義	23, 260, 265, 269, 270
リティコ - ボディグ	148
リベラリズム	28
リベラル個人主義	61, 191
リベラル多文化主義	34, 35, 47, 60, 263, 300
冷戦	78, 80, 225, 231, 241
レーガン、ロナルド	122, 199
歴史的不正義	5, 17, 30-32, 36, 39, 46, 47, 215, 230, 243, 247, 272, 292, 295, 297, 300, 301
ローズヴェルト、フランクリン	69, 91

ワ 行

ンニンギ	141

A・B・C・…

AA →アファーマティヴ・アクション	
BRAC →基地再編・閉鎖委員会	
CLTA →チャモロ土地信託法	
CLTC →チャモロ土地信託委員会	
CSD →自己決定委員会	
GALA →グアム先祖伝来地法	
GALC →グアム先祖伝来地委員会	
GLA →グアム土地所有者協会	
HHCA →ハワイアン・ホームズ委員会法	
OHA →ハワイ先住民局	
OPI-R	126, 139, 140, 147, 160-166, 168-170, 172, 174, 180, 181, 184, 186, 187, 203-209, 212, 213, 220, 221, 224, 227, 229, 294
PARA-PADA	139, 161, 163-165, 202
PDN →パシフィック・デイリーニューズ	
PSC →政治的地位委員会	
ROTC →予備役士官訓練隊	
TTPI →太平洋諸島信託統治領	
WASP	26

著者紹介

長島　怜央（ながしま　れお）

1980 年山口県生まれ。法政大学大学院社会学研究科博士後期課程修了、博士（社会学）。
グアム大学客員研究員、東西センター（ハワイ）客員研究員などを経て、現在、法政大学グローバル化と移民問題研究所特任研究員、法政大学や嘉悦大学などで非常勤講師。

主な著作：

「海洋帝国アメリカにおける国民統合——ハワイとグアムを中心に」宮島喬・吉村真子編『移民・マイノリティと変容する世界』法政大学出版局、2012 年。

中山京子編『グアム・サイパン・マリアナ諸島を知るための 54 章』明石書店、2012 年（分担執筆）。

「アメリカ領グアムにおける未完の脱植民地化——チャモロ・ナショナリストによる自己決定と主権の追求」藤田和子・松下冽編『新自由主義に揺れるグローバル・サウス——いま世界をどう見るか』ミネルヴァ書房、2012 年。

山本真鳥・山田亨編『ハワイを知るための 60 章』明石書店、2013 年（分担執筆）。

アメリカとグアム——植民地主義、レイシズム、先住民

2015 年 3 月 31 日　初　版　第 1 刷発行　　　　〔検印省略〕

著者Ⓒ長島　怜央／発行者　髙橋　明義　　　　日之出印刷／プロケード

東京都文京区本郷1-8-1　振替　00160-8-141750
〒113-0033　TEL　(03)3813-4511
　　　　　　FAX　(03)3813-4514
http://www.yushindo.co.jp
ISBN978-4-8420-6585-4

発　行　所
株式会社　有信堂高文社

Printed in Japan

20世紀社会学理論の検証	北川隆吉 編	四三〇〇円
移動という経験——日本における「移民」研究の課題	宮島喬 編	三八〇〇円
移動から場所を問う——現代移民研究の課題	伊豫谷登士翁 編	三八〇〇円
現代アフリカ社会と国際関係	伊豫谷登士翁 編	三五〇〇円
ディアスポラのパレスチナ人——国際社会学の地平	小倉充夫 編	五六〇〇円
女が先に移り住むとき——在米インド人看護師のトランスナショナルな生活世界——「ツワン(故郷)」とナショナル・アイデンティティ	錦田愛子 著	三〇〇〇円
エスニシティと都市〔新版〕	S・M・ジョージ 著／伊藤るり 監訳	四六〇〇円
大都市東京の社会学——コミュニティから全体構造へ	広田康生 著	六二〇〇円
現代中国の支配と官僚制——体制変容の文化的ダイナミックス	和田清美 著	五六〇〇円
「永続的ソジョナー」中国人のアイデンティティ——中国からの日本留学にみる国際移民システム	坪谷美欧子 著	六五〇〇円
ペロニズム・権威主義と従属——ラテンアメリカの政治外交研究	李明伍 著	四五〇〇円
人の移動と近代化——「日本社会」を読み換える	松下洋 著	三三〇〇円
	中村牧子 著	

★表示価格は本体価格（税別）

有信堂刊

国際政治と規範——国際社会の発展と兵器使用をめぐる規範の変容	足立研幾著	三〇〇〇円
レジーム間相互作用とグローバル・ガヴァナンス——通常兵器ガヴァナンスの発展と変容	足立研幾著	二六〇〇円
オタワプロセス——対人地雷禁止レジームの形成	足立研幾著	六三〇〇円
核不拡散をめぐる国際政治——規範の遵守、秩序の変容	秋山信将著	五五〇〇円
東アジアの国際関係——多国間主義の地平	大矢根聡編	三九〇〇円
輸出管理——制度と実践	浅田正彦編	七八〇〇円
民族自決の果てに——マイノリティをめぐる国際安全保障	吉川元著	三〇〇〇円
ナショナリズム論——社会構成主義的再考	原百年著	二九〇〇円
来たるべきデモクラシー——暴力と排除に抗して	山崎望著	六〇〇〇円
国際協力のレジーム分析——制度・規範の生成とその過程	稲田十一著	二七〇〇円
国連開発援助の変容と国際政治——UNDPの40年	大平剛著	四〇〇〇円
国際関係学——地球社会を理解するために	滝田賢治 大芝亮 都留康子 編	三二〇〇円

★表示価格は本体価格（税別）

有信堂刊

国際法の構造転換	石本泰雄 著	五〇〇〇円
二一世紀国際法の課題〔安藤仁介先生古稀記念〕	浅田正彦 編	九〇〇〇円
国際立法の最前線〔藤田久一先生古稀記念〕	坂元茂樹 編	九二〇〇円
新版 国際人道法〔再増補〕	藤田久一 著	四八〇〇円
軍縮条約・資料集〔第三版〕	浅田正彦 編	四五〇〇円
違法な命令の実行と国際刑事責任	佐藤宏美 著	七〇〇〇円
国際海洋法	林司宣 島田征夫 編	二六〇〇円
国際環境法における事前協議制度	児矢野マリ 著	六六〇〇円
テキスト国際環境法	臼杵知史 西井正弘 編	三三〇〇円
新版 国際関係法入門	櫻井雅夫 岩瀬真央美 著	二五〇〇円
国際人権法概論〔第四版〕	畑博行 水上千之 編	三四〇〇円

★表示価格は本体価格（税別）

有信堂刊